清正敢言何维柏

佛山歷史文化叢書

第七辑

『佛山历史文化丛书』编委会 编

李俊 著

SPM
南方传媒

广东人民出版社

·广州·

图书在版编目（CIP）数据

清正敢言何维柏 / 李俊著. —广州：广东人民出版社，
2022.11

（佛山历史文化丛书. 第七辑）

ISBN 978-7-218-16082-5

Ⅰ.①清… Ⅱ.①李… Ⅲ.①何维柏—生平事迹
Ⅳ.①K827=48

中国版本图书馆CIP数据核字（2022）第178970号

QINGZHENG GANYAN HE WEIBAI

清正敢言何维柏

李 俊 著

出 版 人：肖风华

责任编辑：陈泽航
责任技编：吴彦斌　周星奎
封面设计：集力书装　彭 力
装帧设计：友间文化

出版发行：广东人民出版社
地　　址：广州市越秀区大沙头四马路10号（邮政编码：510199）
电　　话：（020）85716809（总编室）
传　　真：（020）83289585
网　　址：http://www.gdpph.com
印　　刷：佛山市高明领航彩色印刷有限公司
开　　本：787毫米×1092毫米　1/16
印　　张：26　字　　数：373千
版　　次：2022年11月第1版
印　　次：2022年11月第1次印刷
定　　价：90.00元

如发现印装质量问题，影响阅读，请与出版社（020-85716849）联系调换。
售书热线：（020）87716172

"佛山历史文化丛书"编辑委员会

成员单位

中共佛山市委宣传部　　　佛山市文化广电旅游体育局

佛山市社会科学界联合会　佛山市文学艺术界联合会

佛山传媒集团　　　　　　佛山日报社

顾　问

岑　桑　　罗一星

学术委员会

（按姓氏笔画顺序排列）

龙建刚　任　流　巫小黎　杨河源

肖海明　陈　希　陈忠烈　陈恩维

罗一星　钟　声　凌　建　黄国扬

戢斗勇　温春来

佛山——站在文明续谱的桥头堡上

罗一星

假如把两千年来的岭南历史文化比喻为一串人文项链，那么在这串人文项链上就有几颗耀眼的明珠，秦汉时期的南越国文明、隋唐时期的广州贡舶贸易、宋元时期的珠玑巷南迁、明清时期的佛山崛起和珠江三角洲的开发、清代的广州中西贸易、近代中华民国政府的建立，都是既有地方特色也有全国意义的"和璧隋珠"。

"未有佛山，先有塔坡"的谚语，浓缩了"佛山"之名的渊源。据说东晋时有西域僧到塔坡冈结茅讲经，不久西还。唐贞观二年（628），乡人见塔坡冈夜放金光，掘地得铜佛像三尊和圆顶石碑一块，碑有联云："胜地骤开，一千年前青山我是佛；莲花极顶，五百载后说法起何人。"乡人十分诧异，遂建塔崇奉，并因此名其乡曰"佛山"。唐宋时期，中国的经济重心不断南移。尤其是北宋末年以来，建炎南渡、元兵入主，大批的士民渡岭南来。佛山也在此时形成聚落，史称"乡之成聚相传肇于汴宋"。明清时期佛山迅速崛起，成为举世闻名的"四大名镇"和"天下四聚"之一，以出产精美的"广锅"而誉满天下。时人"春风走马满街红，打铁炉过接打铜"的诗句，就是对佛山冶铁业盛况的生动写照。佛山在制造业上的成就和中心市场功能，决定了她在中国城市发展史上的重要地位。然而，佛山所具有的价值还不仅在于此。佛山是明清时期因经济因素发展起来的中心城市，不同于传统的郡县城市。在其兴起发展的过程中，传统社会结构与新兴经济因素之间相互调适，兼容发展，透射着理性之光。因此，研究佛山都市化的过程与社会结构的互动变迁，有助于我们理解和把握传统中国城市发展的多样性，有助于我们摒弃概念化的中国城市发展形态的认知模式。此外，佛山还集中了岭南传统社会的各种文化现象，它们五色杂陈，大放异彩，其典型性远胜于广州，这又使研究佛山的文化现象具有非同一般的意义。

纵观佛山的历史地位和文化价值，每一点都离不开岭南独特地缘人文的滋养，每一页都关联着中华悠久文化的传承。如此既有结构性因素又有精致性内容的文明篇章，值得每一位热爱佛山历史文化的人士投身书写、共同编织。笔者在此仅发其端要，以就教于方家。

佛山是"广佛周期"的双主角之一

历史是时间和空间发展次序的结合体。自17世纪初至19世纪末，岭南区域出现了一个经济发展的高峰期——广佛周期。在广佛周期存在的时间内，以广州、佛山为中心的城市体系得到空间的迅速布局和层级的系统发展，其城市化的程度居全国领先地位。广州、佛山两大中心城市外贸和内贸互补功能的发挥，使因地理和人文环境差异而形成的岭南独特的三种市镇空间结构整合为一体。此时佛山扮演着双重城市角色，既是岭南二元中心市场体系的中心城市，承担广货与北货宏大交流的商贸枢纽；又是国内最大的综合型民生日用品生产基地，满足国内及海外的产品多样性需求。从佛山运出的精美广货及其丰厚利润，吸引了十八省商人和四远来谋生的手工业者。"走广"成为全国商人的时髦行动和共同追求。当时"汾江船满客匆匆，若个西来若个东"的大规模商品流转的盛况，常年不辍。

在广佛周期，佛山商业繁荣远胜于广州的情景见诸中外史籍。法国传教士道塔·塔鲁塔鲁和道·冯塔耐，分别于1701年和1703年到过佛山，他们描述佛山是一个约有100万人口的巨大聚落，并称佛山既没有城墙也没有特别长官，在汾江河上的大船有5000艘以上。康熙时人吴震方《岭南杂记》记载："佛山镇……天下商贾皆聚焉。烟火万家，百货骈集，会城百不及一也。"《南越游记》的作者陈徽言也说："俗称天下四大镇，粤之佛山与焉。镇属南海，商贾辐辏，百货汇集，夹岸楼阁参差，绵亘数十里。南中富饶繁会之区，无逾此者。"徐珂的《清稗类钞》也说：佛山的"汾水旧槟榔街，为最繁盛之区。商贾丛集，阛阓殷厚，冲天招牌，较京师尤大，万家灯火，百货充盈，省垣不及也"。清代到佛山的徽州商人也记载："佛山，居天下四镇之一，生意比省城大。"这里说的"会城""省垣""省城"均指广州。在此举例说明清代佛山商业规模比广州大的历史事实，并不是刻意夸大佛山的历史地位，而是指出，佛山的历史地位显然被长期低估，应该给予应有的重视和正确评价。

只要对广州、佛山两个市场的商品结构、商人组织和市场网络进行比较研究，就可知广州市场上各省运来的货物绝大多数是清朝允许出口的商品；各省运回的商品更是清一色的洋货，这说明广州商品与对外贸易相联系。佛山市场上，洋货寥寥，广货（或称"南货"）充斥，生产用品和民生日用品占主导地位，这表明佛山市场的商品与国内、省内贸易相联系。各省商人运来的"北货"（或称外江货）在佛山市场与广货大规模交流。佛山林立的外省商人会馆和形成的外省商人聚居区，都表明佛山与广州是两个功能不同的中心市场。

广佛周期开始于17世纪初的明朝末年，迄于19世纪末的清朝末年，历时三百年左右。这一周期以广州、佛山为中心形成一个地跨两广、河海相连的岭南市场体系。如果把岭南中心市场比喻成一座巨大的中外贸易桥梁，那么，广州和佛山，就犹如这座桥梁的两个桥头堡，一头连接海外市场，一头连接国内市场，它们功能各异，自成一体，然又互相联系、互相配合。这种二元中心市场模式，是因佛山城市地位的迅速上升并成为双主角之一而确立的。

佛山是中华铸造文明的重要支点

冶铁业是明清时期佛山的支柱产业，带动了佛山众多制造行业的共同发展。但是佛山冶铁业的真正贡献，却是对中华铸造文明的传承和支撑。人类从史前时代进入文明时代，是以金属的发现、金属工具的制作使用为标志的。有了对冶金术的规律性把握和持续控制的技能，人类才能从自在走向自为。世界文明史上，古埃及、古巴比伦、古印度和中国是四大铸造文明古国，也是东方铸造文明的典型代表。他们以其先进的铸造技术成为所在区域的核心国家，并依靠铸造技术优势与周边国家进行交流。中国在夏代开始进入青铜时代。铸造技术支撑了礼仪大国的呈现，西周铸造的大型礼器作为镇国之宝，把礼仪文字和刑法文字铸在鼎上，形成了中华独特的铸造文明。中国在战国时期进入铁器时代，锐利的刀剑和犁耙，高大的铁塔和钟鼎，每一件铸铁品，都记录了华夏文明的历程。西汉时中国的生铁冶铸技术传到中亚地区，东汉三国时中国的刀剑制作技术传到日本并发展为倭刀锻造技术。日本、越南的铸钟、铸镜、失蜡法、生铁冶铸等技艺也是从中国传入的。正如华觉明先生指出："中国以生铁铸造为基础的整个钢铁生产，产生了焕发异彩的钢铁文化。在世界文化史上，青铜礼器制作和两千年的铁水长流，均为中国所独有。所以说，中国的文明是铜和铁浇灌的文明。"

唐代以后冶铁技术不断南移，南汉时广州光孝寺的东西两铁塔的铸造技术已臻完美，塔身铸有上千个佛像，称为千佛塔。南宋著名学者洪咨夔的《大冶赋》这样讴歌了南方冶铸产品运输的盛况："铁往铜来，锡至铅续。川浮舳舻之衔尾，陆走车担之襁属。出岭峤，下荆蜀。绝彭蠡洞庭而星驰，沂重淮大江而电逐。"这里所说的"岭峤"，指的就是五岭山脉。明代后起的广铁誉满天下，佛山承接了中华传统失蜡法铸造技术，又独创了"红模铸造法"，成为与遵化齐名的两大冶铁中心之一。遵化冶铁业在正德八年（1513）被明王朝停办后，佛山更是后来居上，一枝独秀。祖庙现存的大型铜铁礼器中，有明景泰年间铸造的北帝铜像，重2.5吨，是明代国内最大的青铜造像；有明成化年间的铜钟，重约1吨，钮钟设计为精细的龙身造型，独具匠心，造型精美；有明嘉靖年间的铜镜，铜质光泽如新，形制巨大，为祖庙重器，是明代国内最大的铜镜；有铸于嘉庆年间的大铁鼎，该鼎通高2.6米，以镂空金钱图案装饰，铭文工整古朴，全鼎浑然一体，气势非凡。明清两代，中国铁钟为东南亚诸国所追求。作为庙宇的镇庙之宝，佛山铸造的铁钟尤为当地寺庙首选，占据了东南亚诸国寺庙梵钟的主导地位。佛山的大铁锅更是备受欢迎。明清时期，广锅出口日本，大获盈利，大者一口价银一两。雍正年间，佛山铁锅大量销往外洋，洋船每船所载多者两万斤，少者五六百斤。"其不买铁锅之船，十不过一二。"清中叶后，出国谋生的广府华侨群体，也把广锅传入美国旧金山、澳大利亚墨尔本。两广总督张之洞就曾在给光绪皇帝的奏折中称：佛山铁锅每年出口新加坡、新旧金山约五十万口。从此英语出现了"WOK"（粤语"镬"音）一词，专指圆形尖底的中国锅（Chinese Wok）。

《左传》有云："国之大事，在祀与戎。"除了礼器、民生用品和生产器具外，佛山铸造还担负起了皇朝的国防任务。明清两朝均用佛山铸造的铁炮在全国布防，从辽东到宣大边塞，从虎门到广州城防，从水师战船到海关缉私艇，比比皆然。佛山生产的铁炮从五百斤到一万斤皆有，清道光年间，佛山成为国内供应海防大炮的最大军火基地，广东官府曾一次性订购铜铁炮2400余门。作为支柱产业，佛山铸造业带动了佛山手工业体系的其他上百个金属加工业的发展。佛山的铜铁铅锡金等锻造行业，门类齐全，制造精细，所出产品涵盖了建筑装饰、民生日用的各个方面。入清以后，佛山的手工业进入全面发展阶段，以冶铁业为主干，以陶瓷业和纺织业为辅助，带动了造纸业、成药业、颜料业、爆竹业、衣帽业、扎作门神业的百业兴旺。多样性、派生性、互补性，构成了此时佛山手工业体系的有机结合形态。

世界科技史泰斗李约瑟认为，欧洲的生铁铸造技术是从中国传入的。因为在中世纪，只有中国能提供数量庞大的铁和钢。由此可见，中国的铸铁技术在古代和中世纪曾长期处于领先地位。而自16世纪至19世纪持续兴旺的佛山制造业，既是中国铸造技术和产品输出的高地，更是中华铸造文明的重要支点。它支撑着几千年来中华铸造文明的光荣延续，支撑着中国作为东方铸造文明大国地位的世代辉煌。

佛山既是岭南文化的核心基地，也是中华传统文化的宝库所在

岭南文化有四大内容在佛山诞生发展，它们是明儒心学、状元文化、祖庙文化和粤剧文化。

明儒心学发端于江门，而传播于西樵。明儒心学为明代广东新会学者陈献章（号白沙）所创，陈白沙提倡"道心合一"，以静坐体认天理为宗旨。湛若水（号甘泉）师从陈献章十余年，成为白沙先生最有成就的学生。弘治十八年（1505）湛若水会试第二，授官翰林院编修，当时王守仁（号阳明）在吏部讲学，湛若水"与相应和"。其后各立宗旨。"守仁以致良知为宗，若水以随处体认天理为宗。"时称"王湛之学"，分执明中叶理学之牛耳。正德年间，湛若水到西樵山筑舍讲学。当时致仕归家的方献夫、霍韬也相继进入西樵山与湛若水切磋砥砺，日研经书，讲学授徒。湛若水建大科书院，方献夫建石泉书院，霍韬建四峰书院，西樵山中三院鼎峙，藏修讲学，四方士子入山求学者甚众。霍韬在此时撰著了《诗经注解》《象山学辨》《程朱训释》等书，后刊行于世。当时方献夫致信王阳明说："西樵山中近来士类渐集，亦颇知向方……甘泉大有倡率讲明之意。近构学舍数十于山，以延学者，将来必有成就，此亦一盛事也。"王阳明对此嘉许，称"英贤之生，同时共地，良不易得。乘此机会，毋虚岁月，是所望也"。西樵山中的书院，培养出一批像霍与瑕这样的佛山子弟。湛若水在嘉靖初年复回朝，历任礼、吏、兵三部尚书。方献夫、霍韬亦踵其后，于嘉靖年间分别继任吏部、礼部尚书。此时的南海士大夫均以理学相高，如梁焯（曾任兵部职方司员外郎）成进士后，即游学于王阳明处，并录有《阳明先生问答传习录》传世；庞嵩（曾任应天通判）早年亦游学王阳明门下，以后复从湛若水游。湛若水曾说"北有吕泾野，南有庞弼唐，江门之学遂不坠"。何维柏（曾任南京礼部尚书）年轻时负笈于西樵山，与湛若水、霍韬论学"多所默契"，致仕后创立天山书院，"阐发陈白沙绪论，四方从游者甚众"。冼桂奇（曾任南京刑部主事）登第前即"师事湛甘泉"，致仕归家后筑精舍讲学，遂"以一代理学为世儒宗"。南海士大夫在西樵山研讨理学的学术圈子，还吸引了当时当政的两广官员。例如广东巡按御史洪垣，嘉靖十一年（1532）进士，湛若水在京师讲学时，"垣受业其门"，后出按广东，经常到西樵山求学。这样，湛若水、方献夫、霍韬以及南海士大夫群体，以西樵山为平台，传播易理，弘扬白沙心学，并以其理学上的学问和为官实践，深刻地影响了中国的儒家文化。五百年来，西樵山一直作为中华士子见贤思齐的文化名山而存在。正如明代学者方豪所言："西樵者，天下之西樵，非岭南之西樵也。"

状元文化不属佛山独有，但以佛山最为杰出。佛山自古科甲鼎盛，南汉的状元简文会和南宋的状元张镇孙名节自持，是佛山士子中初露头角者；而明代不断涌现的状元和会元，则令佛山科名雄视岭南。明成化年间石硔乡的梁储考中会元（官至内阁首辅），明弘治年间黎涌乡的伦文叙状元及第，明正德年间石头乡的霍韬亦夺魁会元。其后，伦文叙之子伦以训亦中会元。黎涌、石硔、石头相隔不到五里，人称"五里四会元"。而伦文叙一家父子四人，文叙连捷会元、状元，以训连捷会元、榜眼，以谅为解元、进士，以诜亦为进士，因而又有"父子四元双进士"之誉，人称"海内科名之盛，无出其右，所谓南伦北许也"。还有明万历年间状元黄士俊亦蟾宫折桂，清末时状元梁耀枢也独占鳌头。明清两代，佛山一共出了五个状元、三个会元。清代佛山科名依然头角峥嵘，时人有"广郡科第之盛甲于粤中，南海科第之盛甲于广郡，佛山科第之盛又甲于南海"之说。以科举出仕的有湖南巡抚吴荣光，四川总督骆秉章，咸丰探花李文田（礼部右侍郎），梁僧宝（鸿胪寺少卿兼军机），戴鸿慈（协办大学士、法部尚书，出洋五大臣之一），张荫桓（户部左侍郎、驻美国公使）。还有在三湖书院就读的康有为和在佛山书院就读的梁启超、署理邮传部大臣梁士诒等。这些人才的出现，使佛山成为名副其实的"气标两广的人文之邦"。为什么佛山状元、会元在明代中叶呈群体性涌现？为什么明代佛山籍大吏在嘉靖朝宠命优渥？状元文化留下了何种文化基因？要回答这些问题，就要对科举制度进行探讨，对皇权体制进行分析，对中华传统文化进行整体把握。唯其如此，研究佛山的状元文化，就具有了特殊的价值。

祖庙文化为佛山所独有。在中国城市发展史上，如果说有一座庙宇与一座城市的命运休戚相关，那就是佛山祖庙。明清时期的祖庙，是当时佛山人的信仰高地和心灵归宿。可以这样形容两者之间的关系：祖庙之于佛山镇，事事相关；祖庙之于佛山人，代代相系。明正统十四年（1449）发生的一场长达半年的佛山保卫战，把祖庙和北帝深植在佛山先民心中。当时为了保卫佛山自明初以来积累的劳动成果，佛山先民有二十二老以祖庙为指挥部，罄其财产，分铺防卫，万人一心，众志成城，终于保住佛山不受掠夺。事平之后，明王朝敕赐祖庙为灵应祠，列入官府谕祭。佛山先民遂把佛山全境分为二十四铺，分区管理，从此佛山脱离乡村形态，走上了城市化的发展之路。祖庙也成为珠江三角洲最大的北帝庙，并诞生了出秋色、烧大爆、北帝坐祠堂等民俗庆会和祖庙建筑群。明清时期，祖庙还是佛山士绅议事决事的中心，佛山民间自治组织明代的"嘉会堂"和清代的"大魁堂"均设于此。至今悬挂于祖庙大殿外的"廿七铺奉此为祖，亿万年惟我独尊"的对联，就是对祖庙在佛山地位的精辟写照。千百年来,祖庙以其独特的人文之光滋养着佛山这片土地,也给这片土地留下了享誉千年的人文瑰宝和古建华章。因此,研究祖庙千百年来亦庙亦祠的发展脉络,可以发现岭南人文的精彩篇章。从这个意义上说,解读了祖庙的文化内涵,就可以理解佛山的民间信仰;解读了佛山的民间信仰,就可以理解中华文化之博大。

粤剧文化的诞生和发展与佛山有直接的关系。粤剧行语有云:"未有吉庆,先有琼花。""吉庆"是指同治年间设在广州的粤剧吉庆公所,"琼花"是指雍正年间设在佛山的琼花会馆,两个都是粤剧的行会组织。琼花会馆在前,吉庆公所在后,二者有明显的承继关系,然时间相差上百年。粤剧在佛山的诞生,并不是偶然的。戏剧的发展与社会经济发展密切相关。首先,佛山神庙和宗族祠堂众多,需要大量的神功戏酬神;其次,商人和侨寓的大量涌入,使会馆以及单身汉的数量迅速增加,需要演剧酬谢行业神和丰富业余生活;再者,数量庞大的手工业者常常要庆贺师傅诞和满师礼。土著的祭祀需要、侨寓的文化生活需要和工商业者的行业惯例需要三者相结合,为粤剧的诞生提供了"肥沃的土壤"。雍正年间,北京名伶张五,号称"摊手五",南来佛山,寄居佛山镇大基尾。张五以京戏昆曲授诸红船子弟,变其组织,张其规模,创立琼花会馆。琼花会馆建立于雍正年代的事实,可以在乾隆十七年(1752)陈炎宗修《佛山忠义乡志》之《佛山总图》中标出的"琼花会馆"一建筑得到证实。琼花会馆建立后,规范了粤剧剧种和十行角色,培养了大批粤剧人才,从而使粤剧走向蓬勃发展的阶段。粤剧宛如逾淮之橘、出谷之莺,从而独树一帜,向广州、珠江三角洲乃至广西东南部迅速发展。张五从此被粤剧艺人尊奉为"张师傅"。咸丰四年(1854),因琼花会馆戏班参加红巾军起义,清军平毁了琼花会馆。此后粤剧班子均散向四乡及流集于广州谋生,同治年间遂在广州设立吉庆公所。由此可见,佛山是粤剧诞生的地方,又是粤剧发展的基地。粤剧与佛山社会生活息息相关,互相依存,共同发展,并成为中华传统戏剧的重要剧种。

上述岭南文化的四大内容都在佛山诞生或发展，其成长过程中的"佛山"烙印固然明显，而其对中华文化的影响也是显而易见的。此外佛山收藏的木鱼书、木版年画、扎作工艺品、石湾瓦脊、石湾公仔等文物作品，现存的祠堂和锅耳形建筑，以及北帝巡游、出秋色、行通济等习俗庆会和武术、中药、传统广府菜肴等，都具有典型的岭南特色，其中不少属于非物质文化遗产。所以说佛山既是岭南文化的核心基地，也是中华传统文化的宝库所在。

唯书有华，赠人如锦。"佛山历史文化丛书"将以各位著者多年的研究成果和独特视角，为您展开丰富多彩、颇具价值的佛山历史文化长卷，让海内外朋友捧如甘饴，感受佛山的内涵与精彩；让生于斯长于斯的老佛山人重拾瑰宝，不忘初衷；让来自他乡的新佛山人感受传统，仰之爱之。笔者身非佛山公，却心萦佛山乡，几十年来对佛山历史文化持续关注与爱护，情有独钟，从未释怀。因为笔者深深地知道，从古到今，佛山一直站在文明续谱的桥头堡上。

（作者系历史学博士、中国社会经济史学者、佛山史专家、广州市东方实录研究院院长，著有《明清佛山经济发展与社会变迁》）

"佛山历史文化丛书"
编撰凡例

一、国家历史文化名城佛山，明清时期与汉口镇、景德镇、朱仙镇并称全国"四大名镇"，与北京、汉口、苏州并称"天下四聚"，文化积淀深厚。"佛山历史文化丛书"（简称丛书）于2016年启动，每年一辑，每辑10种，是佛山市一项系统性大型文化工程。

二、丛书以习近平新时代中国特色社会主义思想为指导，坚持以人民为中心的创作导向，坚持为人民服务、为社会主义服务的根本方向，坚持百花齐放、百家争鸣的方针，深入反映佛山历史文化的总体风貌，多角度、多层面地发掘佛山多姿多彩的历史文化，全面、系统地解读佛山优秀历史文化的底蕴和创造力。

三、丛书旨在用当代眼光审视佛山历史，开掘源远流长、积淀深厚的佛山历史文化内蕴，揭橥历史上的佛山如何得天时、出地利、尽人和地创造，为佛山经济社会的可持续发展，提供可借鉴的文化资源。

四、丛书的写作，基于丰富深厚的历史文献、历史文物，并配以彩图，图文并茂，力争兼具学术性与通俗性，将佛山优秀历史文化的诸多层面，立体呈现出来，激励兹土兹民以及关注佛山在中国历史文化和现实改革开放版图地位的各界贤良，让他们更深入地理解和认同佛山。

五、丛书所称"佛山"，指今天广东省佛山市行政区划而不限于历史上的佛山镇，包括禅城、南海、顺德、高明、三水五区约3800平方公里范围内与历史文化相关的人、地、物、事。如果课题内容与相邻区域有交叉，撰稿人应根据史实，酌情处理。

六、丛书内容大致可分为：佛山历史环境地理、佛山工商业、岭南文化遗产、佛山历史人物。具体展开为八大方面：（1）红色文化主题：对新中国成立和建设作出较为重要贡献的人物和群体，需要关注；（2）变革与创新主题：在政治、经济和社会创新变革等方面有重大的贡献，推动中国历史进程的历史人物和事件，应该总结；（3）历史地理主题：近海水文化环境格局，以及和广州的双城面貌，对于成陆的佛山和佛山产业布局、产业调整，关系极大，因而佛山水环境、地名、地理、古人类活动等，均需梳理；（4）生态文明主题：佛山先民创造性地利用湿热低洼的地理气候条件，广筑堤围，在地少人稠的佛山，以可持续、立体种养的"基塘"农业，率先实现农桑的商品化生产，一些世家大族、名村名镇应运而生，其成就和遗产对于今天乃至未来，仍不乏启示，理应关注；（5）工商业主题：以工商业著称的佛山，其丰富的工商业史料、商业伦理、工商业品牌、企业、产业、行业、行会等，都在网罗之内；（6）岭南文化主题：作为广府文化重镇，广府文化的代表性符号诸如粤剧、南音、南狮、粤语、粤菜、广锅、石湾瓦、秋色、剪纸、武术等，或者由佛山发轫，或者由佛山光大，正该系统整理；（7）历史名人主题：佛山百业兴旺，名匠作手代不乏人，而且科甲之盛，傲视岭南，名医留下的验方良药、名师传下的武功招式、大家留下的丹青墨迹、名人书写的诗文传说，至今还滋养着这块土地，甚至进入中国文化的谱系，应予整理；（8）对外交流主题：佛山是海上丝绸之路的重要节点之一，更是重要的产品制造输出地，从佛山出发以及归往、过境佛山的客流物流，在一个覆盖南洋群岛、遍及全球的范围内，留下了鲜明印迹，值得挖掘。

七、丛书立传所涉人物，原则上为历史上的佛山籍优秀先贤，包括原籍佛山者、入籍佛山者和寄籍佛山者，他们在经济、政治、文化、社会、科技等领域为本土、为国家作出过重大和杰出贡献。

八、丛书以研究性著述为主，凡引用佛山历史文献和其他历史文献，均须经由作者消化释读，转换为作品论证说明的有机成分。

九、丛书属原创性研究论著，原则上不主张集体作品。著述者必须严格遵守《中华人民共和国著作权法》等相关规定，在引用文献和使用图片时，不得引用版权不明或有争议的作品。

十、除学术委员会指定邀请的相关学者撰述外，丛书绝大多数课题，都面向全社会公开征集作者。作者根据丛书编辑部所悬标的，提出书面申请，完成作者学术履历、团队构成、先期成果和著述大纲等内容的填写，经学术委员会审定通过后，与编辑部签约，进入课题调研和文本写作程序。

十一、丛书所用文字，除引用古籍而又无相应简化汉字的特殊情况外，行文一律使用通用规范汉字，避免异体字和繁体字。例外而非用不可时，须出注说明。

十二、丛书使用的标点符号和数字，须遵照国家相关出版法规的规定。

十三、丛书所用人名、地名、书名、民族名、外文名、机构名、专业术语、专有名词等，全书应统一。外来译名，应注明原文，以便核查、检索。

十四、丛书从第三辑开始，回溯提供已出版书目，供公众参考，提供线索，不断丰富课题、及时调整选目，裨益丛书。

目 录

前言

文化 / 历史

事虽不成壮人气，

蹴踏雷电飞风沙。

昔何维柏劾严嵩，

万众拈香群叹嗟。

——康有为《顺德二直歌》①

　　在秦统一岭南之前，北方文化尤其是儒学文化并没有传播至此，随着秦的统一及两汉数百年的劝教训导，南下的官员带来了北方文化，为岭南儒学的兴起铺垫了基础，然直到南宋，岭南儒学在思想界都没有能产生开宗立派的儒学大师，在中原学术界也基本没有话语权。南宋理学的传播和书院的兴起，为岭南地区培养了一大批理学传人，其中由崔与之开创、李昴英振兴的"菊坡学派"可称宋代岭南本土首个理学学派。明代以后，随着广东社会经济的迅速发展，改变了岭南地区此前儒学传播较为落后的局面，在思想界出现了具备全国影响力的儒家学者群体。正如黄宗羲《明儒学案》言："有明之学，至白沙始入精微"②。以陈献章为代表的白沙学派，以"静中养出端倪"为学术宗旨，着重体悟儒家思想"仁"的内涵，所从者众，其本人及门人兴办书院私学作为主要传播途径，哺育了明中后期岭南学者群体。岭南儒家学术文化的勃兴，为本地区士子靠读书科考入仕带来了更多机会，直接促进了这个地区官僚群体的崛起。他们以科举出

---

① 　[清]康有为：《顺德二直歌》，康有为著、陈永正编：《康有为诗文选》，广州：广东人民出版社，1983年，第137—138页。

② 　[明]黄宗羲：《明儒学案》卷五，《黄宗羲全集》第13册，杭州：浙江古籍出版社，2012年，第71页。

仕为主要特征，或入京参预国事，或任职地方施行改革，或聚徒讲学论争学术，成为岭南政治思想文化发展史上不可忽视的力量。其中，明代弘治、正德、嘉靖三朝崛起的"南海士大夫集团"①是个中的佼佼者。

　　"南海士大夫集团"并不是一个真正意义上的政治团体，而是后世研究者对围绕南海西樵山四大书院聚集起来的来自岭南各地的官宦名儒的统称。何维柏是其中一员，其出生之时，陈献章已去世十余年，但自小在昆都山读书的何维柏，早年即以宋朝理学家李侗（又称延平先生）主张之"默坐澄心、体认天理"②为座右铭，首次赴京应试下第后，在西樵山古梅洞日夜研读《白沙集》，"始知'静中养出端倪之旨，惟澄心静坐'"③。此后，何维柏多次称自己"生后十年""服膺已久"，"虽未及门""犹幸私淑"④，一生奉白沙学说为圭臬。白沙学说不仅让何维柏体悟到了"立本之自然"，更是让他在为官之时，面对权臣奸相，抱定言官"安敢有负"的弹劾之责："驰驱无计舒民瘼，迂癖兹游愧友生"⑤。特别是在被锦衣卫千里拏械，就缚入京时，更是无所悔尤，自明心志，"平生学问，至此颇觉得力"⑥，真正知而有行。何维柏二十五岁中进士，二十七岁谢病归，后又被重新起用，一生四起四落，但忠鲠如一。尤其是嘉靖二十四年（1545）在福建巡按任上劾奏首辅严嵩，被逮下狱，九死一生，明知艰险

① 罗一星：《明清佛山经济发展与社会变迁》，广州：广东人民出版社，1994年，第81页。

② ［明］何维柏：《重修翰林院检讨白沙陈先生祠记》，《何维柏集》，北京：知识产权出版社，2020年，第254页。

③ ［明］叶梦熊：《大宗伯端恪何公行状》，一九九六年《庐江沙湾何氏宗谱》，转录自广东南雄珠玑巷后裔联谊会编：《何氏源流》，内部资料，1998年，第152页。

④ ［明］何维柏：《谒云谷白沙先生祠祭文》《至江门谒祠再告》，《何维柏集》，北京：知识产权出版社，2020年，第275—276页。

⑤ ［明］何维柏：《扄院草疏·用前院聂双江韵书怀》，《何维柏集》，北京：知识产权出版社，2020年，第301页。

⑥ ［明］《古林何公建言日记·初六日》，《诚征录》，光绪重抄本，沙滘何氏宗祠藏本。

仍心志坚定，遭杖责后仍余一命，削籍还乡。他在长居乡里期间，筑天山草堂，开天山书院，为岭南尤其是广府地区培养了众多人才。但他为人低调，所著文字不甚在意，在世之时群弟子恭请夙搆诗文，俾得绅诵，被他以"昔白沙绝意著述，而吾顾尚言哉！辄有训答稿，辄湮削，诸君亦求诸心已矣，焉用文之？"①推辞。今仅存《天山草堂存稿》六卷及少量诗文传世。

万历十五年（1587）十二月，历经正德、嘉靖、隆庆、万历四朝的何维柏在广州去世，享年七十七岁。万历十六年（1588），讣闻上奏到京，万历皇帝命工部主事陈志熙、中书舍人胡琳，尊何维柏生前意愿，谕葬于三水镇冈山（今佛山市三水区金本镇芹坑村罗盘岗西北坡）。万历十八年（1590），广东布政使左参议李蕴奉旨谕祭，并评价曰："矢志忠贞，提身清白，事不期于苟合，学惟务乎古人，朝望乡评，始终归允。"②同时恩赐牌坊于羊城大市街（今越秀区惠福路），表曰"清朝柱石""名世儒宗"，赐祭从祀乡贤。作为一名官员，何维柏虽二十五岁即中进士，但四起四落，加上丁忧去官，真正任职的时间加起来不过短短十年，为什么身后能得到万历皇帝"矢志忠贞，提身清白"的御评？他究竟是什么样的人？如何当得起"清朝柱石""名世儒宗"的美誉？本书将本着客观严肃的态度，对其展开整体贯一的研究，为后世认识一个更为真切正直的何维柏提供参考。

——

何维柏（1511—1587），字乔仲，号古林，南海沙滘（今佛山市南

---

① ［明］杨烈：《刻〈天山集〉小引》，《天山草堂存稿》卷首，《何维柏集》，北京：知识产权出版社，2020年，第4页。

② ［明］李蕴：《论祭原任南京礼部尚书何维柏》，《三水县志》卷十四，台北：成文出版社，1966年，第249页。又见何沉重抄本《天山草堂存稿》卷首，沙滘何氏宗祠藏本。

海区丹灶镇沙滘村）人。明代著名理学家。明嘉靖十年（1531）中举，嘉靖十四年（1535）中进士，选庶吉士。历任监察御史、福建巡按、大理寺左少卿、礼部左侍郎、都察院左副都御史、吏部左侍郎、南京礼部尚书等职。何维柏以言官入仕，在任期间秉持"据事论事，安敢有负"的言官之责，明知言出祸随，仍将生死置之度外，在满朝文武对首辅严嵩执政"人畏而不敢言"之际，他以外任巡按之臣，上疏直谏，历数严嵩秉政之藉宠而怀奸、盗权而植党诸罪。疏上之后，何维柏即查封文卷、澄心斋宿，自言待罪，及至锦衣卫奉旨拏械赴京，长途桎梏，冒暑兼程，不改颜色。下狱之后，无论如何被梭敲刑逼，仅以"柏系言官，目击时艰，条陈章疏，分所当为"[①]从容以对。获杖刑后幸得番禺籍锦衣卫陶凤仪暗中救护，仍余一息，削籍归里。三十年后，当何维柏再次奉诏复职，仍不改其忠直，在面对权相张居正是否应丁父忧去官还是"夺情"一事上，他再次坚持"纲常万古不易"，反对"夺情"，被恼羞成怒的张居正停俸三月，出为南京礼部尚书，并终遭罢黜。何维柏始终如一的清正敢言，都是受岭南理学尤其是白沙心学的影响：他早年读书昆都山，极为服膺北宋理学家延平先生的"默坐澄心、体认天理"之说。后来入住西樵山古梅洞，日夜研读《白沙集》，与西樵山理学者刘模、王渐逵、陈激衷等过从甚密，并与隐居于此的方献夫、霍韬来往。中进士授官后仅一年，就称病还乡，在广州河南（今海珠区）筑天山草堂，奉陈白沙为明代之儒宗、圣门之正裔，日夜澄心静坐，体悟立本之自然，并四处游历，以证白沙之学。后由于从学从游者众，辟天山书院，前后三十余年，皆以讲学为乐。著有《易义》《礼经说》《太极图解》《天山集》及编《陈子言行录》等。今除《天山草堂存稿》外，余皆不存。《明史》卷二百十、《粤大记》卷一四、崇祯《南海县志》卷十、乾隆《广州府志》卷三十三、嘉庆《三水县志》卷十一、道

---

① 　［明］《古林何公建言日记·七月二十二日》，《诚征录》，光绪重抄本，沙滘何氏宗祠藏本。

光《广东通志》卷二百七十九、道光《粤东名儒言行录》卷十七、同治《番禺县志》卷三十三等均从不同角度或详或略记载了何维柏的生平与事迹。

明正德六年（1511）十一月，何维柏出生于南海沙滘村一个半农半儒半商家庭。维柏祖父玄方（号月庄公）行谊颇受乡里推重，曾任墟长。父应初（号逸溪公）是月庄公长子，少时即以"孝"闻名，旷达不问生产，惟以课子弟为事。逸溪公初娶南岸堡陆氏，无子，续娶冯氏。尽管何维柏是继室冯氏所生，但与前母陆氏娘家关系甚笃，"臣自童时，即往读前母家，事前母舅如母舅"①。因幼时曾往读前母陆氏家，寄籍三水南岸堡，读书于昆都山。南岸堡原属南海县，明嘉靖五年（1526），三水置县，南岸堡属三水县，在此就学的何维柏兄弟后在此应三水县试。嘉靖十年（1531），何维柏以胡一化榜选三水县贡生，同榜还有蒙学之、孔钟灵、邝元乐等。次年赴京会试不第，回乡娶夫人劳廉。劳廉系南海登云里人，其先世劳士宽曾登洪武十八年进士，官刑曹，以直谏死于任上。下第后，何维柏未再回昆都山，而是入当时南海士大夫隐居或苦读的集聚之地——西樵山，住古梅洞，日夜研读。其时，西樵四大书院中的大科书院、石泉书院及四峰书院均已落成，分别由当时名宦湛若水、方献夫、霍韬所建。三大书院汇聚了大批年轻的儒学士子，从学从游者不计其数。何维柏在此日夜研读《白沙集》，并与就读四峰等书院的学子过从往还，徜徉西樵山水间。嘉靖十四年（1535），何维柏再次赴京应考，中韩应龙榜三甲第一百七十二名，选庶吉士，读书中秘。后授监察御史，正式开启官场之路。尽管入仕之初，维柏也意气风发，广为结纳海内贤大夫，但清正不阿的个性及其所受的岭南理学教育熏陶，使初入官场的何维柏如初生牛犊，连上疏议，忤怒皇帝。随侍京师的夫人劳氏深知丈夫性情忠鲠不愿随波逐

---

① ［明］何维柏：《比例乞恩追赠前母疏》，《何维柏集》，北京：知识产权出版社，2020年，第26页。

流，担心他因忠愤不平，以言受杖落职甚至丧生。因此提出家里父亲年事已高，建议辞官奉养。嘉靖十六年（1537），任官不足两年的何维柏以病为由，辞官回乡，卜居广州河南（今广州市海珠区云桂村），奉养家人，同时遍交岭南理学名家。嘉靖二十二年（1543），何维柏被征还朝，北上途中特意绕道泰和，谒儒林名宿罗钦顺（号整庵），与之论陈白沙、王阳明、湛若水三先生之言，驳整庵论白沙"悟之后之见"，力证白沙之学。

嘉靖二十二年（1543）九月，何维柏奉诏以御史巡按福建，刚到福建即逢福州、兴州、漳州、泉州发生特大洪灾，数十万人无家可归、无粮可食。何维柏力排众议，开仓赈灾，并条陈救荒十余策，为受灾各州力保灾粮发放及灾后粮食生产，民众得以死里逃生。此事令他在民众中骤得极高声望。一年期满，例行考核将至。何维柏抓住上疏机会，酝酿数月，终不违本心，将一年官场所见所闻草成《献愚忠陈时务以备采择以保治安疏》，矛头直指时任内阁首辅大臣的严嵩。疏入京师，严嵩喊冤自辩，嘉靖皇帝震怒，派锦衣卫赴福建将何维柏押解赴京发落，福建官绅为之震动，恸哭挽留。维柏下狱后与曾弹劾严嵩的杨爵、周怡、刘魁等相识，尽管被有司严刑拷打、各种罗织逼供，但由于其确实未曾结党营私，上疏也纯从己意，嘉靖皇帝判其杖刑八十。杖后余息尚存，被削籍回乡。从嘉靖二十四年（1545）削籍还乡至世宗驾崩、隆庆皇帝登基前的二十二年里，何维柏都僻居广州河南（今海珠区）天山草堂，日侍双亲膝下。同时开天山书院授徒，崇尚默坐澄心、尽诚忘己、立本自然，学问日渐增进，南来北往慕名而至者日渐增多。所授弟子，举于乡者三十余人，中进士者十余人，其中三弟何维椅，亲承兄授，后中隆庆二年（1568）戊辰科进士。

嘉靖四十五年（1566），世宗驾崩，时任内阁首辅大臣徐阶草拟遗诏，穆宗隆庆皇帝即位，释放起用整个嘉靖年间建言得罪诸臣。隆庆元年（1567）正月，吏部奏请先朝得罪诸臣如通政使樊深、御史何维柏等三十三人当遵遗诏录用。何维柏奉诏还京，官复原职，任河南道御史。二十余年过去，曾因上疏直谏陷狱欲死的何维柏完全没有全身远害的自

觉，仍秉持言官"举世之所不敢言者而独言之"的职业操守，为刚登基不久的新皇接连上《慎修圣德安内攘外以隆中兴疏》《勤圣学励臣工以成治道疏》《恳乞饬励群工慎修实政共图中兴盛治疏》等奏议，为朝廷重臣少师徐阶、少傅杨博等敬重。次年，因眼见内阁大臣相互倾轧，备受知遇之恩的首辅徐阶被迫去官，心生去意。正好隆庆三年（1569）正月母冯氏在京病故，再次丁母忧去官还乡。

神宗万历元年（1573），主持隆庆中兴的内阁首辅大臣徐阶、李春芳、高拱等相继致仕，张居正任内阁首辅，时年六十三岁的何维柏再次奉诏还朝，征拜前职，十月升吏部左侍郎。万历四年（1576）正月，因万历三年（1575）辽东大捷反遭严旨申斥的辽东巡按御史刘台弹劾首辅张居正"偃然以相自处，擅威福者三四年矣"。被自己主考所取的进士门生弹劾，张居正颇受打击，只得上疏乞罢，以解群议。时任吏部左侍郎的何维柏认为张居正所为"皆为国事"，因此倡九卿挽留。但一年之后的万历五年（1577）九月，身在湖北江陵的张居正父亲病逝，按例需去官守制二十七个月，期满起复。时大权在揽的张居正不愿辞官丁忧，授意户部侍郎李幼孜等上疏夺情，万历皇帝也很快就下了不许守制的上谕。但吏部尚书张瀚未遵张居正意，私下问时任吏部左侍郎的何维柏意见，何维柏非常坚定地回答："国事一时可支，纲常万古不易。"意即去官守制乃天经地义，不可偏废。由此得罪张居正，很快张瀚被罢免，何维柏亦被停俸三月，然后出为南京礼部尚书。在赴南京行至潞河（今北京市通州区）时，上疏乞致仕得到批准，时年六十七岁。此后，何维柏不再任官，角巾野服，恣游名山，回乡后继续在天山草堂讲学十余年，卒于万历十五年（1587）十二月，享年七十七岁。

何维柏去世之后，门弟子、时任太子太保、南京工部尚书叶梦熊为之撰《大宗伯端恪何公行状》，除记其生平外，也从弟子角度评价了其学术旨趣：

图1　位于佛山市三水区金本镇芹坑村的何维柏墓前石人
（坟前原有石碑"礼部尚书何公墓"，墓道两旁有石人、石马、石虎、石羊各一对。今其地面构筑已被毁，仅存部分石雕。1983年公布为三水县文物保护单位）

　　诸著诗文，不求甚工，多发自得之趣。公学以白沙无欲为宗，而忠孝实行、出处大节，则可对天地、质鬼神者也。其精微之论，在答王龙溪、徐文贞、项瓯东诸书及"格物""慎独"诸语。太宰称公"实学自终日乾乾中来"，颜君鲸称公"湛虚明之量空洞，千古守忠信之教，反身一诚"。腾君伯输称公"终身惟主一诚"……若夫一身以扶三纲，一言以系九鼎，如分宜、江陵，前后难作以危邦国，皆藉公以夺其奸邪之魄，徘徊而不敢动。功在社稷，是其最著，至于独得之妙不尽于言，经世之略不尽于用，又非言语所能及也。①

---

① 　［明］叶梦熊：《大宗伯端恪何公行状》，一九九六年《庐江沙湾何氏宗谱》，转录自广东南雄珠玑巷后裔联谊会编：《何氏源流》，内部资料，1998年，第152页。

　　"诸著诗文，不求甚工，多发自得之趣"，平实而委婉地评价了何维柏诗文的文学价值，即"不求甚工"，这既是何维柏素与弟子学问往还不期寄诸文字的一贯旨趣相合，也与后来四库馆臣评价何维柏诗"多讲学语"相类。"公学以白沙无欲为宗"是历来对何维柏学问出处的确评，作为何维柏亲传弟子，叶梦熊深为理解个中的精微之处。"可对天地、质鬼神"，"籍公以夺其奸邪之魄，徘徊而不敢动"则是对何维柏面对权奸权相，敢于执言的真实写照。"一身以扶三纲，一言以系九鼎"是最真切的推崇，确也当得起万历皇帝"事不期于苟合，学惟务乎古人"的身后评。

　　何维柏去世之后，万历皇帝遣广东布政使司左参议李蕴谕祭曰："惟尔矢志忠贞，提身清白，事不期于苟合，学惟务古人，朝望乡，始终归允。"①，并立"清朝柱石""名世儒宗"牌坊于省府羊城街市。何维柏能得"清朝柱石"之旌表，是他以一腔浩然正气，言举世之所不敢言的忠实写照；而他被推为"名世儒宗"，则是数十年如一日，弘扬白沙学说，身体力行，"盖其为学也，主之以见大无欲之志，行之以庄敬持平之实，崇之以默坐澄心之功，严之以内敬常存、外邪不入之守，纯之以尽诚忘己、立本自然、虚圆不测之养"。②是以荐绅之士，纷从来游，持弟子礼，后来任兵部尚书的叶梦熊、任湖广佥事的陈吾德，皆出其门，其言行合一的理学家风范，海内著称。

二

　　何维柏为官时间虽然不长，前后加起不过十年，但他治闽救荒、直

---

① 　[明]李蕴：《论祭源任南京礼部尚书何维柏》，《三水县志》卷十四，台北：成文出版社，1966年，第249页。

② 　[明]杨烈：《刻〈天山集〉小引》，《天山草堂存稿》卷首，《何维柏集》，北京：知识产权出版社，2020年，第3页。

斥权奸的政绩却声名远播。早在嘉靖二十四年（1545）何维柏在闽被锦衣卫押解赴京之时，闽地就已流传民间歌谣数十百章，歌颂何维柏"生我父母、活我何公"的治闽之功，也哀叹世宗皇帝之"天威不测，百姓遮道不可留"。押解赴京及下狱的详细过程，有不著撰人的随从记录《古林何公建言日记》及林应骐《台谏逸事》、罗一中《苍蝇传》、题名为罗钦顺的《惠德编》等补记，后汇刻为《诚征录》传世（此书一度失传，2008年在沙滘村何氏宗祠被发现光绪重抄本）。但与其他位列"南海士大夫集团"或西樵理学名家之列的名人学者相比，后世对何维柏的研究相对较为冷清，大体来说可分为以下四个阶段：

一是何维柏去世以前，主要是作品整理汇刻。在何维柏尚在世的万历十一年（1583），其门弟子郑用渊、黄朴、冼效、罗汝儒等"出其所尝手录若干"，并恳请维柏之子崇亨、崇庆、崇京三兄弟"出其所敬藏若干"，遍搜旁辑，裒汇成编，名为《天山草堂存稿》。据现存两种钞本卷首录颜鲸跋及蒲凝重跋，实际成书时间当在万历十二年（1584），汇刻于福建。而集名"存稿"，当是弟子编撰时即认为"散逸於十伯之余，所存仅一二耳"①。这是何维柏作品目前所见最完整的保存本，当时汇刻的存稿究竟多少卷？现存序跋均未提及。据焦竑万历间编成的《国史经籍志》卷五，著录有何维柏《天山堂稿》二十卷，《千顷堂书目》和《明史·艺文志》亦著录《天山草堂集》二十卷。《国史经籍志》与《明史》所著录虽集名稍异，但俱为二十卷。与《明史·艺文志》可相参证的是，明代福建藏书家徐𤊹《徐氏家藏书目》，其卷七"集部·广东广州府"亦著录何维柏《天山草堂集》二十卷。由上可知，《天山草堂集》（一为《天山堂稿》或《天山集》）在闽汇刻行世时，当为二十卷。今已不存。今存《天山草堂存稿》六卷。为广东藏书家徐信符于1943年从顺德温汝适后人散出

---

① ［明］杨烈：《刻〈天山集〉小引》，《天山草堂存稿》卷首，《何维柏集》，北京：知识产权出版社，2020年，第4页。

的藏书中所得，徐信符得书后狂喜之情溢于言表，撰跋于书首，题"认真孤本"四字，并录何秉礼《过古林庄访天山草堂》、吴道镕《游天山草堂怀何端恪公·呈梁节庵》、汪兆镛《访明何端恪天山草堂故址归舟独石几殆华伯兄李留庵丈皆有诗率咏简答》诗三首附于跋后。该存稿为福建刻本的抄本，今藏广东省中山图书馆，《广东文献综录》《馆藏古籍稿本提要（附钞本联合目录）》《中国古籍总目》《四库存目标注》等均据徐本著录。徐本后影印收入《广州大典》《西樵历史文化文献丛书》。

图2　收入《广州大典》和《西樵历史文化文献丛书》的
徐信符旧藏《天山草堂存稿》书影

2008年，沙滘何氏宗祠重修，何氏后人何正昌先生将家藏何维柏著作三种捐出。其中光绪年间何沉重抄本《天山草堂存稿》原抄九卷，今存前五卷重现天日①。何沉重抄本卷首有九卷本目录，其中文八卷，附诗草一卷。经与徐氏旧藏本目录比较，何沉重抄本九卷中的文八卷与现存徐氏旧藏本六卷内容相同，系重抄者重新编次后，釐为八卷。该抄本由于藏于沙滘何氏宗祠，代代相传，久未为人所知。此外，同时发现的还有《天山草堂诗存》一卷，目录与何本原抄九卷"第九卷诗草"目录相符。《天山

① 麦凤庄：《尚书手写卷 四代"传家宝"》，《佛山日报》2008年10月25日。

图3　沙滘何氏宗祠藏清光绪何沅重抄《天山草堂存稿》《天山草堂诗存》《诚征录》三种

草堂诗存》一卷即何本第九卷的重抄本，系清咸丰年间何氏后人从《西樵志》等乡邦文献中辑出刊刻，重抄者作为诗草一卷附于文八卷之后，为徐本所无。同时，何本卷首存广东布政史左参议李蕴为何维柏请封谥号奏章一篇、何沅案语两则，《天山草堂诗存》卷首存何沅、何锡祥、何侣陶、何若瑜序四篇，俱为徐本所无。

　　二是何维柏去世之后至晚清以前，主要是方志史传记载。最早为何维柏立传的当是郭棐，其《粤大记》撰于万历五年（1577）至二十七年（1599），初撰之时何维柏尚在世，修成之日，亦距其离世不久。因此该传所载较为可靠，成为后来地方志中何维柏传的重要依据。《粤大记·何维柏传》900余字，简述了何维柏家族世系、为官、为学及交游的重要事件。后崇祯《南海县志·何维柏传》稍有缩减，所载未出《粤大记》范围。清初修《明史》，其列传九十八所载何维柏传，则删去了细节描述，较《粤大记》和《南海县志》更为简略。此后乾隆《广州府志》、嘉庆《三水县志》、道光《广东通志》、道光《粤东名儒言行录》均有何维柏传，其中最为详尽的当属嘉庆《三水县志》，共1300余字，详述何维柏在闽上疏、被逮上京前后细节，为其他各传所无，所载内容当本自失传的

《诚征录》。

三是晚清以后至21世纪前，主要研究者为冼玉清一人。1950年，曾借得徐信符藏《天山草堂存稿》一观的南海籍岭南大学教授冼玉清撰成《何维柏与天山草堂》一文，发表于1951年《岭南学报》第11卷第1期。冼玉清可以说是现代意义上研究何维柏的第一人，她首次从"创建天山草堂之何维柏、维柏里籍之考定、维柏与严嵩、维柏与张居正、维柏与粤东胜流、维柏与西樵山、维柏之理学、天山草堂存稿、天山草堂之沿革、天山草堂之记载及其他、天山草堂之题咏、梁鼎芬与天山草堂"等十二个方面，考辨了何维柏的籍贯、交游、学术渊源及后世影响。全文参考注释多达107条，基本穷尽了当时所能搜罗到的所有关于何维柏的记载。

四是21世纪以后，主要是地域文化研究者对何维柏零星的研究。如陈鸿均发表于2014年第4期《岭南文史》的《广州出土明代南京礼部尚书何维柏夫人劳氏墓志纪略》，整理辨认了1985年广州市海珠区赤岗某建筑工地出土的何维柏夫人劳廉墓志铭。2016年出版的《佛山历史文化丛书》第1辑《佛山历史人物录》收录了谭炯寰、陈东撰写的《四起四落何维柏》，简述了何维柏四次为官又去官的历程，并附上了现存何维柏墓前的石人像照片。2017年，中山大学助理研究员、南海丹灶籍历史学博士吴劲雄，据此前发现的何氏宗祠光绪重抄本，撰成《新见何维柏著作清抄本三种》发表于2017年第8期《图书馆论坛》，详细考证披露了三种手抄本的内容与文献价值。2020年，他又根据徐信符藏本与光绪重抄本的对校，出版了整理点校本《何维柏集》，收《天山草堂存稿》六卷、《天山草堂诗存》一卷及佚文14篇、佚诗28首，为研究何维柏的后来者提供了极大的便利。2021年，笔者根据沙滘何氏宗祠发现的《诚征录》光绪重抄本，发表了《光绪重抄本〈诚征录〉的发现与文献价值》[①]一文，考证了该重抄本的祖本与

---

① 李俊：《光绪重抄本〈诚征录〉的发现与文献价值》，《广州大典研究》2020年第2辑，北京：北京图书馆出版社，2021年。

主要内容，认为该传世孤本为研究何维柏心态及明代诏狱史提供了珍贵的史料。

三

　　根据以上学术史回顾，学术界目前关于何维柏的介绍和研究，尚处于生平资料与作品整理的起步阶段，他们所据材料大多为史传或方志，极少通读何维柏全部作品。其中冼玉清的《何维柏与天山草堂》一文开创了现代意义何维柏研究的先河，当然，内中关于何维柏作品的系年等亦存在少许错误，但因其文献功底扎实、立论公允，尤其是对何维柏理学及官场师友圈的首次整理，真正为何维柏研究提供了无数线索。2020年吴劲雄博士整理出版的《何维柏集》，虽在句读上存在个别讹误，但其首次将今仅存的两种清代手抄本对读整理，为后来研究者提供了极大的便利。本书是在以上研究成果的基础上，以《天山草堂存稿》《诚征录》为主要文献基础，以《明史》《明世宗实录》《粤大记》及方志记载为主要史实依据，参考何氏宗祠藏《聚顺堂世德录》及广东南雄珠玑巷后裔联谊会编《何氏源流》等资料，以何维柏生平事迹为经，以同时代历史事件及何维柏本人的学术影响为纬，从何维柏的里籍与地域文化、师承与学术渊源、为官与地方治理、讲学与学术传承等方面，分九章对何维柏展开全方位、多层次的研究，力图通过全面论述何维柏的生平、事迹及著作，还原明中后期一个生动、鲜活、受岭南理学尤其是白沙思想深刻影响、以天下为己任又清正敢言的言官形象。本书的主要内容为：

　　第一章"三水凤，参天柏"。以闽地歌谣"三水凤，参天柏"暗含维柏名字来形容何维柏的高洁品性开篇，"三水凤"的"三水"主要指的不是何维柏里籍，而是他作为三水县诸生在三水就学应试开启一生仕宦起点的重要意义。本章主要述及何维柏的家族源流、二十岁前就读昆都山及以

胡一化榜选三水县贡生的历程，从其个人诗文对年少昆都山读书经历的回顾中还原何维柏所受家庭教育及其少年时代。

第二章"入西樵，悟白沙之学"。本章主要论述何维柏从嘉靖十一年（1532）晋京赴考不第后读书西樵山至嘉靖十四年（1535）再次赴京前夕。试图从西樵理学发展历史的角度阐述何维柏何以选定"白沙心学"为自己一生追随体悟并为之身体力行的理论渊源的原因，从而厘清何维柏的学术思想渊源。与位列白沙学派的其他理学家不同，何维柏没有明确的学派师承，多次自承"私淑白沙"，实则纯靠自学。正是这种长期自发的自学体悟，让何维柏的理学思想既不受门派所囿，又能与现实结合，真正做到知行合一。

第三章"拜朝堂，雷震谨身殿"。本章以何维柏中嘉靖十四年（1535）进士为起点，主要述其首次在京选庶吉士并任监察御史的过程，考察其以言官入仕后"清正敢言"职业操守养成的历史背景与个人性格，以及为避祸而首次以病辞官的原由。

第四章"抚八闽，洗冤赈荒策"。本章主要述何维柏嘉靖二十二年（1543）五月还京后任福建巡按的为官事迹，试图从现存极少的资料中梳理首次经略地方的何维柏，如何以"宇宙事皆吾分内事"的责任担当，为福建当地洗冤赈灾的过程。

第五章"劾严嵩，忠益下诏狱"和第六章"柏坚劲，孤臣幸生还"。此两章主要以《诚征录》中的《古林何公建言日记》为文献基础，参考《明史》《世宗实录》等史料，全景再现何维柏嘉靖二十四年（1545）福建巡按任满考核时，上《献愚忠陈时务以备采择以保治安疏》首劾已担任内阁首辅的严嵩，被锦衣卫逮入诏狱后削职为民的过程。通过展现维柏上疏之前的"柏志已定"、上疏之后的"查封待罪"、被逮之时士庶黎民的"遮道恸哭"、下狱之后的"拷掠备至"、削职为民的"侥幸生还"等全过程，分析明中后期为何会频频涌现"敢言""必言"的士大夫群体的历史背景、言官心理状态与社会舆论背景。

第七章"开天山，讲学廿二载"。本章主要以嘉靖二十四年（1545）何维柏被杖削职还乡至嘉靖四十五年（1566）嘉靖皇帝驾崩，僻居广州河南天山草堂的经历为主，重点通过"天山草堂"结交粤东胜流的记载，论述其师友弟子朋友圈及理学观点。

第八章"复前职，实政图中兴"。本章主要述维柏隆庆元年（1567）奉诏复职至隆庆三年（1569）丁母忧去官的过程。年已六十多岁的何维柏在对新朝新帝的期盼中再次入朝为官，上书言事，条议地方治理，其政治上的成熟并没有让他丢弃"清正敢言"的初心，他对新帝的谆谆劝导、对地方事宜的熟稔处置，均可见其不囿于书本的"可为之用"。

第九章"论夺情，剀切如初年"。以万历元年（1573）丁忧期满再次回朝后与首辅张居正等相处的史实为依据，论述了经历隆庆年间期盼与失望的何维柏，由于年岁已高且对内忧外患的朝政失去信心，在论张居正"夺情"被报复后一心求去的心态，至其悠游林下十年而逝的生命历程。

第一章

文化 历史

三水凤，参天柏

三水凤，参天柏。

穷谷深山被恩泽。

官穀重重赈济饥，

奸弊时时闻痛革。

今日去，民心恻。

各处谣歌满城贴，

报答无由控诉天。

但愿天心眷忠臆。

去年冬无粟，

今年春无麦。

谁使我生？

何公之德！

惟我何公，岁寒松柏谏疏上。

天威不测，百姓遮道不可留。

还是吾民复当阨。

吁嗟首，好事多磨，好人难再得。

——八闽歌谣

洪武元年（1368）春，太祖朱元璋祀天地于南郊，即皇帝位，定国号为大明，建元洪武，史称其"以聪明神武之资，抱济世安民之志，乘时应运，豪杰景从，戡乱摧强，十五载而成帝业。崛起布衣，奄奠海宇，西汉以后所未有也"[①]。起于草莽的朱元璋，建立明朝以后，却非常重视礼治教化，认为只有明定礼治，才能确定等级名分，使臣民恪守己分，从而永保天下太平。这从他精心为建文帝挑选的智囊团皆为饱读诗书驰骋科场的文士即可见一斑。他在位三十余年，御赐颁行的礼制礼书计有《洪武礼制》《礼仪定式》《诸司职掌》《稽古定制》《国朝制作》《大礼要议》《皇朝礼制》等十余部，同时颁布了与礼制互为表里的法律制度如《大明律》《大诰》《教民榜文》等，基本为大明社会治理及民心道德塑造制定了统一规范。

太祖去世之后，建文帝即位，手握重兵的燕王朱棣乘建文孱弱，以幽燕形胜之地，长驱内向，奄有四海。并于永乐十九年（1421）正式将首都由南京迁往北京，一改唐末以来汉民族政权偏居一隅难以与北方少数民族政权对抗的颓势，真正天子守国门，"六师屡出，漠北尘清"[②]，一举改变了数百年来汉民族军队败多胜少的局面，同时大大扩大了明王朝的疆域，使幅员之广，远迈汉、唐。成祖之后，仁宗朱高炽久居父皇积威之下，虽用人行政，善不胜书，然在位仅一载而崩，传位于宣宗朱瞻基。宣宗在位十年，有乃父之风而无其祖之宏志。仁、宣二朝相对安定，为这片饱经元末战乱及连年用兵摧残的国家带来了真正的休养生息。宣德十年间（1426—1435），仓庾充羡，闾阎乐业，吏称其职，政得其平，颇有治平之象。可惜宣宗亦不长寿，十年而崩，继任者英宗朱祁镇和代宗朱祁钰，始终处于西北外患侵扰之下。正统十四年（1449），英宗在宦官王振怂恿下，御驾亲征，终罹"土木堡之变"，英宗被俘，瓦刺军队长驱直入，兵临北京城下。幸得于谦力挽狂澜，推动代宗励精政治，笃任贤能，转危为安。后英宗复辟，冤杀于谦，仁、宣之治不复，大明气运，自此转衰。

---

① ［清］张廷玉等：《明史》卷三本纪第三《太祖》，北京：中华书局，1974年，第56页。

② ［清］张廷玉等：《明史》卷七本纪第七《成祖三》，北京：中华书局，1974年，第105页。

天顺八年（1464），两度为囚又两度登基的英宗朱祁镇病逝，宪宗朱见深即位，与其父英宗一样，宪宗任用太监汪直，西厂横恣，穑恶用兵，官场黑暗。二十三年后孝宗朱佑樘继位，孝宗难得能恭俭有制，勤政爱民，使朝序清宁、民物康阜，颇现中兴之相。以致《明史》赞曰："明有天下，传世十六，太祖、成祖而外，可称者仁宗、宣宗、孝宗而已。"①太平之世，能与高、曾祖并称，孝宗的兢兢业业，与其父、祖形成了鲜明对比。但这也无法阻止他培养出一个"晏安则易耽怠玩，富盛则渐启骄奢"的继承者来。弘治十八年（1505），孝宗年三十六而崩，史上最会玩乐的皇帝朱厚照登基，年号"正德"。正德皇帝暱近群小，以东宫旧竖刘瑾、马永成、谷大用、魏彬、张就、邱聚、高凤、罗祥八人用事，谓之八党，民间号"八虎"，耽乐嬉游，迫于政事。甚至在内侍怂恿之下，随意出宫，自封威武大将军，戏弄群臣，终在正德十六年（1521）卒于豹房。荒唐之处，堪称前无古人。

正德三年（1508）六月二十六日，午朝后在御道上得匿名文书，皆数大太监刘瑾之罪。刘瑾假传圣旨令百官跪于奉天门外，从午时至日暮，当场中暑而死者三人，三百余人尽下锦衣卫狱。此一事件，首次打破官场"法不责众"之潜规，皇帝尝到对群臣请命置之不理的甜头，日益宠信八虎，动辄拷掠群臣，庶官以荷校死者甚众。官场虽如此昏暗，但孝宗朝的积累尚在，库有余粮，托孤之肱股名臣尚存，是以"朝纲紊乱，而不底于危亡"。然余粮再多，也挡不住皇帝的任意挥霍，财政负担沉重，土地兼并更激化了基层矛盾，是以各地官逼民反，"响马"不绝，地方官吏疲于奔命。整个正德年间，边患不断，"响马"盛行，用兵不绝而胜迹渐少。在这个上以"武功自雄"却亲近小人、民生多艰致反抗者盛行的时代背景下，何维柏出生了。

① ［清］张廷玉等：《明史》卷十五《孝宗》，北京：中华书局，1974年，第196页。

第一节　沙滘何氏

沙滘何氏源出广州沙湾，均为宋南雄珠玑巷何氏的后代。据香山小榄何氏九郎族谱、南海叠滘何氏家谱、番禺沙湾庐江宗谱、番禺大石何氏家谱及顺德马宁何氏族谱等记载，这些散落珠江三角洲各区域的何氏宗族皆源出于南雄珠玑巷：

> 远溯吾宗，本支于黄帝，源流于姬周，派衍于韩原，为姓韩氏，名显诸侯。及秦灭六国，有韩瑊者避乱于庐江之间，邀天之祐，因寒以喻韩，因河而易何而逃劫隙也。自是定族于庐，世为何氏……至南宋而珠玑巷播迁，枝叶遍传五岭之南矣。[1]

何氏源出于先秦时期的韩氏，因避乱而指河为姓，本生于江淮河汉，定族于庐江，故现存广州、佛山、中山、东莞等地何氏宗祠均题为"庐江大宗祠"。北宋时迁至广东南雄珠玑巷的始祖何昶，是何氏第四十一世孙，据《直隶南雄州志》记载："何高祖，沙水村人，后周时，为广东参军，从征南海……宋熙宁间，敕封何公侍御史清海军使，自是祷祈辄应，其子孙甚众。"[2]宋末元初，由于战乱及人口增长带来的生产资料不足等问题，迁居南雄的何姓人与其他姓氏一样，沿江向珠江三角洲地区迁徙，主要以拓荒垦殖建立家园为主。明清时期随着生产技术水平的提高和社会经济的发展，何姓人口大量增加，珠三角地区衍生出许多著名的何氏家族，

---

① 广东南雄珠玑巷后裔联谊会编：《何氏世系源流》，《何氏源流》，内部资料，1998年，第9页。

② 黄其勒编：《直隶南雄州志》卷二十六，台北：成文出版社，1967年，第473页。

如番禺何氏、香山何氏、新会何氏、顺德何氏、南海何氏、增城何氏、高要何氏及东莞何氏等，其后裔中名贤辈出，有何真、何吾驺、何鳌、何维柏、何降、何子海、何熊祥、何彦、何道澜、何载宠、何淡、何经、何瑗、何珧、何沾、何克谏、何日愈、何璟、何梦瑶、何若瑶、何霥、何友济、何一柱、何士达、何毅夫、何文宰、何大勋、何深、何淡如、何大璋、何灼猷、何祖珏、何开泰、何太青、何惠群、何禄、何国澧、何藻翔、何乃中等，均是被载入明清史或地方志且为朝廷或当地经济文化做出了重要贡献的名家。

沙湾何氏的起源，据《何氏水木源记》："宋南渡时，有讳詧者为翰林学士，寇陷南雄，避地于广州桂林坊，为初世祖……至有讳人鉴字德明，始定居于番禺沙湾，即今之四世祖，实沙湾何氏之始祖也。"[1]定居沙湾的四世祖何人鉴，距始祖何昶，已传十五代矣。何人鉴以长子贵，恩封承务郎，生四子，以甲、乙、丙、丁为四房号。何维柏先祖奕山公，即是番禺沙湾本善乡（广州市番禺区沙湾镇）丁房君佐公曾孙。奕山公生当元末，因避战乱偕妻王氏迁居南海沙溦（今称"滘"）乡，其祖父母坟墓则仍葬在沙湾本善乡前细泽冈。

南海在广州府城往西，即今佛山市南海区，西北有石门山、双女山，南部濒海，得名于秦始皇帝三十三年（前214）所置南海郡，当时郡治设在番禺县（今广州市越秀区）。明洪武元年设广州府，辖十五县，其中心地在南（海）、番（禺）、顺（德）三县：

> 南海，西北有石门山、双女山。南滨海。又南有三江口。三江者，一曰西江，上流合黔、鬱、桂三水，自广西梧州府流入；一曰北江，即浈水；一曰东江，即龙川水。俱与西江会，经番禺

---

[1] 广东南雄珠玑巷后裔联谊会编：《何氏世系源流》，《何氏源流》，内部资料，1998年，第79页。

图4　位于丹灶镇沙滘村的何氏宗祠，由何维柏首次兴建

县南，入于南海。①

　　（南海）邑向为郡，昔人所称"地控蛮越、岭南都会，滨际海隅，委输交部"。包山带海，连山属其阴，钜海敌其阳。

　　南海县丽广州治西，与郡同城，本《禹贡》扬州之域，秦置南海郡，以地滨海名，历汉，后皆为郡……皇祐三年复置番禺而南海始为首，邑治在城北兰湖里，元仍宋，后徙治于城内。明洪武二年徙治西城达德街崇报寺址。②

南海沙滘村位于南海沙涌西，横江圩与罗行圩之间，今属佛山市南海

① ［清］张廷玉等：《明史》卷四十五志第十二《地理六》，北京：中华书局，1974年，第1133页。

② ［清］（康熙）《南海县志》卷一，北京：书目文献出版社，1992年，第33、46页。

区丹灶镇。元末番禺沙湾何氏奕山公避战乱携家来此定居，与其他宗族一起开创了沙滘村的历史，距今已有700余年。

何维柏出生之时，奕山公后代已在此繁衍生息了八代之久。据沙滘

图5　明内阁大臣李春芳题"聚顺堂"匾额，现藏沙滘何氏宗祠

图6　《何氏源流》（广东省南雄珠玑巷后裔联谊会编，1998年印）

何氏九世孙何梦（字瑞孚，号云皋）开始纂辑的族谱《聚顺堂世德录》[①]记载，何氏先祖择沙滘而居，在此繁衍生息，耕读传家。何家家境小康，自足有余，既尚耕读，也出市粜籴。何家家风以仁厚为尚，不慕荣利，向为乡人所重，推为"里役"或"墟长"。其四世祖何友谅，号沙竹，世居沙滘乡里，"生平不履城"，被乡人送雅号"三老佛"。何维柏祖父何玄方，号月庄，排行第二，以"长厚仁爱"称于乡。月庄公教子，亦以"仁厚"为宗。据《世德录》记载，月庄公出粜粮食，由于市称多有不准确之处，每每发现多于粮食市值，都会命长子何应初追上买者退还多余的款项。而他自己，不仅经营有方，且具备防身阻盗的本领："尝夜遇一盗欲窃其所有，公发虚弦以惊其去"。"发虚弦"说明月庄公临盗不惧，能挽弓御贼，而仅仅"惊其去"，又说明月庄公宅心仁厚，深知民之为盗必有不得已，故仅护家财而不伤人命，乡人赞其"长厚仁爱"。

《聚顺堂世德录》对何维柏一支的世系介绍为：

> 始祖，桂子，号奕山。乃番禺沙湾本善乡丁房君佐公之曾孙，偕平公之孙，文华公之子也。因避元季兵燹，偕姒王氏迁居沙滘乡，递八传孙端恪公建宗祠，奉为始祖。谱称公本非始祖也，因偕平祖与姒杨氏坟墓俱合葬在沙湾本善乡村前细泽冈。（俗称离乡贵是也）
>
> 文华祖与姒王氏"间关草昧坟墓无征"等语，其意盖谓应推始视之所自出，以为始祖，因偕平公坟墓相隔遥远，文华公坟墓遗失无征，故即以始祖为始祖，而不以始祖之所自出为始祖也。兹述世德附记于此，以告后之读谱者，不以文害词，不以词害意可也。
>
> 二世　三世
>
> 德进。号久庵，始祖之子也，久庵生子二：长讳真福，号吉

源，次讳五哥。五哥传十余世而止，谱序又称"之裔开石湾学堂之族"云。

四世

友谅。号沙竹，吉源公之子也。公静修积善，生平不履城，乡人服其行，称为"三老佛"。

五世

长讳妃保，号集静。子孙世为聚顺堂主馆。次讳妃佐，再传而止。三讳妃荣，号棲清，支派蕃衍。四讳妃定，贼害而亡。五讳妃闰，嗣亦不传。皆沙竹公子也。

六世

玄泰。号慎行，棲清公长子也，充邑庠生。恩赐寿官。

玄方。号月庄，棲清公次子也。公廉静，公平尝出粟粜，市上有误，多其值者，命长子逸溪公追其人而还之。又尝夜遇一盗欲窃其所有。公发虚弦以惊其去，不令中伤，其长厚仁爱，大率类是。赠通议大夫，都察院左副都御史。

七世

应初。原讳世长。字宗启，号逸溪。月庄公长子也。行谊素为乡里所推。少时父月庄公以里役勾摄愆期，法当笞。公闻之，亟趋入，伏庭下请代。令异之，谓僚属曰"此孝子"也。释之。所居濒河墟，岸颓圮，呈保迁筑，署公墟长。众议沟居民数十家于墟外，公止之曰："吾不忍数十家为鱼鳖也。"全之。嘉靖乙未，西北潦甚，地堡墟陷数百丈，各乡相持数载，不得完筑。民甚苦之。时公既以子贵受封矣。众复表，请董厥事。公经画如昔，于是两邑生灵，咸藉其庇。方文襄公献夫称其有"御管捍患"之功云。公性坦易，与人无相诈虞，旷达不问生产，惟以课子弟为事。长子端恪公按八闽时，抗疏被逮，寓书慰父，公曰："儿职也。吾何憾！"九岩吴宪长闻之曰："直漭母也。"先是，闽中藩臬，司道会差官苏满遗金五百，为公津遣资。公不动贲也。及端恪公释归，谕以原物送还。项瓯东参政闻之，过而询焉。公出闽库收示之。项曰："翁高人也。"为之立传，而榜其宗，约于通衢，以示国人。公虽尊显，雅好朋旧，无贵贱大小。至则命子端恪公治具，延接觞咏，终日不倦。平居天伦聚乐，投壶歌诗，更迭进爵，又就养于河南何庄天山草堂，给里中老者为"九老会"，谯集草堂中。九老者，达斋唐明府，九十二；沃泉邓副宪，八十六；荔湾周太守，八十三；狮山周明府，八十二；公七十七；豫斋曾佥宪、虚谷劳明府，皆七十二；北崖辛通府，惠斋张贰府，皆七十一。端恪公诗："五仙旧在三城里，九老今同一里间。春日蔬盘真率会，风流得似白香山。"时嘉靖甲寅岁。"不久禄仕，然躬养我二十余年，甚适。以此较彼，孰得孰失，汝兄弟子孙能如尔，我可矣。"享寿七十有九，敕封浙江道御史，晋赠通议大夫，都察院左副都御史，赐祭一坛，崇祀三水学、南海学乡贤祠。

八世

维柏。字乔仲。号古林，谥端恪。逸溪公长子也。（后略）

维桐。字恺仲，号凤台。逸溪公三子也。任益王府典膳。真身在西南云秀宫，安座牌位亦在西南和光寺，安座以为地主。

维椅。字乔佐，号二禺。逸溪公四子也。由三水学拨充广州府庠生。年二十六中式。嘉靖壬子科第五十八名举人。登隆庆戊辰科进士，选翰林院庶吉士，改授吏科给谏。以兄端恪公晋内台总宪，遵例回避，就祀部祠祭司主政。卒于官。著作遗失，止有《上世宗肃皇帝升附礼成奉慰表》一首载入族谱。

维楠。字乔任，号梅川。逸溪公五子也。习《诗》，充广州府庠生。

维瀚。字仲甫。靖峰公长子也。为南雄府掾，卒于途次。

维樟。字彬仲，号龟南，又号绎岭。靖峰公次子也。习《礼记》，充府庠生。

维英。字明亮，号龙野。云泉公三子也。习《诗》，充广州府庠生。

维梧。字岐仲，号文川。泮塘公五子也。习《诗》，充三水邑庠生。

九世

崇亨。字敬履，号居阳。端恪公长子也。习《易》，充广州

图7　《聚顺堂世德录》首页，沙滘何氏宗祠藏复印本

府庠生。因父贵荫官生，万历丙子入试南都房考，王肖吾先生首荐之，适别房亦荐一士，与公竞中。考官拆弥封，见为官生，谓公已有仕路也，遂取中别卷。公因此不售。后就官累纂右军都督府经历。

崇庆。字敬顺，号玉峰。端恪公次子也。充国子监学生。

崇京。字敬渐，号悬石，又号凝远。端恪公季子也，充广州府庠生。

十世

瑞祯。原讳允愈，字允逊，号曙观。居阳公长子也。充南海邑庠生。

特生，原讳允忠，字君直，号粤琦。居阳公季子也。习《诗》，充三水邑庠生。

十一世

良球。字公献，曙观公之子也。充广州府庠生。

根据上述《聚顺堂世德录》，何维柏的前后世系列表如下：

何维柏家庭世系图

据何氏宗祠《聚顺堂世德禄》《沙县志》《明封淑人劳氏墓志铭》等

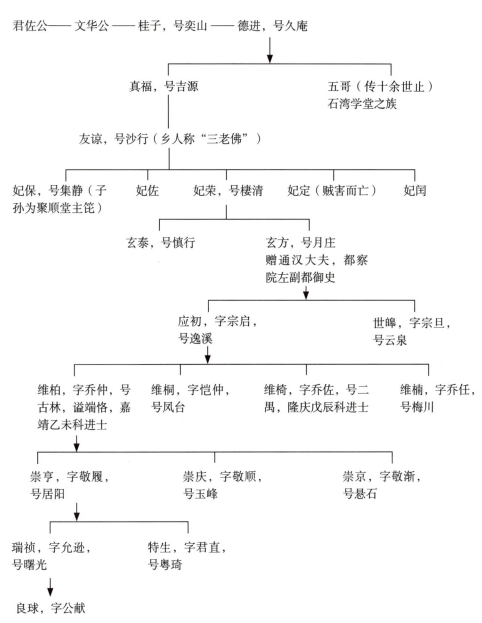

君佐公 — 文华公 — 桂子，号奕山 — 德进，号久庵

真福，号吉源

五哥（传十余世止）
石湾学堂之族

友谅，号沙行（乡人称"三老佛"）

妃保，号集静（子孙为聚顺堂主笀）

妃佐

妃荣，号棲清

妃定（贼害而亡）

妃闰

玄泰，号慎行

玄方，号月庄
赠通汉大夫，都察院左副都御史

应初，字宗启，号逸溪

世皥，字宗旦，号云泉

维柏，字乔仲，号古林，谥端恪，嘉靖乙未科进士

维桐，字恺仲，号凤台

维椅，字乔佐，号二禺，隆庆戊辰科进士

维楠，字乔任，号梅川

崇亨，字敬履，号居阳

崇庆，字敬顺，号玉峰

崇京，字敬渐，号悬石

瑞祯，字允逊，号曙光

特生，字君直，号粤琦

良球，字公献

一世

始祖，桂子，号奕山

二世

德进，号久庵

三世

真福，号吉源

五哥（传石湾学堂之族十世）

四世

友谅，号沙竹（乡人称"三老佛"）

五世

妃保，号集静（子孙世为聚顺堂主）

妃佑

妃荣，号棲清

妃定（贼害而亡）

妃闰

六世

玄泰，号慎行（邑庠生，恩赐寿官）

玄方，号月庄（维柏祖父，赠通议大夫，都察院副左副都御史）

七世

应初，号逸溪（原讳世长，字宗启）（维柏父）

八世

维柏，字乔仲，号古林，谥端恪。娶妻劳氏，立侧室张氏、陆氏、李氏

维桐，字恺仲，号凤台（益生府典膳）

维椅，字乔佑，号二禹（隆庆戊辰科进士）

维楠，字乔任，号梅川（广州府庠生）

维翰，字仲甫（维柏从弟）

九世

崇亨，字敬履，号居阳（下）（维柏长子，至右军都督府经历）

崇庆，字敬顺，号玉峰（国子监生）

崇京，字敬浙，号凝远（广州府庠生）

十世

瑞贞，字允逊，原讳允愈，号曙观（维柏长孙，南海邑庠生）

特生，字君直，原讳允忠，号粤琦（三水邑庠生）

十一世

良球，字公献，曙观公之子（广州府庠生）

何维柏祖父月庄公生子二人，长子何应初，字宗启，号逸溪，即何维柏父。次子何世皞，字宗旦，号云泉。何应初从小受教于父亲，行为举止，素为乡人推重，且事父至孝：有一次父亲月庄公作为里役，处理公务未能如期完成，按规定当受笞刑。应初听说之后，就拜伏县庭之下，请求代父受刑，县令闻之，连口称赞"此孝子也"。父亲在孝道纲常方面的言传身教，对何维柏影响至巨，维柏为官之后，在顶头上司时任左都御史毛伯温及内阁首辅大臣张居正的"夺情"问题上，均极为强调"纲常不可废"，丁忧守制"天经地义"。辞官之后，僻居乡里前后三十余年，日以承欢膝下为业，还特为父亲编撰诗酒往来之同道集《九老雅集》。

何维柏父应初，初娶陆氏，无子早亡。续娶冯氏，即维柏生母。据《世德录》记载，应初共生五子，然第二子失载，或已早殇。长子维柏，字乔仲，号古林。三子维桐，字恺仲，号凤台。四子维椅，字乔佐，号二禺。五子维楠，字乔任，号梅川。应初性格坦荡，平易近人，不爱钻营，日以投壶歌诗、课子为业，培养出进士两兄弟：维柏和维椅。维柏从小随侍父亲左右，又身为长子，深得乃父之风，自小端正庄重，四岁见客，就知"端拱为礼"。维柏在三水邑庠上学，同舍小伙伴在祭祀时语出谐谑，维柏即认为与己不是一路，"引避以为辱己"，众人皆又怕又服气。寡言

却不怒而威的小大人模样，溢于言表。

尽管淡泊名利，但应初公在乡邻有难之时，却毫不推辞，颇受乡人推重。《世德录》记载，嘉靖十四年（1535），维柏已高中进士，西江洪水导致河岸决堤，沙滘各地堡墟倾颓，各乡之间互有攻讦，互不相让，导致水患益重。应初受乡民所托，署为墟长，呈保迁筑，沟通上下游，使两岸生民，得以保全。父亲这种全然不顾自己已凭子贵，完全可以不理乡务的正直担当，正是维柏为官之后一心为民，敢忤权贵，勇于担当的性格来源。

第二节　少读昆都山

发源于云南马雄山的西江，在流经贵州、广西之后，至梧州汇桂江，自封开入广东省境内，穿越云浮、肇庆，奔腾两千多公里，在佛山市三水区思贤滘与北江汇合，再从磨刀门水道注入南海。西江、北江与另一支流绥江的汇合之处，形成了今天三水亮丽的风景区——三江汇流。顺江而下，在这三江汇流之地，矗立着一座海拔不高却声名远播的名山——昆都山。昆都山一直是三水第一名山，"昆都耸翠"也位列三水八景之一，昆都山之"名"，在于这里活动过的名人：南宋年间即有名"葛仙"的道士在此活动，宋代这里是军事侦察要地，设有斥堠。至明代有著名理学家陈白沙的弟子陈冕在此生活，陈白沙还曾到访此地，留下"思贤滘"的故事，然明清时的昆都山能扬名海内，则跟何维柏少时在此读书有极大关系。

昆都山扼三江要津，北指清远、韶关，西锁肇庆、梧州、南宁、柳州，东连广州、东莞、深圳、香港，南达江门、中山、珠海、澳门，为历代兵家必争之要地。每当风和日丽，对岸昆都山苍翠挺拔，紧扼西、北江的咽喉，江水清浊交融，显露罕见的鸳鸯水色，江面上白帆片片，舟楫往来穿梭；这三江汇流的壮观景象，尽可一览无遗，令人心旷神怡。昆都山是三水的发祥地，唐朝时政府军即在这里设立"三水司"，三水建县，得名于此。因何维柏少年时期曾在此结庐苦读，后考中进士官至南京礼部尚书，故明清两代数百年间，不少骚人墨客和大小官员经水路路过此地，都会寻觅先贤遗踪，留下了不少脍炙人口的诗句。

何维柏母亲冯氏，是应初的继室，前母陆氏，出自昆都山下江根村中的陆氏宗族。江根村开村于1008年前后，由始祖陆隽于北宋大中祥符年间（1008—1016）奉使端州（今肇庆）时携家来此定居，今村里仍存有岁松陆公祠、陆氏大夫祠、觉初陆公祠等遗迹。据何维柏《比例乞恩追赠前母疏》："臣自童时，即往读前母家，事前母舅如母舅。"[①]陆氏开村始祖陆隽曾任北宋国子监祭酒兼监察御史，自来有耕读传统，"往读前母家"指的就是何维柏在陆氏家族办的书塾就读，后在此应县学试，入三水县学，这也解释了何维柏兄弟为何寄籍南岸堡以三水诸生参加科考的原因[②]。何维柏在此就学的细节，《粤大记》曾有数语记载："长为三水诸生，闭户读书，取周、程诸子玩绎之，得其大旨。每言动稍忽，则曰：'得无与圣贤殊乎？'"[③]少年时期的何维柏，读圣贤书的同时，就以周敦颐、程颐、程颢等理学名家的言行要求自己，反复自省，是否与圣贤的要求无异？可见

---

① ［明］何维柏：《比例乞恩追赠前母疏》，《何维柏集》，北京：知识产权出版社，2020年，第26页。

② 关于何维柏的里籍，《粤大记》《广东通志》《广州府志》《明史》《福建通志》等均记载其为"南海人"，独《三水县志》载其为三水"邑人"，据康熙四十九年《三水县志》卷三《选举表》："何维柏，原籍南海登云人，寄籍南岸堡，嘉靖乙未进士。"登云堡属南海，南岸堡则于嘉靖五年（1526）随着三水设县而划归三水。由此可知，何维柏里籍南海，寄籍南岸堡在三水县学应试。可参考冼玉清：《何维柏与天山草堂》，《冼玉清论著汇编》，桂林：广西师范大学出版社，2016年，第137页。吴劲雄：《何维柏的籍贯之争实质是文化资源之争》，邓翔主编：《广东地域文化传承与研究》，广州：暨南大学出版社，2016年，第273页。

③ ［明］郭棐：《粤大记》，广州：中山大学出版社，1998年，第388页。

图8　何维柏读书堂旧址（今佛山市三水区金本镇江根村昆都山中）

何维柏对自我的期许和从小以圣贤为行为标杆的志向。

何维柏读书昆都山及三水县学时，"取周、程诸子玩绎之"说明了他读书的旨趣在于理学。实际上，在宋以来的理学名家中，此时给他影响最为深刻的当属延平先生李侗："柏自羁贯，稍知正学，杜肩读书，笃信李延平'默坐澄心、体认天理'之旨，夙夜端省，弗敢有懈。"① 数年之后，已中进士并奉诏巡按福建的何维柏，还特意赴剑浦谒"四贤词"，见"惟水南故有延平祠，漫漶不治，读旧碑不能字句"，② 立刻檄请郡守冯子岳，议重修其祠。后书院落成，维柏已因言获罪，削籍罢归五年，同僚不忘其首倡之功，请维柏撰文纪其实，维柏满怀深情地撰《重修延平书院记》并作辞曰：

① ［明］何维柏：《重修翰林院检讨白沙陈先生祠记》，《何维柏集》，北京：知识产权出版社，2020年，第254页。

② ［明］何维柏：《重修延平书院记》，载（康熙）《南平县志》卷二十三《艺文志》，《何维柏集》，北京：知识产权出版社，2020年，第326页。

于惟先生，山岳降灵；忠信淑慎，本乎夙成。乃若问学，实则师承；龟山鼻祖，道南启英。书谒豫章，亲授法程；至其自得，独诣益精。未发之中，气象神凝；沉默体认，天则流行。广大精微，玉振金声；上溯群公，日丽天中。濂洛光霁，伯子春风；先生见道，实与之同。象山立本，简易贯通；先生所造，益粹以融。文公及门，考正折衷；斯文不坠，先生之功。柏也颛愚，弱冠景从；羹墙严惕，矢言令终。勒之乐石，爰纪予悰；旷世感召，教思无穷。①

“柏也颛愚，弱冠景从”道出了何维柏少年时期对李侗思想的服膺与追随。据嘉靖二十七年（1548）到访昆都山何维柏读书处的督学蒋信所记，昆都山中的何子读书堂大概是这样的：

古林何子总角时读书昆都山麓，与兰坡老人僦屋半间，编竹为垣，上覆以茅，仅容一榻。客至，无坐处。三面野塘，湫陋人不能堪，何子居之甚适。雨漏则拾竹殼葺补。日夜端默默坐，壁间书李延平先生“默坐澄心、体认天理”八字，日顾諟之，至忘寝食。如是者踰年。②

昆都山本就不高，与江根村相距亦不远，既处尘世之间，又是远离喧嚣之地。“僦屋半间，编竹为垣，上覆以茅”就是何维柏读书时的住所了，因此蒋信说这里“湫陋人不能堪”，但与之相对照的是“何子居之

① ［明］何维柏：《重修延平书院记》，载（康熙）《南平县志》卷二十三《艺文志》，《何维柏集》，北京：知识产权出版社，2020年，第327页。

② ［明］蒋信：《读书堂》序，《何维柏集》，北京：知识产权出版社，2020年，第313页。

甚适",可见何维柏从小就不以物质生活的追求为业,更看重心灵的澄静。

延平先生李侗（1093—1163），字愿中，南剑州剑浦（今福建南平）人，24岁师从邑人罗从彦，杜门静业，志于圣门绝学。之后屏居水竹间40余年，终身未仕。与朱熹的父亲朱松为同门友，交往甚笃。因此朱熹曾拜李侗为师，与朱熹之间的问学往来被其辑为《延平答问》。李侗去世之后，朱熹为之撰祭文及行状，记述其一生为人为学为教之事。

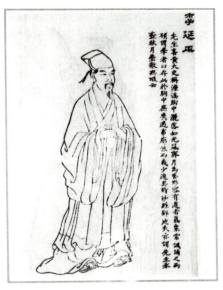

图9　延平先生李侗像

延平先生之学，出于同邑罗从彦，为程门再传弟子。罗从彦字仲素，学者称豫章先生："先生严毅清苦，在杨门为独得其传。龟山初以饥渴害心令其思索，先生从此悟入，用户于世之嗜好泊如也。"①罗从彦师从杨时，且亲往洛阳见过程颐，属道南学派的扛鼎者："龟山先生倡道东南，士之游其门者甚众，然语其潜思力行，任重诣极如罗公，盖一人而已。"②罗从彦任博罗主簿官满后，曾入罗浮山静坐，为学以主静为宗，教李侗"静中看喜怒哀乐未发之谓中，未发时作何气象，不惟于进学有方，亦是养心之要"。③李侗谨遵师令，身体力行四十余年："某村居兀坐，一无所为，亦

①　［明］黄宗羲著、缪天绶选注：《宋元学案·豫章学案》，商务印书馆，1928年，第218页。

②　［宋］朱熹：《朱子全书》第13册《延平答问·附录》，上海：上海古籍出版社，2002年，第350页。

③　［明］黄宗羲著、缪天绶选注：《宋元学案·豫章学案》，商务印书馆，1928年，第219页。

以窘迫，遇事窒塞处多。每以古人贫甚极难堪处自体，即啜菽饮水，亦自有馀矣。夫复何言！"[1]后来教朱熹，亦主静坐：

> 静坐理会道理自不妨，只是讨要静坐则不可，只是理会得道理明透，自然是静。今人都是讨静坐以省事则不可。尝见李先生说，旧见罗先生说《春秋》，颇觉不甚好，不知到罗浮静极后，又理会得如何？某心常疑之，以今观之，是如此，盖心下热闹，如何看得道理出？须是静方看得出。所谓静坐，只是打叠得心下无事，则道理始出，道理既出，心下愈明静矣。[2]

> 学问之道不在多言，但默坐澄心，体认天理。若见虽一毫私欲之发，亦退听矣。久久用力于此，庶几渐明，讲学始有力耳。[3]

所谓静坐，初学时即默坐澄心，以验喜怒哀乐未发之前气象，久而用力，便会"理与心一"，知天下之大本真在此。关于静坐求理的方法，朱熹认为，就是使心中无事，这样，"天理"便会显现出来，而"天理"显现，则心越明越静。也就是说，只有心静，才能体究人伦，才能明白"天理"。以静求理，这是儒家圣人求道的途径。

少年时期的何维柏，题延平先生"默坐澄心、体悟天理"八字于壁，日夜相对，勉励自己。这与三百多年前李侗的"村居兀坐，一无所为"一脉相承。就连读书处的简陋与闲适，也似与李侗的静庵山居如出一辙：

① ［宋］朱熹：《延平答问》，《朱子全书》第13册，上海：上海古籍出版社，2002年，第320页。

② ［宋］朱熹：《延平李先生答问后录》，《朱子全书》第13页，上海：上海古籍出版社，2002年，第346页。

③ ［宋］朱熹：《延平先生李公行状》，《朱子全书》第24册，上海：上海古籍出版社，第4516页。

胜如城外宅，花木拥檐前。

一雨晓时过，群峰翠色鲜。

采荆烹白石，接竹引清泉。

车马长无到，逍遥乐葛天。①

毫无疑问，何维柏中进士后，能在仅仅任官一年就选择称病还乡，一生之中绝大多数时间在无官无职的天山草堂度过，对官场的失望和毫不留恋，对物质生活的无所追求，应是自少年时期就已深受终身不仕的理学家影响，烙下了不求功名利禄的心理印记。

尽管昆都山的读书之处在后来学子眼中"湫陋人不能堪"：草屋半间，以竹为墙，茅草为盖，仅容一榻。但多年以后，回忆在这里的读书生活，何维柏的记忆不是苦读，而是心灵的澄静与闲适。在他眼中，这矮矮的昆都山，有着"孤峰立霄汉"的巍峨，山虽小，却与名满天下的"昆仑"同出一脉，能与岭南名山白云和西樵并列："广土万余里，惟兹奠中央"：

孤峰立霄汉，万木森青苍。

振衣时一登，流盼睐大荒。

昆都自昆仑，岂巉宗衡阳。

屏立亘横石，白云秀东方。

西樵挹我前，大雁列我旁。

灵郁合浈武，迢迢浮大江。

罗浮指顾间，沧海东茫茫。

广土万余里，惟兹奠中央。

---

① ［宋］李伺：《静庵山居》，［元］陈世隆编、徐敏霞校点：《宋诗拾遗》卷十五第2册，沈阳：辽宁教育出版社，2000年，第237页。

众山互联络，奇胜独昂扬。

灵窍发天籁，名花吐异香。

下有千仞渊，蛟龙时潜藏。

上有千年树，可以栖凤皇。

吾生二十载，蹑足探孤芳。

结茅北山麓，胜事日徜徉。

竹门度幽禽，松风韵清商。

门户事探讨，默坐澄心腔。

冰壶澄杜溪，翠草交周窗。

缅然景前哲，亦有崔与张。

崔张日以远，江门浩汤汤。

泰山入青徐，叹彼道路长。

决策时及早，驱车历周行。

今人亦古人，后生当自强。

壮行在幼学，时发贵含章。

从龙云致雨，起凤天际翔。

他年纪胜迹，兹山讵能忘。[1]

在何维柏眼中，昆都山是潜藏蛟龙和停栖凤凰的地方，这可能也是对像他一样在此苦读的学子们的隐喻。最让他颇为自得的是"结茅北山麓，胜事日徜徉。竹门度幽禽，松风韵清商"，简陋却与大自然融为一体，他每日在此"门户事探讨，默坐澄心腔"，数年之后仍"他年纪胜迹，兹山讵能忘？"这种念念不忘还表现在，他在生前就指定，去世之后要求埋骨于此，永远与昆都山共呼吸。

---

[1] ［明］何维柏：《昆都耸翠》，《何维柏集》，北京：知识产权出版社，2020年，第295页。

何维柏成名之后，虽很少再回昆都山，但昆都山仍将其读书堂保存下来，访粤名流经过三江汇流之地时，多会在此驻足遥想少年时期的何维柏是如何在此度过其最初的为学启蒙时光。如后来与维柏中嘉靖十年（1531）同榜举人的邝元乐，就曾赞赏这里的茅屋藏修之地：

> 名公自昔藏修地，茅屋斜连水面开。
> 绕槛风云闲白昼，沿阶花木净黄埃。
> 曲肱几见周公梦，吹杖曾承大乙来。
> 壮志十年虚谏草，台星夜照读书台。[①]

蒋信等携友探访昆都山读书堂并撰诗以记，其小序是今存对何维柏读书处最详细的记载，虽与之傥屋半间比邻而居的兰坡老人已不详其生平，但昆都山读书堂的简陋与幽静，却最是适合日夜默坐，体悟延平先生涵养功夫的绝佳处所：

> 古林深处读书台，一榻乾坤静里开。
> 藜粥自甘清昼永，茅簷长傍野塘隈。
> 潜藏自是蟠龙地，端默由来结圣胎。
> 今日得逢旧栖处，却怜秋早凤归来。[②]

---

① ［明］邝元乐：《读书堂在昆都山麓》，《南海诗征》，广州：岭南美术出版社，2009年，第65页。按：《何维柏集》第314页，据光绪重抄本《天山草堂诗存》将此诗系于蒋信名下，实误。
② ［明］蒋信：《读书堂》，《何维柏集》，北京：知识产权出版社，2020年，第313页。

第三节　三水诸生

维柏在昆都山读书之时，朝廷里发生了一件大事——正德十六年（1521）三月十二日，嬉游恣肆的武宗崩于豹房。由于武宗无后，皇太后以遗诏遣官迎身在安陆封地的世子朱厚熜入嗣皇帝位："朕绍承祖宗丕业……皇考孝宗敬皇帝亲弟兴献王长子厚熜……遵奉祖制'兄终弟及'之文，告于宗庙，请于慈寿皇太后，与内外文武群臣合谋同辞。即日遣官迎娶来京，嗣皇帝位。"①朱厚熜（1507—1567），武宗朱厚照的堂弟，其父兴献王朱祐杬是明宪宗朱见深的儿子，孝宗朱祐樘的弟弟。武宗耽于玩乐，荒淫无嗣，孝宗亦无其他皇子。内阁首辅大臣杨廷和等与张太后商议，迎立藩邸在安陆的兴献王长子朱厚熜，时年十五岁。次年改元嘉靖，嘉靖开始了长达四十五的统治，庙号"世宗"。

嘉靖即位之后，就其生父母的尊号与入祀皇陵问题，与群臣开始了旷日持久的拉锯战，史称"大礼议"：

> 世宗以正德十六年四月二十二日至京，于即位即与群臣争礼节，不欲以臣子遭君父之丧之礼行入嗣即位之礼。然至翌日二十三日，礼臣如常奏请，帝亦以寻常太子嗣位之丧礼自处。所云以日易月之制，乃从即位之日起算……仍服百日内之服。此文惟《明通鉴》据《实录》载之。则其时帝于嗣统即行服之意，初未有悖。后来所争，乃纯为追尊本生父母之故。君之所争为孝思，臣之所执为礼教，各有一是非，其所可供后人议论者，正见

---

① ［清］谷应泰：《明史纪事本末》卷五十《大礼议》，第二册，北京：中华书局，2018年，第723页。

明代士气之昌，非后来所能及尔。①

"大礼议"对嘉靖一朝的官场与朝政影响深远，"嘉靖一朝，始终以祀事为害政之枢纽，崇奉所生，已极憎爱之私，启人报复奔竞之渐矣"。②满朝文武，尤其是内阁首辅与七卿大臣，无不卷入其间：草拟遗诏的顾命大臣杨廷和、蒋冕、毛纪，均不得不于嘉靖三年（1524）致仕，礼部尚书更是一年一换。"大礼议"最终以嘉靖二十四年（1545）"帝排正议，崇私亲，群臣无敢异议"而结束。在这夹杂着党派之争及皇权与文官集团之争的割据战中，嘉靖皇帝逐渐全面掌控了朝政，尤其是深谙与文臣之间的争斗并学会了如何在争斗中加强巩固皇权。这场争斗里，作为南海何维柏先辈的方献夫和霍韬，均先后被卷入而影响了一生的仕途。

何维柏兄弟在三水县学就读的细节，由于史料缺乏且维柏成年后少有提及，今已不可考。仅《南海县志》《三水县志》等记载了一个小小的细节："少游三水库，见同舍生临祭而谑，辄引避以为辱己，众严惮之。"③说明何维柏曾与县学诸生同处过数年，但为人不改昆都山中"得无与圣贤殊乎"的自我行为约束。寥寥数语，将一个年少老成的何维柏知行合一、严肃正经的模样刻画得栩栩如生。

嘉靖十年（1531）八月，时年二十一岁的何维柏赴广州府应辛卯乡试，以《三礼》取于乡，中胡一化榜选三水县贡生，同榜南海籍考生有陈善、萧廷相、冼桂奇、刘模、黄龙、李绰、陈万、潘鹏举、周鹏、黄廷诰、蒙学之、孔钟灵、邝元乐等。何维柏中试的详情已不可考，是否与同

① 孟森：《明史讲义》，上海：上海古籍出版社，2002年，第209页。
② 孟森：《明史讲义》，上海：上海古籍出版社，2002年，第224页。
③ ［清］（康熙）《南海县志》卷十一，北京：书目文献出版社，1992年，第186—187页。

榜举人多有往来也未留下更多文字，但该同榜诸生中，冼桂奇①后来于嘉靖十四年（1535）与何维柏中同榜进士，刘模②、邝元乐③等则成为他一辈子的朋友。

第一次应考即中举，大大提振了何维柏对于科场的信心，然在次年赴京会试中，却失落下第而归。下第而归的何维柏不再回昆都山静坐，而是入西樵山古梅洞苦读，为下一次会试做准备。在这期间，他完成了人生中的大事——娶妻成家。

嘉靖十二年（1533），已中举的何维柏回乡娶妻劳氏。劳氏名廉，字季贞，世居南海登云里（今佛山市南海区里水镇），与何维柏成婚时年二十岁。其父劳聪，习堪舆家言，曾远游入燕京，拥膝豪吟，其母陆氏。其先世劳士宽为洪武十八年（1385）进士，官刑曹，以直谏死其职。劳夫人出身于直谏敢言传统的家族，是日后随何维柏入京，当好贤内助的家庭背景基础。她终身清俭，重义轻财，侍候夫君早朝夜归，悉有绳度，对于夫君结交海内贤士，又无不张具筵欢，尤其在何维柏仕途进退的选择上，夫妻同心，举案齐眉，作为他的坚强后盾，深得维柏之心，与之相伴四十六年。万历七年（1579），劳夫人先于维柏病逝，享年六十六岁。老年失伴，何维柏曾作《悼内》诗，抒发自老妻去后"天地何寥旷，此身安所之"的悲伤，并评价二人的夫妻相处之道为"合室交相爱，自谓终偕老"：

---

① 冼桂奇，字奕倩，号少汾，一号秋白，南海人。嘉靖十年（1531）举人，嘉靖十四年（1535）进士，授工部主事，以忤权贵，改南京刑部。不久告归，与湛若水同行，历览名山胜迹，奉母隐居罗浮山，日与士游息歌咏，草履布衣，世多称其清风劲节。

② 刘模，字叔宪，号素予，南海人。嘉靖十年（1531）举人，授浙江兰溪教谕。致仕归，家居甘贫茹淡，与庞嵩、何维柏等为诗易会。

③ 邝元乐，字仲和，南海人。早年从学于湛若水。嘉靖十年（1531）举人。历官江南广德州、广西郁林州、山东宁海州知州。为官洁己爱民，执法不阿，清鲠不屈，治行称最。晚年解组归里，设教羊城，与庞嵩等为讲学之会，继湛若水发明心性之学。复与黎民表等结诗社唱和。有《郁州集》《五岭文集》。

幽怀忽不释，抚景叹以悲。

天地何寥旷，此身安所之。

归云依故岫，栖鸟恋旧枝。

入闱感畴昔，欲言当告谁？

念昔主中馈，琴瑟常静好。

仰事极欢怡，时享洁苹藻。

诸子虽异乳，义方惟一道。

合室交相爱，自谓终偕老。

胡然舍我去，衰颓踰潦倒。

岂无事一人，百尔徒草草。

感来卧独迟，愁来起常早。

仪容不可作，黯黯伤怀抱。①

劳夫人的事迹，未见载于何维柏现存《天山草堂存稿》，也未与何维柏合葬于昆都山下的芹坑村镇南冈。但1985年4月，广州市海珠区赤岗某建筑工地发掘了一座明代墓葬，出土了由时任都察院协理院事、左副都御史庞尚鹏撰写的《明封淑人劳氏墓志铭》，这是迄今所见记述劳夫人事迹最为详实的文字，不仅披露了劳氏的出身与生平事迹，而且补充了各史志中何维柏传的诸多细节。原碑今藏广州博物馆仲元楼，墓志铭原文为：

> 古称伟丈夫福邦家而光祚，多本于先公及其身之所立，光昭前闻，人故申锡自天，茂膺多福，抑亦有妇德焉。吾邑何公登进士，官至礼部尚书，太父及其父皆赠通仪大夫都察院左副都御史；太母赠淑人；母封太淑人；妻劳氏封淑人，盖三世尊显矣。

① ［明］何维柏：《悼内》，见《天山草堂诗存》，《何维柏集》，北京：知识产权出版社，2020年，第295页。

其他未详，若劳淑人树德深而流泽远。岂百世所能泯灭哉！年二十于归，公已举贤科矣。及登第，官翰林，读中秘书。遣人白老亲迎养，会太母丧，不果行。惟淑人如京师，乃悉检其初归时服色之美者，上太淑人留别："若公之女弟，则解簪珥遗之。"终身清俭，重义轻财，盖其天性云。及居邸舍，公早朝，辄先鸡鸣起，悉有绳度；或夜归，则手女工待之，咸以为常。公结纳海内贤大夫，过从谈道，每五日当会期，即张具延欢，无不称公意。公从外还，挞厮役，怒，移时未解，乃徐起拱立曰："公平生无疾言倨色，今若是，如学力何。"公改容谢之。未几，为御史，奉恩诏封淑人为孺人。寻上封事，请罢安南兵及沙河功德寺诸土木之役，悉奉廷议行已。复论大臣夺情免丧疏，久不报。时台谏多以言受杖落职，人人自危。淑人知公忠愤不可夺，乃自以己意讽公曰："家大人春秋高矣。不早及此时奉觥觚上寿，日月几何，得无春晖寸草之心乎？"公勃然请告，遂焚其谏草，与淑人乘传还，卜居羊城，举家从之。

公女弟二人当婚嫁，凡一切皆倚办于淑人，不遗余力。会清明，公从先大夫展墓还乡，仲弟维椿卒于城中里第，淑人请于姑，出笥中所藏为殓具甚厚。太常卿黄公重临吊，出门嗟叹而去，谓："嫂治其叔丧如此，即父兄何加焉！"叔之妻黎氏孀居十余年，旦夕存问，爱敬不衰。黎既没，遗育女无归，特加存恤，择良家子妻之，人多其义。公与淑人平生无私财，偶当路馈礼金，会工匠告急请受直，既给之矣。未几先闻于翁姑，悚然久之，寻闻传谕，始解颜。公年三十未举子，与淑人焚香祷于神，已而生伯子崇亨，若天授之者。寻奉部檄还西台，按行福建。时大学士严嵩专国，播弄威权，公摘发奸状疏，请夺其官，上怒，逮至京。淑人得报，即拜服堂下，慰老亲至怀，谓："天王圣明，必不罪忠，诮愿翁姑善自宽。"及公从都下还，喜不自胜，

谓公忠愤所激，信如前所料云。

先是，公由闽就逮，从诏使□与俱，囊中无半钱，闽三司会助舟车费数百金致之家，盖数月矣。及公归，白于先大夫，谓义不可纳。淑人复从中力赞之。时广人福建参议利君宾以入贺还，遂附谢诸大夫，固辞不拜，封识宛然，至今闽人虽匹夫匹妇犹能道其事。淑人尝卧病两月矣，太淑人忧之，每露祷于天，愿天怜孝妇，无夺其未尽之年，以永吾家。尚书湛公若水闻其言，击节称赏曰："姑如此则其妇可知；妇如此则其子可知。姑贤子贤妇，义当表章，永为世训。"人称名言。淑人虽有子，犹惴惴焉，恐胤嗣未蕃，先后为公立侧室张氏、陆氏、李氏，皆良家女。于诸子皆自子之，庭无间言。如崇庆总角时，淑人与其母夜伴读书，爱护不忍离。隆庆改元，公祗承时诏，以原官□□奉太淑人与俱，崇庆母子与诸母从，淑人独留治家事。未几，公进大理寺少卿都察院左佥都御史、左副都御史，淑人奉恩命加□□□□□淑人。已而闻太淑人卒于京，率子妇为位哭尽哀，馈奠如仪，悉尊古礼。自是门内事乃专主之，钜细受成，无不曲当。及崇庆议举亲迎礼，凡衣服帷帐，皆取裁于淑人，张设甚具，视伯子不啻□□□□。"儿无常母，衣无常主"，今始信然。昏礼成，公复以原官奉□□□□□火部侍郎，淑人清俭自持，不改其素，有桓少君之风，庭无杂宾，子姓皆凛凛，人不知为天官家。及公晋南京礼部尚书，上疏致仕，还既逾年，遂与淑人诸庶室及季子崇序移居河之南"南昌山庄"，崇庆生母张遘疾，未及从。方月余，淑人以张母疾，亟请还城。既相见，谆谆慰谕之。张执其手饮泣曰："妾望夫回，以日为岁，今得奉片言，即与世长辞无憾矣。"未浃旬而没，淑人哀恸不忍闻。五日之夕，淑人就公榻前告公曰："庆儿素未从跣，今处苦块，恐地当卑湿，非所宜，早为庐次善视之。"公如其言，淑人意始释，已复张灯聚谈，谓："庆母念长儿道路悬隔，当得何时归？竟怏怏不自已。吾告庆儿早失母，当翼其成立，报死者于九原。"时漏下二更矣，各相顾而退。至五更，淑人以痰涌，举家大惊，报公起视之，迎医进药不能下，至黎明而卒。逾日，伯子以秋试罢，至自南都，得躬亲含殓，人皆曰孝感所致云。

淑人生于正德甲戌六月十八日，卒于万历己卯十一月初六日，寿六十有六。子六人，长即崇亨，官生，娶绍兴府知府岑君用宾长女，河南布政使岑公万之孙；次崇照，聘南京工部尚书陈公绍儒次女，未娶，卒；次崇焕早逝，俱淑人出。第四子崇庆，侧室张氏出，县学生，娶邑人平洲林处士彦申次女；第六子崇烨，陆氏出，亦早世；第七子崇序，李氏出。孙女一，许嫁江西参政陈君万言次子。

呜！岳其后昆，济济未艾也。今卜庚辰年十月二十日丙辰，奉淑人安厝于番禺河南大塘堡大分岗艮山坤向之原。伯子持参政君所撰行状属余志其墓，余忝附通家，义不敢辞。吁嗟乎！世称女士者岂少哉。若视己之姑舅而父母之，视夫之弟妹而骨肉之，皆可勉而能。惟广择庶室，共事公为宗祊大计，拊其子而亲其母，一体相关，未尝立町畦而分尔汝焉。其识量如此，故能佐公大任而邦家赖之。门禄益昌，流芳百世，此非淑人树德之报哉！按状，淑人世居南海登云里，父讳聪，好古诗，习堪舆家言，尝远游入燕京，拥膝豪吟。母陆氏生淑人，幼有至性，以静慧。闻其先世劳士宽登洪武二年进士，官刑曹，以直谏死其职。族人自宋元间会建大宗祠，子姓蕃衍，礼义相先，故淑人得诸庭训为多。何公名维柏，倡明绝学，表甲诸儒，世称古林先生。淑人讳廉，字季贞，视公比德焉。妇顺母仪，当特书，告来裔。伯子通经术，富才名，与诸子彬彬乎并以儒世其家。

铭曰：

温恭令德 异代周颐 丕承谟训 长嗣音徽 名传彤管 义重今闺 天开玄宝 云护丰碑 南昌拥秀 西壁延禧 珠藏川媚 玉韫山辉 声华赫赫 封树魏巍 永瞻帝命 光彻岩扉 万历八年岁次庚辰冬十一月十有八日甲申之吉。

赐进士第、嘉义大夫、都察院协理院事、左副都御史、前奉敕提督军务兼巡抚福建等处地方、总理两淮山东等处盐法兼理九边屯田、大理寺右寺丞、江西福建二道监察御史、巡按南北直隶浙江河南侍□□筵提督学校、通家眷制生庞尚鹏稽首拜撰。①

---

① ［明］庞尚鹏：《明封淑人劳氏墓志铭》，见陈鸿钧：《广州出土明代南京礼部尚书何维柏夫人劳氏墓纪略》，《岭南文史》2014年第4期。

第二章

入西樵，悟白沙之学

胜日寻芳上翠岑，鸟啼花落叫春心。

杖藜到处有真乐，松岭朝云一径深。

——何维柏《西樵道中》

嘉靖十一年（1532），中举之后的何维柏赴京应试不第，下第之后，维柏不再回昆都山静坐，而是改入西樵山古梅洞苦读。经过了省试和京师会试的大开眼界，何维柏深刻意识到自己在枯坐昆都山时存在的局限，选择了离家更近而硕学名儒更多的西樵山，为下次应考做准备。此时的西樵山，正是名贤硕儒纷纷归隐的读书讲学之所：以湛若水为宗师的云谷书院和大科书院、以阳明弟子方献夫为代表的石泉书院、以霍韬为代表的四峰书院，聚集了大批学者追随，形成了中国儒学史上不可不提的"西樵理学"现象。西樵理学虽未形成统一的真正意义上的学派，但隐居或长居其间的理学名家及其追随者，与官场上的南海士大夫集团相互渗透，在西樵山这一片地域中孕育、发展、传播，乃至大放异彩。落第备考的何维柏也在此与刘模、王渐逵、霍韬家庭等相从甚密，度过了一段心怀压力却也目标纯净的读书岁月："嘉靖壬辰，予读书西樵山中，鲁桥刘子从四峰霍公游，时访予古梅洞，相与徜徉山水间，见其年资茂雅，骎骎然志上向者，予喜之。"①其中最令何维柏终生难忘的是，他在这里寻找到了值得一生追随的心灵导师——陈白沙。

---

① ［明］何维柏：《书鲁桥刘子同心卷》，《天山草堂存稿》卷三，《何维柏集》，北京：知识产权出版社，2020年，第69页。

第一节　西樵理学

溯西江而上，与北江、东江交汇处，耸立着人称"天下之西樵"的西樵山（今佛山市南海区西樵镇），"粤东之名山不少，而最著者莫若东、西二樵"[①]。东樵为博罗罗浮山，西樵即南海西樵山。"飞瀑垂千尺，层萝蔽几重。"[②]西樵山是上古百越民族的发祥地之一，据考古资料，新石器时代中晚期，西樵山就已是一处大规模的古代石器制造场，这些石器，也标志着珠江三角洲原始农业的开始。宋代以后，珠江三角洲的河道两旁淤积，河口浮生不少沙洲，据《南海县志》记载，宋代徽宗年间（1101—1125）始筑东、西堤："惟地濒西、北两江，居人农桑，以江防为命脉，邑内江防之最讴，无过桑园围。"[③]堤围固定河道，保护了河流两岸田地免受潦害，也开发了不少冲积地。[④]洪武年间，南海九江人陈博文将堤围改造成堵塞倒流港的闭口围，通过河涌闸窦，堤围固定了河床，水流加速，对水道的流畅和冲积平原的发育起到了加速的作用，从此"潮田无恶岁"，大幅度提高了粮食产量。此后，珠江三角洲地区耕地面积大为扩大，加上元季兵燹，从中原尤其是从南雄珠玑巷迁入的移民，为该地区带来了充足劳动力，珠三角农业生产进入了大规模发展时期。经济的繁荣和社会环境的安定，为珠三角地区人口的增长提供了保障。因此，尽管明中叶以后，"朝纲紊乱"，但珠三角地区以宗族为单位的儒学文化与乡风文化，在发达的农业经济的支撑下，却日益发展繁盛。

---

① ［清］刘子秀：《西樵游览记》序，清道光十三年南奋草堂刻本卷首，《广州大典》第231册，广州：广州出版社，2015年，第7页。

② ［明］李畅：《游西樵·其一》，《西樵志》卷六，《广州大典》第222册，广州：广州出版社，2015年，第456页。

③ ［清］（道光）《南海县志》卷七，台北：成文出版社，1969年，第149页。

④ 吴建新：《珠江三角洲沙田史若干考察》，《农业考古》1987年，第198—282页。

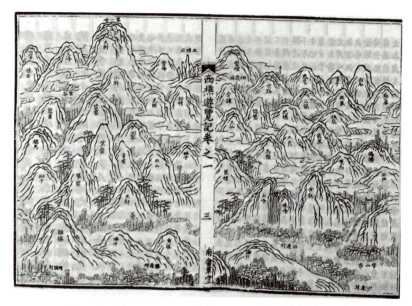

图10 《西樵游览记》卷一载《西樵形胜图》

当然，西樵山能被选中成为理学名山，除经济发展因素之外，更重要的是这里风景秀丽。据《西樵游览记》卷一"名胜上"描绘，这里灵秀磅礴、炳耀天壤，让第一次到访的湛若水顿生结庐其间之想：

> 罗浮西樵称五岭门户，东西相望，屹如双阙，其灵秀磅礴，并为广郡之镇山。顾罗浮得名传自洪水，而西樵独后，岂山川显晦亦各有时欤？唐末诗人曹松寓居于黄旟而山名始著。迨胜朝正嘉间，文简诸公相继讲学，幽嵓翠岫顿改奇观，七十二峰中堪与武彝匡埠，炳耀天壤矣。然罗浮为迁灵窟宅，如康乐所赋，其佳胜有目所共知，昔人谓嵓壑溪泉，不逮西樵远甚。①
>
> 广州有三樵：曰"东樵"，曰"南樵"，曰"西樵"。西樵

① ［清］刘子秀：《西樵游览记》卷一，《广州大典》第231册，广州：广州出版社，2015年，第8页。

者，南海之望；而东樵，罗浮之佐也。去广州治西百余里，奇秀峭拔，挹云霄而上之。望若青莲之华，而四面方立，立皆内向，诸峰大小相联属，皆隐于削成之中，又若芙蕖之未开然者。山之东凡二十峰，南十有五，西十有八，北亦十有八，合为七十二峰，而以大科为绝顶，岩二十有一，洞有十。其飞泉散出于诸峰间，乍合乍分，合者为卧泉，分者为立泉，状各不一……是山故多泉，诸飞泉外，其迸出石间者，或仄或涌，为乳为汤，大澜小沦，无不极其变怪之态，盘舞喷薄，响振一山，盖西樵一泉山也。山中人沿溪以居，或截流为湖，或筑坫为塘，于四十余里间，以泛以渔，随舟所至，盖不知山在水中抑水在山中矣。①

这座海拔300米左右的峰峦，距离广州府城不过40公里，其七十二峰、三十六洞清幽恬静，明清时期吸引了大批文人学子隐居于此，故有"南粤理学名山"之号。西樵的兴起，主要原因在于明代中后期南方儒学巨子与它的关系，如霍韬、方献夫、陈白沙、湛若水都曾隐居或讲学西樵，在这一时期，西樵的书院（含精舍）之盛，可称造极：

湛若水、方献夫和霍韬这个小圈子可以说是在西樵山结成的。方献夫在正德年间请病假回家休养，霍韬也是在此时借结婚隐居西樵，他们与湛若水"卜筑西樵，往来讲学"，此后就发生了"大礼议"……稍晚又有何维柏，中进士前"尝慕西樵泉石之胜，负笈读书其中"。在学理上偏于心性之学，在治道上强调事工的这几个人，都与西樵山有着密切的关系。②

---

① ［清］屈大均著、李育中等注：《广东新语注》，广州：广东人民出版社，1991年，86—87页。
② 赵世瑜：《西樵山：近世广东史之景观象征》，《南方日报》2011年7月21日，第A11版。

从洪武元年（1368）大明开国到英宗正统十四年（1449）的土木堡之变，不到百年，历六代帝王，经过了太祖朱元璋和成祖朱棣的开疆拓土、仁宗朱高炽和宣宗朱瞻基的休养生息，《明史》评曰"无甚秕政"的英宗开启了大明由盛转衰的国运。此后，历代宗及英宗的再度执政、宪宗的守成无为，虽有孝宗朱佑樘的勤勉图治，但也架不住武宗朱厚照的肆意挥霍与荒唐淫乱，朝政日渐混乱不堪。在此背景之下，深受儒家"穷则独善其身，达则兼济天下"入世思想影响的有识之士，纷纷选择逃入山林不再出仕，静待明君复出。而此时儒家学说，正好进入了别立宗旨、自具面目的明代理学思想发展传播时期：

> 明太祖起布衣，定天下，当干戈抢攘之时，所至征召耆儒，讲论道德，修明治术，兴起教化，焕乎成一代之宏规。虽天亶英姿，而诸儒之功，不为无助也。制科取士，一以经义为先，网罗硕学。嗣世承平，文教特盛，大臣以文学登用者，林立朝石。而英宗之世，河东薛瑄以醇儒预机政，虽弗究于用，其清修笃学，海内宗焉。吴与弼以名儒被荐，天子修币聘之殊礼，前席延见，想望风采，而誉隆于实，诟谇丛滋。自是积重甲科，儒风少替。白沙而后，旷典缺如。
>
> 原夫明初诸儒，皆朱子门人之支流余裔，师承有自，矩矱秩然。曹端、胡居仁笃践履，谨绳墨，守儒先之正传，无敢改错。学术之分，则自陈献章、王守仁始。宗献章者曰"江门之学"，孤行独诣，其传不远。宗守仁者曰"姚江之学"，别立宗旨，显与朱子背驰，门徒遍天下。[1]

---

① ［清］张廷玉等：《明史》卷二百八十二列传第一百七十《儒林一》，北京：中华书局，1974年，第7221—7222页。

明末清初本地学者屈大均则是如此总结岭南理学传承的：

> 吾乡理学，自唐赵德先生始，昌黎称其能知先王之道，论说力排异端而宗孔氏者也。宋则梁先生观国，有《归正》一书，谓苏氏父子所为文，出入禅褅，饰以纵横，非有道者之著。胡待制寅亟称之。明兴，白沙氏起，以濂、雒之学为宗，于是东粤理学大昌。说者谓："孔门以孟氏为见知，周先生则闻而知之者。程伯子周之见知，白沙则周之闻而知之者。孔孟之学在濂溪，而濂溪学在白沙，非仅一邦之幸。"其言是也。①

屈大均首承明代岭南儒学以濂、洛为宗，并以"孔孟之学在濂溪，而濂溪学在白沙"来抬举白沙之学在中国儒学史上的地位。陈白沙久居江门，就白沙学派在全省乃至全国的传播与影响而言，西樵山是不能不提的聚集之地。

首先归隐西樵的名宦当属南海人方献夫。方献夫（1485—1544），初名献科，字叔贤，弘治十八年（1505）进士。正德七年（1512），眼见新帝荒唐、宦官专权，时年二十八岁任吏部员外郎的方献夫，拜其下属吏部主事王守仁（王阳明）为师，并以身体患病为由，向朝廷递交辞呈，入西樵山隐居读书长达十年。

正德九年（1514），时年二十八岁的霍韬晋京中会试第一，高中之后即请假归乡，与妻区氏完婚。完婚之后，深知"时未可为"的霍韬也选择了入西樵山读书。

正德十年（1515），时年五十岁的湛若水丁母忧回到增城甘泉都。正德十二年（1517），湛若水居母丧期满，正好已在西樵山隐居五年并建

---

① ［清］屈大均：《广东新语注》，广州：广东人民出版社，1991年，第271页。

有精舍的方献夫再次盛情邀请入栖西樵山。于是十月，上《乞养病疏》："扶枢南归，间关万里，丧葬切心。郁积日久，血气既亏，精神顿损……伏望皇上体天地好生之仁，开日月见远之明，察臣之病，矜臣之情，乞敕吏部准臣原籍调理。谢绝人事，采药西樵，养其身疾以有为，养其心疾以有成。"①同年十二月，湛若水创建大科书院落成，加上此前由精舍扩建而成的方献夫石泉书院，共同开启了西樵山书院林集的理学兴盛时代：

> 翰林院编修湛　谨告西樵四境父老，某以所学不足，兼以多病，未能起复，上疏乞入西樵山调养身病心病，以待时用。凡爱此山水石峰岩耳，父老当不相嗔嫌。其往来工役，不敢一劳父老子弟，以与父老子弟安堵相亲协为乐，父老当不相嗔嫌。告凡来相见者，非问学道义之士，不敢妄接；虽有问学道义之士，不有摈介先容、言辞通刺，不敢妄接，以绝私谒之徒，父老当不相疑。
>
> 丁丑十二月三日②

在上述开创西樵理学重镇的三大名宦中，湛若水是最年长也是当时声名最著、学问最深的学者。从正德十二年八月下旬（1517）至正德十六年年底（1521）奉命还朝的四年间，湛若水在西樵山相继完成了《二礼经传测》《古大学测》《中庸测》著作及编录《白沙子古诗教解》《樵语》《新论》《知新后语》等讲学语录，同时，为规范大科书院的日常运作与教学，制定了《大科书院训规》：

---

① ［明］湛若水：《乞养病疏》，黎业明撰：《湛若水年谱》，上海：上海古籍出版社，2016年，第59页。
② ［明］湛若水：《告西樵山四境父老》，黎业明撰：《湛若水年谱》，上海：上海古籍出版社，2016年，第60页。

甘泉子三十而游江门，江门夫子授之程子之书。四十复游燕赵，讲业齐鲁、维扬之墟，仰观人文于上国，陆沉于金马。五十以忧病归西樵。樵中有烟霞之洞，四方英才集焉，乃胥与集石为台，因台集木，为居、为堂、为馆，为讲学进修之地，以迓大科峰，因曰大科书院。……乃为条之如左，凡以发诸心性也，凡以归诸心性也，凡以无所外于心性也，吾其不徒言也已。诸生以吾不徒言之实，而求得吾之所以言焉。①

《大科书院训规》表明了湛若水师承陈白沙，汇众家之长成一家之学以授生徒的理学倾向。湛若水的学问与为人，吸引了大批弟子来到大科书院，如甘学、霍敦、陈谟、霍杰、杨鸾、钟景星等，学贯古今的名师，往来无白丁的硕儒，加上规范的书院教学秩序，西樵山的大科书院很快声名鹊起，汇聚了越来越多的学子。

尽管湛若水主白沙、方献夫主阳明、霍韬主"居处恭"，西樵山四大书院为学并非完全秉自同一学派或同一学脉，但随着西樵山四书院的声名鹊起，当时名不见经传的西樵山，开始为世人所瞩目，日渐成为儒学史上与武夷山、庐山、岳麓山并称的明代理学名山。正如刘子秀在《西樵游览记》言："当湛子讲席，五方问业云集山中，大科之名，几与岳麓、白鹿鼎峙，故西樵遂称道学之山。"② 四书院因方、湛、霍诸公的倡学而大盛，这段时期与岭南地区经济发展迅猛、名儒大宦辈出交相辉映，直接促进了广东名士辈出，反过来，四书院弟子又因湛若水、方献夫、霍韬等人在学术和政治上的显赫地位，吸引着更多来自岭南各地乃至全国的官宦名儒，他们在此求学问道或诗文唱和，使西樵山不仅仅是一个谈学论争的学术名

---

① ［明］湛若水：《大科书院训规序》，黎业明撰：《湛若水年谱》，上海：上海古籍出版社，2016年，第69页。

② ［清］刘子秀：《西樵游览记》，清道光十三年南畬草堂刻本。

山，更发展成为岭南各地名儒大宦交流思想与政治主张的场所，复有籍此获三人赏识而得到推荐或提拔进仕者，更是网罗了考取功名却仕途失意的士人，成为此数十年间广东士大夫一个重要的讲游之地。

第二节　私淑白沙

由于何维柏后来在《重修翰林院检讨白沙陈先生祠记》《谒云谷白沙先生祠祭文》《至江门谒祠再告》等文中多次自言"犹幸私淑"，以至《四库全书总目提要》和朱彝尊《明诗综》均误其为白沙私淑弟子：

> 《天山草堂存稿》八卷，明何维柏撰。维柏字乔仲，南海人。嘉靖乙巳进士，改庶吉士，授监察御史，坐劾严嵩廷杖除名。隆庆初复原官，累迁南京礼部尚书，谥"端恪"。事迹见《明史·本传》。是集文六卷、诗二卷，文集中有讲义语录二种，皆以白沙绪论为宗，其诗亦多讲学语，盖维柏尝从陈献章游也。①

陈白沙（1428—1500），名献章，字公甫，号实斋。广东新会人，因居住在白沙乡，因此人称"白沙先生"。正统十二年（1447）中举人，正统十三年（1448）入国子监读书，会试不第，拜江西名儒吴与弼为师。但从老师那里他并未获得学问的满足，于是回到家里潜心静坐苦修，终于悟出一套自得之学。成化二年（1466）复游太学，以《和杨龟山此日不再得韵》而名震京师。回到新会白沙村后，屡征不起，四方来学者络绎不绝。弘治十三年（1500），白沙病逝于新会，年七十二。万历初，从祀孔庙，

---

① ［清］永瑢等：《四库全书总目提要》第一百七十七卷，别集存目类，北京：中华书局，2003年，第1590页。

追谥"文恭"，其言行被后人汇编为《白沙子全集》。他是明代岭南唯一诏准从祀孔庙的学者，在当时和后世的影响都非常大：

> 陈献章，字公甫，新会人。举正统十二年乡试，再上礼部，不第。从吴与弼讲学。居半载归，读书穷日夜不辍，筑阳春台，静坐其中，数年无户外迹。久之，复游太学。祭酒邢让试和杨时《此时不再得》诗一篇，惊曰："龟山不如也。"飏言于朝，以为真儒复出。由是名震京师。给事中贺钦听其议论，即日抗疏解官，执弟子礼事献章。献章既归，四方来学者日进。广东布政使彭韶、总督朱英交荐。召至京，令就试吏部。屡辞不赴，疏乞终养，授翰林院检讨以归。
>
> 献章之学，以静为主。其教学者，但令端坐澄心，于静中养出端倪。或劝之著述，不答。尝自言曰："吾年二十七，始从吴聘君学，于古圣贤之书无所不讲，然未知入处。比归白沙，专求用力之方，亦卒未有得。于是舍繁求约，静坐久之，然后见吾心之体隐然呈露，日用应酬随吾所欲，如马之卸勒也。"其学洒然独得，论者谓有鸢飞鱼跃之乐，而兰溪姜麟至以为"活孟子"云。[1]

只要略考陈白沙生卒年就可知，何维柏出生之时，陈献章已去世11年，因此不可能"盖维柏尝从陈献章游也"。为何《四库总目提要》编者会据《天山草堂存稿》而有此误解呢？除上文所述的"讲学语录皆以白沙为绪"及维柏的多次自称"私淑"外，何维柏本身的师承也是值得厘清的一个话题。

《新会县志》列有姓有名的白沙弟子一百零七人，有名无姓者两人。

---

[1]　［清］张廷玉等：《明史》卷二百八十三列传第一百七十一《儒林二》，北京：中华书局，1974年，第7261—7262页。

陈氏后人陈遇夫撰《白沙陈子门人》列白沙弟子九十八人。黄宗羲《明儒学案·白沙学案》列白沙门人十一人：李承箕、张诩、贺钦、邹智、陈茂烈、林光、陈庸、李孔修、谢祐、何廷矩、史桂芳。《甘泉学案》列甘泉门人九人：吕怀、何迁、洪垣、唐枢、蔡汝楠、许孚远、冯从吾、唐伯元、杨时乔。但在这些白沙门人和甘泉弟子的传人中，均没有何维柏的名字。然郭棐《粤大记·理学正传》列陈献章以下十六人：湛若水、张诩、梁景行、林光、陈激衷、薛侃、何维柏、庞嵩、王渐逵、刘模、钟景星、蔡良、林烈、杨传芳、叶时、唐伯元，则何维柏预焉。清代东莞人邓淳编撰的《粤东名儒言行录》卷十七将何维柏纳入"粤东名儒"之列。除维柏自言的"私淑白沙"外，实际上他是没有列入任何学派学者门墙的——因为他的学问，不管是早年就读昆都山时的以延平先生李侗为言行规范，还是后来服膺终生的白沙先生陈献章，均出自他"无师友指承"的自学体悟：

> 某自总角，稍知向往，江村僻陋，无师友指承，日惟扃户，取周、程诸书，乐而玩之。弱冠，出会城，得所刻《白沙子》者，取而读之，始知先生阳春养出端倪之言，既而益信，终日乾乾，只是收拾此而已。①

> 柏自羁贯，稍知正学，杜扃读书，笃信李延平"默坐澄心、体认天理"之旨，夙夜端省，弗敢有懈。瑜二年，出就省试；计偕至京师，取友天下。祇见侈谈玄虚，依傍光景，觇其行，类多不掩，同心观磨，鲜当意者。疏归西樵山中，与一二同志静修讨论，时讽咏（白沙）先生诗教，飒飒乎有旷世同然之感。及得《白沙子》与京中初稿，参玩要旨，穷竟先生之学……柏得于私淑，而终身服膺之者，惟先生为得力。②

---

① ［明］何维柏：《答鲁中丞》，《何维柏集》，北京：知识产权出版社，2020年，第225页。
② ［明］何维柏：《重修翰林院检讨白沙陈先生祠记》，《何维柏集》，北京：知识产权出版社，2020年，第254—255页。

那么，何维柏主要接受并服膺的是白沙学说的哪些部分呢？这可从其一生讲学语录及答弟子问中得出一点头绪。他多次引用白沙论"理"的"终日乾乾，只是收拾此而已"之句，白沙原话为：

> 终日乾乾，只是收拾此而已。此理干涉至大，无内外，无终始，无一处不到，无一息不运。会此，则天地我立，万化我出，而宇宙在我矣。得此把柄入手，更有何事？往古来今，四方上下，都一齐穿纽，一齐收拾，随时随地，无不是这个充塞，色色信他本来，何用尔脚劳手攘？舞雩三三两两，正在勿忘勿助之间，曾点些儿活计，被孟子一口打拼出来，便都是鸢飞鱼跃。若无孟子工夫，骤而语之，以曾点见趣，一似说梦。会得，虽尧舜事业，只如一点浮云过目，安事推乎？此理包罗上下，贯彻始终，滚作一片，都无分别，无尽藏故也。①

在陈白沙眼中，"理"是个人心中超越外在事物及其分别对待性的一种混一的精神境界，这种精神境界是自我作主的，诚可以说"天地我立，万化我出，宇宙在我"。进入这种境界后，"虽尧舜事业，只如一点浮云过目"，即不再受外力功事牵扯，岂不自由？②因此，白沙静坐沉思，追求的是精神境界的个体性，如"天自信天，地自信地，吾自信吾"，即追求境界乃各人自己的事，不可以由别人强加，亦不可以强加给别人，而这种追求又完全是自觉的，每个个体靠自觉而升进此境界，即成就了我心之于权力和财富的绝对优先性与超越性。这与何维柏"无师友指承"纯靠自觉自学的从学背景颇为相合，所以他选择了端坐澄心这种自省自悟的

---

① 　[明]陈献章：《陈献章集》，北京：中华书局，1987年，第217页。
② 　冯达文：《白沙子之"道"论》，章继光、刘兴邦、张运华主编：《陈白沙研究论文集》，长沙：湖南大学出版社，2001年，第2页。

方式。白沙的"静"，是动静的统一，是无欲，故静，更是人生而即有之的天性：

> 然动静之静与主静之静自是不同，动静，时也。主静之静，原于一也，周子所谓"学圣以一为要"。一者，何也？一者，无欲也。无欲，故静。……主静以立极，圣人所由为一理，天下之动，贞于此矣。……静而无静，动而无动，是之谓真动、真静。是故观理一分殊之妙，会真静真动之机，而天地万物之情可见矣。①

静坐的目的是卸去重担，从书本利禄中解放出来，"以我观书""求诸吾心"，使自己成为学问的主人，成为凡尘俗务的主人，而不被学术的利禄化、官方化所束缚。白沙主静，静只是出发点，养静为其方法，关键是要养出个"端倪"来。端倪是什么？何维柏的理解是：

> 端倪如萌芽之谓，有端倪而后可语几。几者，自静自动，常感常应，本自完全，至微至著，慎之而正，修之而言者也。养端倪则以人心既失之后，培养之使复如物，既亡而复存，既死而复生者也。此白沙教人方便法门也。……故静中存养，宁神定志，使心猿意马日渐消灭，以祛其习染之汗，以复其清明之气。庶善端日萌，生机不戕，夫然后可以行著习察，亲师取友，濯旧闻以来新益，如水之既澄而后清，木之既伐而复萌，方可以共学。……安居逢源，定静安虑，可以酬酢万变，可以充塞宇宙，可以合德古今，非若静中始养之时矣。②

---

① ［明］何维柏：《问初学须是习静》，《何维柏集》，北京：知识产权出版社，2020年，第123页。

② ［明］何维柏：《问白沙先生云静中养出端倪》，《何维柏集》，北京：知识产权出版社，2020年，第124页。

当然，何维柏除了从白沙学说中汲取"静中养出端倪"的修养工夫之外，更重要的是对待入世之事的态度与担当。自悟之后的陈白沙虽多次推辞，坚决不应地方官的举荐入朝为官，但这不代表他像道家一样超脱俗世、真正寄寓自然，而是因为朝政昏暗，一生不想受人间供养而生束缚，追求"物我两忘"。而在对待儒者的责任担当面前，他仍秉持横渠先生的"为天地立心"之说，认为宇宙内事皆吾性分内事，开顾炎武"天下兴亡，匹夫有责"之先河：

> 天下有任大责重而禄位不与者，苟能胜之，则至大至通，无方无体，故能为天地立心，为生民立极，为往圣继绝学，为万世开太平，所谓建诸天地而不悖，质诸鬼神而无疑，百世以俟圣人而不惑，此其分内也。宇宙无穷，谁当负荷？[①]

何维柏正是因为从心底接受了"宇宙内事皆吾性分内事"的观点，才会在后来为官之时不惧天威，冒着忤怒权贵的危险，多次抗颜上疏，与当朝天子、权臣之意相悖，支撑他做出这些选择的，都是从白沙学说里学到的儒者入世之责任担当：

> 故君子之学，以尽性也。用之则行义以达其道，本身而征诸民，推之天下国家之大，驯至参赞位育之极，莫非吾性分当然。非有所加也。不用则卷而怀之，非有所损也。故事业如尧舜，可谓至矣。然皆学者分内事，不足异也。[②]

---

①　［明］陈献章：《陈献章集·复江右藩宪诸公》，北京：中华书局，1987年，第139页。
②　［明］何维柏：《问宇宙内事皆吾性分内事》，《何维柏集》，北京：知识产权出版社，2020年，第115页。

从何维柏一生行事及日后在天山草堂讲学的语录、与弟子问答往来书札来看，他对白沙学说的接受是全方位的，不仅学习其"静坐中养出端倪"的修养工夫，更是将白沙所言运用于自己的为人处世、为官交友乃至家族治理，他深刻理解白沙先生之"静"对于当时程朱理学僵化的教条的反驳，极为服膺"学贵反求诸己，自得于心"的为学之道，赞同"终日惕惕，只是收拾此而已"，并将"收拾"形象地解释为"洗心"。一生以静坐、重视内省体验以求"心"的方式，反省并指导自己的行为。同时，他也接过了白沙"宇宙内事皆吾性分内事"的入世思想，在为官、隐居期间主动为君分忧、为民请命，当被逮下狱生死未卜之际，从容地认为"平生学问，至此颇觉得力"，浩然正气，充塞天地之间。

第三节　友交四方

白沙之学，沾溉岭南儒林后学甚多。如前所述，嘉靖年间影响最大的当属西樵山中的四大书院，其创建者中学问最著者当属湛若水，与陈白沙合称"陈湛心学"。湛若水在继承白沙学说的基础上，以"随处体认天理"为宗，创立了"甘泉学派"，与王阳明的"阳明学"并称"王湛之学"。白沙主静的修养工夫，也催生了入名山澄心静坐的儒林时代风气。距广州府治近百余里的西樵山，于是俨然而成一时儒学渊薮，号称"南粤理学名山"。

据成书于乾隆年间的《西樵游览记》记载："西樵自文简诸公开讲席，名贤接踵五方不绝，可谓盛矣。"何维柏入读西樵山前后隐居讲学于西樵的名贤包括：

　　陈献章，字公甫，新会人，举于乡，再上礼部，不第，从吴与弼讲学，居半载归，读书穷日夜不辍，筑阳春台静坐其中，久之，复游太学试，《和杨时此日不再得诗》一诗，名震京师，归隐白沙，四方从学日众，以荐起召，至京，令就试吏部，辞疾不赴，疏乞终羊，授翰林检讨以归。自是屡荐卒不起，献章之学以静为主，其教学者但令端坐澄心，于静中养出端倪，尝自言曰："吾年二十七始发愤从吴聘君学，于古圣贤之书无所不讲，然未知入处，比归白沙，专求所以用力之功，亦卒未有得，于是舍繁求约，惟静坐，久之然后见吾心之体，隐然呈露，日用应酬随吾所欲，如马之御衔勒也。"（见《明史·儒林传》）

韩雍，字永熙，长洲人，成化初两广蛮寇大起，兵书王纮曰"韩雍才气天下无双，盗贼非雍不办"，乃以雍督两广，讨破大藤峡诸蛮，刻石纪功而还。以忧归，旋晋右都御史镇两广，蛮人慑服，以父呼之，卒谥"襄毅"。雍长身俊伟，具文武材，天下仰之。（见《广东通志》）

湛若水，字元明，增城人。举于乡，从陈献章游，不乐仕进。母命之出，乃入南国子监。弘治十八年成进士，选庶吉士，授编修，时王守仁在吏部讲学，若水与相应和，寻丁母忧，庐墓三年，筑西樵讲舍，士子来学，先令习礼，然后听讲。若水生平所至，必建书院以祀献章。（见《明史·儒林传》）

张诩，字廷实，番禺人。师事陈献章，成化间进士，授户部主事，寻丁艰，累荐不起。正德中召为南通政参议，一谒孝陵即归。献章谓其学以自然为宗，以忘己为大，以无欲为至，卒年六十。（见《明史·儒林传》）

张希载，字博之，龙山人。弘治壬子同邓珙从游陈子，尝诲之曰："君子之心，常存恐惧，于善有未迁过，有未改，恐生懈怠；于静曰惺惺，恐生冥醉。"与湛若水处西樵，若水称之曰"昔游白沙，惟柏山张子，学有端绪"，柏山，希载别字也。（见《白沙弟子传》）

邓德昌，字顺之，水藤人。白沙弟子也。以贡司训应天。居西樵，筑铁泉精舍读书其中，湛若水丞相推重，晚年以其授传。（见《顺德县志》）

谢佑，字天锡，从献章江门讲学，卜筑葵山下楼焉。并日而食，袜不掩胫，晏如也。（见《南海县志》）

赵善鸣，顺德人。少孤，每诵陈子诗，辄驰慕。己未拜门下，弘治辛酉举于乡，仕终知府。（见《白沙弟子传》）

李孔修，字子长，别号抱真子，顺德人。有高行。张诩荐于献章，献章甚喜。在江门日，赠答最多。白沙不轻许可人物，数称孔修。吴廷举由县令历臬藩，在粤最久，引孔修为布衣交。孔修卒，无子，宪使李中少参、王崇敬教经纪其丧，尚书霍韬葬之西樵山，志其墓谓"白沙振世之志，惟孔修、谢佑、张诩不失其正"云。（见《白沙弟子传》）

汤霭，字民悦，新会人。从陈子游，与湛若水友善，时乡射之礼久废，知县罗侨聘霭损益礼仪，具器及乐习之。督学林廷玉命遍教各郡，岭南乡射自霭始焉。年七十，以诗寄区越，自悔进德修业之迟，若水尝留霭家，置百亩而去。（见《白沙弟子传》）

尹凤，字舜仪，增城人。与湛若水同游白沙之社，后处西樵，筑万竹台于九龙洞上。相与讲学，因号"万竹"。若水赠之诗，屡宾于乡，卒年八十二。（见《广州府志》）

方献夫，字叔贤，南海人。弱冠举弘治乙丑进士，选庶吉士，历员外郎，与王守仁论学，悦之，遂请为弟子，寻谢病归。读书西樵山中者十年。筑精舍，日与湛若水、霍韬往还论学，嘉靖初还朝，以仪礼骤贵，迁侍讲学士，历詹事吏、礼尚书，庚寅复谢病归。辛卯秋诏召还，具疏恳辞，举梁材、王廷相自代，优诏褒答，遣行人蔡鸾趣之。献夫在山中，以病辞，既而使命再至，乃就道。比至晋少保兼武英殿大学士，进光禄大夫柱国。甲

午以病乞骸，不许。少师李时为请，许之。归而治第西樵山麓，优游林下十年卒。赠太保谥"文襄"。（见《明史》）

霍韬，字谓先，南海人。生而重瞳，年十九即揭"居处恭"三字于座隅。识者器之，举正德甲戌会试第一，谒归，成婚，读书西樵山。经史博洽，世宗登极，授吏部主事，大礼议起，与方献夫力排杨廷和之说，寻谢病归。处西樵开精舍，著书讲学。久之，屡荐皆辞。六年，擢少詹兼侍读学士，复两疏辞，眷注弥切，赐《敬一箴》《洪范序》及《文献通考》于山中，寻历詹事兼学士，进礼部侍郎，旋擢尚书，以忧归，庐墓西樵，召为吏部侍郎，出为南京礼书，拜太子少保，卒官。韬为人行谊高洁，平生肆力于"居处恭"，立朝献纳，亦以此为第一义，尤好荐贤，汲引如恐不及，前后所上谏疏几三十万言，曾太保，谥"文敏"。（见《广东通志》）

伦以谅，字彦周，文叙长子，丰神秀雅，世比之卫玠，举正德丙子乡试第一，又五年成进士，选庶吉士，出为山西道御史，疏归养，久之以荐补浙江，历南通政参议，以忧归，无复用世意，与主事王渐逵偕游名山，常往来于西樵，以诗酒自适。（见《南海县志》）

王渐逵，字用仪，少贫困，苦志钻研，登正德丁丑进士，授主事，请告归养，以荐起刑曹，疏陈四事，留中不报，再疏乞归，与伦以谅为物外之游，名胜无不遍历。渐逵益贫，以谅岁周之，霍韬最重其为人，尝曰："平生莫逆，惟用仪与日孚耳。"隆庆初赠光禄少卿。（见《番禺县志》）

梁焯，字日孚，南海人。举正德甲戌进士，过赣从王守仁学，辨问"居敬穷理"，悚然有悟，拜主客主事，疏谏南巡，罚跪，杖三十。时江彬从帝游，豫导引佛郎机，番人火者亚三谒帝，帝喜留之。至京入四译，不行跪礼，焯执，杖之。彬怒曰：

"彼尝与天子戏，岂下汝主事耶？"将中以危祸，会帝崩，嘉靖初年改司职，方予告，归卒。焯性刚直，遇事敢为，尝恤其同门友冀元亨之丧，多义之。霍韬最重之。每经焯墓，必祭之。（见《广东通志》）

郭肇乾，字体刚，南海人。掌四峰书院，教数年，师道甚严。后往来于湛若水门，日闻心性之旨，造诣益进。（见《渭厓集》）

甘学，字于盤，番禺人，性行高洁，有志圣贤之学，弃举子业。入西樵从湛若水游，主四峰、玉泉，苦志力学，霍韬尝具本存于朝。（见《渭厓集》）

陈激衷，字元诚，少为诸生，尝与方献夫讲学，后以乡荐司教，泰宁朔望，必与诸生习礼，升国子助教，弃官归。献夫时延之，谈论鼓琴雅歌，久之卒。（见《南海县志》）

屠应坤，浙江平湖人。嘉靖四年巡按两广，时西樵石圹，豪民恃利为奸，发民坟墓，践民稼穑，且有势家大猾为之主，地方受患不可胜言。应坤至，具本请禁，民至今德之。（见《广东通志》）

邵齗，东阳人。嘉靖六年按广东，兴利革弊，不遗余力。西樵石圹奸民擅利，发掘址垄，前巡按屠应坤请禁而御史涂相禁未力，齗与总督王守仁复申前议，请明旨严禁之。（见《广东通志》）

胡澧，字伯锺，三水人。举进士，历官松潘副使。番人作逆，澧制神机火箭讨之。五寨俱平。弃官归，尝游西樵，詹事霍韬山居，倒屣迎之。因试澧箭，惊以为神。与论理学，益见称赏。后韬起吏部，因荐澧及进澧箭，诏授佥都御史，命未下而卒。（见《广东通志》）

蒋信，字卿实，常德人。少师事王守仁，得危疾，入萧寺静坐者半年。学大进。嘉靖初，贡入太学，复师湛若水，若水为南祭酒，门下士多分教，十一年举进士，累官四川佥事，迁贵州副使，坐建守仁祠，为置祀田，以擅离职守除名。（见《明史》）

郑洛书，字启范，莆田人。弱冠登进士，由知县擢御史，谏诤有声，出视南畿学政，以丧归。洛书在台，尝荐王守仁、罗钦顺、邵宝、鲁铎及论求杨言、叶应骢、唐枢、缪宗周等，为时所称，后以京察落职，卒年三十九。（见《明史》）

霍任，字尹先，南海人。少与兄韬读书僧舍，衣冠相对，暑夜不改。人服其端庄，两试不遇，遂潜心理学，亲没，哀毁成痞，庐墓西樵，遂移家焉。兄方历显要，而任泉石自娱，栖西樵垂四十年，比卒，闻者莫不悲之。（见《广东通志》）

霍敦，字允厚，南海人。闻若水讲学西樵，来从之游。时大科书院方构，敦首捐助而陈谟、霍傑、杨鸾协成。敦居十年，翘然齐长，后若水官经筵，尝上书以辅养君德兴致太平为言，辞甚恳切，生平重义好施，家虽贫犹与门人讲学不辍，卒于嘉靖己亥，若水惜之。（见《甘泉集》）

陈谟，字公赞，顺德人，东山之水也。若水称东山年六十犹好学。谟从若水于烟霞洞筑亭曰"仰止"，设短床其中，示不安寝，后若水奉召北上，负笈以从。居数年归，疾革时犹正襟衣冠，诀母而逝。时嘉靖戊戌夏也。（见《甘泉集》）

钟景星，字叔辉，宝谭人。少习举业，闻湛若水讲学西樵，偕弟景旸往受业焉。与陈谟、郭肇乾辈相策励。终日正襟，未尝少解。久之充然自得。饬躬砥行，毅如也。晚年养愈冲粹，喜怒不形见者，知为有道之士云。（见《东莞县志》）

杨鸾，字少默，揭阳人。闻湛若水讲学西樵，来馆烟霞，执弟子礼。事母至孝，岁馀一归省。若水北上，携一琴一仆以从。凡三载，身婴弱疾而卒。若水哭之。初鸾谒若水于庐，即有感，

后与兄骥并举于乡，人称"双凤"。（见《潮州府志》）

霍傑，字民先，南海人。任季弟也。倜傥不凡，脱然世外，屏去厮仆，独处西樵锦嵒中，采蕨和粟炊之。闻若水讲心性之旨，移书辩论，久之信服，愿执弟子礼。方献夫与论古今名贤无当意者。献夫笑曰"古之狂也"。居三载，忽出省城，登粤秀山，坐石而逝。（见《广东通志》）

洪垣，字峻之，婺源人。嘉靖十一年进士。湛若水讲学京师，垣受业其门，永康知县，徵拜御史，出按广东，改温州知府，以窒累落职，归。与同里方瓘复从若水于西樵。若水为建二妙楼居之。家食四十余年，九十而卒。（见《明史本传》）

方瓘，字时素，婺源人。与洪垣从若水于西樵，厌科举学，绝意仕进，尝自自广东还，同行友瘴死。舟中例不载尸，瓘秘不以告，与同寝累日，至韶乃发之。及瓘卒，若水为文祭之。（见《明史》）

冼桂奇，字奕倩，南海人。登嘉靖乙未进士。近观主事，以忤朝贵，出为南刑曹，疏乞终养，师事湛若水，居止与俱，访匡庐，登武夷，历览诸胜，归而奉母居罗浮。草履素服，无异野人，世多其清风劲节。（见《广东通志》）

伦以诜，字彦群，文叙季子也。年十七举于乡，嘉靖戊戌进士，授主事。迁郎中，以请养归。从湛若水游，衣冠言动，多率于礼，常处西樵，力学不倦，耄而尤勤，卒年八十。（见《广州府志》）

周学心，顺德人，从湛子于西樵，所著有《西樵山志》。（见《甘泉集》）

何中行，号东江，南海人。嘉靖壬辰进士，历官广西佥宪，家食时雅志址塈，爱白云洞之胜，时携书游息其中，因闢洞门。子亮，字子明，少游邑庠，不乐仕进，遂架石凿险，芟除荒秽，

以久居焉。亮性闿恬，贯通典籍，砥励名节，人甚重之。（见《弼唐存稿》）

刘模，字叔宪，嘉靖癸卯举于乡，教谕兰谿，历梓潼知县，致仕家居。甘贫茹淡，与庞嵩、何维柏往来讲学，所著书多独得之见。（见《南海县志》）

庞嵩，字振卿，南海人。嘉靖十三年举于乡，讲业罗浮山，从游者云集。通判应天进治中，寻长刑曹，终曲靖知府。皆有政声。早从王守仁游，淹通五经，其在南京，集诸生新泉书院，相与讲习。罢官后复从湛若水游，久之卒。（见《广东通志》）

霍与瑕，字勉斋，尚书韬次子。登嘉靖己未进士，授慈谿知县，与淳安海瑞齐名，称"浙中二廉吏"，被挤，归棲西樵者六年。隆庆初荐起，历官佥事，才名为当事所重。卒以见忤致仕。（见《广东通志》）

欧大任，字正伯，顺德人。以岁贡历官工部郎中，卒年八十。（见《明史·文苑传》《顺德县志》）

黎民表，字惟敬，从化人。御史贯子也。举于乡试，久不第，授翰林孔目，迁司务执政，知其能文，用为制敕中书，供事内阁，加官至参议。与梁有誉、欧大任、吴旦、李时行同相唱和，一时岭海文才称极盛焉。（见《明史·文苑传》《广东通志》）

赵志皋，字汝迈，兰谿人。隆庆二年进士及第，授编修。进侍讲，以京察出为广东副使，居三年，再谪官，旋起太仆祭酒，擢侍郎，以礼书兼东阁大学士，卒赠太傅，谥文懿。志皋尝偕刘廉宪游西樵于白云洞口，建云瀑亭，又为桥跨绝涧中以便游侣。（见《明史本传》《岭南名胜记》）

郭棐，字笃周，南海人。师事湛若水，与闻心性之旨，登进士，仕仪曹，遇事侃侃，出知夔州府，迁副使，督学四川，由皋藩入为光禄卿致仕。棐尝疏陈十事如设史局之官、录于谦之后、进薛瑄陈献章从祀孔庙，言皆见纳。弟槃，字乐周，领乡荐，官知州，少与棐同师若水于西樵，其功名亦相称重云。（棐著有《粤大记》，广东文献赖以不坠；又著《岭海名胜记》，西樵故事亦赖以传。见《广东通志》）

陈堂，字明佐。与王唯吾览胜探寄，家居二十年卒。（见《南海县志》）

王学曾，字唯吾，南海人，登进士，令醴陵、崇阳，选南道御史，疏救邹元标，谪州判，历光禄寺丞，疏乞收还三王并封之诏，削籍归。偕区大伦等倡明理学，家居二十年卒，赠太仆少卿。（见《广东通志》）

叶春及，字化甫，归善人。举于乡，司教福清，未赴。伏阙上书论时政五事，纚纚三万余言，改惠安令，擢宾州守，以忤权贵妆。治逃庵于罗浮。当事为闢石洞书院，置田以瞻从游者，后以荐起，历户部郎中，春及学问冠绝一时，为文高古雄宕，出入秦汉，所居官以文章饰吏治。

祁衍曾，字羡仲，东莞人。通脱豪轶，年二十三始折节读书，从游罗浮朱明，入闽访武彝，自鹅湖之白鹿，乞食于南昌旅次困而归。举乡试不第，而好游益甚，久之以母丧痛哭卒。（见《广东通志》）

从嘉靖十一年（1532）赴京应试下第入读西樵山，至嘉靖十四年（1535）再次晋京，整整三年，何维柏都在西樵山古梅洞静坐苦读。何维柏选择西樵山，首先是这里离家沙滘村很近：沙滘就位于西樵山下，西接三水白坭，东临南沙涌，南望西樵山，位于横江圩与罗行圩之间。其次当然是西樵"理学名山"对岭南士人的强大吸引力。这里不仅心学兴盛，科道中试者也多。据道光十五年《南海县志》统计，有明一季，南海（含寄籍南海）共考中进士187人，其中还有状元伦文叙。这些考中进士的榜样中，与维柏相隔最近而官场最为得意的，当属方献夫和霍韬。方献夫（1485-1544），原名献科，字叔贤，原籍福建莆田，后太曾祖父定居南海丹灶。献夫是遗腹子，自幼勤苦力学，弘治十七年（1504）乡试夺魁，次年（1505）中进士，时年二十岁。中试之时，曾荣归乡里，闾巷皆闻。七年之后（1512），称病归籍，入西樵山构筑"石泉精舍"，后扩大为"石泉书院"，读书讲学十年之久。霍韬（1487—1540），字谓先，号兀崖，南海石头乡人，正德九年（1514）中会试第一名后返回家乡，亦入西樵山读书近七年。这些名贤先辈，都是下第之时何维柏学习的榜样。

方献夫与何维柏的交集，首见于旧题为何维柏"十二岁时作"实则为嘉靖十二年（1533）作的《题方少保西樵山书院壁》："几回欲上碧峰头，今日始登山上游。天与斯文聊寄迹，我来心思莫多愁。乾坤万古云山在，世态无穷江水流。不是倚阑空怅望，居高还解庙廊忧。"①考何维柏十二岁为嘉靖二年（1523），其时方献夫刚自西樵山隐居处还朝，任吏部考功司员外郎，调文选司，频上《大礼疏》等奏折参与"大礼议"，尚未加封"少保"衔。方献夫被授太子太保是在嘉靖七年（1528），加秩少保则在嘉靖十二年（1533）。因此该诗当是何维柏在嘉靖十二年即二十二岁所作，被后人误记为"十二岁时作"。嘉靖十二年正好是何维柏晋京应试不第入西樵山读书期间，作为一位正在奋战苦学准备科场考试的学子来说，乡贤前辈方献夫在官场的成就是维柏所应该追慕的。但维柏在书院这里看到的不是前辈在官场的如何得意，而是"世态无穷"，因此期待还朝后的方献夫身居高位，仍能"还解庙廊忧"。方献夫与何维柏的交集，其本人诗文中较少见载，屈大均《广东新语》称其曾同时讲学于西樵：

① ［明］何维柏：《题方少保西樵山书院壁》，《何维柏集》，北京：知识产权出版社，2020年，第299页。

方文襄尝与王青萝、邓敬所、何古林讲学西樵，甘露连降三日。青萝诗云："同德之磋，如气之和。同心之涵，如露之甘。"①

在何氏族谱《聚顺堂世德录》里，何维柏父亲应初公的小传中，也曾记载嘉靖十四年（1535）夏，南海普降大雨，沙滘所在的邻村西北溃堤，应初公董厥其事，出面率领乡亲完筑堤围，两邑乡民因此得益。其时维柏已在京考中进士，方文襄公献夫赞应初公有"御管捍患"之功。

何维柏与霍韬现存诗文中的直接交集则更少，但维柏与霍韬次子霍与瑕则相交甚厚，不仅在其削职回乡僻居天山草堂期间日与订析《易》义，诗词唱和。何维柏去世之后，霍与瑕连撰《奠何古林老先生》《同会祭古林何老先生》《祭何古林公窀穸墓穴》等文，痛悼何维柏。霍韬的为官，未见何维柏有过直接评论。其为学可归结为"居处恭"三字，出自孔子"居处恭，执事敬，与人忠"。霍韬将居处恭上升到儒家思想的一个核心位置，即认为一个人静时所蕴含着的状态，是最根本的。居处恭是纲，体现在具体的目上是"非礼勿视，非礼勿听，非礼勿言，非礼勿动"，讲究戒慎用敬与体现于外在的修养，这与何维柏一生静默持敬的处事操守是相契合的。霍韬承买宝峰寺，入主宝林洞后，把宝峰寺改为了四峰书院，正是何维柏入读西樵山古梅洞时，他在这里与在四峰书院游学的麻城刘鲁桥相交甚善，携手徜徉山水间。四峰书院不仅仅是霍韬个人的讲学之地，更是作为霍韬宗族建设中重要的一个环节，事实上更像是霍韬家族的子弟学校。何维柏在此不一定与霍韬相交甚深，但与四峰书院任教的先生、就学的学子及霍家子弟，均有深刻的交往。

然而，尽管其时大科书院、石泉书院、四峰书院和云谷书院早已相继

---

① ［清］屈大均撰、李育中等注：《广东新语注》，广州：广东人民出版社，1991年，第17页。

声名卓著，方献夫和霍韬也已因"大礼议"而一跃成朝廷新贵，但何维柏却没有入读其中任何一所书院，也没有拜入湛若水或方献夫、霍韬的门下。不过与其在昆都山时"江村僻陋，无师友指承"不同，西樵山的理学名家及往来学子，成为他结伴徜徉并相与唱和的同道，有些成了他一生的至交好友。综观何维柏《天山草堂存稿》，极少忆及西樵读书岁月，但在他的诗作中，西樵山的风光令他终生难忘：

> 鸟向楼前语，花当槛外明。
> 闲来无一事，心迹淡双清。
>
> ——《西樵山居》

> 官山山下水西头，杨柳津前绿荫舟。
> 海内风涛多不定，未应长啸独临流。
>
> ——《水澳横舟》

> 石床冰簟卧龙蛰，分得华山枕上痕。
> 相国勋名先版筑，君王应有梦思存。
>
> ——《五龙稳睡》

> 静向渊源独鉴心，秋空碧落夜沉沉。
> 渔人不费丝毫力，闲对清光万壑深。
>
> ——《天湖钓月》

> 千层云谷锁秋阴，绝壁天池瀑影深。
> 洞里乾坤谁变理，樽前水月也无心。
>
> ——《翠岩流觞》

多年以后，已中进士并为官后归隐的何维柏，多次携亲友回到当年的读书之处西樵山，回首当年，除感慨时光易逝以外，更多的是对苦读静坐心情的回味：

万丈松风吹客衣，月明山色望霏微。

石泉洞古春常在，云谷天空鸟自飞。

此日登临仙犬吠，十年踪迹主人非。

岩花似领无言意，且向樽前一咏归。

——《西樵月夜感旧》

采芳犹及暮春前，路入桃源洞里天。

几片晴云临钓石，数声啼鸟破朝烟。

回看世界真如幻，每到林泉似有缘。

欲识舞雩童冠乐，漫随花柳过前川。

——《春日偕诸弟侄游西樵》

岭外沙堤里，江边水竹居。

乾坤佳气在，还此结吾庐。

其二

东海一丝纶，西畴十亩春。

茫茫天地里，容易寄闲人。

——《还旧居》

不到樵山久，寒松几度秋。

遥知湖上月，长照紫云楼。

——《望樵山》

欲上西樵访旧游，岁寒时事尚淹留。

不知亦有山阴兴，能过磻溪共钓舟。

——《村居怀关紫云》

五龙深处相公家，楼阁连空锁暮霞。

门外久荒车马道，庭前犹放木樨花。

——《经方文襄公故居》

夜坐西樵百尺楼，忽惊风雨起春愁。

十年回首论心事，寂寞寒灯数旧游。

——《紫云楼雨夜书怀》

独坐山亭独自歌，月明歌罢枕藤蓑。

夜深翻忆十年事，学海其如孟浪何。

——《天湖亭杂咏次啬翁韵》

十年重约此登临，千里良朋来盍簪。

龙洞水从云谷转，虎台花护翠岩深。

论心夜对青山月，揽胜朝探碧玉林。

偶过旧时虀粥处，松梅犹傍草亭阴。

——《偕陈黄门崔民部陆孝廉游西樵经梅花馆》

与维柏诗里多次出现西樵意象不同，其文则仅见《书鲁桥刘子同心卷》对这段苦读而又幸福的时光略有述及：

> 嘉靖壬辰（1532），予读书西樵山中。鲁桥刘子从四峰霍公游，时访予古梅洞，相与徜徉山水间。见其年资茂雅，骎骎然志上向者，予喜之。[①]

鲁桥刘子，即刘模，字叔宪，号素予，与何维柏是嘉靖十年（1531）广东乡试的同榜举人。何维柏喜其"年资茂雅，骎骎然志上向者"而引为好友，《粤大记》称："其格致之说，祖述程、朱，谓'不学古而有博文一段工夫，则夫子亦不必删之述之矣！'皆至言也。学者欲寻洙泗正路，

---

① ［明］何维柏：《书鲁桥刘子同心卷》，《何维柏集》，北京：知识产权出版社，2020年，第69页。

当于此求之。"①

　　总之，经过了昆都山下独学无侣后的一朝中举，及首次赴京应试不第的挫折，完成了成家大事并在西樵山苦读三年，寻找到了一生心灵导师的何维柏，已经为再次赴京应考做好充足的准备。

―――――――――――

①　［明］郭棐：《粤大记·刘模传》，广州：中山大学出版社，1998年，第391页。

第三章

文历史
化史

拜朝堂，雷震谨身殿

祥光飘渺护彤墀，恭睹吾皇报祀时。

法驾晓临仙仗肃，奏坛夜集汉宫仪。

声偕鸾凤风和细，影动蛟龙月上迟。

知是神人咸受职，共歌天何乐雍熙。

——何维椅《郊天应制》

嘉靖十四年（1535）二月，何维柏再次赴京应试。时值"大礼议"尚未议定之际，世宗亲自出题，以《法天法祖》立意，时任礼部尚书夏言在殿廊中巡视，看各考生策对答题。其中来自浙江余姚的考生韩应龙，以"人君所以致天下之治者，法天而已矣；所以保天下之治者，法祖而已矣"开篇，正合嘉靖皇帝"欲改祖制"之意，因此亲自在此卷首朱批："是题本意，可第一甲第一名。"钦点韩应龙为该科状元。此次科第，韩应龙卷由世宗亲自批阅，得居榜首状元，正是世宗逐步掌握朝政有资本坚持己见对抗朝内文官集团的开始。该科取一甲三人，分别是状元韩应龙、榜眼孙升、探花吴山。二甲九十五人，三甲二百二十七人。这一榜进士，有后来的内阁大学士赵贞吉、郭朴，六部尚书高耀、林庭机、张瀚、毛恺、张永明、冯天驭、闵煦等。何维柏中的是三甲第一百七十二名："乙未举进士，读中秘书。"[①]与他同榜考中的南海籍考生还有李兆龙和冼桂奇，分列三甲第二百一十四名和二百二十六名。

---

① ［明］郭棐：《粤大记》，广州：中山大学出版社，1998年，第388页。

第一节　读书中秘

明代的科举考试，沿唐、宋旧制，三年大比。所考范围，"专取四子书及《易》《书》《诗》《春秋》《礼记》五经命题试士。……其文略仿宋经义，然代古人语气为之，体用排偶，谓之八股，通谓之制义。三年大比，以诸生试之直省，曰乡试。中式者为举人。次年，以举人试之京师，曰会试。中式者，天子亲策于廷，曰廷试，亦曰殿试"。①廷试之后，除一甲进士外，二甲和三甲则需要参加以论诏奏议诗赋为内容的朝考，经历一个"准授官"时期，选擅长文学书法的进士为庶吉士，在翰林院内特设的教习馆肄业三年，期满后举行"散馆"考试，成绩优良的分别授翰林院编修、检讨等官，其他的则供六部待选。这段在翰林院内教习馆学习却介于进士与官员之间的阶段，称为庶吉士。

关于庶吉士，并非正式的官职名称，而是由翰林院专门委派教习参与学习的"准官员"。《明史·职官志》称："庶吉士，自洪武初有六科庶吉士。十八年以进士在翰林院、承敕监等近侍者，俱称庶吉士。永乐二年，始定为翰林院庶吉士，选进士文学优等及善书者为之。三年试之。其留者，二甲授编修，三甲授检讨；不得留者，则为给事中、御史，或出为州县官。宣德五年，始命学士教习。万历以后，掌教习者，专以吏、礼二部侍郎二人。"②同时，据《明史·选举志》，自洪武十八年（1385）开始，每次科考，从二甲中试者中选庶吉士"储才馆阁以教养之"。由司礼监每月供给笔墨纸、光禄寺给朝暮馔，礼部月给膏烛钞，工部择近翰林院的宅第安置，由官高资深者任教司，读书中秘，三年学成。优秀者留翰林

---

① 〔清〕张廷玉等：《明史》卷七十志第四十六《选举二》，北京：中华书局，1974年，第1693页。

② 〔清〕张廷玉等：《明史》卷七十三志第四十九《职官二》，北京：中华书局，1974年，第1788页。

院为编修、检讨；次者出为六户给事，都察院御史：

庶吉士之选，自洪武乙丑择进士为之，不专属于翰林也。永乐二年，既授一甲三人曾棨、周述、周孟简等官，复命于第二甲择文学优等杨相等五十人，及善书者汤流等十人，俱为翰林院庶吉士，庶吉士遂专属翰林矣。……司礼监月给笔墨纸，光禄给朝暮馔，礼部月给膏烛钞，人三锭，工部择近第宅居之。帝时至馆召试。五日一休沐，必使内臣随行，且给校尉驺从。……弘治四年，给事中涂旦以累科不选庶吉士，请循祖制行之。大学士徐溥言："自永乐二年以来，或间科一选，或连科屡选，或数科不选，或合三科同选，初无定限。或内阁自选，或礼部选送，或会礼部同选，或限年岁，或拘地方，或采誉望，或就廷试卷中查取，或别出题考试，亦无定制。自古帝王储才馆阁以教养之。本朝所以储养之者，自及第进士之外，止有庶吉士一途，而或选或否。且有才者未必皆选，所选者未必皆才，若更拘地方、年岁，则是已成之才又多弃而不用也。请自今以后，立为定制，一次开科，一次选用。令新进士录平日所作论、策、诗、赋、序、记等文字，限十五篇以上，呈之礼部，送翰林考订。少年有新作五篇，亦许投试翰林院。择其词藻文理可取者，按号行取。礼部以糊名试卷，偕阁臣出题考试于东阁，试卷与所投之文相称，即收预选。每科所选不过二十人，每选所留不过三五辈，将来成就必有足赖者。"孝宗从其请，命内阁同吏、礼二部考选以为常。……其与选者，谓之馆选。以翰、詹官高资深者一人课之，谓之教习。三年学成，优者留翰林为编修、检讨，次者出为给事、御史，谓之散馆。与常调官待选者，体格殊异。①

---

① ［清］张廷玉等：《明史》卷七十志第四十六《选举二》，第1700—1701页。

《明史·选举志》对庶吉士的起源、成为定制、选拔机制、待遇供给等做了详细梳理。简言之就是源起于明太祖洪武年间，最开始并不专属于翰林院，成祖时期才专属翰林院，入馆读书待考的进士们，其待遇由司礼监、光禄寺、礼部、工部分别负责。而弘治年间大学士徐溥"储养"选士的主张，则基本规定了庶吉士教习和朝考的内容："平日所作论、策、诗、赋、序、记等文字，限十五篇以上，呈之礼部，送翰林考订。""择其词藻文理可取者，按号行取。礼部以糊名试卷，偕阁臣出题考试于东阁，试卷与所投之文相称，即收预选。"因此，孝宗朝之后，庶吉士三年学成，优者留翰林院、次者出为六部，成为基本定制。

　　据黄佐《翰林记》，"庶吉士"一词，取自《书经·立政》篇中的"庶常吉士"之意，明清两代均在殿试之后，对考中一甲的进士大多直接授官，二甲和二甲进行再次选拔，将擅长文学、书法的选为庶吉士在翰林院教习馆深造，相当于高级官员入职前的培训或实习，因此庶吉士选拔也一直被视为"储才大典"：

　　　　庶吉士之选，始自洪武十八年乙丑，上以诸进士未更事，欲优待之，俾观政于诸司，俟谙练然后任之。其在本院承敕监等近侍衙门者，采《书》"经庶常吉士"之义，俱改称为庶吉士，其在六部及诸司者，则仍称进士云。[1]

　　虽然黄佐说庶吉士之选始于洪武十八年（1385），实际那时尚未形成定制，最初入选也不是进士，而是举人，可见那时只是明太祖朱元璋在用人之前的定向培养：

---

[1]　［明］黄佐：《翰林记》卷二《庶吉士铨注》，《广州大典》第59册，广州：广州出版社，2015年，第283页。

天下举人至京，上欲造就其才，择其年少俊异者，皆擢编修，赐冠带、衣服，令入禁中文华堂肄业；诏太子赞善大夫宋濂等为之师。上听政之暇，辄幸堂中，取其文亲评优劣；命光禄寺日给酒馔；每食，皇太子、亲王迭为之主；冬、夏赐衣，时赐白金、弓矢、鞍马；宠遇甚厚。①

当然，庶吉士毕竟还不是官员，没有定例，待遇由户部、兵部、刑部、工部、顺天府、光禄寺等分别负责，是否真的"宠遇甚厚"？黄佐的亲身体验是"虚应故事耳"：

庶吉士在外公署教习，始自正统初年。《大明会典》云："凡庶吉士，内阁奏请学士等官二员教习。本院仍行户部给灯油钱、兵部拨皂隶、刑部给纸札、工部拨房屋、顺天府给笔墨、光禄寺给酒饭，内阁按月考试，俟有成效，送吏部铨注，本院并除各衙门职事。"窃谓庶吉士教寝与文华堂、文渊阁时旧不同，其所拨给第，虚应故事耳。②

本来天下士子考中进士，应被视为已获得为官资格。有了庶吉士这一"准授官"职前培训之后，三年期满是否能全部通过朝考呢？黄佐《翰林记》引正德年间丘濬言曰："每科不必多选，所选不过二十人，每选不必多留，所留不过三五辈。"对于每三年新科进士三甲共三百人左右的规模，每选不过二十人的名额，实在远远不能将庶吉士们全部纳入官僚序

---

① ［明］《明太祖实录》卷七八，洪武六年正月甲寅，台北："中央研究院"历史语言研究所校印，1962年，第1426页。

② ［明］黄佐：《翰林记》卷二《公署教习》，《广州大典》第59册，广州：广州出版社，2015年，第289—290页。

列，因此"通融"之术就成为庶吉士在教习馆之外必须习得的本事之一。因此黄佐称："好事者因称一甲三人为天上生仙，余为半路修行，亦切喻也。"

何维柏中榜之时，世宗已即位十四年，年三十岁，由最初的受大臣鞭策勤于政事，转向一心求取长生不老之术，崇道尚斋醮。此时，大礼议已定，《明伦大典》已颁布八年，世宗在与内阁及外廷大臣的争斗中逐步掌握了驭臣之术，娴熟地将各大臣玩弄于股掌之中。以议礼得上宠的张孚敬（原名张璁，嘉靖十年二月皇帝亲赐改名）再次任内阁首辅，而与何维柏有同乡之谊的大学士方献夫则于前一年（嘉靖十三年，1534）因世宗喜怒难测而致仕还乡。时任七卿尚书分别为：吏部尚书汪鋐，户部尚书梁材，礼部尚书夏言、兵部尚书张瓒、刑部尚书唐龙，工部尚书林庭㭿，左都御史王廷相。后张孚敬、汪鋐等因受御史弹劾，分别于四月致仕及九月被免。也正是从这一年开始，帝诏九卿会推巡抚官，著为令。

何维柏考中之后即选庶吉士，同时入选的还有：赵贞吉、李玑、敖铣、郭朴、任统、胡汝霖、林庭机、高时、黄廷用、奚良辅、汪集、郭鎜、沈良材、陈东光、王维祯、张绪、李秦、卢宗哲、全元立、赵继本等人。进入翰林院读书升侍，时任礼部右侍郎顾鼎臣兼翰林院学士并掌詹事府事，担任教习。①庶吉士读中秘书是其自身任务，这是永乐时规定的。黄佐《翰林记》卷二记载："正统丁卯，诏选本院官之有誉望者入东阁读中秘书……日在内府，进学不倦……殆与庶吉士同矣。"②从《世宗实录》的记载来看，该科会试，嘉靖皇帝不仅亲自出题，亲自阅卷，还亲自过问庶吉士的教习人选。时任内阁大学士李时曾推荐蔡昂，蔡昂是明武宗正德九年（1514）探花，时任礼部左侍郎兼翰林侍讲，会试的试官，廷试

① ［明］《明世宗实录》卷一百七十四，嘉靖十四年四月戊申，台北："中央研究院"历史语言研究所校印，1962年，第3786—3787页。

② ［明］黄佐：《翰林记》卷二《庶吉士铨选》，《广州大典》第9册，第283页。

的读卷官，职位上是担任翰林院庶吉士教习的合适人选。但嘉靖选择的是弘治十八年（1505）的状元顾鼎臣："三月丁卯，上问：'前顾鼎臣教习如何？'曰：'老成停当。'"①顾鼎臣，生于成化九年（1473），中弘治十八年状元，授修撰，累迁礼部右侍郎。顾鼎臣得皇帝青眼，最主要的原因是擅长结撰青词。青词是皇帝在内殿设斋醮时写给神仙的词。顾鼎臣进《步虚词》，开嘉靖时期词臣以青词结主知的先河，有"青词宰相"之称。

何维柏读中秘书的庶吉士生活，在其《天山草堂存稿》及诗作中记载极少，仅庞嵩为其夫人劳廉所撰的墓志铭透露了些许细节：

> 及登第，官翰林，读中秘书。遣人白老亲迎养，会太母丧，不果行。惟淑人如京师，乃悉检其初归时服色之美者，上太淑人留别；"若公之女弟，则解簪珥遗之。"终身清俭，重义轻财，盖其天性云。及居邸舍，公早朝，辄先鸡鸣起，悉有绳度；或夜归，则手女工待之，咸以为常。公结纳海内贤大夫，过从谈道，每五日当会期，即张具延欢，无不称公意。②

何维柏考中进士后授庶吉士，根据史载的待遇，应该是会有赐第可以迎家属一同居住，由于"太母丧"，双亲居丧，只有夫人劳氏北上。从墓志铭来看，维柏在此期间住在"邸舍"，除了上朝读中秘书，"结纳海内贤大夫，过从谈道，每五日当会朝，即张具延欢"。这是维柏进入朝堂政治生活的开始，也可见维柏初入仕途之时的踌躇满志，到处结交新科进士与同好，"过从谈道""张具延欢"无不彰显刚刚得志的维柏想有所作为

---

① ［明］《明世宗实录》卷一百十三，嘉靖十四年乙未，台北："中央研究院"历史语言研究所校印，1962年，第3755页。
② ［明］庞尚鹏：《明封淑人劳氏墓志铭》，见陈鸿钧：《广州出土明代南京礼部尚书何维柏夫人劳氏墓纪略》，《岭南文史》2014年第4期。

的决心。此时的朝堂，正是嘉靖皇帝牢牢掌握朝政之时，内阁之间的争斗，一日胜过一日。早年迎立嘉靖的顾命大臣杨廷和、蒋冕、毛纪等，早在嘉靖三年（1524）就因总与上意相左而相继被迫致仕，力挽狂澜的杨一清，也于嘉靖八年（1529）心灰而去。取而代之的是在"大礼议"中身先士卒为皇帝奔走呼号的张璁、桂萼等人。嘉靖十一年（1532），因彗星异兆，世宗下诏求直言。御史冯恩上疏极论大学士张孚敬（即张璁）、方献夫、右都御史汪鋐之奸，实则是剑指支持"大礼议"的一干被皇帝重视的新臣：

> 孚敬刚恶凶险，媢嫉反侧。近都给事中魏良弼已痛言之，不容复赘。献夫外饰谨厚，内实诈奸。前在吏部，私乡曲，报恩雠，靡所不至。昨岁伪以病去，陛下遣使征之，礼意恳至。彼方倨傲偃蹇，入山读书，直俟传旨别用，然后忻然就道。夫以吏部尚书别用，非入阁而何？此献夫之病所以瘥也。今又遣兼掌吏部，必将呼引朋类，播弄威福，不大坏国事不止。若鋐，则如鬼如蜮，不可方物。所仇惟忠良，所图惟报复。今日奏降某官，明日奏调某官，非其所憎恶则宰相之所憎恶也。臣不意陛下寄鋐以腹心，而鋐逞奸务私乃至此极。且都察院为纲纪之首。陛下不早易之以忠厚正直之人，万一御史衔命而出，效其锲薄以希称职，为天下生民害，可胜言哉！故臣谓孚敬，根本之彗也；鋐，腹心之彗也；献夫，门庭之彗也。三彗不去，百官不和，庶政不平，虽欲弭灾，不可得已。[①]

虽然嘉靖得疏大怒，将冯恩逮下锦衣狱，每日榜掠，多次几欲受刑

---

① ［清］张廷玉等：《明史》卷二百九列传第九十七《冯恩》，北京：中华书局，1974年，第5519—5520页。

而死。但嘉靖十三年（1534），方献夫还是自请求去，退隐家乡西樵山。嘉靖十四年（1535），首辅张孚敬被罢，吏部尚书汪鋐被免。何维柏即将进入的朝堂，就是这样一个上意难测、同僚倾轧、政治日趋黑暗的朝堂。

第二节　新晋御史

嘉靖十六年（1537）正月，已任庶吉士两年的何维柏通过铨选，初授河南道后改浙江道御史。御史之设，始自秦朝，历朝均设有御史，掌监察之职。明代改御史台为都察院，设左、右都御史，左、右副都御史，左、右佥都御史各一人，重在监察。都察院御史与六科给事中同属言官。都察院下设经历司、司务厅、照磨所、司狱司各属。外设十三道监察御史共一百一十人：浙江、江西、河南、山东各十人；福建、广东、广西、四川、贵州各七人；陕西、湖广、山西各八人；云南十一人。都御史的主要职责是"纠劾百司，辩明冤枉，提督各道，为天子耳目风纪之司"。十三道监察御史的主要职责是"察纠内外百司之官邪，或露章面劾，或封章奏劾。在内两京刷卷……在外巡按"。[①]即这一百余位十三道监察御史，在京时主要是照刷文卷，出京则为巡按地方，属于位卑权重的典型职位。

明代监察御史之设，始于明太祖时期。洪武十五年（1382），太祖朱元璋在都察院下置浙江等十二道监察御史，每道置监察御史三至五人，正九品，后改正七品。宣德十年（1435），定为十三道，计有浙江、河南、山东、山西、陕西、湖广、福建、江西、广东、广西、四川、贵州、云南诸道，共置御史一百十人，正七品，遂为定制。监察御史之设，主要是为

---

① ［清］张廷玉等：《明史》卷七十三志第四十九《职官二》，北京：中华书局，1974年，第1768页。

了纠察内外百官，在朝内掌南北两京科试，巡视京营，监临乡试、会试及武举考试，巡视光禄寺、仓场、内库、皇城、京师五城，轮值登闻鼓；在朝外则为巡按，掌清军、巡盐、巡漕、巡关及马政、屯田等事。出师时则监军纪功。因为巡按代天子巡狩，大事奏报，小事立断，权力极大。

依例，河南道御史共十人，正七品。入职之前，何维柏在翰林院已读书两年，对当朝政局已有自己的了解与判断，对于自己要走什么样的官场之路，也有自己的把握。其时，原礼部尚书夏言已于上年底入阁，与李时同为内阁大学士，严嵩继任礼部尚书。各道监察御史均归属都察院管辖，其时都察院左、右都御史分别为王廷相和毛伯温。王廷相（1474—1544年），字子衡，号浚川，开封府仪封人（今河南省兰考县）。弘治十五年（1502）进士及第，历任兵部给事中、高淳知县、巡盐御史、湖广按察史、山东布政司右布政使、兵部侍郎等。嘉靖十二年（1533），因原左都御史王璟病逝，继任聂贤迁刑部尚书，五十九岁的王廷相出任都察院左都御史。毛伯温（1482—1545年），字汝厉，号东塘，江西吉水（今江西省吉水县）人。正德三年（1508）进士，历任大理寺丞，兵部尚书。

何维柏读书翰林院时，教习官是前状元顾鼎臣，翰林院最高长官是夏言。夏言（1482—1548），字公谨，号桂洲，江西贵溪（今江西省贵溪市）人，正德十二年（1517）进士，历任兵科给事中、兵部左侍郎、吏科给事中，少詹事兼翰林学士等。曾为世宗经筵侍读学士，帮世宗重新制定了文庙的祭祀典礼和祖先的祭祀礼制。史称夏言"豪迈有俊才，纵横辨博，人莫能屈"[①]。当然，作为储备人才的庶吉士，何维柏还够不上与礼部尚书经常直接对话的资格，现存何维柏诗文中亦未见与夏言有过唱和交集。但作为为官之路上的第一个导师，夏言的为官为政，应该给了年轻的维柏很多启发甚至是内心暗中追随的榜样，尤其是夏言的正直敢言，给了

---

① 　［清］张廷玉等：《明史》卷一百九十六列传第八十四《夏言》，北京：中华书局，1974年，第5198页。

维柏很多直言的勇气。

如果说礼部尚书夏言的为政以勤是何维柏内心的榜样的话，那么都察院左都御史王廷相就是他真正的第一任职场导师。王廷相是明代有名的思想家、文学家，集学者、诗人和儒士气质于一体，与李梦阳、何景明、徐祯卿、边贡、康海、王九思并称"前七子"，又与罗钦顺、王尚絅、杨慎一起构建了气学，与王尚絅并称"气学二王"。在担任都察院左都御史之前，王廷相已先后任职兵部给事中、巡盐御史，巡按过陕西、山西，北畿督学、四川按察司提学佥事、山东提学副使、湖广按察使、山东布政司右布政使、兵部右侍郎等，有着丰富的地方巡按治理经验。嘉靖十二年（1533），王廷相任都察院左都御史。因世宗"盖因堂上官不能振扬风纪，反为属官所制，避馋远怨，以致人心怠弛"之责，王廷相呈《遵宪纲考察御史疏》，列举了近年以来御史种种未尽到振扬风纪之责的表现，包括官邪民玩、无公平之心，或一槩滥举，或掩弊而不发，推诿闪避，迟留不为；或擅作威福，或与巡按巡抚不合等，具体表现在：

第一，凭借御史身份作威作福，随意增加地方政府接待负担。侵占国家钱米，随意使用由地方负担的驿传往来，使得基层疲于应付，以至里甲困于无艺之供，粮长苦于应官之馈。身为巡盐御史，却自贩私盐，名为去捕盗，却与盗贼通赃。御史外巡，见地方官需有见面之钱，管事需有常例之贿。海瑞就曾直接拒绝过都御史鄢懋卿的索取，而被鄢考语不合格。

第二，御史外巡，其中一个重要职责是考核地方官，并为中央政府访求推荐人才。而当时的风气是以谁奉承得好，谁就能得到御史的旌举，至于人品高下、是否有卓异政绩，全不在御史的访察之内。有时推荐至滥到数十人，而有的则只念同年亲故之私情，相互包庇，完全没有起到考察地方官吏的作用。

第三，能考评别人者，必须自己具备考评所需的各项本领。而有些御史，自身并无才志，巡至郡县，饱食终日，无能处理本应由御史紧急处理的事务。更有奸猾利巧之辈，见到劳心费力之事就踢皮球，推诿闪避。这种御史，派出巡按，还不如不派。

第四，御史出巡，排场特别大，动辄人马千百，甚至动用卫队、吹奏乐器，擅作威福，完全没有清俭节约的自觉，逼得地方政府将所有精力用于应付接待，无法安民，反而各种劳民骚扰，民不胜其扰。

第五，巡按御史与巡抚地方官之间，本应同心戮力，为地方效力。然二者的不和与龃龉，甚至影响到地方治理，使得下属被多头领导，不知所措。还有的凌驾于地方官之上，于礼不合。

鉴于这些自身不正的御史巡视陋习，作为御史管理的最高领导，王廷相向世宗皇帝呈上了这篇《遵宪纲考察御史疏》，建议对出巡的御史定条约、严考察：

　　一，除奸革弊，御史之职。今后御史出巡，务要悉心廉访，但有奸弊发露，即当置之法理，使按属之地风清弊绝，以副皇上救弊邮民之心；回京之日，仍将革除过各项奸弊事由，开造文册呈院，以凭考察职业修否。

　　一，伸冤理枉，御史之职。今后御史出巡，务要慎明刑狱，及一应词讼勘问之事，虚心推理，缘情求实，但有枉抑，勿拘成案，即与伸理，使按属之地，刑罚得理，狱无冤民，回京之日，仍将伸理过各项冤枉事由，开造文册呈院，以凭考察职业修否。

　　一，扬清激浊，御史之职。今后御史出巡，拜司府州县官员，务要即事察政，即政察之心，果见其人品高明，心术正大，政事卓异，在司府官断可为公辅之臣者，在州县官断可为科道郎署之臣者，方许荐举；其中人以下，平常之才，止可注在考语，不得浑同高流，以辱荐章。其所纠劾，首先贪酷殃民不法之人，次及罢软无为、老疾之辈，务要据其实迹，奏行罢黜，不许挟私报怨，以害贤善。回京之日，备将举劾过各官贤否实迹，造册呈院，以凭考察。若才贤者，以不能奉承，舍之而不举，中才平常

之人，反挟杂一二，以尽私情，及大贪极酷，隐蔽而不劾者，臣等体访得出，考以不职。

一，本院劄去巡按御史勘合公文，皆关系地方重大事情，及官民冤苦奏词。有等公勤尽职御史，督行二司及守巡官员，一一依期完报。今后差去御史，按管承行，凡先次御史勘合，务要作争勘报；其自己任内劄付者，除满前两个月待续差御史勘完，其余十个月内，务要一一勘明销缴；回道之日，备将先差御史及自己任内勘合开具已未完数目，造册呈院，以凭考察。其有边夷等项事情，难于提人行勘者，亦要明白开造。

一，监察御史出巡，所以上宣德意，下达民隐，风四方，贞百度，此其大节也。为御史者，必须清修简约，镇静不扰，庶足以安民格物，以振风纪。今后御史巡历郡邑，务要安静不扰，本等导从，皂隶之外，并不许多用一人。其府州县驿丞等官，亦不许隔境随从迎候，以为有司之害。违者，许巡抚巡按互相纠劾。臣等察访得实，回道之日，考以不职。

一，巡抚巡按两相和协，则能开诚布公，以共成王事。今后巡按御史，无论副都金都，其坐旁坐，其班后列，以正体统。若有仍前不逊者，臣等察访得实，回道之时，考以不谙宪体。

奏请降调，嘉靖十二年八月初三日，奉圣旨，"览奏，足见振扬风纪，深切时弊，都依拟，务要着实举行。内除奸弊一事，还查照前旨，不许假以访察为由，诬害平民。其余未尽事宜，着遵照宪纲，备细申明来说"。①

并定下御史职责曰：

① ［明］王廷相：《遵宪纲考察御史疏》，王孝鱼点校：《王廷相集》第4册，北京：中华书局，1989年，第1321—1325页。

一，御史职在申冤理枉。今权门利害如响，富室财贿通神，钝口夺于佞词，人命轻于酷吏，故多偏滥。自今务虚心推鞫。便有冤狱，弗拘成案，即与辨明。

一，御史职在激浊扬清。近所奏荐，不问人品高下心术真妄，第取趋承供张之办，给者以为能。至于论劾，类以一二质讷少文者塞责，其奸贪蠹耗反以私意掩之。自今宜核实考察，举刺必合公议。

一、御史所奏、勘合公文类，皆重大事情。及官民冤状，其漫无才智者悉废阁不省；而利巧偏私者，每遇事干利害，即推避稽留，以至竟无归。自今估一一勘明销缴，其最后二月付之代者勘报。

一、御史责在清修简静。迩者，按部所出，导从如云，而又多挟属吏，供亿不赀。自今宜省约骑从，禁止迎送，属吏亦毋越境参随，以为民扰。

一、抚、按责在协和共襄王事。迩者，动以小忿遂致构嫌，多以按臣不逮致之。自今按臣之于抚臣，无论佥、副必侧坐后班，以正体统。其有不逊如故者，即以不谙宪体奏请降调。[①]

世宗览奏后，嘉之。

以上六条，从御史的出巡职责、监察事务范围、监察结论与对御史巡按期满的考评、出巡仪仗排场与地方接待规格、与地方官员的相处礼仪及管理界限等方面对御史的公务行为做出较为细致的规定，经世宗批示查缺补漏，王廷相又上《再拟宪纲未尽事宜疏》，补充了数条：

---

① ［明］《明世宗实录》卷一百五十三，嘉靖十二年八月癸酉，台北："中央研究院"历史语言研究所校印，1962年，第3465—3467页。

臣等窃惟御史之官，朝廷耳目，纲纪之寄，行止语默纤毫有违，则人人得而非议之，而寄斯忝矣。《宪纲》一书，垂示九十五条，盖亦周为之防，必欲宪臣之无忝其寄后已也。但法行既久，人心易弛。故臣等不揣一得之愚，用陈六事之奏：防其因循也，则曰除革奸弊；防其苛刻也，则曰伸理冤枉；防其偏私也，则曰激扬清浊；防其淹滞也，则曰完销勘合；防其扰也，则曰清修简约；防其傲也，则曰扶按协和。缘系节该奉钦依未尽事宜，着遵照《宪纲》备细申明来说事理，计开先署掌都察院事兵部左侍郎张□□申明事件……

一，宣德意。御史巡按一方，事权最重，人心视以为向背，官吏视以为作止。诏令不行，御史诚不得辞其责。今后巡按御史，务要尽忠体国，督令司府州县各该官员，凡恩诏敕旨及钦例所载各项应行应禁事宜，作速一一着实奉行，毋得视为虚文，漫不加意；亦毋得虚应故事，苟且目前；仍要严立程限，频加考较，分别勤惰，奏请黜陟。回道之日，备将各官某事已行，某事未行，某事行之已效，某事行之未效，开具揭帖，呈报查考。如是御史不能尽心督责，臣等查访得实，参劾罢黜。

一，精考察。今后巡按御史考察官吏，务要广询密访，或询诸田野鄙夫，或询诸耆硕父老，人人致问，事事细察，毋惑于一偏，毋胶于一节。回道之日，务将询访所得来历，各于本官下明白开注，以竢参考。

一，谨关防。照得巡按御史所带书吏，倚藉声势，滥受赃私，御史多不能禁。臣伏睹《宪纲》内开：所至之处，先要关防。合无今后巡按御史，务要严于律己，所带衣鞋等物，止作一杠，不过百斤；其吏书监生行李，共作一杠；只此二杠，紧于御史马前随行；所至下马与起程之际，御史俱要督同各该府州县掌印官，三面将此二杠一一检阅明白，方许收放抬行；并将书吏监生身上，一并搜检，其卷宗簿籍等项公文，装载卷箱，封锁明白，另委官一员，督押至察院交割，御史督同各该掌印官，逐一搜检明白，方许收受；其书吏监生，若有御史同乡或亲戚故旧，即当回避，送回另差。

一，严督率。照得布按分司官，例该二月初出巡，五月终回司；七月初出巡，十一月终回司。合无今后巡按御史，务要严督各官，遵照事例，依期巡历，不得辄便回司。如敢故违，即行参奏。每年终，布按二司将各官巡历及回司日期，开报都察院查考。如有巡按御史徇情不行严督，臣等查考得实，一体参究。

一，戒奢侈。照得风俗莫善于俭约，莫不善于奢侈。居官者奢侈则必贪，为士者奢侈则必淫；富者以奢侈而遂贫，贫者以奢侈而为盗。合无今后巡按御史，务要躬行俭约，率先一方，日廪五升之外，秋毫毋得取费于有司；一菜一鱼，必以廪米照依时值易之；仍遵照《宪纲》：御史，陆路给驿马，水路应付站船；监生吏典承差，陆路并骑驿驴，水路应付递运船；并不得扛抬四轿，乘坐座船，凡可减省者无不减省。然后令行司府州县官吏军民人等，悉从俭约：凡饮食、宴会、服饰、车马、婚姻、丧祭等项，俱有品节限制，不得过为侈靡；一切从欲败度踰矩犯分之事，无不禁革。如是御史不能以身率下，好为侈用，不乘站船而乘座船，不乘驿马而乘四轿，故违《宪纲》，以致地广州官民人等无所观法，奢纵如旧，臣等查访得实，参劾治罪。

一，巡视仓库。伏睹《宪纲》内一款：仓库房屋，仰本府州县提调官常加点视，若有损坏，即便修理；及严加关防官吏斗级库子人等收支作弊。合无今后巡按御史所至，务须亲临仓库，严加点视：逐年簿籍，必挨阅以验其收除；各官储蓄，必分注以别其勤惰；中间如有侵欺实迹，即行参奏拿问，毋得专一委官查盘，虚应故事。巡历满日，仍将查盘过钱粮等物，参问过侵欺人

员，备细数目堌由开报。

一，巡察盗贼。伏睹《宪纲》内一款：境内盗贼，仰卫府州县严督所属，昼夜用心巡察擒获，务要尽绝，无遗民患。合无今后巡按御史所按地方，如遇盗贼窃发，即严督巡守府卫州县等官，动调兵快，多方剿捕。若有怠缓误事及事机重大者，即须参奏处治。有能薄赋平役，民各乐业，而境内不闻盗贼之徽者，仍须奏举，以为有司之劝。

一，扶恤军士。伏睹《宪纲》内一款：指挥千百户镇抚总小旗，并要抚恤军士，各令得所。合无巡按御史所至，务要稽查各卫所军政得失；如有前项虐害军士弊政，具实参奏提问。其能视军士如视己子，扶恤之政卓异众人者，仍须一体旌举，以为武用之备。①

王廷相在前疏陈六事的基础上，对两位前任曾奏及而未及行动的各条，对照《宪纲》所言，增加了对于边地与军士巡察的要求，在原《宪纲》的考核条例之"藏犯乖违"外，细化了各条的执行细节，对御史的职务行为做出了明确规定，使御史"有所据守"，都察院可以"有所凭藉"。自正其风，当然为圣上所喜闻乐见。因此各条均被世宗采纳：

初，廷相请以六条考察差还御史。帝令疏其所未尽，编之《宪纲》。乃取张孚敬、汪铉所奏列，及新所定凡十五事以进，悉允行之。及九庙灾，下诏修省，因敕廷相曰："御史巡方职甚重。卿总宪有年，自定六条后，不考黜一人，今宜痛修省。"②

---

① ［明］王廷相：《遵宪纲考察御史疏》，王孝鱼点校：《王廷相集》第4册，北京：中华书局，1989年，第1326—1332页。

② ［清］张廷玉等：《明史》卷一百九十四列传第八十二《王廷相》，北京：中华书局，1974年，第5156页。

自此规定了御史的九项职责并颁行全国，遂使这以弹劾为业的言官台政大为改观，朝野肃然。四十多年后的万历二年（1574），已担任吏部侍郎的何维柏再向万历皇帝上《申明风宪事宜以重台纲疏》，再次重申"慎选授""充委任""严考核""专责成"等台宪事宜，可说最初所受的就是这位都察院最高长官王廷相关于用人与考察用人思想的影响。

身为监察御史，何维柏谨守左都御史王廷相对御史"除奸革弊"职责的定义。初生牛犊，就敢议及天意，嘉靖十六年（1537）五月二十日，何维柏上《顺人心以回天意疏》，这是现存《天山草堂存稿》里最早的一封奏疏。

嘉靖十六年（1537）五月二十日，雷电突然击中谨身殿屋脊两端的鸱吻，谨身殿是皇宫三大殿之一，取"整饬自身"提醒帝王加强自身修养之意，是皇帝上朝更换朝服以及册立皇后、皇太子的地方。嘉靖皇帝认为这是上天向他示警，因此下谕旨征求大小官吏的直言，要求"俱要思尽厥职，如果关国家大计，各自陈说来行"。

对于新晋御史来说，这是难得的直面皇帝的进言机会。何维柏以民为本，紧扣"顺民心"就是"顺天意"的主旨，在陈说"今日急务，莫先于顺民心而已矣"的基础上，所议主要聚焦于民困，"百姓困于下，公用竭于上"，所以建议：

> 陛下众建宫宇，以备规制。安南之役，以诛不庭。天下臣民，皆知陛下之不可已矣，皆知理势所必为矣……今民力弹财竭，公私交困，可忧之时也。工役之繁，师旅之兴，是莫大之任也。以可忧之时，胜莫大之任，是犹责一雏之力，以胜乌获之重也，人皆知其必不能矣。故臣愿陛下今日为其所当为，已其所可已者尔。夫两宫之建，与山陵之役，所关至重，势实不可已也。至如沙河、功德二处之役，则在所缓矣。夫力能举，则并时可为，臣何敢冒死以阻陛下？但近者该部覆题，沙河之役，以

七百万计，则功德之改作，亦不下二百余万矣。至于右都御史毛伯温议处征南军饷，亦须四百万，此皆大约遥度之议。乃若工程雇倩，侵尅私弊，则有会计所不能尽者。军门犒赏日期久近，则有意外所未之及者。往者纳粟之例，所得不过百万，尚不足周年之用，而天下已嗷嗷然，谓陛下轻爵以获利，所获不足以偿所失。事之至此，可谓极矣。今复以千百万之数，责取于困极可忧之时，臣恐虽有聚敛之臣，亦无所施其术矣。为今之计，莫若罢沙河、功德二处之役，并力以图两宫之成。

至如安南之征，臣且未论其利害，直谓财力不足，恐大事一举，势不可止。民益困，用益窘，而师尚未旋。于此之时，将何以给之？夫财非神通鬼设之也，用不足，其势必厚敛诸民，民不足，则去而归诸盗。驱民而之盗，竭内以事外，智者不为也。圣人举事，贵于万全。欲以图成，慎于谋始。

臣望陛下再以臣言思之，亟寝前命。取回差出诸臣，以罢南征，则民心不摇，天心益享，内忧不作，外患自消，实宗社生灵长久之计，顺人心以答天谴之至意也。[1]

疏中建议所罢之事，一为建沙河、功德二役，一为出师征安南问罪。沙河，是指沙河行宫。嘉靖十五年（1536）世宗谒长陵、献陵、景陵时，途经并住宿沙河，发现沙河一带居民鲜少，田地荒落，因此用修筑沙河行宫、增设兵马的方式，以期军民稠密。何维柏认为建寿宫等是必不可少的，但当此民困无力之际，沙河行宫则可暂停。出征安南，是为问罪。维柏的分析是很在理的，"大事一举，势不可止"。军队一旦出发，就很难半途而废，尤其是当军费粮草预算已尽，而军队尚未凯旋之时，势必不得

---

① ［明］何维柏：《顺人心以回天意疏》，《天山草堂存稿》卷一，《何维柏集》，北京：知识产权出版社，2020年，第5—6页。

不增加军费。"用不足，其势必厚敛诸民，民不足，则去而归诸盗。"这是作为皇帝万万不想达到的结果。

与维柏同时的同僚桑乔，亦上疏条陈三事：

> 一、法奸慝，以节工役。如沙河行宫，该部用银七百余万两，赖皇上洞察，始改二百余万两，则他可知矣。
>
> 二，重边防，以销隐变。请遣才望大臣，岁一行边，一则简阅强弱耗减，作何振扬；一则调度粮饷储积，作何议处，以便条奏施行。
>
> 三，去匪人，以重大任。如尚书严嵩、林庭㭎、张瓚、张云、此四人者，不职之尤，宜速为罢黜，以尽应天之实。①

桑乔于嘉靖十一年（1532）中二甲第三名进士，该科维柏亦曾参加会试，不第而归，故比他晚了三年入仕。桑乔所言，第一项"节工役"与维柏所陈相同，吁请世宗罢沙河行宫工役。另两项一言军事，一言奸臣。奏疏上，史载"上嘉纳之"。大约嘉靖皇帝心情还不错，用看作业的眼光看新晋御史交上来的奏疏作业，点点头说："还不错。"但其实没有采纳，在七月暂停沙河行宫工以待丰年后，于次年五月继续兴工。

何维柏另一项建议"罢征安南"，史称"上嘉纳之"，大概只是对于新科御史们的一种例行鼓励，实际建议亦未见采纳，安南即今越南，嘉靖十七年（1538）仍命兵部尚书毛伯温率部征安南。

---

① ［明］《明世宗实录》卷二百一，嘉靖十六年六月庚戌，台北："中央研究院"历史语言研究所校印，1962年，第4213—4214页。

第三节　上疏直言

小试牛刀，就能得皇帝"嘉纳"之许，给了何维柏上疏言事的不少信心。他性格中的耿直敢言，直接体现在了接下来对顶头上司都察院右都御史毛伯温的奏疏《责令大臣陈情终制以植纲常疏》中。

嘉靖十六年（1537）六月，已改浙江道御史的何维柏奏请嘉靖皇帝："朝廷举措大臣出处，天下观望所系，不可不慎也。"矛头直接其顶头上司毛伯温，应丁忧守制，不宜夺情起用征安南。

"丁忧"，又称"丁艰"，是古代官吏父母去世后，必须遵守的离官去职的一种道德礼仪制度，源自孔子。《论语·阳货篇》："宰我问：'三年之丧，期已久矣。君子三年不为礼，礼必坏；三年不为乐，乐必崩。旧谷既没，新谷既升，钻燧改火，期可已矣。'子曰：'食夫稻，衣夫锦，于女安乎？'曰：'安。''女安则为之。夫君子之居丧，食旨不甘，闻乐不乐，居处不安，故不为也。今女安，则为之！'宰我出，子曰：'予之不仁也！子生三年，然后免于父母之怀，夫三年之丧，天下之通丧也。予也有三年之爱于其父母乎？'"[①]意思是说，孔子弟子宰我问孔子，父母死了都要服丧三年，是不是为期太久了点？君子三年不习礼，礼一定会败坏；三年不奏乐，音乐一定会荒废。他认为服丧一年就可以了。孔子非常严肃地回答说："子生三年，然后免于父母之怀。夫三年之丧，天下之通丧也。予也有三年之爱于其父母乎？"在《礼记·王制》中，守丧三年则成为了国家制度："父母之丧，三年不从政。"明代对于官吏的丁忧有明确的规定，明太祖洪武初年，要求依唐宋丧礼，规定"父服斩衰三年，母服齐衰三年，庶母服缌三月"。

---

① 《论语·阳货》，长沙：岳麓书社，2018年，第222页。

凡在京堂上官丁忧，具奏，给与孝字号勘合。司属以下官并太医院医士旧例类引奏请……南京堂上官，丁忧亲自赴京奏给勘合，司属以下官，本部以勘合发南京吏部，填给起复，赍赴本部类缴，其吏员人等，各给引如旧。在外官吏俱从所在官司放回，并申本部。洪武十九年令，钦天监官不守制，后许奔丧三个月。二十六年，令仓官放粮守支未觉，闻父母丧者，交盘付见任官吏，方许守制……正统七年，令官吏匿丧者，俱发原籍为民。十二年，令内外大小官员丁忧者，不许辄便保奏夺情起复。①

丁忧的时限，沿用晋、唐以来的服丧日期，自闻丧日开始，不计闰守制二十七个月，万历《吏部职掌》记载："服制以闻丧日为始，不计闰二十七个月为满，不除闰者参问。若少守一月送问，多守一月免究。"②但由于明初建国时官吏人数不足，受丁忧影响旷官废事，于国于家皆有不便，因此洪武二十三年（1390）明太祖下令："先是，百官闻祖父母、伯叔父母、兄弟丧，俱得奔赴。至是吏部言：'祖父母、伯叔父母、兄弟皆期年服。若俱令奔丧守制，或一人连遭五六期丧，或道路数千里，则居官日少，更易繁数，旷官废事。今后除父母及祖父母承重者丁忧外，其余期服制，不许奔丧但遣人改祭。'从之。"③这就是明代"夺情"的开始。因为正常情况下，朝廷不得强行征召丁忧者为官，但遇特殊原因，朝廷必须起用丁忧者，须皇帝下诏，称为"夺情"。

"丁忧"制度是以儒家伦理制度为治国基础的封建社会实现"以孝致

---

① ［明］徐溥等撰、李东阳等重修：《明会典》卷一三，《景印文渊阁四库全书》第617册，第134页。

② ［明］（万历）《吏部职掌》，《文选清吏司·僧道科·起复官员》，四库存目书影印万历刻本。

③ 《明实太祖实录》卷二〇一，洪武二十三年闰四月甲戌，台北："中央研究院"历史语言研究所校印，1962年，第3013页。

忠"政治功能的制度与道德保障，但丁忧的官员过多，时间过长，对有些关键职位的作用发挥有很多影响，尤其是战时或大工程营建之时，因此，明太祖特意规定"武官不丁忧"，因此丁忧制度就实际是用来规范文职官员的制度了。到了永乐年间，由于征战及营建北京城等原因，成祖多次亲自下旨，要求即将丁忧的官员留任，或起用尚在三年服丧期内的官员，这就是"夺情"。由于丁忧期间需要离职回乡，存在俸禄减半、原职可能不保、起复等候遥遥无期等问题，尤其对于想谋求升迁的官吏来说，丁忧三年是白白浪费了仕途时间。因此，成祖以后，位居要职者，往往千方百计寻求"夺情"。"夺情"与"匿丧"相比，虽实际结果一样：不必服丧守制三年，但政治效果完全不同：匿丧是明令禁止的，一经发现，即"发籍为民"，后果非常严重。而"夺情"则由皇上亲自下旨，突显官吏对于皇上作用的不可或缺，是一件在朝野非常有面子的事情。明成祖曾对其阁臣解缙、胡广、杨荣、杨士奇等七人说："朕即位以来，尔七人朝夕相与共事，鲜离左右，朕嘉尔等恭慎不懈。"[1]后来杨荣、杨溥、胡广丁忧皆得成祖亲自下旨夺情留任，从此开文臣寻求丁忧不守制的先河："文臣起复，自二杨、蹇、夏开其端，历永、洪、宣三朝，已成故事，而其时台谏班中无一人能言其非者。于是正统以后，遂有京官营求夺情，而在外面以下等官，往往部民耆老诣阙请留，辄听起复还任。"[2]从《明实录》统计的夺情官员来看，永乐至洪熙年间，夺情的大多是皇帝身边亲近、倚重的肱股之臣，夺情也多出自皇帝本人的意愿。到了宣德时就有大批官员之间奏保、地方老耆民乞而夺情的现象了。据《宣宗实录》记载，宣德朝夺情20人，其中11人为官民奏保而夺情。正统朝夺情77人，49人为官民奏保而夺情。

---

① ［明］《明实太宗实录》卷三四，永乐二年九月庚申，台北："中央研究院"历史语言研究所校印，1962年，第6021页。

② ［清］夏燮：《明通鉴》卷二五，景泰二年九月乙卯，北京：中华书局，1959年，第1032页。

故成化年间户部给事中贺钦说："近日风俗日下，方面大僚、郡县有司，主地方富饶者，无不营谋夺情，督抚公然题留，吏部公然覆准。"①

　　但历朝以来，获夺情者，均会遭到言官弹劾反对。明代最著名的两起反对夺情事件当属宪宗朝李贤和万历朝的张居正夺情。李贤（1409—1467），宣德八年（1433）进士，历英宗、代宗、宪宗三朝。天顺八年（1464），英宗病重，召李贤委以托孤重任，宪宗即位，由吏部尚书兼华盖殿大学士，知经筵事。成化二年（1468）三月，李贤遭父丧，宪宗下诏予以起复。新科状元罗伦上疏反对：

　　　　臣闻朝廷援杨溥故事，起复大学士李贤。臣窃谓贤大臣，起复大事，纲常风化系焉，不可不慎。曩陛下制策有曰："朕夙夜拳拳，欲正大纲，举万目，使人伦明于上，风俗厚于下。"窃谓明人伦，厚风俗，莫先于孝。在礼，子有父母之丧，君三年不呼其门。子夏问："三年之丧，金革无避，礼欤？"孔子曰："鲁公伯禽有为为之也。今以三年之丧从其利者，吾弗知也。"陛下于贤，以为金革之事起复之欤？则未之有也。以大臣起复之欤？则礼所未见也。

　　　　夫为人君，当举先王之礼教其臣；为人臣，当守先王之礼事其君。昔宋仁宗尝起复富弼矣，弼辞曰："不敢遵故事以遂前代之非，但当据《礼经》以行今日之是。"仁宗卒从其请。孝宗尝起复刘珙矣，珙辞曰："身在草土之中，国无门庭之寇，难冒金革之名，私窃利禄之实。"孝宗不抑其情。此二君者，未尝以故事强其臣。二臣者，未尝以故事徇其君。故史册书之为盛事，士大夫传之为美谈。无他，君能教臣以孝，臣有孝可移于君也。

自是而后，无复礼义。王黼、史嵩之、陈宜中、贾似道之徒，皆援故事起复。然天下坏乱，社稷倾危，流祸当时，遗讥后代。无他，君不教臣以孝，臣无孝可移于君也。陛下必欲贤身任天下之事，则贤身不可留，口实可言。宜降温诏，俾如刘珙得以言事。使贤于天下之事知必言，言必尽。陛下于贤之言闻必行，行必力。贤虽不起复，犹起复也。苟知之而不能尽言，言之而不能力行，贤虽起复无益也。

且陛下无谓庙堂无贤臣，庶官无贤士。君，盂也；臣，水也。水之方圆，盂实主之。臣之直佞，君实召之。陛下诚于退朝之暇，亲直谅博洽之臣，讲圣学君德之要，询政事得失，察民生利病，访人才贤否，考古今盛衰。舍独信之偏见，纳逆耳之苦言。则众贤群策毕萃于朝，又何待违先王之《礼经》，损大臣之名节，然后天下可治哉。

臣伏见比年以来，朝廷以夺情为常典，缙绅以起复为美名，食稻衣锦之徒，接踵庙堂，不知此人于天下之重何关耶？且妇于舅姑，丧亦三年；孙于祖父母，服则齐衰。夺情于夫，初无预其妻；夺情于父，初无干其子。今或舍馆如故，妻孥不还，乃号于天下曰："本欲终丧，朝命不许"，虽三尺童子，臣知其不信也。为人父者所以望其子之报，岂拟至于此哉。为人子者所以报其亲之心，岂忍至于此哉。枉己者不能直人，忘亲者不能忠君。陛下何取于若人而起复之也。

今大臣起复，群臣不以为非，且从而赞之；群臣起复，大臣不以为非，且从而成之。上下成俗，混然同流，率天下之人为无父之归。臣不忍圣明之朝致纲常之坏、风俗之弊一至此极也。愿陛下断自圣衷，许贤归家持服。其他已起复者，仍令奔丧，未起复者，悉许终制。脱有金革之变，亦从墨衰之权，使任军事于外，尽心丧于内。将朝廷端则天下一，大臣法则群臣效，人伦由是明，风俗由是厚矣。①

罗伦所争，正是自英宗朝以来败坏纲常祖制的潜规则："朝廷以夺情为常典，缙绅以起复为美名"，更让他痛惜的是"今大臣起复，群臣不以为非，且从而赞之；群臣起复，大臣不以为非，且从而成之。上下成俗，混然同流，率天下之人为无父之归"。"无父"是动摇伦理秩序里"孝"的根本，而无孝终至无君，"纲常之坏，风俗之弊一至此极"。当然，宪宗并未采纳罗伦的谏言，李贤依旧夺情任职。但罗伦凭此疏声振朝野，赞同者不少，以至《明史·罗伦传》几乎征引了奏疏全文。其实英宗朝夺情成风，正统四年吏科都给事中林聪上疏言"夺情非令典，请永除其令"，英宗采纳了该建议。

嘉靖皇帝即位之初，曾颁"自今亲丧不得夺情"，并著为令。所以嘉靖一朝夺情者基本为武官，如嘉靖三年（1524）命时任大同巡抚都御史李铎夺情起复，原因是"地方有事令速赴任"。这次何维柏所奏，正是嘉靖十六年（1537）五月，时任都察院左副都御史毛伯温丁父忧，依例本应去职：

> 臣本月初六日伏读圣旨，毛伯温着在院管事。臣窃谓陛下待大臣可谓至矣，然犹有未安者。朝廷举措，大臣出处，天下观之以为法。国史记之以传后，诚不可不慎也。臣以为起复一事，关系国家典章甚重，连日揣惧，不已于言。伯温素行，臣不尽悉。陛下知其能足以委重，故援金革之例，起于衰绖之中。天语叮咛，势不容缓，伯温感激被命，亦不敢再辞，忍情赴道，次期而至。盖实厚报陛下，而不忍伤知遇之隆者。此时情事，实不获已。今者幸赖圣明感格之诚，停止安南之役，六省生灵，既各遂

---

① ［清］张廷玉等：《明史》卷一百七十九列传第六十七《罗伦》，北京：中华书局，1974年，第4747—4749页。

安居之愿。独伯温一人，不得以慰孝思之情乎？夫天下未尝无父母之人也，三年通制，达之贵贱而皆然。人子至情，虽加一日愈于己，故《记》曰："君子不夺人之亲，亦不可以自夺亲也。"伯温以国家大事，夺情起复，犹可言也。今既无事矣，则当乞恩求退。终余服以报于父母之怀。顾乃延留朝署，苟且日月，不能以情事恳求，是可谓自夺其亲者矣。然臣观伯温之所未及陈恳者有二焉：一则感陛下之隆恩，已有明旨而不可遽违；一则以衰凶在病，所当讳避而不敢于轻渎，故隐忍以自狥尔。夫讳避乃一时之私情，人伦实万世之常道。故苟含凄于公所，内不能以自尽，则非所以为子；进退无据，外无以禀于君，则非所以为臣。大节一堕，前美尽弃。故臣愿陛下保全伯温之节，广锡同类之孝。责令陈情，乞终礼制。[①]

毛伯温作为都察院二把手，是包括何维柏在内各道御史的顶头上司。疏入之后，被压着久不上奏，眼看着征安南之役照旧，毛伯温将以兼兵部尚书的身份，挂帅出征。嘉靖皇帝以"安南之役，起毛伯温于衰绖之中"为由命其夺情留任，并安慰毛伯温："卿才望互着，今安南背叛将以征讨之事付卿，宜亟赴京以承朕命。"留任原因是马上要发问罪之师征安南。何维柏本来就认为征安南为劳民伤财还不一定成功之事，曾上《顺人心以回天意疏》极论征安南之弊。因此不认为毛伯温需以征安南之名不服丧守制为必要。故上疏请世宗收回成命，责令毛伯温丁忧去职。疏入之后，嘉靖皇帝回复道："毛伯温，朝廷因征讨起复，已有旨令，莅任治事，维柏

---

① ［明］何维柏：《责令大臣陈情终制以植纲常疏》，《天山草堂存稿》卷一，《何维柏集》，北京：知识产权出版社，2020年，第7—8页。

何辄来奏？扰且不究。"①不仅毫不考虑，不悦之情溢于言表。

与上次虽忤上意却仍"嘉纳之"的回复不同，皇帝的态度让这位才刚崭露头角的新科御史感觉到了圣意难测，加上以言受杖落职的言官与日俱增，人人自危。夫人劳氏深知丈夫心怀忠愤，既不愿其违心逢迎，又不想就此置举家于危难之际，因此就以侍奉家中父老的名义，劝说何维柏辞官归里："家大人春秋高矣。不早及此时奉觥觚上寿，日月几何，得无春晖寸草之心乎？"②维柏揣摩再三，知爱妻所言甚是。于是上疏称病归乡。

"谢病归"在圣意难测的嘉靖一朝也是一门技术活。就在维柏登第的嘉靖十四年（1535）二月，翰林院编修唐顺之上疏请求回籍养病，嘉靖皇帝勃然大怒，回批曰："顺之方改史职，又属校对训、录，何辄以疾请？令以原职致仕，永不起用。"③唐顺之是嘉靖八年（1529）状元，嘉靖八才子之一。嘉靖认为他请求回籍养病，是对皇上及内阁首辅大臣张璁知遇之恩的不识好歹，因此病假变病退，且怒言"永不起用"。好在何维柏还没有足够的时间让皇上特意注意到他，更没有加入任何派别的官场争斗，因此，此次"谢病归"顺利地让他辞了官。于是高中进士不到两年，何维柏携家眷从北京回到广州，开始了为官之后归乡读书讲学的闲散生活。

① ［明］《明世宗实录》卷二百一，嘉靖十六年六月，台北："中央研究院"历史语言研究所校印，1962年，第4223—4224页。
② ［明］庞尚鹏：《明封淑人劳氏墓志铭》，见陈鸿钧：《广州出土明代南京礼部尚书何维柏夫人劳氏墓纪略》，《岭南文史》2014年第4期。
③ ［明］《明世宗实录》卷一百七十二，嘉靖十四年二月己酉，台北："中央研究院"历史语言研究所校印，1962年，第3741—3742页。

第四章

抚八闽，
洗冤赈荒策

福建灾伤，谁想今年？

这饥荒，田里秧又黄，

园里豆麦空。

人人行出，恰似骷髅样，

东倒西歪在路旁。

御史贤良，听见这讲泪汪汪。

先发饥民仓，又放众米粮，

人人称快何幸我？

爷娘暮礼朝忝，感谢苍。

——八闽歌谣

嘉靖十六年（1537）下半年，初任监察御史的何维柏听从夫人劳廉建议，以病为由，辞官归乡。与嘉靖十一年（1532）下第后的心情完全不同，已读书中秘并在京师任职两年的何维柏，没有选择再回到家乡沙滘村或是西樵山归隐，而是以省城广州为中心，与二三好友，论心订学，到处游历，真正实现了入西樵苦读之时"徜徉吟弄、无所顾虑"的理想心愿。

第一节　谢病归乡

嘉靖十六年（1537），经历了初中进士的踌躇满志、读书中秘的眼界大开、担任监察御史后的敢言敢为，在见证了朝政的险恶与嘉靖皇帝的喜怒无常后，年仅二十七岁的何维柏深知自己忠介不阿的性格，有可能给自己和家人带来身死族灭的厄运，因此在妻子的劝慰之下，辞官回乡。这次辞官，何维柏的心态在对朝政失望之余，尚不缺志得意满的意气风发。因此，他回乡以后，日与二三好友论学、遍访名山，与理学名家相晤：

> 予记往时与尧山陈子、青萝王子论心订学，登涉沂泛，近自珠江、龟石、灵洲、白云，至于嘉桂、中洞、西樵、大隐诸胜，百里内外，策筇航苇，随所意适，渝时穷岁，徜徉吟弄，无所顾虑。①

尧山陈子，即陈激衷，字元诚，号尧山，南海人。郭棐《粤大记》称他"行不疾趋，容无遽色"。曾是郡庠生，善于歌唱《鹿鸣》等祭祀诗篇，"声若出金石，闻者乐之"。②何维柏与陈激衷是志趣相合的好友，嘉靖二十二年（1543）二月初十，一生贫困的陈激衷病逝，何维柏为之撰《陈尧山先生传》，赞其"气象温恭，如杨休山立，其声清越，铿若金石，人闻其歌，莫不忘味"：

> 先生讳激衷，字元诚，号尧山。南海人也。少孤贫，出就外舅，业金工，客有见先生者，曰："此子状貌非常，奚为艺此？他日所就必大异人，科第余事尔。"舅闻之，谓其伯氏，归先生，遂得专于学。时甫弱冠，书字多未识，伯氏每指授之……斋居，设孔子先师神位，朝夕礼焉，恒计勤隋以自罚，或立或跪，讬先师让之曰："激衷，尔有某过，盍改诸？"深自刻苦，家人罕见其面，不设枕席者二年……因读程伯子，聪明睿智，皆从此

---

① ［明］何维柏：《岩窝易会说》，《何维柏集》，北京：知识产权出版社，2020年，第78页。

② ［明］郭棐：《粤大记·陈激衷传》，广州：中山大学出版社，1998年，第386页。

出，喜曰："得之矣！"自是动静起居，一主于敬，故颖悟日开，豁然有得。其诗曰："圣贤有青编，属我由来心。玩索徒以久，涉猎应难寻。驾航觉溟阔，骑骥疑山岑。求之必有要，反之在吾心。此志久以定，圣贤无古今。"①

青萝王子，即王渐逵，字用仪，一字伯鸿，番禺人。父为泰州学正，但因禄奉所入悉以济贫，因此去世之后家徒四壁。正德十一年（1516）领乡荐，正德十二年（1517）登进士第，授刑曹主事，后以侍养老母亲为由辞官归乡，家居三十余年。郭棐《粤大记》称其"晚年究心理学，粹然一根于心，何古林诸老咸推重之。其提身治家，严敬整肃，助丧赙葬，恤饥赈贫，尤惮心力"。②著有《正学记》《四书迩言》《学庸辑略》《求仁集》《春秋传》《日省录》《岭南耆旧传》《青萝文集》《洛澄学志》等。王渐逵比何维柏年长，两人作为同乡相识于京师，后王渐逵去世，何维柏曾撰《祭青萝王先生文》：

　　曩予识公京师，邂逅契合，未足尽其所长。公抗疏诏罢，予寻在告，归而聚讲，乐于越山之阳，对榻论心，订析疑义，尚论古今，纵观寰宇，各极夫心之所潜藏。惟公胸次洒落，有得舞雩之趣，而达观鉴止，则何羡于柴桑？致知穷理，既迪关闽之矩，而敦敬秉义，尝从事□□□善取诸人□□□之为友，虽以予之不肖，期相示于周行。③

① ［明］何维柏：《陈尧山先生传》，《何维柏集》，北京：知识产权出版社，2020年，第259页。
② ［明］郭棐：《粤大记·王渐逵传》，广州：中山大学出版社，1998年，第390页。
③ ［明］何维柏：《祭青萝王先生文》，《何维柏集》，北京：知识产权出版社，2020年，第283页。

嘉靖十七年（1538），到处请益交流并徜徉山水的何维柏应归善县（今广东省惠州市）董学吴公之邀，为当地留下了《归善重修儒学记》：

归善县盖故有学，距白鹤峰南百步许，其址肇自元季，今莫考其岁月，历久漫漶颓圮。嘉靖戊戌，教谕温溥悯焉，乃具学官芜状，白之董学吴公。吴公是而檄之郡，上之抚台诸司，乃委其县董厥役。爰诹三月惟吉，选用惟能，百工惟勤，金石木土惟良。于是易其敝者，新其故者，兴其废者，益其遗者，百尔具备，莫不中式，黝垩丹漆必以法。以七月二十日告成事。默泉吴公过而视，喜焉，谓宜勒之碑以鉴励也。于是遣其学生叶天赐、郭宗义等越数百里走币入省，征予言为记。

予曰："国家立学，凡以造士而致用焉尔。学之废兴，士之美恶，天下之治乱系之也。是故虞夏商周，天下之盛王也，未有不重学者矣。汉唐以下，乐其教化，选造之美，渐不如古，而建立责望之重名因其时，以故士多思报。迈国之贤，虽不踵见，而乘时树绩丕□，炳耀赫奕，与夫苟临患难，则忠臣义士为国攸赖者，代代不少。此其故何也？学校之教素存，而明伦之泽自不可斩也。我国初，首重学校，而待士益厚。至今上锐意好古，愈加敦饬。然则为士者，可不思所以报乎？夫士或不幸生于离乱殷忧之时，或阻于穷崖困阨之境，尚思奋励自植，以表见于世，以不愧其为人。乃今共沐菁莪之化，处之不征之地，顾不能交相磨濯，以成其学。呜呼！其亦自弃甚矣。自弃其身而欲报其国者，未之有也。嗟夫！归善之士，其尚无自弃其身以忘国哉！"①

①　［明］何维柏：《归善重修儒学记》，原载姚良弼、杨载鸣纂修：《（嘉靖）惠州府志》卷十六，《何维柏集》，北京：知识产权出版社，2020年，第325页。

其时何维柏还没有开天山书院授徒，但他一贯认为"学之废兴"对于天下之治乱的重要性，因此他多次为曲江县学、曲江张公祠、白沙祠、高明县城学、广宁县学、清远县学等撰记，以张"天下之盛王，未有不重学者"之义。

现存《天山草堂存稿》对何维柏这段随所意适、无所顾虑的生活记载甚少，但他曾留下一曲《粤山烟树赋》，是其现存唯一一篇完整的赋作，也是其文字中难得的写景佳作，赋作于何时暂不可考，但其赋作里流露出的闲适心情，最为切合此一阶段何维柏的心境，与后来削籍归里僻居天山草堂后"抱疴杜门"的心境大不相类：

伊夫越山之灵秀兮，岂峣奠荆扬之南。纪历九疑而蟠五岭兮，白云屼天而特起。溟渤汇百川而东之兮，沆瀁而不可涯涘。罗浮之飞云渺渺兮，扶胥矼虎门而雄峙。苍梧桂林之绵旷兮，联西樵大雁而献美。黄云紫水之当其前兮，俯日南林邑而遐视。曜朱轮以临北景兮，炳南极之熹明。居天地之仁气兮，笃大德之长生。普美利于咸亨兮，善品物之流形。洽四时而皆春兮，欣万卉之敷荣。挺列于岩崖之阴兮，连林于旷野之阳。彼栟桐枸榔与枫柙兮，绵杭枕栌而豫樟。惟平仲古度而榕檖兮，□离波罗与朱杨。嗟顿楠松梓之相思兮，桢檀椐杆而文欀。敷葐抗茎，耸绿挺黄。含烟暝雾，霭霭霙霙。时有猨翁猩子，吟啸哀伤；犰貐猓然，超趠腾骧。狖貒鸟兔，麞狼枭羊，钩锯锋颖，踯躅跳樏。与猩貏之所巢穴，极怪魅之所潜藏。至于原隰郊垧，井邑疆场。桔柚余甘，仁面之品。桂椒木兰，槟榔之芳。荔枝龙眼，橄榄之林。奇檀沉降，百合之香。异萼蓝蘠，万列千行。中州不可得并其有，物志岂能辨而详？玩蔓葳条，冬蒨春蕤。仓庚戴胜，随上下而差池；鹧鸪杜鹃，感气序而飞鸣。山鸡云鹤，时矫翼以归栖；孔雀翡翠，日綷羽以翱翔。乃若结根邃谷，幽茂崇冈，欑柯旖旎，密叶清扬。绸缪缛绣，掩映青苍。旭日映晴，绪风飘飏。飔浏飕飔，流徵激商。天籁微鸣，送奏笙簧。萋萋菶菶，其中则栖乎凤凰。亦有擢本千寻，垂阴万亩，蔽虧日月，吞吐雪霜。铜柯铁干，错节盘根，轮囷虯蟠，偃蹇龙鳞，多历年岁而不改易者，真可以栋梁乎明堂。干云霄而直上，遗独立于遐方。岂时地之固然，实终古其难量。此凤德之歌，宣父见诮于楚狂。而工师之喻，子舆未售于齐王。感时物之值适，叹世事之靡常。缅今昔之崇替，讵永怀之难忘。陟层峦以舒眺，策我马之玄黄。集仙城之旧侣，循郭外之康庄。坐茂林以徽弦，鉴清流而泛觞。眛云山之渺漠，眇烟树之微茫。触景物以兴怀，吐芳词而起予。

予于是正襟嘿坐，四顾迟踌，少焉答问抽思，乃极吾心之所如，睇呼鸾之蹊径，陟朝汉之遗墟。指南楛之故廩，云益智而实愚。彼赵刘之霸图，特偏雄之土苴，烟沉电灭，曾何足以动吾之歔欷。瞩菩提之茂树，俯梁唐之琳宫。悟无量之上乘，展释氏之南宗。採稚川之丹室，访安期之遗踪。窥玉蟾之玄趣，契三教于攸同。彼二氏之虚无，实贤知之过中。虽卑视夫尘界，而亦岂予心之所从。于是远览九成之韶台，缅想曲江之芙蓉。相业迥迈于唐世，风度注慕乎玄宗。历辞相而不拜，稷菊坡之清风。备天人之盛德，跨宋代而独隆。尔乃皇明炳耀于南土，卓为海滨之邹鲁，振遗响于江门，步濂溪之方武。道深造而自得，迪孔孟之遐矩。此皆往昔之钜贤，实迈吾邦之高轨。诸彬彬之硕彦，殆更仆而难数。阐文物之丕声，播忠贞于寰宇。钟山川之清淑，岂徒林木之足取。猗后生之有造，宜生民之是程。由邦国之善士，稽千古之仪刑。居则升阳春之堂，以叩杏坛之扃；出则修二献之业，以达三代之英。审法上以定志，耻一善以成名。惟俟时以达道，庶无忝乎此生。

客有闻予言而歌之，歌曰：越之山巍巍兮，吾极目于何之。越之树依依兮，叹时光之熹微。云缥缈而莫即兮，兴千古之遐

思。日皎皎于扶桑之中林兮，景冉冉其不可追历。南极之太荒兮，漠漠乎中土之远。而予将适乎采真之游兮，杳杳乎仙踪之不可期。将四顾于山川之缅邈兮，微先觉其谁归？

于是又从而赓歌之，歌曰：云山苍苍，江树悠悠。我有旨酒，同心好仇。不出户而知天下兮，何必骋于远游。神游八极，天地且隘视兮，而何有乎中州。此心自太古兮，历万劫与千秋。尧舜让而巢由遁兮，何羡乎吊伐之商周。太公兴而夷齐饿兮，而亦何有于屈父贾生之俦。眇古今于一瞬兮，等天地于蜉蝣。齐物我于两忘兮，与上下而夷犹。素位而不顾于外兮，谅无往而不自由。则何追夫既往之莫及兮，而又安计夫未来之可留。惟乐天以知命兮，坦万虑而无忧，时委运以观化兮，顺吾生而何求！①

该赋不见载于《天山草堂存稿》，最早收录于郭棐纂《岭海名胜记》卷二，前原有小序："《粤山烟树赋》者，同会诸君社中赋也。予心懒陋，是日不及会，诸君谓予不可无作，田园既暇，遂染翰为之。"小序中提到的"同会"，未详是否诗易会。如为诗易会所作，即撰著时间当在嘉靖二十四年（1545）削籍还乡僻居天山草堂之后。考南海霍与瑕有同题《粤山烟树赋》，下题"丙寅七月十六日，羊城社题"②。霍与瑕，字勉衷，霍韬次子，嘉靖三十八年（1559）进士，曾受业于何维柏同辈好友庞嵩，与何维柏有师友之谊，现存《霍勉斋集》有多首与何维柏往来唱和诗作及祭文。如维柏小序中所言"同会诸君社中赋也"即羊城社的话，则撰著时间当在嘉靖四十五年（1566）。

---

① ［明］何维柏：《粤山烟树赋》，原载郭棐纂：《岭海名胜记》卷二，《何维柏集》，北京：知识产权出版社，2020年，第320—322页。
② ［明］霍与瑕：《粤山烟树赋》，马积高、曹大中主编：《历代词赋总汇·明代卷》第8册，长沙：湖南文艺出版社，2014年，第6619页。

不管撰著在何时，作为何维柏现存唯一完整的赋作，该赋中描述的借"越山""烟树"以表现达观顺适的心态，还是比较契合此一阶段的何维柏心境的。赋作首述"越山"之灵秀，越山本指今越秀山，但何维柏小序中明确注明乃"托迹"，即不需确指越秀山，托物言志而已。遍数九疑、白云、罗浮、西樵等众山之灵后，用了大量篇幅列举了此地的物产，包括林木、动物、果品、香料，皆"中州不可得并其有，物志岂能辨而详？"然后才述四时胜景：旭日映晡、天籁微鸣、蔽虧日月，一改唐宋以来北方官员南来诗文中"嶂江飓母"的南粤山水固有印象。

次述南粤名人，如"释氏之南宗"慧能、"稚川之丹室"葛洪、"曲江之芙蓉"张九龄、"菊坡之清风"崔与之等，尤其是褒奖陈白沙"振遗响于江门，步濂溪之方武。道深造而自得，迪孔孟之遗矩"。特别表达了"惟俟时以达道，庶无忝乎此生"的韬光养晦以待明君的心志。尽管明言自己在"俟时以达道"，但赋的末尾又借歌安慰了一下"惟乐天以知命兮，坦万虑而无忧。时委运以观化兮，顺吾生而何求！"

第二节　复起按闽

在何维柏悠游论学"俟时以达道"的时候，朝廷风云变幻。嘉靖十七年（1538）十二月，内阁首辅大臣李时卒，以礼部尚书入阁的夏言成为内阁首辅大臣。本来自嘉靖十五年（1536）起，夏言就与李时同在内阁，《明史》称李时"素宽平"，"会夏言入辅，时不与抗，每事推让言，言亦安之"。[①]因此实际掌阁的还是夏言。夏言（1482—1548），字公谨，贵溪（今江西省鹰潭市贵溪市）人，正德十二年（1517）进士，授官行

---

① ［清］张廷玉等：《明史》卷一百九十三列传第八十一《李时》，北京：中华书局，1974年，第5114页。

人，擢升为兵科给事中。嘉靖七年（1528）调任吏科给事中，嘉靖十年（1531）升少詹事，兼任翰林学士，掌管翰林院的事务。同年九月礼部尚书李时入阁，夏言接任礼部尚书。嘉靖十五年（1536）闰十二月，兼任武英殿大学士，入阁参与机要事务。随着首辅李时去世，自嘉靖十七年（1538）至嘉靖二十一年（1542）的四年间，夏言一直担任内阁首辅大臣。虽先后有顾鼎臣、翟銮等入阁辅政，夏言仍以其"学博才优"深得嘉靖皇帝信任。但嘉靖二十一年（1542）八月，接替夏言的礼部尚书严嵩入阁，打破了嘉靖皇帝对夏言在青词上的厚爱及在朝政上的宠信。

严嵩（1480—1567），字惟中，分宜（今江西省新余市分宜县）人。弘治十八年（1505）进士，改庶吉士，授编修，是夏言的江西同乡兼前辈。后读书钤山十年，还朝后任职南京翰林院。嘉靖七年（1528）任礼部右侍郎，后迁吏部左侍郎，进南京礼部尚书。嘉靖十五年（1536）夏言入阁后，受夏言推荐，严嵩被提拔为礼部尚书。嘉靖二十一年（1542）八月，拜武英殿大学士，入直文渊阁，仍掌礼部。《明史》称其"无他才略，惟一意媚上，窃权罔利"。[①]嘉靖二十一年（1542）十月，帝幸曹妃宫，宫婢杨金英等谋弑，差点勒死睡梦中的嘉靖皇帝。受此大惊，嘉靖移御西苑，日事斋醮，再不回乾清宫视事。此后直至嘉靖驾崩，斋醮求仙都成为他比朝政更为关注的大事，想得到嘉靖皇帝关注的大臣，都必须在斋醮求仙上与其保持一致甚至得其欢心。夏言、严嵩以及后来徐阶的入阁及受皇帝青睐，都跟他们善为皇帝撰作"青词"息息相关。世人也将因此受宠入阁的夏言、顾鼎臣、严嵩、徐阶、严讷、袁炜、李春芳等称为"青词宰相"。

所谓"青词"，是道士上奏天庭或征召神将的符箓，用朱笔书写在青藤纸上，唐代立道教为国教时即已广为人所知："凡太清宫道观荐告词

---

① ［清］张廷玉等：《明史》卷三百八列传一百九十六《严嵩》，北京：中华书局，1974年，第7916页。

文，用藤纸，朱字，谓之青词。"①与诸陵荐告上表的白麻纸相区别。因此明人徐师曾《文体明辨序说》引陈绎曾话解析为："青词者，方士忏过之词也。或从祈福，或以荐士，唯道家用之"。②而《明史·顾鼎臣传》则称："词臣以青词结主知，由鼎臣倡也。"③嘉靖皇帝醉心斋醮，得其信任的首为词臣，因此大臣们不得不潜心钻研青词的写法。夏言虽以青词得宠，其抱负却不仅仅是皇帝的宠臣："言豪迈有俊才，纵横辨博，人莫能屈。既受特眷，揣帝意不欲臣下党比。"④他是借青词入宠，实际却是欲为圣明除弊事，这从他入阁后所上有关军国大事的奏疏即可见一斑。但日渐埋首国事的夏言，忽略了嘉靖皇帝让他撰著青词及随时随地待命唱和的需求，多次被斥"怠慢不恭"，这为严嵩亲近皇帝离间夏言提供了机会。

嘉靖二十一年（1542）六月十六日，皇帝宣夏言入拜其父兴献帝讳忌，并在西苑等候嘉靖寿辰礼。夏言没有对自己此前因郭勋案触怒世宗的危机引起足够重视，再次上疏乞休。恼怒的嘉靖皇帝将疏留中，七天都没有明确指示。第八天正巧有日食出现，便令夏言革职闲住。几天之后，严嵩官拜大学士，入直文渊阁，仅排在翟銮之后，成为排挤夏言的最大受益者。翟銮（1477—1546），字仲鸣，号石门，北直隶顺天府（今北京市）人，比严嵩年长三岁，与严嵩同为弘治十八年（1505）进士。嘉靖中，累迁礼部右侍郎，嘉靖六年（1527）因杨一清推荐首次入阁。嘉靖二十一年（1542）因夏言被罢，首次出任内阁首辅大臣，与严嵩同时入阁辅政，但品性不同的翟銮，与严嵩不是一路人，因此史称"严嵩初入，銮以资地居

---

① ［唐］李肇：《翰林志》，《翰苑群书》，北京：中华书局，1991年，第2页。

② ［明］徐师曾：《文体明辨序说》，北京：人民文学出版社，1998年，第172页。

③ ［清］张廷玉等：《明史》卷一百九十三列传第八十一《顾鼎臣》，北京：中华书局，1974年，第5115页。

④ ［清］张廷玉等：《明史》卷一百九十六列传第八十四《夏言》，北京：中华书局，1974年，第5198页。

其上，权远出嵩下，而嵩终恶銮，不能容"。①

在严嵩开始入阁把持朝政、扶植党羽的时代背景之下，嘉靖二十二年（1543），已辞官归乡五年的何维柏被诏回京师任职。五月还京，九月，以御史原职巡按福建。

在回京还朝的路上，何维柏特意排出一天时间，绕道泰和（今江西省吉安市泰和县），专程拜访了在此归养的大儒罗钦顺，与之议陈白沙、王阳明和湛若水之学，其时钦顺年已七十八岁：

> （予）弱冠宦京师，与四方学者游，则又知有整庵先生者，好古之勤，力行之实，进退之正，辞受之严，乡里称之，天下信之，予心向往久矣。嘉靖癸卯还朝，道泰和，竭一日之程，遂谒见之。素至，则先生凤恙未瘳，扶杖欸迓，谆谆论议，确有真的。泛及陈、王、湛三先生之言，以为皆悟后之见，学之者未领厥悟而袭其论，失斯远矣。且敬服白沙之学之才为不可及。某应之曰："王、湛二公，立言者也。诸所述作，天下后世必有识之者。若白沙学求自成，不事著述，盖有诸己而求诸己者。间有一二援引托喻，乃其泛应之语，恐未可摘而疵之也。"先生首肯。②

罗钦顺（1465—1547），字允升，号整庵，江西泰和人。弘治六年（1493）进士，授为编修，后迁南京国子监司业，不久以奉养父母名义归家，家养到期后拖延还朝，被权宦刘瑾削夺官职，夷为平民。刘瑾被诛后才恢复原职，升任南京太常少卿、南京吏部右侍郎，后回北京为吏部左侍

---

① ［清］张廷玉等：《明史》卷一百九十三列传第八十一《翟銮》，北京：中华书局，1974年，第5112页。

② ［明］何维柏：《祭罗整庵先生文》，《何维柏集》，北京：知识产权出版社，2020年，第277页。

郎。嘉靖皇帝即位后，升南京吏部尚书，不久乞休获准。因不满"大礼议"起，不耻与因议礼而得宠的朝廷新贵张璁、桂萼等为伍，屡召不起，在泰和专心治学。其为学致力于穷理格物之学，力斥王守仁讲良知之非。著有《困知记》。

罗钦顺是何维柏现存文字中唯一记载有心行"弟子礼"的硕儒，此次拜访，在何维柏看来，二人并非在所有学术观点上一致，尤其是对白沙学术的评价上，维柏以白沙"有诸己而求诸己"来反驳罗钦顺认为的"悟后之见，学之者未领厥悟而袭其论"之失。两年之后，在福建巡按任上的何维柏因上疏言事以罪摈斥，罗钦顺还去信安慰。而在嘉靖二十六年（1547）罗钦顺去世之后，已遭下狱削籍后的何维柏，为之撰《祭罗整庵先生文》，深情回忆了这次泰和谒见，当时整庵先生已垂垂老矣、抱恙在身，需拄杖相迎，但也没有阻挡老少二人论学的热情，维柏为白沙之学申说，获先生认可。虽然此次相晤，因时间短促，何维柏惜"未克成弟子之礼"，但"登堂阶、闻謦欬，素愿慰矣"。

监察御史担任巡按，是明监察制度的重要组成部分。巡按之设，唐代即已形成定制，《唐大诏令集·遣使巡按天下诏》称："黜幽陟明，所以察风俗；求瘼恤隐，所以慰黎蒸，不有其人，孰可将命？"[1]到了明代，巡按成为地方监察中最具威慑力的制度，起于明洪武十年（1377），永乐后成为定制，以后沿袭不变："巡按则代天子巡狩，所按藩服大臣、府州县官诸考察，举劾尤专，大事奏裁，小事立断。"[2]监察御史身兼两职，在京则监临两京直隶衙门百官，纠劾官邪。在外则春敕专事巡察，谓之巡按。每个监察区称为道，各道由都察院分遣监察御史，分别掌管各道的监察工

---

① ［唐］李希泌主编：《唐大诏令集补编》卷二十三，上海：上海古籍出版社，2003年，第1065页。

② ［清］张廷玉等：《明史》卷七十三志第四十九《职官二》，北京：中华书局，1974年，第1768页。

作。各道都设有监察御史署，每道设掌道一人。其官署在组织上属于都察院，但独立性较强。出巡某道的监察御史也称巡按，即代天子巡视四方，代天巡狩如朕亲临。巡按出巡，大事奏裁小事立断，主要察纠内外百司之官邪，审录罪囚，军民利弊，出巡地方各以其事专监察，巡按名目繁多，几乎无所不管、无所不察。巡按官不过正七品，与外任地方知县同级，但权力极重，可与省区行政长官分庭抗礼，以卑临尊，以小制大，以内制外，极有效地钳制了地方官员。

因巡按权重且对其寄予厚望，朝廷对巡按御史要求严格。出台的法规包括《宪纲》三十四条、《宪体》十五条、《巡历事例》三十六条、《出巡相见礼仪》四条、《照刷文卷》六条、《回道考察》三十九条等。相关法规对巡按的出巡期限、携带随从人员、所巡地方官接待礼仪、各种处事程序、监察对象、禁止事项等，都加以分类明白类举。御史出巡实行差官定期更代制度，规定巡按一年一换或三年一代，凡巡按地方期满后更换御史，以防监察御史长期专擅一方。一般情况下是南方人巡按南方，北方人巡按北方，这是考虑到风土人情以及语言等方面因素，由当地人进行巡视更易发挥作用。南人所巡区域包括福建、广东、广西、云南、贵州等道。监察御史巡按，可以带吏书一名，照刷文卷许带人吏二名，不许别带吏典皂隶人等，相关人员同行不许分离。出差御史必须依期交代，不许枉道回家迁延误事也不允许携带家眷。巡按的主要工作，一是审录罪囚，即对已结案件进行审核，以防止出现错案。二是照刷文卷，即考察官员的重要工作，凡要求处理的案卷文书进行编目和分类，根据处理结题进行评论，按五个等级进行审查给出结论：照过、通照、稽迟、失错和埋没。三是稽察庶政，重点考察民情。此外，还有其他任务，包括举荐称职或政绩突出的地方官员，惩治不法地方官员等。巡按完成任务返回都察都，称为回道，要向都察院汇报办事情的经过，必须将巡历地方所处理事务的情形一一列举，造册上报都察院，接受堂上官都御史的考核。造册需要呈报在任内所报之事共二十八项。

第三节　洗冤救荒

何维柏奉诏复起按闽，由于巡按地方属于"点差"，一年为期，除书吏外，不允许携带家属，因此这次劳夫人及家眷没有跟随赴任。根据《明史·职官志》规定，都察院下辖十三道监察御史，在外巡按时按各省一人配置，巡按表示代天子巡狩，"所按藩服大臣、府州县官诸考察，举劾尤专，大事奏裁，小事立断。按临所至，必先审录罪囚，吊刷案卷，有故出入者理辩之。诸祭祀坛场，省其墙宇祭器。存恤孤老，巡视仓库，查算钱粮，勉励学校，表扬善类，翦除豪蠹，以正风俗，振纲纪"。①从职责来看，巡按虽然是由品级较低的监察御史担任，但职权甚大，藩服大臣、府州县官都在其考察之列，而且被特别授予"大事奏裁，小事立断"的权限。就地方事务而言，除了不能调动军队外，有关刑事、祭祀、民生、财务、教育等等一切事务，均在其职责范围之内。

濒海的福建，是一个由台风带来的水灾与夏旱交替频繁的沿海地区。何维柏刚到福建的前一年夏天，莆田、福清夏旱至次年六月才降雨，禾麦不收，民多流亡。嘉靖二十三年（1544）六月中旬，长乐、莆田相继遭遇飓风，罗源大风拔木，滨海民多溺死。随后又逢干旱：连江、莆田、泉州、永春、南安、惠安、晋江、同安、长泰、漳浦和东山等地大旱，民饿死者载路。秋冬又遇清流县大疫，田多旷耕、鱼虾皆毙，饥荒遍地："嘉靖甲辰岁，侍御古林何公，奉命按八闽，宣仁行义。值岁大浸，急在赈饥，设法救荒，财粟不匮，人之感之而莫窥其机际。"②何维柏见此惨状，条救荒十余策，全力救助，并报朝廷得免福州、兴化、泉州、漳州诸府税

---

① 　［清］张廷玉等：《明史》卷七十三志第四十九《职官二》，北京：中华书局，1974年，第1768—1769页。

② 　［明］罗一中：《苍蝇传》，见《诚征录》，光绪重抄本，沙滘何氏宗祠藏。

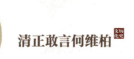

粮。今救荒十余策已不存，仅清光绪年间重抄的《诚证录》卷首保存部分残文：

委平籴各员役，先将该县掌印正官，暂行住俸管事，承委佐贰首领及该仓官，攒通候监提听问：各该吏斗级人役，查实通行枷号，通衢示警，通候另行明文。至日究问，发落其目。今所委员役，通责令该府正官，慎选委用，各衙门佐贰首领，儒学教职及千百户，阴阳医学，义民等，官择其平日信行为人信服者，一体委用。悉照远近日期，备处廪粮。及扛抬银杠人役，一体量给工食。务期周瞻，庶可责成不扰下民。支给廪粮工食，数目开注册末，以备总查。

一、通遏籴。看得延、建、汀、邵各府，以地方灾少，百姓蓄积颇饶，府县长牧，故禁商贾，不得贩籴，此是守土父母，各为其民之意。本院巡历一省，地总全闽，军民钱毂，皆在管辖。孰得而遏之，况周急助恤邻里，同情遏籴之禁。伯道所耻，合行各府县各该官吏，明文至日。毋得仍前禁遏自取参叅。

一、优寒士。看得四府地方灾伤，军民仰哺。本院豫处赈济有条绪矣。念各学诸生，中间岂无贫乏之士，仰事俯畜，既自苦于不瞻，父兄供给，难责望于此时，束手忍饥，更宜优助。仰各府通行各县提调官，督同各学师生，查报本学生员，提调官攉给应得廪粮支给，外其增附极贫者每人支银一两五钱，次贫者人一两，稍贫者人五钱。该县核实封付，该学给送以助，纸笔灯油之费，毋得迟缓，及各学诸生人等，宜体本院至意，各宜从实协同公报，毋得扶同冒滥隐瞒，贻玷儒绅。支给完日，备阅贫生姓名，支过银两数目，造册并缴查考。

一、禁侈费。看得该省近二年连遭凶歉，仓库随在空竭。军民嗷嗷仰哺。本院得于咨询，切于见闻，夙夜烦忧，靡遑寝食。

议处钱谷擘画，周济未知何术，而可合属文武官员，俱荷地方之责，士庶军民，更切桑梓之情，所有简省事宜，合宜申饬，同心修省，共回天意。自今以后，凡岁时节序，下司勿得拘袭旧套，各送上司节礼。及当行公宴，须从减约，毋侈尚珍异华美，及扮演戏剧、装鹢竞渡等项，邪侈之习，在有司则为靡费民财，士庶则为暴殄天物，皆兆灾致异之由也。按察使通行严禁，各衙门不许办送，合于上司节礼，毋得肆行宴会、民间扮演、装䌽竞渡等事，违者提参挐问治罪，及有淫荡戏子，亟行屏逐。[①]

救荒策已不全，仅从现存残文来看，何维柏赈饥救荒的主要策略首先是官府开仓赈饥并严抓囤粮哄抬粮价的行为，对于此前已有此行为的仓官及其他管理人员，停俸并下监看管，俟救荒事已再问责。其次是对于弱势群体尤其是府县学生的保底救助，优先核实封付纸笔灯油费。再次是严禁官场往来之间的奢侈浪费，希望士庶军民，岁时节序之时免送上司节礼，并减少公宴等靡费民财的支出。这些切实从民生出发的救荒之策实施之后，"民赖活者数百万"。难怪当次年维柏因上疏言事被逮离开福建时，士庶军民皆感其恩德，不仅拦路恸哭，而且编成地方歌谣数十首，四处传颂维柏赈饥救荒的果敢与成效：

其四
岁有凶荒，何公穰之，
朝有佞士，何公匡之。
民之父母，国之纪纲，
怒出不测，民庶旁皇。
公安如山，视死如常。

---

① ［明］《诚征录》，光绪重抄本卷首，沙滘何氏宗祠藏。

其五

生我父母，活我何公。

饥民载道，白叟黄童。

保我子孙，伊谁之功。

逢天之威，罹此阨中。

愿我天使，护此大忠。

其十三

福建灾伤，谁想今年。

这饥荒，田里秧又黄，园里豆麦空。

人人行出，恰似骷髅样，东倒西歪在路旁。

其十四

御史贤良，听见这讲泪汪汪。

先发饥民仓，又放众米粮，

人人称快何幸我？

爷娘暮礼朝忝，感谢苍。

其十七

岁岁遭凶荒，人人有饥色，

似此流离日，谁能抒一策？

危兮不思乱，赖有何公泽。

远绥海外彝，近镇豪中客。

敷政本优游，属僚皆仰则。

忧恤宽刑狱，征输戒侵克。

赈活百万人，吾闽深感德。

忽闻锦衣来，民心自戚戚。

攀号列车前，苍蝇蔽天黑。

莫谓九重远，宸聪终不灭。

其二十

秋兮无粟，春兮无麦。

虽有凶年，民无菜色。

孰使我生，何君之德。

其二十一

凶岁从来有，何曾见此荒？

遍野无青草，深山断蕨根。

幸得我何爷，早发饥民仓。

全活百万命，免死道路傍。①

　　除了赈饥救荒，使福建百万生民得以存活之外。何维柏在福建洗冤屈、兴学校，也是令闽地士绅深感于怀的："持身清若水，秉政化如神。区画公私困，调停出入均。"②《诚征录》所收《惠德编》曾记录何维柏削职回乡后，闽之仕宦，无论身体尊卑，但凡游历广州者，均要赴其僻居之所，"至则登堂挥几，四拜而出。商旅则及门叩首辄去。十余年无歇日也"。尤其是一位闲人何君转述其如何得民心的话，更是感人至深："公在闽不但赈济得民，吾省中前此有冤狱三十一起，皆承奉罗相可入之者，公会审得情，亟释二十九，看书以二起无的证，行枭司再问。闽省称快。"③正因为他在短短一年多的任期内，秉公执法，会审沉冤，才能在削

①　［明］《诚征录·八闽歌谣》，光绪重抄本，沙滘何氏宗祠藏。

②　［明］《诚征录·八闽歌谣》，光绪重抄本，沙滘何氏宗祠藏。

③　［明］《诚征录·惠德编》，光绪重抄本，沙滘何氏宗祠藏。

职之后，还能赢得如此多来自福建的素不相识者的爱戴。以至万历十一年
（1583），何维柏门弟子打算汇刻其诗文时，也是来自福建的乡绅陈良节
为之校而梓之，首先在闽刻印发行。

第五章

劾严嵩，忠益下诏狱

历史
文化

院门深锁鸟频声，静唤春心入帝城。

漫觉忧时孤梦远，敢云去国一身轻。

驰骋无计舒民瘼，迂癖兹游愧友生。

翘首瞻依天北极，五云晴炫日边明。

——何维柏《扃院草疏·用前院聂双江韵书怀》

嘉靖二十四年（1545），在福建巡按已满一年的何维柏，按规定要准备自己的任内勘合公文，造册呈院，以备回道考察。他想将按闽一年所见的"官邪民病"尽数上奏，又深知朝廷之昏暗难为，踌躇再三，最终还是决定听从己心，置个人仕途及安危于度外，上奏了《献愚忠陈时务以备采择以保治安疏》，条陈五事，痛革时弊，最重要的是将"官邪民病"的矛头直指当朝内阁首辅大臣严嵩！正是这封奏疏，上达朝廷之后，引嘉靖皇帝震怒，随即派锦衣卫千里追击，拏械赴京。

第一节　痛革时弊

何维柏巡按福建期间所上奏疏，为福建民生做出巨大贡献的救荒策现已不见全帙，仅在《天山草堂存稿》光绪重抄本卷首余片言只字，而为他带来牢狱之灾甚至是身死族灭之危的《献愚忠陈时务以备采择以保治安疏》则基本完整保存下来了，这篇奏疏全文八千余字，既是何维柏深受白沙思想影响、为官时直面国计民生痛革时弊的缩影，更是影响了他一生官场命运的重要转折，因此，在此录其全文并略加分析解说如下①：

> 臣惷戆不敏，心直才疏，误蒙皇上储育，列职台谏。兹者
> 奉命巡按福建，一年已满，心力徒竭，无补地方，虚辱明命，愧
> 负此生多矣。甘心罪谴，夫复何言？悚惧之余，尚祈寸进，除地
> 方利病兴革事宜，及各属文武大小官员贤否，实迹通侯，再加详
> 核，次第条陈外。所有得之见闻，积之计虑，举自一隅，可以达
> 之天下，言之浅近，可以资之治理。关系世道污隆、民生休戚，
> 谨厘为五事，斋沐昧死，为陛下陈之，其间有不识忌讳、冒渎天
> 听，据事论事、触忤权奸者，臣非不知言出祸随，然于生死利害
> 之际，筹之屡矣。窃观今日之事势，实切中心之隐忧。臣既叨言
> 责，兼有官守，身立公朝，时非家食，感义循分，职在当为。鞠
> 躬尽瘁，情难自已。揆之善道，似昧明保之几；律以致身，非当
> 容默之日。区区血诚，苟利社稷，则一己祸福所不暇计。陛下俯
> 察臣言，若有纤毫沽激，臣轻则甘受谴黜，重则濡首就戮，无复
> 悔憾。傥蒙圣慈，详察刍荛葑菲之言，颇切曲突徙薪之计，清燕
> 之暇，从容赐览，勅下所司，备加酌议，上请裁择施行，则天下
> 幸甚，生灵幸甚。

奏疏的开头，一片赤诚，既坦诚明知所奏之事可能"不识忌讳、冒
渎天听，据事论事、触忤权奸"，又坚定地表达自己"既叨言
责，兼有官守，身立公朝，时非家食，感义循分，职在当为，鞠躬尽瘁，情难自
已"。从嘉靖十四年（1535）中进士到嘉靖十六年（1537）谢病归乡，何
维柏在朝短短两年所见所闻，已深深地明白当朝皇帝对于言官的厌薄与憎

---

① ［明］何维柏：《献愚忠陈时务以备采择以保治安疏》，《何维柏集》，北京：知识产权出版社，2020年，第10—21页。

恶，前任御史因言得祸被罢免乃至被杖死的惨剧屡有重现，他也曾在夫人劳氏的劝慰之下以谢病还乡远离朝廷作为应对之策。但这次巡按福建一年，眼见的各种官场奸弊与民不聊生，加上没有夫人在身边劝慰排遣满腔忠愤之气，他"明知山有虎，偏向虎山行"，构思一个多月，踌躇摇摆，正如他诗作所言："驰驱无计纾民瘼，迂癖兹游愧友生。"因此最终仍是选择了上忠言。尤其是这句"臣非不知言出祸随，然于生死利害之际，筹之屡矣"，铮铮铁骨与拳拳忠意，正是用行动践行了白沙所训"宇宙内事皆吾性分内事"的真正内涵——"故君子之学，以尽性也。用之则行义以达其道，本身而征诸民，推之天下国家之大，驯至参赞位育之极，莫非吾性分当然，非有所加也。"①

何维柏所陈五事，主要包括官员的任期、官员之间的结党营私、皇上的严刑峻法、严嵩的奸恶植党、天子的内修外治等，其中规劝皇上不要再动辄杖责大臣、罢黜严嵩及忧勤国事等奏，是明显地触怒帝心之举：

> 一慎迁擢以责成功
>
> 臣闻"设官分职，使之治事，所以为民也。为民所以为国也"。故官必因能而授，任事必责，久以成能。是以官修其职，民安其治，而君逸臣劳，天下治化可坐而致。此君人任官之要道，百王所不能而易也。迨观历代季世，主权不立，威福日窃，举措倒置，而贤否混淆。神奸者凭借得计，或一岁而屡迁；慎守者荐引无阶，历多年而不动。是以大臣不法，小臣不廉。官狗利而行，民被虐而怨，上侵下谩，国乃灭亡。明君英辟，有鉴于此，知国之所保者在民，民之所理者在官，知官必久而后政可成也。故限之一定之年，以为之资。人之才不可概而同也，故酌之

---

① ［明］何维柏：《问宇宙内事皆吾性分内事》，《何维柏集》，北京：知识产权出版社，2020年，第115页。

舆论之公而为之望，望所以待异才也。必公而后行，望行而众心服，资所以致中人也。必久而后征，事征而政绩著。

我圣祖立法垂统，官惟其人，不少轻授；任惟其久，不苟迁擢。列圣相承，恪守此法，是以政治升平，民安物阜。然而法久人玩，苟且迁就，趋习之弊，日渐不同，至于今则又甚矣。一官垂缺，众讨纷如；善地有闲，百计竞取。是以畀之不审而夺之亦亟，迁之太骤而更之甚轻。力弗济者则退遗而久淹。计足行者何诡遇之不获。或一岁而屡迁，或数月而骤改，或未任而即更，或无故而易地。电掣风飚，东冲西逐，眇民务为刍狗，视官职若置邮。数年以来，愈趋而愈下。夫比周而进，营计倖图，贪鄙奸巧之徒姑不待论，即如志在事功，心存民瘼者，不久其位则不能行其志。旋至旋易，虽有良法美意，莫可底叙。且其间更代之频烦，日月之延阁，吏胥上下，缘伺为奸。与夫往来送迎之劳，供给泛应之费，比至而即行者，则又以物宜人事之营办，脚力盘费之需求，污者率以为常，才者亦所不免。新旧烦费，动经千百，贪夫席卷，甚至扫空。民之膏血，吮啜靡遗，国之命脉，缓急何恃？是设官本以为民，今则反为民病；昔也为官择人，今则为人择官。国纪日斁，关系至重，不思亟图而力救之，臣恐民无休息之期，而陛下所以责成图治，日益非矣。

且如各处巡抚重臣，以一身总戎民之务，地方系安危之寄，其责甚重。是以推不会不除，代不至不去，盖慎重而专责之也。近来升迁太骤，远近频易，辄不问其职事之称否，人品之优劣，亟予而亟夺之，漫改而漫代之。比经言官陈列，蒙皇上敕下该部，责之久任，慎之推除矣。至于在外府县以上官员，在布政则有钱谷出纳之司，在按察则有总宪明刑之政，在守巡各道则有兵戎刑教。各项地方之责，守令亲民，承流司牧，所系俱甚不小。官必慎所选以畀之。

奏疏开宗明义，何维柏首先摆出吏治的顽疾——官不久任："或一岁而屡迁，或数月而骤改，或未任而即更，或无故而易地。电掣风飙，东冲西逐，眇民务为刍狗，视官职若置邮"，由此带来的恶果是即使是"志在事功，心存民瘼"的有志官员，也不得不受困于"不久其位则不能行其志，旋至旋易，虽有良法美意，莫可底叙"。更令人忧虑的是"近来升迁太骤，远近频易，辄不问其职事之称否，人品之优劣，亟予而亟夺之，漫改而漫代之"。走马灯似的轮换官吏，连最起码的任职考核、人品考察都做不到，受害的终是一方百姓。因此，他建议：

> 得人任必责之久，以要其成功。纵不能如国初久任之法，亦当申饬而仿行之。如蒙敕下该部，参酌旧法，详加拟议，将天下南北直隶十三省大小见任官员，通备查核，除有年资已深，居官称职者，查照常资升用。有德望素著，才能异常，绩成功著者，访核公实，不拘常资擢用外，其中才之士，历任未满，或虽有令望未征实事者，今后俱宜一体，限以一定之年，责以经久之任。任满而称者，照资升用。未满而贤声卓异者，亦必俟之以责其成，比满则超资拔擢以优其进。或贤声虽久，年资亦深，适另转一职者，亦必待其新职之满，方加升改。任俱以到任之日为始计算，守常者远不逾九年之久，卓异者近必足三年之期。宁任满核考而加迁，毋旋任未久而遽擢。如此，则官有定志，无怀愿望之私，事可责成，皆切图报之实。平治天下之道，实不出此，伏乞圣明详察。

针对"升迁太骤、远近频易"导致的"力弗济者则遐遗而久淹，计足行者何诡遇之不获"等官场人心浮泛、为官以送往迎来以图升迁为事导致民无休息之期的问题，何维柏的建议是"得人任必责之久，以要其成功"。建议除了年资已深的照常升用之外，其他的普遍官吏，在地方任上应最久不超过九年，最短不少于三年的任期，做出治理实事后按任满考核要求，再论升迁与否。

一禁朋比以彰公道

臣历观古今史载，凡公道昭明则治理日昌，私党下植则国纪渐替。是治乱之几，彰彰可睹。臣无暇远举，谨以今日时事论之。臣昔置身内地，则知国论之不定，近历外省，益验法纪之不行。其所以不定不行者，大端有三：曰党与胜之也；曰贿赂夺之也；曰嘱托徇之也。夫法者，人臣不得而私也，受之天子者也；天子不得而私也，受之天者也。人臣能守法，而后朝廷之法信；朝廷之法行，而后人君之势尊。故天下之患，莫大于国法之不行，使臣下有所挠；莫大于公道之弗彰，使私党有所夺。宋臣苏轼曰："党与互进，气势一合，岂惟臣等奈何不得，亦恐朝廷难奈何矣。"自今观之，道揆不彰，法守日坠，同己者显庸，异己者斥谪。下得以干援于上，外得以纠结于中，远得以关节于近。朋比茹连，根深蒂固，是以内而窃法权奸得而颐指，以济其私；外而贪虐小人有所恃赖，以纵其欲。脏奸败露，执而付之有司。虽情真迹显，然或畏其依凭气焰，或忌其党比朋盛，遂为之曲意回护，屈法徇情，致使事当问而不问，法可行而不行。逾时越岁，干犯多罹累及之苦，彼室此妨，下民并无赴愬之门。是使天下之人，畏臣下之私党甚于畏陛下之公法。臣待罪言责，得于见闻，五六年来，日甚一日。此朋比之可忧者一也。臣望陛下敕谕中外大小臣工，恪遵国家宪章。如有党同伐异、附利凭奸、违法欺公者，在内听科道，在外听抚按，指实参奏，擎送法司，从重究治。仍敕吏部、都察院，今后差除迁补，除在京另议外，其在外巡抚、巡按并设所在及布、按二司掌印正官，守、巡同道俱不得差除选补。并同一省之人，司道员缺，改代署官，及会同勘事

者，亦并宜异之。二司各道官同省者，每司只可各一人，多不得其过三人。每府县正佐官各不得过二人。而查委会勘等事，亦宜并异之。如此则党与不群，邪疑易释，执法鲜涉嫌之避。下属寡望庇之图，官司免扶同之弊，冤异有伸诉之所。事以烦细，揆今之势，救今之弊不得不如此也。

第二条所奏之弊，乃官员之间的结党营私。维柏首述结党之害，"道揆不彰，法守日坠，同己者显庸，异己者斥谪。下得以干援于上，外得以斜结于中，远得以关节于近"。结党营私是历代君主深为忌讳的事情，嘉靖皇帝更是极为谨慎。但维柏所奏结党的三种方式：党与胜之、贿赂夺之、嘱讬狗之，却是当时官场上盛行的为官之道，所以他痛陈其弊："今则公恣豀壑之欲，法度罔顾，廉耻顿忘。"因此他建议要"严敕吏部，申明旧法，重脏吏之诛，严行贿之禁"。明代吏治，自太祖以来，虽有有史以来最完备的法律体系，也有规模庞大的监察体系，但其贪腐问题一直是纵贯有明三百年的顽疾。因此何维柏不仅从执法的角度建议要"重脏吏之诛，严行贿之禁"，更重要的是要提升官员礼义廉耻的道德修养：

管子曰："礼义廉耻，国之四维，四维不张，国乃灭亡。"夫嘱讬者，乃无礼义廉耻之大者，况所关者则又甚不轻也。嘱讬一行，偏党立见，以之用人，则紊衡鉴之公；以之听讼，则枉是非之实；以之立事而事谬，以之行政而政舛。公道之所不明，民情之所不平也。今之内外臣工，多有沼风踵陋、罔顾行耻，或放利而乞哀，或循情而干请，或于其所亲爱而求以恩庇之，或挟其所尊贵而求以变易之。敢犯公议，求挟己私，阿从者则虚誉交腾，忤拒者则讥毁立至，位均则切反报之图，势焰遂肆中伤之计。自非守陛下之法重于爱身，鲜有不为其所夺者。此风不息，则日寖月盛，上援下阿，而民无所措手足矣。此可忧者三也。臣

138

愿陛下勅下吏部、都察院，申明《宪纲》，再加严饬详议，上请备行。内外大小文武官员，今后若有徇情嘱托及听嘱托者，嘱者、听者事小情轻皆降级。内者调外，外者调边。情重无赃者，各罢黜。犯赃问罪吏部、都察院。抚、按、科、道并在外按察司等官，但违逆即罢夺，犯赃从重加二等。受嘱者未行，许首发免罪。如此则行者有所畏而不敢以干请，守者有所恃而不敢以阿从。而陛下至公之法，不为臣下所徇矣。此三者各从其类，其实相因以生。望陛下察臣之言，切中时弊，勅下所司，备议施行。于以消未形之患，保治安之道，实不外此，伏乞圣明详察。

前两条直陈当前官场的弊病，官员的任期太短导致官心浮泛，官员之间的相互贿赂导致朋党日滋，第三条则是明为朝廷如何选拔可用之才提供切实建议，实际规劝皇帝不要将个人喜怒凌驾于法司制度之上：

一作人才以臻实用

臣尝自二臣之言，历观古今治乱之机，莫不由于君子小人进退分数之多寡，乃知人才有益于国家，而振作长养之机在上而不在下。盖人之才也，成之甚难，摧而坏之甚易。今夫雷霆之所系，无不摧折；万钧之所压，无不糜灭。人主之威，非特雷霆势重，非直万钧也。士以微陋，幸而委贽策用，感义尽职，效力图报，乃分之常。其间有背公怀利，沽名植党，自干宪度者，是则法有所当加，故刑行而人足劝。乃若志切于为民，事专于报主，心固谅其无他，迹或类于过举，中才之士本难尽美，欲加之罪，夫岂无辞？但不计其心事之是非，人品之美恶，辄按其迹而遽致之，谮其左右权奸之言，又乘间而中伤之，是人主之怒愈激，而挤陷之计易行。是以威加势压，轻则或遭贬逐，或置之废弃；重则或系之桎梏，或毙于鞭朴。严刑峻法，见者屏足，闻者酸心。

由是而当涂之士则莫不依阿沼渎，承望竞逢，或趋权以求合，或阿焰以希容。其视天下国家事，如越人视胡人之肥瘠，漫不相涉。私谈则徒怀太息，事至孰肯图维？而志士逢适，则或以伤弓之鸟，畏入于缯缴；或以不容遭弃，终老于岩穴；或以微罪见逐，竟郁（屈）于下僚。此人才之所以日乏，世道之所以日降，灾戾之所以日甚，生民之所以日蹙，古今理乱兴衰之效，历可鉴睹，此忠臣义士所以扼腕愤叹而不能自已也。

这一条指责，可以说是直面当朝天子之过了："严刑峻法，见者屏足，闻者酸心，由是而当途之士则莫不依阿沼渎，承望竞逢，或趋权以求合，或阿焰以希容。"自明太祖朱元璋起，文臣武将因触怒皇帝被构陷的惨剧层出不穷，至嘉靖一朝，经过了"大礼议"的拉锯与清洗，嘉靖皇帝已稳稳地把控了朝政，把握住了官员尤其是文臣集团的心态，对于违背己心或者没有揣中圣意的言官，借机惩处更是毫不留情。因此何维柏明着是说要提拔实用之才，实则是规劝皇帝"慎恤刑狱"，否则官场之上人人自危，则无人担起朝廷之责，无人会以天下为己任："其视天下国家事，如越人视胡人之肥瘠，漫不相涉"，结果只能是："志士逢适，则或以伤弓之鸟，畏入于缯缴；或以不容遭弃，终老于岩穴；或以微罪见逐，意郁屈于下僚。"他的规劝，用辞恳切，语气赤诚，而且纯出于为皇帝考虑的忠心"臣恐天下后世得以是而议陛下之仁"：

我皇上以严明驭臣下，以仁爱泽万民。岁当大辟，皇下慎恤刑狱，恐有不当，屡以停罢，德至渥也。推是心也，则臣下罪不至死，圣慈岂忍加刑？其有执而杖之者，正以示警，使之省改已尔。但以威耆魂褫，身非铁石，有不幸者辄即暴死，则足以致灾召戾，为水旱，为沴疫，为地震，为星陨。诚有如宋臣之所谓非匹夫匹妇之冤而已也。及今不图，臣恐天下后世得以是而议陛下之仁。陛下干纲独御，烛奸嫉邪，悍愎如某，贪佞如某，鄙庸如某，皆能斥而去之，至明断也。然而数年以来，仕辙宦毂，未见日登于理，士之见利则逝，瞰便则夺，顽顿丧耻，难诟亡节，阿合者蒙显庸，触忤者遭谴罚，天下士气，湮郁不宣，待用人才，剥落殆尽。臣又观九卿等官，各举遗逸，该部皆疏名上请，迩者起尚书唐龙、张润，都御史王大用等，颇慰时望。然而向所举者，多以党与见疑而未用，所未举者则以疏逖未同而不闻。是使沉滞者登用无阶，在位者缄默是竞，诚有如唐臣所云者。失今不察，臣恐天下后世得以是而陛下之明。臣望陛下思臣所述李安期、包拯告君之言，俯察微臣葑菲之见，知国之所桢干者在士，则培植之使有成；难成而易坏者人之才，则长养之使不伤。今后凡臣下有违犯者，则付之法司议拟，上请明正其罪，则威不怒而人心畏，刑不烦而士志服。毋遽杖责，以伤天地之和，异日笔之史册，恐为圣德之累。仍敕下吏部，会同都察院，备将前后诸臣所举遗逸，并历年各处抚、按所荐地方人才，及查内外大小臣工，有以微罪细故见在禁谪者，逐一从公查核，分别可否，疏名开列事由，上请裁夺，或使之生还，或以时录用，仍将一二窃法权奸，罢而斥之，以绝其私门之党。则公道彰明，而士心日劝，各安其位，各修其职，居常皆靖共守正之臣，济变有捐躯伏节之士。陛下端居垂拱，天下可得而治，而所以诒燕翼之谋者，益悠久无疆矣。伏乞圣明详察。

"毋遽杖责，以伤天地之和"，动不动就被廷杖下诏狱，这是嘉靖一朝触怒皇威的言官们最直接的下场，嘉靖十九年（1540），太仆卿杨最以垂暮之年，急上《谏止希仙疏》《请黜方士疏》，力谏嘉靖不要被服药求仙所迷惑，被下诏狱重杖而死："世宗好神仙，给事中顾存仁、高金、王纳言皆以直谏得罪……最抗疏谏曰：'陛下春秋方壮，乃圣谕及此，不过得一方士，欲服食求神仙耳。神仙乃山栖澡练者所为，岂有高居黄屋紫闼，衮衣玉食，而能白日翀举者？……'帝大怒，立下诏狱，重杖之，杖未毕而死。"[1]何维柏明知自己的上疏很有可能也会像杨最一样难逃下狱乃至被杖死，他仍然敢于在奏疏上直接规劝皇帝不要动不动就杖责官员，不应该以天子的喜怒为官员刑罚的依据，而应"今后凡臣下有违犯者，则付之法司议拟，上请明正其罪，则威不怒而人心畏，刑不烦而士志服"，这大大触怒了嘉靖的龙威，他根本就不在乎朝廷是否"居常皆靖共守正之臣，济变有捐躯节之士"，而是天子之威，要超然法度之上。因此，此条"作人心以臻实用"的建议，是触怒皇帝导致下狱的重要条款之一。当然，最让嘉靖不喜的，是何维柏指名道姓，直斥刚刚在内阁深得其心的首辅大臣严嵩为"奸邪"。

第二节　弹劾严嵩

在何维柏上书之前的嘉靖十九年（1540），巡按云贵御史谢瑜劾奏时任礼部尚书严嵩奸佞贪鄙，反被嘉靖皇帝敕旨痛加诫谕。谢瑜（1499—1567），字如卿，上虞（今浙江省绍兴市）人，嘉靖十一年（1532）进士。嘉靖十九年（1540）正月，礼部尚书严嵩屡被弹劾，便在嘉靖皇帝面前痛哭并假意求去。谢瑜看穿了他的把戏，上疏言："嵩矫饰浮词，欺罔君上，箝制言官。且援明堂大礼、南巡盛事为解，而谓诸臣中无为陛下任事者，欲以激圣怒，奸状显然。"[2]但嘉靖不听，反而责备谢瑜对他严加

① ［清］张廷玉等：《明史》卷二百九列传第九十七《杨最》，北京：中华书局，1974年，第5516页。

② ［清］张廷玉等：《明史》卷二百十列传第九十八《谢瑜》，北京：中华书局，1974年，第5549页。

诚斥。几个月后，谢瑜再次上书请求流放四凶——张瓒、郭勋、严嵩和胡守中，嘉靖仍不听，安慰并再次挽留严嵩。三年之后，严嵩寻得机会，将谢瑜贬官归家。嘉靖二十年（1541），江西道监察御史叶经借交城王府朱表槲谋袭爵位，与秦府永寿王子朱惟熪、朱怀墭争袭爵位重重贿赂严嵩一案弹劾礼部尚书严嵩，历数其十大罪状，嘉靖虽将袭爵案交由朝廷议论，却完全不追究严嵩的所作所为。叶经（1505—1543），字叔明，号东原，与谢瑜同为上虞人，且为嘉靖十五年（1536）同榜进士。先任福州推官，以判案准确果决著称。嘉靖二十年（1541）八月，时任江西道监察御史叶经劾奏严嵩贪污显著，渎乱国典，被严嵩视为眼中钉。嘉靖二十二年（1543），叶经巡按山东监考乡试，被严嵩借"策语诽谤"中伤报复，激起皇帝大怒，叶经被当廷杖打八十下，伤重而死。这些均在严嵩尚未担任内阁首辅大臣之前因弹劾严嵩而报复的御史前例，何维柏不可谓不知，然随着严嵩在嘉靖二十三年（1544）担任内阁首辅，虽有吏部尚书许瓒、礼部尚书张壁入阁，但嘉靖只信任严嵩一人，许、张二人不得预票拟，大权独揽又"一意媚上"，何维柏眼见官场因夏言去后贪污成风，思虑良久，仍以两千余言历数严嵩之罪，将之比作历史上有名的奸臣："疾贤妒能如李林甫，阴害忤己者如卢杞，藉权宠纳贿积如郑註，近习盘结如元载，诈悖险毒如史嵩之。"希望皇帝能明察秋毫，罢免严嵩：

　　一黜奸邪以警臣工

　　窃惟相臣执政，与国同体，任用匪人则凭借灵宠，擅作威福，植党罔上，怀奸误国。君子必被其祸，生民必罹其毒。天下治乱升降之机，全系于此。臣谨按：少傅兼太子太傅、吏部尚书、谨身殿大学士严嵩，阴险逾毒，贪鄙狼诈，滥竽礼秩，久腾物议，忝窃宰执，大拂舆情，前后诸臣白简之所摘数，皂囊之所鸣攻，既详且悉。然而尚玷元僚，未遭显斥。任重而恶愈纵，人畏而不敢言。此岂圣严明威故为曲全之者哉？良由嵩之为人，柔

态弇阿，外弱而中奸，巧佞变诈，言滑而行谲，慧捷足以文其非，机深莫得测其际。陛下得于接见，或觇其动趋勤给，顺承足托，则量其或不能为恶。故始则姑而用之，继则信而任之，又以大臣任重体尊，未可辄以人言斥罢，故委曲保全。圣度恢弘，臣何敢不将顺？若以事无大关涉，所利在嵩，而所损不在朝廷，所恶在嵩，而所忧无预社稷，则臣亦观听之而已。何敢冒死以渎天听？但其所系，害大祸深，臣当言责，义不容默。夫执宰重臣，臣姑存大体，不必指摘细事，直论据大端，自可备见其恶。传曰："媢嫉之人，迸诸四夷，不与同中国。"是何如其严也？恶其妨贤病国也。书曰："臣之有作福作威，其害于而家，凶于而国。人用侧颇僻，民用僭忒。"何言之甚也？臣僭而民陵，不可长也。

有了前面三条关于官员任期、结党营私及动辄遭杖责等铺垫，本条直指执政相臣严嵩："阴险蛊毒、贪鄙狼诈、滥竽礼秩、久腾物议、忝窃宰执，大拂舆情"，而后赴后继的弹劾者已见诸白简和皂囊，但几年下来，非但"未遭显斥"，反而"任重而恶愈纵"，关键就在于圣心的曲为回护。臣下当然不敢直斥当朝天子之用人不明，只能说连皇帝也是被其蒙蔽："良由嵩之为人，柔态弇阿，外弱而中奸，巧佞变诈，言滑而行谲，慧捷足以文其非，机深莫得测其际"，以至连皇帝都"始则姑而用之，继则信而任之"。既然得皇帝信任，为什么何维柏还要冒死以渎天听找不痛快呢？原因不在于个人看不过眼，而是有害于国家社稷："若以事无大关涉，所利在嵩，而所损不在朝廷；所恶在嵩，而所忧无预社稷，则臣亦观听之而已。"言下之意，如果只是皇帝喜欢一个宠臣，明知其奸也愿意宠着，而于江山社稷无害的话，维柏也不至于必须站出指摘其非，但其恶所损，在于朝廷，在于社稷，便不能任其姑息发展了："但其所系，害大祸深，臣当言责，义不容默。"接下来，维柏历数严嵩自执政以来的种种劣迹：

嵩自秉政以来，藉宠而怀奸，盗权而植党，阿附污合者则援之以进用，守正忤己者则挤之而贬斥，睚眦之怨必报，纤芥之雠必复。无辜善类，每被中伤，平时物望，动罹谴黜，贪夫黩客，多出其门，牙爪腹心，分居要路。致使外而凭依，小人有悬其貌像，挟势以纵贪；内而附趋，鄙夫多听其颐使，济恶以党害。恩市私门，气焰中外。天下徒知畏嵩之奸党，而不知有朝廷之公法。此其嫉贤害正，作福作威，怀奸蠹国，嵩之罪大也。前岁诸臣奉旨庙议，嵩阴主邪说，将以诳惑上听，传之中外，士论切齿。仰赖圣听天纵，明物察伦，尊尊亲亲，懔不敢犯，其说遂寝。及检讨郭某至京，得其颐指，遂纵而倡其议，太朴寺寺丞某又纵而附和之。幸圣上洞烛邪奸，明命震赫，下旨云："这典礼自有裁制，再有轻议奏扰的，拏问重治。钦此。"某既奉明旨，乃敢故违，辄又陈奏，及为《七庙解》以进。观其庙解之词有曰："桓僖亲尽，无大功德，而鲁不毁。故天火之近者，天灾岂无纵始？"是何言也？逆天悖伦，是可忍也，孰不可忍也！某小臣也，庙制大典不许再议，若非嵩阴主要结于中，则某邪悖不道之言，安敢以屡渎再扰拏问？圣旨尊严，若非嵩维持庇护于上，则郭某违旨罔上之罪何得以幸免？迹某之情状而嵩之阴导弥逢之奸，居然可见。向非圣上明健中正，洞察群枉，则嵩几误陛下于干伦斁典，而天下后世以陛下为何如主？嵩之悖逆欺罔，其罪又大也。原任副都御史某，年老衰庸，拜跪艰扶，已不堪用，嵩乃力荐之。陛下速之使来，秩之贰卿，而不用以事，已洞见嵩之诳矣。今任通政某，贪鄙小人，罢黜已久，乃潜投京师，厚赍宝钻，嵩纳而豢之，既而荐而用之。夫明廷取舍，关世道之隆污，一时举措，系万代之瞻仰。嵩之欺罔，引进匪人，朋植私党，固其鄙夫患得患失之心，无所不至，其如天下后世谓陛下圣明之主，乃为其诳惑，岂不深可惜哉？此嵩之罪又大也。

臣迹嵩之所为，大抵其嫉贤妒能如李林甫，其阴害忤己者如卢杞，其藉权宠纳赂积如郑注，其与近习盘结如元载，其诈悖险毒如史嵩之。在廷臣工有一于此，则宜亟在诛绝之科。况身兼众恶，罪浮四凶，岂可尚居弼丞之位？臣疏远孤立，与嵩绝无纤芥之嫌，今首论其恶，则祸且不免。忍轻生以希微讦之誉？臣愚窃谓：自古奸权当国，若察识不早，必至误国。追鉴往事，未尝不痛恨于林甫诸人也。目击时忧，心怀忠愤，兴言出涕，不容自己。望陛下俯谅臣心，详察臣言，尽取前后诸臣论劾章疏，参考其罪状始末，干断雷厉，将嵩亟赐罢殛。某某责令致仕，某某斥逐，仍行法司挐问，以为奔竞无耻违旨欺罔者之戒。庶内外大小臣工，俱知惕惧感服。奸党畏避而公道昭彰，法纪日振而圣治清明，此实宗社之福也。伏乞圣明详察。

何维柏所历数严嵩罪状，不可谓不振聋发聩："藉宠怀奸，盗权植党，睚眦必报，中伤良善"，使得天下"徒知畏嵩之奸党，而不知有朝廷之公法"。但维柏所列举各罪，究其根本，均为皇帝所授意或故意姑息，所以尽管有贪鄙嫉贤之确证，也无法动摇严嵩擅长"阴主邪说，謟惑上听"给皇帝带来的信任与倚重。至于这个"目击时艰，心怀忠愤"以至"兴言出涕，不能自已"的小小御史，其拳拳忠臆，在皇帝看来都是一文不值。自嘉靖登基以来，已见多了这些以"要为圣明除弊事"为名而要死要活与皇帝作对的言官们，维柏的泣涕陈辞，激不起嘉靖的任何共鸣，反而奏疏之中的直斥其非，让皇帝看上去特别不顺眼。

最后，何维柏回到皇帝本身的职责，希望天子能励忧勤以修内治：

一励忧勤以修内治

臣闻寇虏之患，虽帝王之盛所不能免；水旱之灾，虽尧汤之世所不能无。要在御之有道，则外患自弭；备之有豫，则内变不作。是以自古明辟独观万化之原，思图治安之实。修之庙廊，自可以运之天下；行之中国，自可以达之四夷。故可以祈天永命，徽闻令誉，施之后世，悠久无疆。历观古今天下治乱，后世监戒，皆在于人君之一身，可不深长思哉？陛下所居者，尧舜之位也；所治者，尧舜之民也。即位以来，未尝一日不欲以尧舜之德泽天下。然而今日之民，未被尧舜之泽者，其故何哉？《书》曰："慎厥终，惟其始。"《诗》曰："靡不有初，鲜克有终。"陛下登极之初，忧勤图治，未明而视朝，日中而听政，笃意圣学，纳谏求言，开无逸之殿，扁齿风之亭，成恭默之室，弘九五之齐，以此而事天享帝，以此而亲临民，行之十有余年。百官庶士，肃肃法守；四方远迩，颙颙沾化。臣时尚伏草莽，则见父老欣腾，思见德化之成。及臣登十四年进士，改庶吉士，读书时以朔望得与朝班，恭觐天颜，未尝爽期。及候法驾，躬祀南郊，宴御庆成，经筵讲学，以时举行，未尝废辍。然而臣民追诵昔美，已云渐不如初。至于今，则月异而岁不同矣。朝仪久旷，国纪多隳，陛下每切忧民之言，而天下多有失所之民；陛下时严勤政之令，而百官多有傲怠之政。致使揆度未熙而化理日窒，取舍倒置而公论不明。苟且公行而官邪莫警，党与渐成而威福日窃。是以数年来，官失其职，政失其理，民蒙其害，物受其殃，边庭多警，震动京师。且江北诸郡，则罹水潦之惨；江南各省，则被旱魃之灾；关陕以西，则有地震之警；浙闽江广，瘟疫盛行。民多夭折，岁歉民饥，流离困苦，山狼海寇，在处窃发，四方奏章，迭见屡闻，内忧外患，并于一时，仰赖圣武明威，生擒逆恶，丑虏寒胆，可为无事，然不可不虑也。今之进说于陛下者，孰不曰："天下已治安矣，边境可无患矣。四方可无忧矣。"殊不知军民嗷嗷待哺，人心汹汹嗟怨，流亡之征已兆，意外之虞可忧。《诗》曰："迨天下之未阴雨，彻彼桑土，绸缪牖

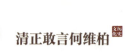

户。"夫未雨而治牖,盖思患而豫防。矧今灾屯已形,苟不亟为之所。将见忧不在边境而在中国。患不徒手足而在腹心。元气耗竭,百病交乘,众志不固,邦本动摇。事至而方为之图,势逼而迫为之悔,盖亦晚矣。

臣望陛下察臣之言,惕然警励,大夯乾刚,俯观今日之时事,追怀初年之盛美,历监古今治乱兴衰之由,图维宗社生灵长久之计。思百姓之困苦流离,则求所以安戢之;思水旱之变故因仍,则求所以祇应之;思人言之足畏也,则求所以顺承之;思天变之足惧也,则求所以时保之;思人才之空乏也,则求所以振作之;思耳目之壅蔽也,则求所以开导之;思壬险之蠹政也,则求所以远放之;思寇虏之未戢也,则求所以安攘之;思陛下之天下受之祖宗,则求所以光大之,传之子孙,则求所以培植之。思以祈天永命,修励中兴之盛,非但为陛下今日计,也所以为圣子神孙万世诒翼之计也。昔者宣王感脱簪之谏,奋然励精,周室所以中兴;武帝下轮台之悔,惕然悔悟,汉祚所以复振。是人主一心,转移之机,遂能去危即安,转否为泰。古今所谓明君贤主,多在于悔过迁善以成,其所以大过人者如此,况我陛下正当春秋鼎盛之年,懋迁始终典学之志,则中兴大业,将超汉而并周矣。臣敢以忧勤终始之说进焉,伏乞圣明详察。

劝讽之初,以回忆嘉靖登基之初的励精图治开始,循循善诱:"陛下登极之初,忧勤图治,未明而视朝,日中而听政,笃意圣学,纳谏求言,开无逸之殿,扁豳风之亭,成恭默之室,弘九五之尊",并且如此享帝亲民十余年,因此当时的朝廷"百官庶士,肃肃法守;四方远迩,颙颙沾化",一派和祥欣欣向荣的景象。但好景不长,很快就渐不如初:"朝仪久旷,国纪多隳,天下多失所之民,百官多傲怠之政"。原因大家都心知肚明,就是嘉靖皇帝避居西苑,不再上朝,宠信奸佞,日以炼丹求仙为事。所以四海所见："民多夭折，岁歉民饥，流离困苦，山狼海寇，在处窃发，四方奏章，叠见屡闻，内忧外患，并于一时。"然而这些都警醒不了从不出宫一心只关心自己长生不老的皇帝，维柏的衷心规劝，注定只能换来雷霆震怒。

奏疏起草之前，何维柏已在心中酝酿数月之久，而起草当天又再次拜告天地，祈祷能感化圣心。也许是上天都察觉到了此疏会给何维柏带来的灭顶之灾，派出乌鸦示警："十二夜，起草时，大鸦百十噪于亭中。至第四款（即直斥严嵩款）则三鼓尽矣。鸦益环绕，嘈嘈叫号，千百其声。公问左右，对曰：'乌鸦，昼间有之，无如此之多，亦未有夜噪者。'翌晨，出拜庭下，见群鸦集堂上，一啄砚池，二立公座。公祝曰：'柏志已定。'且拜告神明：'安敢有负？纵啄吾目，当亦不止。'"[①]"柏志已定"四字，将何维柏此前的踌躇与摇摆，都换成了置生死于度外的坚定。

第三节　拏械赴京

从嘉靖二十四年（1545）正月何维柏准备上疏言事，至其被拏械赴京、廷杖削籍的详细过程，现存《天山草堂存稿》仅《书冰霜交游卷》有所回忆及短简《贻广中诸友》尚存外，余皆未见提及。《书冰霜交游卷》主要回忆的是下狱之后与杨斛山、刘晴川、周讷溪等在狱中温话新故、商榷古今的情景。《贻广中诸友》是维柏已被锦衣卫所逮后不知命运的"绝笔书"兼"托命书"。个中真正的细节，只在随维柏巡按赴任的随行书吏所记录的《古林何公建言日记》里，日记被收录于曾流传福建的《诚征录》中。万历年间撰《粤大记》的郭棐曾见过《诚征录》并在《何维柏

① 　［明］《古林何公建言日记·三月十二夜》，《诚征录》，光绪重抄本，沙滘何氏宗祠藏。

传》中记载："民间矢为歌谣数十百章，有《诚征录》以传"①，万历三年（1575）协助编撰《天山集》并作序的何维柏弟子、时任温州府同知蒲凝重曾请侯一元为此日记作序，该序今存《诚征录》未见，但《侯一元集》中尚有保存，题为《〈待罪日记〉序》②。作序之时侯一元正值病中，称日记乃何维柏所作，从今存《古林何公建言日记》的称呼"公"来看，当是侯一元误解，应是其随行书吏所记，并非何维柏自己在狱中所撰。但《诚征录》很快即失传，明后至清的《南海县志》《广州府志》《广东通志》及《明史·何维柏传》均未记载。仅嘉庆年间修的《三水通志》转录上述三志均未见载的内容。直至2008年南海沙滘村重修何氏宗祠，在何氏后人捐出的清光绪重抄本中，才又发现了《诚征录》一卷重抄本，对比郭棐所撰及《三水县志》所载，其所抄祖本即为郭传中所言之《诚征录》。将这卷一万八千余字的《诚征录》，与明末无名氏所著《诏狱惨言》中的遭遇对读，既可详细解答何维柏为何上疏、如何被拏下狱、又缘何能在廷杖之下捡回性命的种种疑问，又为后人进一步了解明代的诏狱制度与文官下狱细节，提供了珍贵的史料。

据郭棐《粤大记》所载，《诚征录》是何维柏以福建巡按御史上书弹劾严嵩被诏逮下狱时民间歌谣的汇编。最早见载于万历年间郭棐所撰《粤大记·何维柏传》：

何维柏，字乔仲，其先祖平，自南雄珠玑巷卜居南海沙滘。……寻出按闽……时分宜窃柄误国，摧陷言官，公首疏其奸，比之李林甫、卢杞。上震怒，诏逮。官校至，公即受系，神

① ［明］郭棐撰，黄国声、邓贵忠点校：《粤大记》，广州：广东人民出版社，2014年，第395页。

② ［明］侯一元：《〈待罪日记〉序》，《侯一元集》，合肥：黄山书社，2011年，第1018—1019页。

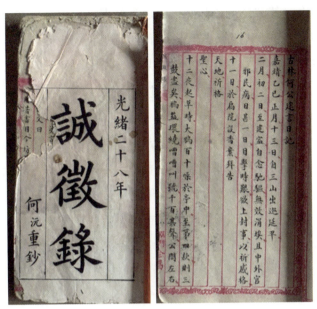

图11　光绪重抄本《诚征录》中的《古林何公建言日记》，原本藏沙溪何氏宗祠

色自若，赋诗有"孤臣倘有生还日，圣德真同宇宙宽"之句。所过士庶遮留动以万计，缇骑持之急，诸生大哭，公徐徐拱手谢曰："此予虑定而后发，人臣之义，自当如是，生何哭为？"民间矢为歌谣数十百章，有《诚征录》以传。既至，奉廷杖，仅存余息，备极拷掠，语不变。下狱，与杨斛山、周纳溪、刘晴川三公聚首甚惬。上一日于宫中扶鸾，问养身治国之要，神对以"养身莫要于寡欲，治国莫先于惜才"，上默悟，乃削籍归。①

郭棐叙《诚征录》编定流传的缘起，乃何维柏因弹劾严嵩被逮下狱时，闽地士庶号哭遮留以至矢为歌谣，内容即民间歌谣"数十百章"，未

----

① ［明］郭棐撰，黄国声、邓贵忠点校：《粤大记》，广州：广东人民出版社，2014年，第395页。

详著者与卷次。其"公首疏其奸，比之李林甫、卢杞"等文，见于《献愚忠陈时务以备採择以保治安疏》，而受系赋诗，则未见于《天山草堂存稿》，今在《诚征录》中有载。除郭棐外，在沙滘何氏宗祠《诚征录》未见天日之前，嘉庆《三水县志》曾有过详细记载：

（何维柏）出按八闽，值岁大祲，福与漳、泉四郡为甚。下车辄发仓廪，多所赈邮，所存活者数十万人。因条《救荒策》，著为令，是时，少师严嵩专柄，维柏驰疏奏五事，极论嵩罪，至比之李林甫、卢杞。起草时大鸦百十噪于亭，翼震复集。一啄砚池，二立公座。公祝曰"柏志已定，纵啄吾目，当亦不止。"疏上，世庙震怒，诏逮之。省城内外，无老幼男妇，罔不激切奔泣。公笼灯作家书及友札云："临事就缚，方寸定静，学易以行，素乎患难，无所悔尤。生平学问，至止颇觉得力"云云。所过，士庶遮道万计，缇骑持之益急。诸生大哭。维柏拱手谢曰："此予虑定后发，人臣之义，自当如是。生何哭为？"闽中矢为歌谣数十百章，录其一二云云："三水凤、参天柏，穷谷深山被恩泽，官穀重重赈饥，奸弊时时痛革。今日去，民心恻，报答无由控诉天。但愿天心眷忠益。""六月天，降严霜，一柏森然独挺。眼见严霜嵩裂，这柏依然坚劲。好庙堂，栋梁把乾坤重整。"柏至京，下锦衣狱，法司承嵩风旨，拷掠备至，逼供尹都谏子相、桂侍御子荣同党。柏终不变，会世庙意宽之。侯相揣知，上旨亦密揭，为解恩发镇抚司行杖得活。方柏在闽赴逮及至京就讞也，每月绿色小蝇数百从之，一时咸诧其异。故有《诚征录》以传。①

---

① ［清］（嘉庆）《三水县志》卷十一，台北：成文出版社，1966年，第180—181页。

嘉庆年间修的《三水县志》，用了近500字来细述何维柏此次因言下狱的过程：诸如起草奏疏时的"大鸦百十噪于亭"，"一啄砚池，二立公座"，收到诏逮旨意时"笼灯作家书及友札"，在闽赴逮时"绿色小绳数百从之"，及下锦衣狱后"逼供尹都谏子相、桂侍御子荣同党"等细节，宛如亲历，俱为各志所无。《三水县志》本之何处？县志未详载出处，今据何氏宗祠藏《聚顺堂世德录》及光绪重抄本《诚征录》内容推测，《三水县志》的修纂者很有可能是见过《诚征录》福建刻本的传本的，因为"疏劾严嵩"是何维柏一生中最集中表现其忠鲠天性的重要事件，《明史·何维柏传》虽未如《粤大记》详细，然述"士民遮道号哭，维柏意气自如"与郭传"公即受系，神色自若"之意同，但未提及《诚征录》，从《天山草堂存稿》各书目的著录来看，可能清初即已亡佚。

　　从现存光绪重抄本《诚征录》的内容尤其是《古林何公建言日记》的记载来看，均可以从《天山草堂存稿》的只言片语及明史同时期历史人物的记载中得到佐证，郭棐《粤大记·何维柏传》只言《诚征录》的内容为"民间矢为歌谣数十百章"，未详撰者，重抄本也未著录撰人。但从"公"的称呼来看，显然并非何维柏本人所撰。结合巡按御史必须带书吏的规定及《聚顺堂世德录》所叙应初公事来看，《古林何公建言日记》的记录者当为何维柏离京赴任时的随行书吏。

　　光绪重抄本《诚征录》卷首保留了一段残缺的原叙，叙称："邑之致政陈君良节，素受知先生，存歌谣甚详，为之次其先后。而大司徒钟阳马公、大参藩前内翰云竹王公，又从而序之……因录以传，将俾后之师先生者，皆得取证于是。"①可知《诚征录》由福建当地故老陈良节辑录。陈良节其人，据陈仲初编《晋江古代与近现代著述录》记载，"字子操，明晋江人。为诸生，少颖敏强记，为文操笔立就……年仅四十岁去世，门人丁

---

①　［明］《诚征录》，光绪重抄本卷首原叙，沙滘何氏宗祠藏。

自申为之作传。著有文集，见清道光版《晋江县志·人物志儒林》"①。考《天山草堂存稿》卷首，门人杨烈撰《刻〈天山集〉小引》曾提及"闽陈子良节辈"，与"郑、冼诸子暨歙吴子正理"，一起请求何维柏将门弟子汇裒而成的《天山集》"校而梓之，用以兴乎四方"。②可知陈良节与何维柏同时，倾慕其为人，并促成《天山集》在闽刻印。

《诚征录》光绪重抄本的扉页，署有"光绪二十八年，何沅重钞"字样，可知重抄者为何氏后人何沅。据同时发现的《天山草堂存稿》重抄本案语及何沅自撰《北行日记》可约略得知：何沅，字梦兰，号知困斋，当为沙滘何氏第十九世孙。因其案语中称编刻《天山草堂诗存》的何锡祥为"锡祥伯"③，考何氏宗祠现存族谱《聚顺堂世德录》。何锡祥名若荣，字锡祥，号杏樵，又号慕桓，为沙滘何氏第十八世孙。由于现存《聚顺堂世德录》至第十九世而止，除从《北行日记》略知何沅曾于光绪十四年（1888）奉母命赴京应试，且与同乡康有为同行并落第而归之外，其行止生卒年不详。何沅重抄本的祖本，乃何氏第十八世孙何若荣所重抄，何若荣抄本今已不存。何若荣即咸丰二年（1852）编《天山草堂诗存》付梓者，何氏第十八世孙。同时发现的何沅重抄《天山草堂诗存》卷首，还保存有何若荣（锡祥）《天山草堂诗存序》：

> 大宗伯讳维柏……前后著有《太极图解》《易学义》《礼经辨》《陈白沙言行录》《天山草堂存集》行于世。百余年间，板刻蚀剥，片纸寸笺，莫由考核。辛亥（咸丰元年，1851）春与诸父及昆弟论及天山草堂遗文，鲜有存者。予情不自已，多方搜

---

① 陈仲初编著：《晋江古代与近现代著述录》，福州：海峡文艺出版社，2015年，第137页。
② ［明］杨烈：《刻天山集小引》，《天山草堂存稿》卷首，《广州大典》第426册，第408页。
③ ［清］梦兰谨案，《天山草堂存稿》光绪重抄本卷首，沙滘何氏宗祠藏。

采，冀复睹其全书。而除《天山草堂稿》《诚征录》外，终不可得。①

可见到咸丰年间，何氏宗祠尚藏有《诚征录》与《天山草堂存稿》，未详所藏者为闽刻本还是重抄本。可惜《诚征录》没有何若荣（锡祥）重抄序，无从得知其所抄祖本是否即明万历年间闽刻本。从目前各史志的记载来看，光绪二十八年（1902）何沆重抄的《诚征录》，很可能已是世间孤本。其内容，除诗已入《天山草堂诗存》一卷外，最有价值的《古林何公建言日记》，为当世仅见。《诚征录》的重见天日，最大的价值在于完整保存了何维柏上疏弹劾至被逮下狱的全过程，为研究明代诏狱史及士人心态史提供了珍贵的史料。

《诚征录》光绪重抄本一卷，卷首有重抄者何沆题词及《重抄诚征录序》，收有《古林何公建言日记》《台谏逸事》《苍蝇传》《惠德编》《八闽歌谣》五种，另有残存"原叙"及"救荒策"数语，共一万八千余言（详见本书附录二）。其中残缺"原叙"提及编者闽人陈良节及序者马钟阳和王云竹，《古林何公建言》篇幅最长，以第三人称"公"记何维柏自嘉靖二十四年（乙巳，1545）正月十三日至十月十八日的日程与言行，不著撰人。《台谏逸事》七百余言，仙居林应骐撰，叙何维柏被逮下狱后，以神乩批语打动世宗得以从轻发落，杖责还籍之逸事。《苍蝇传》亦七百余言，高明罗一中撰，记何维柏得旨下狱时绿蝇绕道以兆"天眷忠良"之传说。《惠德编》也七百余言，署门生罗钦顺撰。叙维柏削职还籍后，访粤闽人感戴维柏治理之恩，以记其得民心之深。八闽歌谣分为"谣""歌""行""诗"四类，均为悲叹何维柏因言下狱事，不著撰人。从万历三年（1575）侯一元所撰《〈待罪日记〉序》来看，可能侯一

---

① ［清］何锡祥：《天山草堂诗存序》，光绪重抄本《天山草堂诗存》卷首，沙滘何氏宗祠藏。

元所见仅《古林何公建言日记》，没有见到其他各文：

夫为吏而廉，为臣而直，为学而好道，斯数者，非士节所期哉？矧兼是者乎！乃余于古林何公而独有窥焉。

其平居严一介，世之廉者有之。乃若夫贪人窃政，举世溷溷，身已阽危，命在晷刻，而犹坚辞有处之馈；亲老垂白，家徒四壁，而犹远谢可居之积；所谓窃脂不穀，非其性然哉？夫攻宵人才或有以，则非正也。若主中所晤请室诸公，则皆无以者也，然鲜不以射隼为功而欲解之者。公则不然，上书数千百言，一惟恳恳乎君心之蚀、国脉之伤、民情之垫，其末也乃始极口于大奸，若曰"是贼吾君民而病吾国者，不可以不治也"，岂尝斤斤乎佞之为远而人之与谪哉？是其以天下为度者也。

盖公素淹理学，故始则精白以吁天，继则从容而待事。士女万亿，精感异物，相与鸣绕而不悲；卜人之知吉，凶狡献诚，汤纲已开而不喜；斯学问之力也。然客谓公患难得力，则又旷然晓之以致一之理，此有异于阴晴昼夜相代于前乎哉？姬周赤舄，华阴大乌，亦若此矣。故公之为廉也、直也、学道也，无意者也，而有意者举莫及焉。非以其诚哉？

往缙绅间常以攻严氏者未有能全，而公之攻之也尤甚，甚于诸公而独全，以为怪。闻其时盖有为严谋者，以不宜逞志于公，而严亦自疑，遂止。嗟夫！中流独舟，不怒褊心；夜行射石，乃至饮羽；孰谓纯诚不忮如公而不动物者哉？世之君子欲直前而不伤足者，则视公可矣。

或曰："公之无意，信矣。其有记，何也？"曰："斯学道者之程准也，自东莱吕氏则有之，故日而记之，岁而会之，其纯耶劢之，其贰耶更之。故曰'瞬有存，息有养也。'夫公之平生，其焉所不记，而区区一待罪之间哉？"

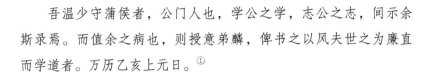

吾温少守蒲侯者，公门人也，学公之学，志公之志，间示余
斯录焉。而值余之病也，则授意弟麟，俾书之以风夫世之为廉直
而学道者。万历乙亥上元日。①

何维柏上《献愚忠陈时务以备採择以保治安疏》之后，从《明世宗
实录》的记载来看，奏疏在吏部和都察院的暗中协助之下，很顺利地到达
嘉靖皇帝面前，严嵩当即具疏自辩。《明世宗实录》称世宗安抚严嵩曰：
"尔柏虽曰劾卿，实奸欺巧诈，以伺觇朕意，岂可中彼之计？"②随即令锦
衣卫捕械来京。据《诚征录》中收录的《古林何公建言日记》一万余言，
自正月十三日起，至十月十八日止共记录了62则，有的非常简短，如"六
月十一日"，仅记"未时，至水口驿，宿"。但也有详至一千五百余字的
日记，如"正月十二夜"，不仅记大鸦、公对，及维柏书怀诗作，还引录
了一段《献愚忠陈时务以备採择以保治安疏》。最重要的是，被逮下狱过
程中何维柏的14首书怀诗作，全赖此日记以存。

在《献愚忠陈时务以备採择以保治安疏》里，何维柏明知奏疏会触
忤权奸，"非不知言出祸随，然于生死利害之际，筹之屡矣。"因此自剖
心迹："既叨言责，兼有守官，身立公朝，时非家食，感义循分，职在当
为。鞠躬尽瘁，情难自已。"③可谓目系时艰，生死度外。而《古林建言日
记》则补充了很多细节：

十二夜。起草时，大鸦百十噪于亭中。至第四款则三鼓尽

---

① ［明］侯一元：《〈待罪日记〉序》，《侯一元集》，合肥：黄山书社，2011年，第
1018—1019页。
② ［明］《明世宗实录》卷二百九十九，嘉靖二十四年五月，台北："中央研究院"历史
语言研究所校印，1962年，第5688页。
③ ［明］何维柏：《献愚忠陈时务以备採择以保治安疏》，《天山草堂存稿》卷一，《何
维柏集》，北京：知识产权出版社，2020年，第10页。

矣。鸦益环绕，嘈嘈叫号，千百其声。公问左右，对曰："乌鸦，昼间有之，无如此之多，亦未有夜噪者。"翌晨，出拜庭下，见群鸦集堂上，一啄砚池，二立公座。公祝曰："柏志已定。"且拜告神明："安敢有负？纵啄吾目，当亦不止。"鸦乃徘徊亭中。挥之复聚。①

维柏二月初即"欲上封事"，大概是为巡按御史的年度总结上疏做准备。腹稿酝酿了近十日，十一日白天已在局院设香拜告天地，十二日夜里正式起草，时有"大鸦百十噪于亭中"，大鸦环绕，意在阻止上疏。尤其"至第四款则三鼓尽矣，鸦益环绕，嘈嘈叫号，千百其声"。第四款即历数严嵩数罪之款。尽管乌鸦都如得神助，群集堂上叫号，并欲以"啄砚池，立公座"来示警，阻止上书，然维柏仅以"柏志已定"且"纵啄吾目，当亦不止"。示己弹劾决心。

自二月十二日草成三月十六日正式上疏之后，何维柏对左右同僚自言待罪，等候处理："计今赍进，正在此时上陈御览。远地小臣，义当待罪……除有公事外，余并免揖，庶澄心斋宿，以俟明命。"②至六月初四得廷报随附锦衣卫校官。从何维柏的反应来看，被逮下狱已在他预料之中，故捕令到达之时，他淡定地对巡按公事做了妥当安排：

公即退堂，盥手遥瞻北阙，行五拜、三扣头。礼毕，拜祖宗、父母，乃更衣出。是日，三司府县各官及乡先生、举监生员诸民人等，入晤穿堂。各官退，即闭中二门，留东小门，侧坐穿堂，令生吏等收拾。各日见行。箱箧文卷簿籍等项，并先查收交代。文卷牒文，逐一查封。填定日子，钤印完备。及原贮衣服书

---

① ［明］《古林何公建言日记·正月十二夜》，《诚征录》，光绪重抄本，沙滘何氏宗祠藏。
② ［明］《古林何公建言日记·六月初四日》，《诚征录》，光绪重抄本，沙滘何氏宗祠藏。

籍，前后交代卷箱，通发出堂上，令府县官三司首领巡捕等官，公同查封。发按察司收贮。即请封印。请出敕书四道，精微批一道，印一颗，置之中堂。①

六月初六，宣旨毕，"即就缚，入旁室"，消息已公开，故"时耆老生员军民人等数万，号呼涕泣载道"。维柏所想，俱可从日记所录家书及与友札中见之：

> 六月六日，奉旨拏械赴京。柏也蠢愚迂直。上无补国家之事，内徒烦父母之忧。长途桎梏，冒暑兼程，一身谴谷，实所甘心。获罪于天无所祷，自作之孽不可逭。事已至此，安适顺受，临事就缚，方寸定静，不自扰乱。强饮食，学《易》以行，素乎患难。无所悔尤，平生学问，至此颇觉得力。特念老亲在堂，忽闻贱子之报，忧闷烦蒸，恐致伤情。则柏不孝之罪，终天莫赎。惟望尊执时赐，枉顾多方，为我安慰双亲，得保无恙。则柏虽万里待罪，而忧亲一念，可幸无虞。至于恤顾我后，照拂门祚，此则丈人之谊，鄙陋之控私也。②

"平生学问，至此颇觉得力"正道尽何维柏毕生追求。被逮所过，沿途军民义送之时，维柏仅以"不敢负朝廷，不愧所学"为对，浩然正气，至死无悔。由于拜泣相送的人过多，导致行程缓慢，致使锦衣卫不得不提前出发："福建士民，感公德泽恳切，若不早行，顷复挤塞载道矣。"③

---

① ［明］《古林何公建言日记·六月初六日》，《诚征录》，光绪重抄本，沙滘何氏宗祠藏。

② ［明］《古林何公建言日记·六月初七日》，《诚征录》，光绪重抄本，沙滘何氏宗祠藏。亦可看看何维柏：《贻广中诸友》，《何维柏集》，第231页。

③ ［明］《古林何公建言日记·六月十四日》，《诚征录》，光绪重抄本，沙滘何氏宗祠藏。

日记除记录何维柏自剖心迹之语外，还述及路人对维柏上疏被逮一事的看法，从中可略窥明代言官风气与舆论之关系。六月十八日，锦衣卫押送何维柏一行到达浙江常山草萍驿：

> 时中站遇一士夫姓王者，问公曰："公何桎梏若此？闻昔之名士遭难者，多去此具。"公曰："此乃朝廷法也。朝廷与之冠服，则美而服之，柏今桎梏，乃朝廷之命也。敢不慎诸？"王又慰曰："公遭此一变，万一得无虞，则后来百事益可放胆为矣。"公应曰："公此言非心体也。吾人行乎患难，与富贵贫贱，境迹不同而心则一。居易俟彼非有余。此非不足，岂有所试而后为哉？"王感愧叹息而别。①

该段日记佐证了几个细节：一是被逮路上，何维柏始终是以犯人的刑具示人。故这位王姓路人见此问之："公何桎梏若此？"二是当时言官因言下狱，在舆论看来是一件很光荣的事情："公遭此一变，万一得无虞，则后来百事益可放胆为矣。"但维柏严正地辩驳了此人说法："吾人行乎患难，与富贵贫贱，境迹不同而心则一。"表明并非为暴得舆论大名而弹劾当朝首辅。

一路被挈北上，《古林何公建言日记》忠实地记录了这一路的艰辛、何维柏的淡定与锦衣卫的傲慢，尤其可贵的是，它保存了他处未见的诗作共计14首，其中8首为押解途中所作。

二月十二夜，作《扃院草疏·用前院聂双江韵书怀》，此时奏疏已成，未知前路如何，诗作更多的是表达何维柏身为言官面对权奸"不能不言"的坚定信念：

---

① ［明］《古林何公建言日记·六月十八日》，《诚征录》，光绪重抄本，沙滘何氏宗祠藏。

院门深锁乌频声，静唤春心入帝城。

漫觉忧时孤梦远，敢云去国一身轻。

驰驱无计舒民瘼，迂癖兹游愧友生。

翘首瞻依天北极，五云晴炫日边明。①

六月十五日，被锦衣卫押解至崇安县长平驿，经武夷九曲水口，作《望游武夷》诗，尽管"桎梏驱前行"看似极为狼狈，但面对即将告别出闽的武夷山，内心并没有彷徨慌乱之感，而是从容与淡定，"踟蹰立斯须，默默远凝睇"：

名山久怀音，廿载未缘契。

奉役趋八闽，夙夜事公勩。

岁且值艰饥，民复际氛沴。

载春历建延，夏半旋东苉。

仰幸天心回，蒸民蒙粒惠。

适拟事退观，微躯已见逮。

桎梏驱前行，取道历山际。

黄冠挈榼迎，津夫促徒偈。

踟蹰立斯须，默默远凝睇。

玉女肃孤贞，大王俨上帝。

望望天笠峰，翩翩天游袂。

九曲下潆回，汤汤亦东逝。

云间万木森，天末轻云翳。

玉仙不可迹，孤飞迥尘蜕。

①　［明］何维柏：《扃院草疏·用前院聂双江韵书怀》，《何维柏集》，北京：知识产权出版社，2020年，第300页。

神游尚八极，跬步何兹滞。

昔闻已劳想，今见徒增涕。

有生同如此，素位行不替。

顺吾随所之，形役何累系。

天风飏征衣，山灵默鉴谛。

我心诚匪石，俛仰人间世。

无言回顾瞻，含情结盟誓。

徐徐成短章，聊以纪年岁。①

　　整个上疏被挈事件中，何维柏的坚定与信仰从未动摇，唯一愧疚的只是老亲在堂，无以为孝："特念老亲在堂，忽闻贱子恶报，忧闷烦蒸，甚难为情，恐致疾病，则柏不孝之罪，终天莫赎。"②根据御史巡按地方的规定，何维柏赴福建任职期间家人并未随行，所以出事之后，福建方面派书吏回广州老家报信，老家接信后匆匆派二弟何维桐及族兄何景清带二使者王明、陆昌，日夜兼程从韶关北上，以图在路上一见。由于差人回报时维柏已逮上延平驿船，因此没有接到约见之信。到达江西铅山县鹅湖驿时，随行书吏遍寻维桐不遇，因此忧形于色，作《铅山道中寻弟不遇》一首：

　　有弟相迎道相失，不知天南与地北。

　　吁嗟艰阻骨肉情，愁见鸿雁天边鸣。

　　日来消息知何如，临风为汝立斯须。③

---

① ［明］何维柏：《望游武夷》，《何维柏集》，北京：知识产权出版社，2020年，第294页。

② ［明］何维柏：《贻广中诸友》，《何维柏集》，北京：知识产权出版社，2020年，第231页。

③ ［明］何维柏：《铅山道中寻弟不遇》，《何维柏集》，北京：知识产权出版社，2020年,第297页。

这首诗真实地保存了何维柏尽管有着置生死于度外的凛然正气，在面对可能祸及亲人尤其是令家中双亲忧心的罪责时，心里充满的愧疚与愁绪，正是"吁嗟艰阻骨肉情，愁见鸿雁天边鸣"。这样的诗句传下来，才更真实地表现了何维柏被拏赴京的真情实感。

六月二十二日，行至会江驿，作诗二首：

《衢严道中口占》
六月北风吹浪生，顺流旬日逆牵行。
天时人事每如此，谁道乾坤亦世情。

《会江驿夜中述怀》
浮生踪迹岂须言，此日艰难空自怜。
桎梏无餐亦无仆，举头长夜对青天。[①]

六月二十七日，至无锡，雨中独立，作诗一首：

羁旅逢秋楚雁声，愁心连雨入孤城。
人间乐事付流水，尘梦遥怜芳草生。[②]

七月十五日，至河西务，述怀一首：

孑影寓宇内，倏尔作楚囚。
炎蒸历艰阻，桎梏渡中流。

---

① ［明］何维柏：《衢严道中口占》《会江驿夜中述怀》，《何维柏集》，北京：知识产权出版社，2020年，第310页。

② ［明］何维柏：《雨中有感》，《何维柏集》，北京：知识产权出版社，2020年，第311页。

晨星迅飞驰，寝食讵自由。

启闽泝江浙，浃旬届长洲。

乘风济江险，夜半入扬州。

信宿达清淮，桃源暮烟浮。

旱蝗咨蒸民，闻之尚怀忧。

徐邳吊古迹，万劫落荒坵。

三归台下草，富贵海中沤。

回瞻邹鲁郊，孔孟寡匹俦。

此身不易得，此心讵能休。

嗟我愚戆性，百念一靡酬。

谬误蹈危机，微躯拙为谋。

骨肉不相顾，鸿雁悲鸣秋。

欲飞鸟无翼，欲渡河无舟。

仰窥天日光，俯瞰江波流。

天命苟如此，吾道更何求？

悠悠起长思，浩浩赋远游。

秉夷不易心，何须生别愁。①

七月十九日，到达京师。何维柏被戴枷上马，观者如市，因此作《太思章》一首：

陟彼高岗兮崔嵬，思我父母兮徘徊。

生我鞠我兮恩罔极，子事亲兮当竭力。

嗟我愚兮违子职。命我仕兮不家食。

---

① ［明］何维柏：《河西务述怀》，《何维柏集》，北京：知识产权出版社，2020年，第294页。

日时艰兮填胸臆，顾蒙昧兮身许国。

履机危兮作楚囚，身莫测兮心之忧。

使我父母白发愁，不孝罪兮莫赎，顺吾命兮焉求。①

何维柏诗，据《四库全书总目》，《天山草堂存稿》曾存诗二卷。然徐信符藏清抄本《天山草堂存稿》只余六卷，无诗。今沙滘所出光绪重抄本《天山草堂存稿》，虽目录九卷，实与徐本乃同一祖本，系重抄者何沅重新编次，釐为九卷。故何维柏诗，仅散见于《粤东诗海》《岭南五朝诗选》《岭南文献》《岭南风雅》及《三水县志》《南海县志》《西樵山志》等处。其中《粤东诗海》收维柏诗38首，属其中最多者。而《诚征录》所收被逮下狱途中所作，各选本皆无。后于咸丰年间被何氏后人何若荣（锡祥）辑为《天山草堂诗存》一卷付梓，今亦只余光绪年间何沅重抄本。因此《诚征录》中保存的这14首佚诗，不仅忠实地记录了何维柏一介书生却被戴枷北上的心情，其忠愤淡定而又言之有物，也可以一洗清人《四库全书总目提要》"多讲学语"及朱彝尊《静志居诗话》对何维柏诗"合格者希"的评价。

① ［明］何维柏：《太思章》，《何维柏集》，北京：知识产权出版社，2020年，第297页。

第六章

柏坚劲，孤臣幸生还

文
历
化
史

万里自甘行路难，双亲忧共倚门寒。

天边鸿雁愁为别，河上睢鸠忍独看。

魏阙北瞻天浩浩，楚江东望水漫漫。

微臣幸有生还日，帝德应同宇宙宽。

——何维柏《渡镇江述怀·其一》

嘉靖二十四年（1545）二月，何维柏在即将结束巡按福建的任上，上奏疏《献愚忠陈时务以备采择以保治安疏》，痛革官场时弊、弹劾首辅严嵩。疏入后嘉靖皇帝震怒，六月初六，着锦衣卫一路戴枷押解赴京。七月十九日，何维柏到达京师。奏疏上达京师后，首送都察院与吏部，时任吏部郎中尹相得奏后，为加大舆论弹劾严嵩的力度，将何维柏奏疏在京城尽行贴报，广为传播，抄者观者如市。因此在锦衣卫出京之时，维柏首劾当朝首辅严嵩之恶，已传遍天下，这一传播，既加大了舆论对何维柏的支持力度，也加深了严嵩极度憎恶欲将其置之死地的决心。

第一节　狱中同道

从嘉靖二十四年（1545）六月初六接旨就缚，整整一个半月，押送的锦衣卫为了减少受沿途慕名来送何维柏的官员和百姓干扰，起早贪黑，戴枷挈械，一路跋涉：出福州城，历水口、黄田、茶津、大横、建溪、兴田、长平、大安、三山、车盘、鹅湖、葛阳、草萍、上航、亭步、潋水、富春、桐江、会江、钱塘、镇江等驿，辗转水陆交通，经延平、崇安、铅山、广信、常山、衢州、兰溪、严州、桐庐、嘉兴、崇德、苏州、无锡、丹阳、扬州、徐州、汶上、东平、高唐、德州、河西务、天津等地，至七月十九抵达京师：

> 是夜二更，方至京城南门外。周锦衣及二校姓赵、梁者，皆下马别公。三更，至崇文门外东河沿，时与尹继祖至河沿头旧馆。入林二家，再三不纳，不已晋接，且悲且慰。昧爽，公至锦衣卫门外。相从诸役先至京者，俱窃候于卫门外。公至，皆涕泣送公入狱。至此，盖见人心。顷刻，诸从皆避。独尹继祖送公入提牢厅。须臾，梁如岱、赵鹏二校俱至。周珊百户是早具题复命。①

《古林何公建言日记》这段记载明确记录了押解何维柏一行到达京师的时间与情境，押送人是锦衣卫百户周珊及校卫梁如岱、赵鹏，半夜十一点后才到达崇文门外东河沿，本想入住福建驿馆，初被林二家拒绝，后来不得已允许进入休息。作为得罪皇帝与当朝首辅且即将被投入狱的罪臣，被人落井下石是人之常情。但令人感动的是那些随从和杂役，黎明时偷偷候在卫门外，一直送其至锦衣卫狱，"相从诸役先至京者，俱窃候于卫门外。公至，皆涕泣送公入狱"，由此可见维柏为官时与同事下属的相处之道及得人心之处，尽管落难被挚，公道自在人心。

入狱之后，与嘉靖二十二年（1543）上疏论翟銮、严嵩二辅而下狱的周怡同一监牢。周怡（1505—1569），太平仙源（今安徽省黄山市黄山区仙源镇）人，字顺之，号讷溪。嘉靖十七年（1538）进士，初任顺德（今河北省邢台市）推官，后擢升吏部给事中。嘉靖二十二年（1543）六月，时任吏部尚书许瓒率领下属王与龄、周鈇攻击大学士翟銮、严嵩，嘉靖见

---

① ［明］《古林何公建言日记·七月十九日》，《诚征录》，光绪重抄本，沙滘何氏宗祠藏。

疏后责备许瓒、驱逐王与龄，周怡上疏曰："人臣以尽心报国家为忠，协力济事为和……大学士銮、嵩与尚书瓒互相诋讦……此最不祥事，误国孰甚……且直言敢谏之臣，于权臣不利，于朝廷则大利也。御史谢瑜、童汉臣以劾嵩故，嵩皆假他事罪之。谏诤之臣自此箝口，虽有梼杌、驩兜，谁复言之？"①本意是劝皇帝勿因大臣直谏而降罪，嘉靖见疏大怒，杖责后下狱。周怡比何维柏年长六岁，但中进士晚三年，因此周怡入朝之时何维柏已托病辞官回乡，但嘉靖二十二年（1543）何维柏奉诏起复还京时，曾与周怡在佛寺相遇，时与徐存翁、程松溪等每月数会，相谈甚欢。同年周怡出事下狱，何维柏已奉命巡按福建。②

除同监周怡外，当时同在诏狱的还有关在南狱的杨爵、关在东狱的刘魁、尹相、张尧年、林延㻛、桂荣。其中尹相时任吏部郎中，张尧年任吏科都给事，林延㻛任工科都给事，桂荣任户科都谏，这四人均是因何维柏奏疏事牵连下狱，因此不能相互交谈。而杨爵则是因嘉靖二十年（1541）反对祥瑞、直陈"今天下大势，如人衰病已极，腹心百骸，莫不受患"，惹怒嘉靖而入狱，严刑拷打几乎被杖死，数月后与杨爵素不相识而上疏救他的周天佐、浦鋐被直接杖毙，以至再无人敢上疏救护。刘魁入狱前任工部员外郎，因嘉靖二十一年（1542）谏修雷殿下狱，此二人与本次何维柏奏疏事无涉，因此可以在金吾卫戴经的曲为回护下"时时窃过"，相与谈论。

杨爵（1493—1549），字伯修，号斛山，富平（今陕西省富平县）人。嘉靖八年（1529）进士，授官行人，后改御史。嘉靖二十年（1541）二月一日，天下小雪，大学士夏言和礼部尚书严嵩等为取悦皇帝，均称祥

---

① ［清］张廷玉等：《明史》卷二百九列传第九十七《周怡》，北京：中华书局，1974年，第5529—5530页。

② ［明］何维柏《书冰霜交游卷》："忆予自癸卯夏至京，始与周君邂逅萧寺中。时海内同志徐存翁、程松溪诸君子月为数会，盖陶陶然乐也。是秋，周君遭此，予出按闽。"（《何维柏集》，北京：知识产权出版社，2020年，第74页。）

瑞作颂称贺。杨爵眼见政治日益腐败，饿殍遍地，认为小雪非吉祥之光，上《慰人心以隆治道疏》警醒皇帝：

> 方今天下大势，如人衰病之极，内而腹心，外而百骸，莫不受病，即欲拯之，无措乎之地。以臣观之，其危乱之形将成，目前之忧甚大也。大抵因仍苟且，兵戎废弛，奢侈妄费，公私困竭，奔竞成俗，贿赂通行，遇灾变而不忧，非祥瑞而称贺，谗谄面谀，公肆欺妄，士风民俗，于此大坏。而国之所恃以为国者，扫地尽矣。拨危乱而反之治安，此在陛下所以转移率励之者何如耳？①

这道头脑清醒诋斥符瑞的奏章，词意切直，直指皇帝五大过错：一是任用匪人，以失人心而致乱；二是罔顾城中冻死灾民，犹兴土木，劳民伤财；三是怠于朝政，不再励精图治；四是痴迷妖诞邪妄之术，以致妖道繁兴，贻笑四方；五是阻抑言路，臣工不敢犯颜直谏，致使谄谀小人得道。这五条过错，直指面门，给热衷求仙希求祥瑞的嘉靖皇帝浇了一大瓢冷水。嘉靖大怒，将杨爵逮系诏狱，严刑拷打，致使其血肉狼藉，屡濒于死。后镇抚司奏请将杨爵送交法司拟罪，嘉靖也拒绝，只命严加看守。几个月后，疏救杨爵的周天佐、浦鋐被直接杖死后，再无人敢上疏相救。至何维柏入狱时，杨爵已在狱中整整四年了。

刘魁（？—约1549），字焕吾，泰和（今江西省吉安市泰和县）人，少年时受学于王阳明门下。正德二年（1507）举人，嘉靖初年，历任宝庆府通判、钧州知州、潮州府同知等职。回京后任工部员外郎，曾上安攘十事，被皇帝采纳。嘉靖二十一年（1542）秋，皇帝听从方士陶仲文建议，

① ［明］杨爵：《慰人心以隆治道疏》，丁守和主编：《中国历代治国策选粹》，北京：高等教育出版社，1994年，第596页。

拟于太液池西建祐国康民雷殿，且要求宏大奢侈、工程紧急。刘魁明知上谏必得重祸，先命家人买好棺材等待，然后上疏谏修雷殿："顷泰享殿、大高玄殿诸工尚未告竣。内帑所积几何？岁入几何？一役之费动至亿万。土木衣文绣，匠作班朱紫，道流所居拟于宫禁。国用已耗，民力已竭，而复为此不经无益之事，非所以示天下后世。"[1]将皇帝重视的兴建祐国康民雷殿称为"不经无益之事"，果然直接触怒嘉靖，当廷即遭杖责，而后囚禁于诏狱之中。

这段狱中与杨爵、周怡、刘魁等同监患难的往事，三十年后的万历三年（1575），何维柏在金吾卫戴经处再次见到其所藏三人下狱时的墨迹，深情地回顾说：

> 世庙初励志锐精，察伦考度，诚大有为，使得纯良匡翼，周道可灿然兴也。惜任事群公，虽雄才卓识，乃歉包荒中行之，度秉议固正，而元气□索，自是制作纷纷异同，鲜当上心，以故卑藐□□，无足与语。而险夫壬人，巧为逢悦，寖移威祸，天下遂日多事。官竞黩赂，民罹荼毒，当途之士，缄口结舌，而不敢言。忠愤吐气，仓卒毙杖下。即不毙，非编遣则幽禁，倏忽变幻，易绅作囚，殊复不少。若三君者，则久且烈也。彼时气焰威炽，闻见奢慑，媕阿附合，曩把酒谐洽，意气相期许者，反眼若不相识，其畴遣恤，楚望君则不然。三君前后各以直言遭朴挞，幸不死，相继下狱，五六年间，楚望君慨慷周旋得无恙。三君蒙难正志，固其所素植者厚，乃同心金石之谊，无改于患难、挤陷之时。[2]

---

① ［清］张廷玉等：《明史》卷二百九列传第九十七《刘魁》，北京：中华书局，1974年，第5530—5531页。

② ［明］何维柏：《书冰霜交游卷》，《何维柏集》，北京：知识产权出版社，2020年，第74—75页。

三十年后，何维柏再次奉诏还京，时年已六十五岁，天子也已换过两任，敢客观地评价当年的嘉靖皇帝："险夫壬人，巧为逢悦，寝移威祸，天下遂日多事。"而当时的有识之士，由于皇帝动辄"仓卒毙杖下。即不毙，非编遣则幽禁"，对上疏言事者打击严厉，因此眼见"官竞黜赂，民罹荼毒"的现实，也大多"缄口结舌，而不敢言"。在此缄口结舌的大背景之下，杨爵、周怡、刘魁三人，先后以直言遭朴挞，杖后幸而不死，相继下狱数年。在这数年之中，时任诏狱指挥使的戴经（即楚望君）在其中曲为回护暗中相助至关重要。戴经，字伯常，一字楚望，安陆（今湖北省孝感市安陆市）人，其父亲与嘉靖皇帝的父亲兴献王有旧，为兴献王府良医。随着嘉靖以亲藩入继大统，兴献王府旧臣皆因恩泽得到升迁，戴经因年少任锦衣卫千户，补环卫，迁卫佥事，后积功劳至指挥使，兼领诏狱。戴经为人慷慨仁恕，好读书。"士大夫被逮者，多见掠辱，少有全者，而锦衣恂恂然为人尤仁恕。凡被系者，往往从其人问学，常保获之。"①故归有光赞其"典诏狱，为国家保护善人，以为武官之慕义者也"。正因为有戴经的暗中相助，被杖至濒死的杨爵等人才能在环境险恶的监狱里活下来，其语录诗作才能顺利保存并得以闻之天下。

第二节　言满天下

有明一朝，六科给事中和都察院监察御史都属言官系统，都被赋予"言""谏"之责："御史为朝廷耳目，而给事中典章奏，得争是非于廷陛间，皆号称言路。"②因此明代言官群体庞大，仅《明史》列传就载有

---

①　［明］归有光：《戴楚望集序》，《震川先生集》，上海：上海古籍出版社，1981年，第27页。

②　［清］张廷玉等：《明史》卷一百八列传卷六十八《赞曰》，北京：中华书局，1974年，第4803页。

557人，其中御史343人，给事中214人，为历代所罕见。嘉靖即位之初，也曾下诏广开言路："给事中、御史当言路，今后凡朝廷政事得失，天下军民利病许直言无隐，文武官员有贪暴奸邪者务要指陈实迹纠劾，在外从巡按御史纠劾。"①为打消刚刚经历武宗暴政后言官们的顾虑，还明令抚恤武宗时期因言获罪者：死忠者谕祭、修坟荫叙，降调升迁、致仕、养病闲住、充军为民者起复原职，酌量升用。然随着嘉靖日渐掌握实权，尤其是在"大礼议"之争中与朝廷文官们的斗智斗勇，对言官的态度就由渐生不满到厌薄废黜。

嘉靖三年（1524）七月，因嘉靖皇帝强行要去掉称呼兴献王夫妇中的"本生"二字，不认可嗣自武宗，引起言官极度愤怒。翰林院修撰杨慎倡议群臣"国家养士百五十年，杖节死义，正在今日"，给事中张翀等纷纷响应，众人入宫，跪伏于左顺门外，要求嘉靖现场答复。嘉靖暴怒，命司礼监前去记录参加者名单，并将丰熙、张翀、余宽、黄待显、陶滋、相世芳、毋德纯等八人下狱，逮捕马理等一百三十四人，何孟春等二十一人、洪伊等六十五人听候处置。这就是影响明代言官参与朝政走向的"左顺门事件"。"左顺门伏哭"事件参与人员共二百二十九人，其中给事中二十一人，御史三十人，言官占近四分之一。处理结果为：丰熙等八人充军，其余四品以上夺俸，五品以下处杖刑。其中张原、毛玉、裴绍宗、张曰韬、胡琼等因廷杖而病，先后死亡。这一举打破"法不责众"的惯例，此后，嘉靖日益"厌薄言官，废黜相继"②。兵科给事中许相卿在《论罚言者疏》中形象地描述了嘉靖对言官的态度变化：

①　［明］《明世宗实录》卷一，正德十六年四月壬寅条，台北："中央研究院"历史语言研究所校印，1962年，第11页。

②　［清］张廷玉等：《明史》卷二百七列传第九十五《邓继曾》，北京：中华书局，1974年，第5463页。

> 嘉靖改元以来，陛下批答言者，始曰"这所言有理"，盖
> 深嘉之；继曰"知道了"，尚漫应之；又曰"已有旨了"，似已
> 厌之。又曰"如何这等来说"，则怒之矣。今者直罚之耳。又曰
> "本当查究"，然则又将有甚于此者矣。[①]

嘉靖正是在有目的地打压言官过程中，尝到了皇权至上的甜头，逐渐掌握了与朝廷文臣们斗争的密码，并能熟练地运用己意操控监察系统，以便皇权更为集中。集中的皇权又进一步让嘉靖养成了刚愎自用、唯我独尊的性格，处理问题时随性而为，愤怒时意气行事——偏偏言官所做多为忠言逆耳之事，加上长期求仙服用丹药，嘉靖十分容易暴怒。朝臣争斗时往往会利用此点，故意激怒嘉靖，以达到挟私报复、排除异己的目的。严嵩把持朝政期间，凡弹劾严嵩的言官下场无不惨烈，就跟严嵩善于"借事激上怒以杀异己"[②]有关。

尽管已深知嘉靖皇帝性格及疏入后可能产生的后果，何维柏仍坚定上书，自言"首发其罪状"，盖因此前弹劾严嵩者，严嵩仅为礼部尚书或内阁大臣之一，尚未坐上内阁首辅大臣之位：

> 乙巳春，余痛恨权奸误国，道揆法纪荡然，外而凭藉威势，
> 凌虐上下，当事者莫敢究诘。予首发其罪状，与朝政国事之日
> 非，及人才之罹摧陷者，条疏驰奏，言颇戆直。疏入，果被诏
> 逮，至则与周君同处一圈，温话新故，商确古今，评品人物，亹
> 亹不倦。杨、刘二君，暨尹介石、桂近山、林虚江、张龙冈四

---

① ［明］许相卿：《论罚言者疏》，《明经世文编》卷二百七《许黄门集》，北京：中华书局，1962年，第2181页。

② ［清］夏燮：《明通鉴》卷五十八，嘉靖二十二年九月，北京：中华书局，1959年，第2204页。

君，则瞩觌于隔圈。数君亦候予便隙，相对桎梏拱立。晤倾刻，日仅一二次，乃周君则相为朝夕。以是备述四君以予牵连之故，予嗟啮愧谢，不可为怀。已而，又知三君数年规勉，应答赓咏，莫非道真险阻塞难，用增□衡坚定之贞，益裕熟仁修德之义助。乃戴君则左右调护，时复订析疑义，平险交情，悉根彝懿，正气浩然，流行宇宙，明不可息固如此。予嗟壮久之，既而周君谓予曰："诸君咸述大疏，肫诚恳至，切当事情，尤宜淹此，顾时事未可测，奈何！"予答曰："倘不死，得从容复此陪笑语，亦前生缘际。"既而取出拷讯，备极苦楚，予一一以正对。牵连四君者，亦遂得白。又数日，幸天恩浩荡，同四君先释放，三君旋亦释。后复捕系，既而又释。①

何维柏对自己被诏逮从容以对，与周怡关在同一监牢还能朝夕"温话新故，商确古今，品评人物，亹亹不倦"，仿佛不是在暗无天日的诏狱之中，而是餐风饮露的名山大川，与好友从容问学论道。然令他愧疚地是同时牵连到了吏部、户部、工部任给事中的四人：尹相（号介石）、张尧年（号龙冈）、林延瓓（号虚江）、桂荣（号近山），"数君候予便隙，相对桎梏拱立"，牢监之内，隔壁而囚，只能每日例行拏械问讯之时，相互拱立，举手示意，不能面叙。而周怡、杨爵、刘魁等则因与此事无关，在戴经的帮助之下，可以相谈理学、订析疑义。对于每天面临的生死逼供，在维柏自己的回忆中，仅一句"取出拷讯，备极苦楚"带过，实则情况危急，命悬一线，其记载见于沙滘何氏宗祠藏光绪年间重抄本《诚征录》所收《古林何公建言日记》：

---

① ［明］何维柏：《书冰霜交游卷》，《何维柏集》，北京：知识产权出版社，2020年，第74—75页。

（七月二十二日）早。便过别狱，得见杨子爵，号斛山，在南狱。道长刘子魁，号晴川，在东狱。郎中尹子相，号介石。吏科都张子尧年，号龙冈。工科都给林子延甓，号虚江。户科都谏桂子荣，号近山，福建道御史。俱与晴川同监七十余日。四子因公事被逮，仅能举手致意，不敢面叙。杨、刘二子，亦时时窃过，问公起居。至午，取出镇抚司鞫究刑杖。先是，公差应潮赍，本并无书柬。朱承差因赍别本有揭帖，都察院书五封，俱是答柬。一送林虚江，一送张龙冈。二送两翰林，俱同年。一送何都事，乃闽人。尹与桂并无书。亦素不相识。尹在吏科，因将公本尽行贴报，抄者观者如市。故严甚怒，遂疑公有私书嘱尹贴报。及桂因掌福建道，严因闻有立案之说，遂请皆挐。尹、桂二子，因寻访赍本承差，责令供报私书，俱被挐拷究，并云无书与尹给事、桂御史。只有书与张、林二给事，及二翰林，一都士耳。遂并逮张、林二给事。余非言路，姑置不问。取原书上经御览，书云："公只备述八闽军民饥馑之状，及道素餐无补之罪而已，并无条陈本内干涉。"圣意稍解。然二子已被逮，须持公至，乃可鞫封。尹、程、桂委与公不相识，并无通刺，舆情可稽。将张、林二书比对，委与本内事情，全不相涉。时镇抚张、周二人，专听川指，酷为罗织，梭敲刑逼特甚，别生枝节。令公逼供主使。公对曰："柏系言官，目击时艰，条陈章疏，分所当为。昔于局院时，朝夕斋戒，冒渎天威。仰祈圣听，所奏内事情，内外封固，有何主使？"张曰："闻有舒御史升云南副使，回省，想是与公同谋。"意在波及舒也。公对曰："舒御史正月还家。柏是月出巡延平。舒是时在家病故。柏进本乃三月十六日，前后相隔两月，有何干涉？"公曰："权臣因一论劾，前后累害言官数人。"又曰："使当时尹、桂果相识，或有往来音问。及进上览，搜出张、林二书，设有一毫奏内事情，则柏须毙无疑。及舒不先物故，则缙绅株连之祸，未知纪极。柏固狂言抵触。意外重祸，自当躬受。其如诸公何？其如世道何？惟幸心迹尽白，天理昭然，而彼之鬼蜮莫施。然诸子亦被冤甚矣。幸蒙圣明洞察，俾柏得全首领，诸子尚见录用。抑以大彰圣德，天地浩荡之恩也。"是晚公被杖还狱，得藉周君维持尽心。①

在何维柏回忆时一笔带过的"取出拷讯，备极苦楚"处，其随行书吏记录的《古林何公建言日记》将当时劾嵩奏章入京时的细节、镇抚司审讯时的酷为罗织、何维柏应对时的从容睿智以及证据链完整的洗冤过程等，均一一阐明，也将《明史》中仅简略记述"帝震怒，遣官逮治。士民遮道号哭，维柏意气自如。下诏狱，廷杖，除名"②的各个细节都补充完整了：

一是嘉靖为何会如此震怒？因为被劾者严嵩的添油加醋。弹劾严嵩者多，历来被其睚眦必报且牵连甚广——仅何维柏一封奏章，就能牵连吏科、工科、户科的三大部四位正七品给事中，以及职责与何维柏直接相关的福建道御史。严嵩的牵连下狱理由是什么？凡是按例有可能接触到该奏折的，不问情由，直接逮捕，更何况吏部郎中尹相还干了另外一件事："将公本尽行贴报，抄者观者如市"，即提前将劾严奏折公之于众，为舆论传播造势。因此严嵩"遂疑公有私书嘱尹贴报"而牵连三部，至于曾领福建道御史的桂荣，则是听说其接奏后可能会启动核查程序："严因闻有立案之说，遂请皆拏"，因此先下手为强，将有可能涉及的人员率先一网打尽。根据《世宗实录》的记载，疏入之后，严嵩立刻具疏自辩，一条条反驳何维柏的弹劾，且处处以皇帝为先："臣之心事，有皇上知之而臣下

① ［明］《古林何公建言日记·七月二十二日》，《诚征录》，光绪重抄本，沙滘何氏宗祠藏。
② ［清］张廷玉等：《明史》卷二百十列传第九十八《何维柏》，北京：中华书局，1974年，第5552页。

不及知，有在廷臣徐知之而远方不及知者。皇上闻都御史盛端明通晓药石，亲发班音，询其姓名，而维柏谓臣'力荐之'。顾可学以《秋石方》书进，有旨令其暂住臣家，臣曾奏请命之别馆居住，而维柏谓臣'纳而养之'。至谓庙制大兴以皇考孝宗同为一世，不若从同堂初制之为安，则臣之妄议也。而郭希颜则欲立庙，与臣言甚相矛盾，乃谓臣'阴主希颜之议'。乞将臣罢黜、可学放还、希颜逮问，庶群疑可释。"①嘉靖安慰他说何维柏只不过以弹劾首辅来"伺觇朕意"，随即命锦衣卫官投捕械来京讯问。意下之意叫严嵩安心，无须在意弹劾。

二是为何一路北上士庶黎民会遮道相送呢？福建士民自不待说，何维柏按闽一年期间的政绩声望，吏民皆有所闻，"时耆老生员军民人等数万，号呼涕泣载道"，"人人泪下如雨，至晚不绝"，哪怕已离驿出行三十余里了，仍"老稚攀呼，各卫军旗联络整队，且泣且挽。举监生员，亦以千计。奔送于途，哀诉之声，俱云'仁德青天''救民之命'……军民数十万计，共执大旗，标大字曰'军民义送'"。②滔滔民望与蜂拥而至的送行群众，迫使押送的锦衣卫周珊不得不要求提早起程："福建士民，感公德泽恳切，若不早行，顷复挤塞载道矣。"③为政以德，生民感念，福建士民一路相送，并作歌谣颂扬祈祷均可谓"民心所向"的有感而发。但出了福建，每宿官驿，均有慕名或特意等候前来拜访的当地官吏，则不仅仅是慕其按闽功绩了："前后所继地方，多公同年，及系不相识者，皆有恳恳欲会，且多致赆，公皆辞。"以至押送的校卫都被何维柏的正义与从容感动："我前后奉旨擎官甚多，惟何御史神气不动，心事不欺。今日只是罪人，不作官样，渠不受人礼物，不喜与人接见，甚得待罪守法

———————————

① ［明］《明世宗实录》卷二百九十九，嘉靖二十四年五月，台北："中央研究院"历史语言研究所校印，1962年，第5687—5688页。

② ［明］《古林何公建言日记·六月初八日》，《诚征录》，光绪重抄本，沙滘何氏宗祠藏。

③ ［明］《古林何公建言日记·六月十四日》，《诚征录》，光绪重抄本，沙滘何氏宗祠藏。

之礼。"①维柏的受人爱戴尊敬，不仅是受他恩泽的福建士民，连身边的吏役、押解他的校卫都能感同身受，而京中的大名频传，则有赖于素不相识且无关联的吏部郎中尹相的广为宣传了："尹在吏科，因将公本尽行贴报，抄者观者如市。"前有何御史的敢于直言上书，后有尹郎中的贴报传播，不惧牵连，不畏强权，故沿途闻而送之者络绎不绝。

三是下狱后被如何对待？首先是"监拘押束甚严急"，这是诏狱狱卒东厂校尉如狼似虎的态度，在他们眼中，入狱者就是待宰的羔羊了。其次是逼供的手段，一方面"酷为罗织，梭敲刑逼"，另一方面循循善诱："闻有舒御史升云南副使，回省。想是与公同谋。"诱逼维柏供出背后比他官阶更大的主使及想要攀咬的政敌。好在何维柏意志坚定，思虑清晰，坚决不承认受任何人主使，正义凛然地击破了镇抚司的逼供："柏系言官，目击时艰，条陈章疏，分所当为。"意即严嵩所行之不义，天下正义之人均会像他一样起而劾之。而为了不牵连无辜，维柏的回应更是时间证据清晰完整而且无可追的漏洞："舒御史正月还家。柏是月出巡延平。舒是时在家病故，柏进本乃三月十六日，前后相隔两月，有何干涉？"

四是如何洗脱其他人的牵连之嫌？首先是被逮的尹相、桂荣，本与维柏素不相识。当然，不相识不代表就能逃过罗织的罪名。嘉靖二十年（1541），监察御史杨爵因谏皇帝不要迷恋求仙炼丹不理朝政被杖下狱后，与杨爵素不相识的户部主事周天佐上疏相救，就是被直接杖死的。因此在皇帝眼中，不存在不相识就不被定罪的可能。在何维柏一案中，嘉靖所不喜者一是弹劾他正宠信的首辅严嵩，认为是窥伺朕意、挑战皇权。二是被严嵩蛊惑认为何维柏意在一鸣惊人，借弹劾权臣博取士林声名。其中尤其在意的是他是否在朝中有同党。因此，当审讯结束，维柏自言："使当时尹、桂果相识，或有往来音问。及进上览。搜出张、林二书，设有一

---

① ［明］《古林何公建言日记·六月二十一日》，《诚征录》，光绪重抄本，沙滘何氏宗祠藏。

毫奏内事情，则柏须毙无疑。"正因为心怀坦荡，绝无结党营私及博取大名之嫌，嘉靖才会"圣意稍解"，"俾柏得全首领，诸子尚见录用"，为后面的受方士影响放其一条生路打下心理基础。因此，逃出生天的何维柏不得不感慨庆幸："设有一毫奏内事情，则柏须毙无疑。"

何维柏此次被逮下狱，从在福建就缚开始，就引得当地"耆老生员军民人等数万，号呼涕泣载道"，闽人不忍曾为他们奔波赈饥雪冤的地方父母官因弹劾权奸而被冤屈下狱，自发编了数十首歌谣，为之歌颂，为之祈祷，希望上天尤其是远在京城皇宫里的天子能够听到百姓心声。这数十首歌谣后来均被保存在《诚征录》中，带有明显的市井流行风格，兹录数首如下：

谣·其一

何太史，好忠直，贞肃僚，称乃职。谏君君未用，其言济民，民深感其德，望天使，休逼勒。天地鬼神自赫赫，纵使君恩不放回，万古芳名昭简册。

其三

六月，降严霜，一柏森然独挺。眼见严霜嵩裂，这柏依然坚劲，好栋梁，庙堂把乾坤重整。

其四

岁有凶荒，何公镶之，朝有佞士，何公匡之。民之父母，国之纪纲，怒出不测，民庶旁皇。公安如山，视死如常。

其八

何御史，政平康，视民赈济发官仓，前有汲长孺，后有韩仲黄。但知长，活沟壑，人不辞，械系见君王，蝇集肩舆人卧辄。天悔过，福忠良。

其十一

大丈夫，真男子，此生此日当如此。人皆为公忧，我独为公

喜。恨不从公叩帝阍，尚方惜剑斩卢杞。忠言虽逆耳，公是公非昭海宇。董狐若得秉春秋，为我直书何御史。

其十二

万古纲常君与臣，君圣臣良世道宁。一封直奏九天上，惟愿天王作圣明。诏下锦衣人骇愕，山川草木失精灵。欲留恩府无别计，万井千烟灶火停。齐号泣，呼皇仁，老携幼，成队阵，设香案，送荷亭。家家雕塑像，祀公如祀神。望天使，体民情，为奏君王，宝惜人才，开太平。

其十五

南海鸣阳，只为生灵身敢当。密奏上天堂，愿早去严霜。人人烦恼真个是，恓怕胆战心惊，没主张。

其十六

官校临疆，一路遮留哭断肠。黑雾掩晴光，苍蝇难斗量。人人齐祝，愿乞生还。乡地厚，天高怎敢忘。

其十七

岁岁遭凶荒，人人有饥色，似此流离日，谁能抒一策？危兮不思乱，赖有何公泽。远绥海外彝，近镇豪中客。敷政本优游，属僚皆仰则。忧恤宽刑狱，征输戒侵克。赈活百万人，吾闽深感德。忽闻锦衣来，民心自戚戚。攀号列车前，苍蝇蔽天黑。莫谓九重远，宸聪终不灭。

其十九

锦衣来，何公去，满城红血染杜鹃，送别江头泪成雨。

其二十

秋兮无粟，春兮无麦，虽有凶年，民无菜色。孰使我生，何君之德。手疏一封，愿清君侧，一时震怒，危疑莫测。娇娇虎臣，赍来驾帖。骢马绣衣，坐受拘迫。万姓群黎，闻皆惨恻。朝阳鸣凤，岁寒松柏，卓哉斯人，诚难再得。

其二十一

凶岁从来有，何曾见此荒？遍野无青草，深山断蕨根。幸得我何爷，早发饥民仓，全活百万命，免死道路傍。精忠犹激切，杀身甘独当。官校若难为，我公视如常。遮留百里余，涕泣千山凉，厚德应难报，愿乞生还乡。

歌·其三

清宁万古此乾坤，滂薄弥漫正气存。河岳日星成万象，人生其间贵且尊。吾人正气塞天地，古往今来竟谁是。臣忠子孝谅非难，夕死朝闻惟一视。五岭以南沧海横，浩然正气常流行，说谔由来推一献，高风直节独峥嵘。祇今柱史有何公，惟是百代人中龙。狂澜砥柱良自许，鸣阳孤凤有谁同。读书中秘席上珍，俄戴豸冠侍紫宸。都亭埋轮且莫问，尚方请剑诛佞臣。一朝绣衣持巨斧，乘骢揽辔按闽土。扬清激浊奉汉条，贪墨望风多解组。吾闽苦值大祲年，苍生八郡皆颠连，使君毅然行赈贷，仓中出粟库出钱。黄童白叟歌且舞，更生赖有真御史。含哺鼓腹且复业，昔时困惫今若此。使君志在沛皇仁，江湖身远忧朝廷。万言手疏陈五事，被丹岂畏撄逆鳞。谁知一疏触权奸，猛然虎豹雄九关，磨牙砥舌欲噬人。撄月之计讵能宽，赫然有旨下诏狱。锦衣官校来执辱，乌台六月飞严霜。短衣小帽职开读，实时步行出西郭。闽城士庶咸走哭，青衿白皙若云屯。哭声轰轰振林木，使君怡然登驿舟。钳金关木为楚囚，但知一诚能致主。自甘九死岂足忧。乃知正气贯金石，忠肝义胆由天植。纲常名节重泰山，鼎镬刀锯皆衽席。送君感泪若如泉，欲从阙下救鲍宣。山川修阻八千里，何能徘闷呼苍天。愿君努力且加餐，正气漫漫在两间。况有天王最明圣，安知唐介不生还。

其五

名世有忠臣，广地间气生。按治到闽者，激浊兼扬清。时值

大凶岁，目击涕泪零。全活百余万，草木赖苏生。此心本翼翼，一念为王室。怒号若轰雷，激切中流石。

封章固未上，群鸦先鸣血。忠悃凛冰霜，精神贯烈日。单车似可怜，太宇更轩豁。公论不可违，天理焉能灭？今愿我圣明，普施广生泽，廊庙若有容，天下皆仰德。

其六

时乃岁甲辰，凶荒徧吾闽。不逢何御史，八郡尽无民。开仓发赈活沟壑，又见韩韶重汉廷。封章上紫宸，斥奸不畏权贵嗔，诏狱遑遑逮谏臣。街号巷曲，扶老携幼，奔送出城关。锦衣使者当此日，亦自流涕沾衣巾。于戏何公，全我闽中数万人。天心佑善讵止全。公之一身，旷荡直拟叨天眷，子孙履福将无垠。去后见思间乃祖，赫赫贤声颂何公。于戏何公真御史，姓名从此垂千古。

忠臣遭冤，是古往今来最能激起民愤的大事件，故又有好事者撰《苍蝇传》，借助自然的神力，言有小而绿的苍蝇，以亿兆计，如泣如诉，如鳞斯砌，扑绕周回，挥之不去，诉说何公的冤屈：

嘉靖甲辰岁，侍御古林何公奉命按八闽，宣仁行义，值岁大祲，急在赈饥，设法救荒，财粟不匮，人之感之而莫窥其机。际乙巳三月，按建宁，心切时弊，以封事上论权奸，亟还三山侯旨。竟被逮。校使至闽之乡，大夫士庶人号泣于庭，攀送于道。营营苍蝇，小而绿色，以亿兆计，朋飞薨薨，如泣如诉，如鳞斯砌，止于舆，止于桎梏，止于校人之衣，扑绕周回，挥之不去。号送者呼曰："不但军民数十万护送，苍蝇又有数百万也。"出郭十余里，倏然而散，不知所之。既抵京，下狱候旨发落时，苍蝇复集，视昔减半，然群飞比翼，恋恋桎梏，犹之闽中之蝇也。

夫蝇非附骥，地隔万里，何其先后之群集若是哉？或曰青蝇之诗，刺谗人也。其曰"谗人罔极，交乱四国"，公之获罪，谗间之也。抑亦万雀集狱，魏尚复官，天眷忠良，必有为之兆者，事出非常，休协有征，乃为之传其事云。①

不仅在出福建时有亿万绿蝇相送，更神奇的是到达京师，"下狱候旨发落时，苍蝇复集，恋恋桎梏，犹之闽中之蝇也"。这与何维柏在拟奏疏时的群鸦噪于庭以示警颇为相类。清初屈大均《广东新语》采信了这则异闻，将之命名为《蝇异》，后又被梁绍壬收入《两般秋雨盦随笔》，并加按语曰"夫以蝇之可恶，诗人讥之，而示异如此，可见嵩之谗潜，并蝇不若矣"②：

> （明）嘉靖间，三水何维柏以御史按闽，疏论严嵩被逮，闽人哀号攀送。有无数蝇，小而绿色，朋飞薨薨，如泣如诉，止于舆，止于桎梏，止于校人之衣，扑之不去，出郭十余里乃散。既抵京下狱，蝇集如前，高明罗一中为撰《苍蝇传》。③

那么，何维柏与严嵩毫无私仇，为何要冒上生命危险赌上仕宦前程上奏弹劾呢？嘉靖皇帝的推测是"伺觇朕意"，以图从士林获取名声。在何维柏被押北上的途中，就有士人当面以"遭此一变，则后来百事益可放胆为矣"揣测过维柏用心：

---

①　［明］罗一中：《苍蝇传》，原载《南海县志》，《诚征录》，光绪重抄本，沙滘何氏宗祠藏。

②　［清］梁绍壬：《蝇异》，《历代笔记小说大观·两般秋雨盦随笔》，上海：上海古籍出版社，2012年，第226页。

③　［清］屈大均：《广东新语》，广州：中山大学出版社，1998年，第533页。

　　（六月十八日）已时，至浙江常山草萍驿。时中站遇一士夫姓王者，问公曰："公何桎梏若此？闻昔之名士遭难者，多去此具。"公曰："此乃朝廷法也。朝廷与之冠服，则美而服之，柏今桎梏，乃朝廷之命也。敢不慎诸？"王又慰曰："公遭此一变，万一得无虞，则后来百事益可放胆为矣。"公应曰："公此言非心体也。吾人行乎患难，与富贵贫贱，境迹不同而心则一。居易俟彼非有徐。此非不足岂有所试而后为哉？"王感愧叹息而别。①

　　这则记载透露了两个重要信息，一是"挛械赴京"时何维柏的状态，作为手无寸铁的文官，待罪之身的何维柏一路是戴枷前行的，以至其戴枷的状态引起了驿站中一位王姓士人的关注，并且惊异地问："闻昔之名士遭难者，多去此具。"意即被挛的文官，并非人人都是一路枷锁而行的。二是士林对于言官弹劾权臣的另一种解读："遭此一变，万一得无虞，则后来百事益可放胆为矣。"意思是如能在这次灾祸中生还，士林声望就会一步登天。这就牵涉到何维柏上疏的动机了。尽管读过《天山草堂存稿》及《古林何公建言日记》的都能深切地感受到他"目击时艰""分所当言"的自我责任担当，但士林并不一定知晓其为人。尤其是明代言官规模庞大，历来不乏靠"敢言"博取声名的先例。因此隆庆二年（1568）进士于慎行曾在其《谷山笔麈》中总结："近世士大夫以气节相高，不恤生死，往往视廷杖、戍遭为登仙之路，一遭斥谪，意气扬扬，目上趾高，傲视一世，正所谓意气有加也。"可说十分精准地描绘了品级较低的言官不计生死欲借"进谏"激怒皇帝以图博取声名的心态，以至《明史》说"罚最重者，名亦最高"成为万历朝进谏者的通例。当然，于慎行辩驳了这种不正当的时风与心态：

---

① ［明］《古林何公建言日记·六月十八日》，《诚征录》，光绪重抄本，沙滘何氏宗祠藏。

人臣之犯颜直谏，非以为名也。凡以冀上之从也，上从之而不受其名，则主臣俱荣；上不从而己受其辱，则过归于上，而名成于下，非纯臣之本心矣。且夫臣子之于君父，固欲得欢心，非以咈意为愿也。君父之喜，自必以为荣，君父之怒，自必以为辱，乃臣子之常耳。今也以为名之故，而成其为利之实，遂至以君父之喜为辱，而以君父之怒为荣，无乃非臣子之情乎？①

何维柏有没有"好名"之心？他不仅当面正色回复了该王姓士人的揣测："吾人行乎患难，与富贵贫贱，境迹不同而心则一。此非不足岂有试而后为哉？"与他一贯信仰的理学思想"一日立乎其位，则一日业乎其官"②一致，哪里会为了虚名去以身试圣上的雷霆之怒呢？更为直接的回复体现在多年以后，已是万历年间，其门弟子叶梦熊等搜辑先生（维柏）撰著，曾问及福建被逮一事，打算将《诚征录》及八闽歌谣等颂扬文字一并录入，均被何维柏淡定拒绝：

自闽游广者，亡论旅宦，咸称先生按闽时洗冤赈荒，全活亿万，及抗疏被逮，士民遮留恸哭，苍蝇蔽空，歌谣载道，真足动天地泣鬼神。同门遂谋录，以请。先生曰："吁！昔闽中行事，皆余分也。被逮而士民之哭留，诚古道之存。出驿而苍蝇之蔽空，则偶然之值尔。余以切直触忤坎坷，幸赖圣明得放田里。然犹愧无裨于国。虽有浮誉于民间，奚足齿录？矧余何人？诸歌谣何事？若此录遂传，匪徒无征不信，见之者将骇且笑。"③

① ［明］于慎行：《谷山笔麈》，《笔记小说大观》四十编第9册，第184页。
② ［明］何维柏：《天山草堂稿存稿》卷三·语录，《何维柏集》，北京：知识产权出版社，2020年，第106页。
③ ［明］叶梦熊：《天山集跋》，《天山草存稿》卷首，《何维柏集》，北京：知识产权出版社，2020年，第1页。

"虽有浮誉于民间，奚足齿录？"这一小段回复，既从侧面证实了《诚征录》所收八闽歌谣和《苍蝇传》所言的实有其事，也明确表达了他低调不好浮名的品性，将按闽时的功绩以"皆余分也"带过，而对于士民的遮留恸哭，则归之于其地民风纯朴；将苍蝇蔽空，归之于出自偶然。天眷忠良，所以前有群鸦示警，后有绿蝇群飞，比起这近乎神化的自然异象，何维柏的上疏与被逮，更多的是给士人学子以崇敬，给《天山集》作序的颜鲸就曾说维柏"言满天下"①。但何维柏所言非为"名"，因此毫无身为"清官偶像"的心理负担，因为他的上书弹劾，只是"此心本身灵明"，在"分所当为"的责任担当里，按自己的本心做出的举动，至于受士民爱戴，他反而自省自己由于削藉归里，以至"无稗于国"。

第三节　削籍还乡

何维柏入狱受审之后，七月二十五日，得旨发落："何维柏以条陈讥讪朝廷。本当重治，姑打八十棍。革职发回原籍为民。"②"姑打八十棍"，即受廷杖八十。从《明史》的记载来看，在位四十余年的嘉靖皇帝无疑是大明最喜欢当廷杖杀大臣的皇帝之一。明代法律制度相对完善，明太祖朱元璋先后制定了《大明律》《大明令》《大诰》等，构筑了明代法律的基本框架。但在《大明律》规定的"笞、杖、徒、流、死"五刑之外，朱元璋对于没有违反法律规定却惹怒了皇帝的情况，特别施行了"廷杖"。廷杖，就是在朝堂上行杖打人，并非创始于明代，但作为不需付有

① ［明］颜鲸：《天山集序》，《天山草堂存稿》卷首，《何维柏集》，北京：知识产权出版社，2020年，第1页。
② ［明］《古林何公建言日记·七月二十五日》，《诚征录》，光绪重抄本，沙滘何氏宗祠藏。

司查证仅凭皇帝一己之意即可行刑的一种刑罚，则是明代刑法中的特别现象。吴晗先生说："打的是大官，喝打的人，却是皇帝或太监，打的地方，就在殿廷，这就叫廷杖。"[1]当然，执行廷杖的地方，大多在京城的午门外侧，也称"阙下"，所用的杖，一般是棍或鞭。执行廷杖时，先由厂卫将受杖者的朝服剥去，换上囚衣，由司礼太监监督，锦衣卫施刑，文武百官站到一旁，看同僚受杖。施杖时每打五棍就换人，为防止力气不足行杖不重。嘉靖一朝，直接被杖死的就有礼部主事戚应奎、张溱、仵瑜、御史胡琼、曾翀，兵部司务李可登、编修王相、太仆卿杨最、户部主事周天佐、兵部武选司杨继盛、户科左给事中杨允绳、给事中毛玉、裴绍宗，大同巡抚陈耀、宣大总督翟鹏、巡抚蓟镇金都御史朱方、光禄少卿马从谦等多人，更遑论受杖后病痛而死者则不计其数了。何维柏能得"杖后革职"的发落，据《世宗实录》记载，是因为严嵩的假意上疏求情：

> 大学士严嵩奏乞："睿宥言官以弘听纳"，谓"御史何维柏昨以疏论时政，因劾及臣，念臣本庸陋，滥居辅弼，赞理无状。言官得举而论之，乃其职也。虽其言容有或过，亦系风闻未实之故。今维柏已奉旨究问，臣身忝辅臣，当惶惧引咎。万一维柏获罪过重，则臣之罪益重矣。乞俯轸言官进谏纳忠之愚，曲成愚臣闻过思惧之意，将维柏并给事中林延㭿、张尧年、尹相，御史桂荣通赐矜宥，使中外人情以慰，而于圣德为益光矣"。[2]

严嵩是真的想让皇帝"俯轸言官进谏纳忠之愚，曲成愚臣闻过思惧之意"吗？他的两面三刀与险恶用心在《番禺县志·陶凤仪传》中呈现得淋

---

[1] 吴晗：《廷杖》，《吴晗文集》第1卷，北京：北京出版社，1988年，第336页。
[2] ［明］《明世宗实录》卷三〇一，嘉靖二十四年七月，台北："中央研究院"历史语言研究所校印，1962年，第5727页。

漓尽致：一方面向皇帝上书为弹劾自己的言官求情，既是因为何维柏完全没有结党构陷的证据，更是想在皇帝面前体现自己的"宰相肚里可撑船"的大度；另一方面，在廷杖之后，立刻派出百余人持短杖寻找气息奄奄的何维柏，私下黑手，意欲置之死地。

在此危急关头，正是一名番禺籍的锦衣卫指挥使陶凤仪的秘密搭救，才让杖刑之后的何维柏尚有余息，留下一条命被革职为民。现存《天山草堂存稿》没有看到关于陶凤仪的记载，仅在维柏事后写给周怡的信中似提及了一句："惜前此陶尹，书不见至尔，任在此，俱得所仍托，可免远虑。"①此"陶尹"当即指陶凤仪。但在清同治年间修的《番禺县志·陶凤仪传》里，提到了这次对何维柏的暗中相助：

> 御史何维柏劾嵩被逮，发锦衣卫杖一百。在廷畏嵩，无敢救者。凤仪方掌卫事，密谕行杖者曲护，得不死。卷以席从后渠私载而出。嵩党百余人持短杖至门，问何御史所在？报曰："何御史既死，弃去矣。"嵩党大索无所得，维柏竟免。②

何维柏被判廷杖之后，由于畏惧严嵩打击报复，在朝诸臣出于自保，都不敢施援手搭救。消息传到陶凤仪耳中，执掌锦衣卫且对嘉靖皇帝有从龙之功的他，秘密指示行刑者留维柏一条生路，行刑后就立刻用席子将其卷起通过偏门护送出去。果然，行刑之后严党爪牙惟恐其廷杖不死，百余人持短杖准备再次给何维柏致命一击。陶凤仪命人回复说维柏已死，尸首已弃。众人未寻到受刑后的维柏，悻悻而退，何维柏才因此捡回一条命。

---

① ［明］何维柏：《简周讷溪》，《何维柏集》，北京：知识产权出版社，2020年，第232页。

② ［清］李福泰修，史澄、何若瑶纂：（同治）《番禺县志》卷三十九，上海书店、巴蜀书社、江苏古籍出版社，2003年，第496页。

陶凤仪何许人？为何冒险挽救何维柏？《番禺县志》传曰：

> 陶凤仪，字瑞之，其先郁林人，曾祖死倭难。祖鲁，字自
> 强，荫受新会丞，时广西瑶流劫高、廉、惠、肇诸府，破城杀吏
> 无虚月。香山、顺德间土寇蜂起，新会无赖子群聚应之，鲁召父
> 老语曰："贼气吞吾城，不早备且陷，若辈能率子弟捍御乎？"
> 皆曰"诺"。乃筑堡砦、缮甲兵、练技勇，以孤城捍贼……鲁治
> 兵久，贼剽两粤，大者会勤，小者专征，所向奏捷，贼雠之，次
> 骨劫其郁林故居，焚诰命，发先茔，戕其族党。鲁闻大恸，于是
> 诏徙籍番禺。
>
> 凤仪能文章，明法律，有声公卿间。武宗晏驾，廷议迎世宗
> 继统，择翰林院锦衣卫各一人，先诣藩邸奉笺，凤仪与焉。由此
> 得眷，尝卹刑云南，多所平反，奉使朝鲜，遗赠无所受，犒军九
> 边，却常例，折席银一万两。帝以为廉，历升指挥同知，加赐一
> 品服。前后管厂务，持正不阿，存活甚众。中贵人、方士犯法，
> 贿赂请托，一不为动。廷臣以言获罪者，必百计保全之。①

陶凤仪祖先本郁林（今广西壮族自治区玉林市）人，由于祖父陶鲁
在两广地区剿贼战功卓著，被贼"焚诰命、发先茔、戕其族党"，焚其老
母、掘其祖坟、灭其族人，因此才奉命将籍贯迁徙至番禺。陶凤仪本人在
迎立世宗入继大统时立了大功，加上治军廉明，持正不阿，深得嘉靖皇帝
信任。其祖父虽为武将，任职新会期间，却曾"资其二子敬事陈献章"，
而且每平一处贼寇，都会置县建学，以兴教化。受家学熏陶，陶凤仪同样
身为武将，却"能文章、明法律"，对于因言获罪的言官深怀同情："廷

---

① ［清］李福泰修，史澄、何若瑶纂：（同治）《番禺县志》卷三十七，上海书店、巴蜀
书社、江苏古籍出版社，2003年，第496页。

191

臣以言获罪者，必百计保全之。"因此才会出手相救因言遭杖的广东籍同乡何维柏。

有了狱中戴经的暗中照顾、行刑时陶凤仪诈称维柏已死应对严党爪牙斩草除根，对比后来熹宗天启年因弹劾魏忠贤而下诏狱的东林党人，何维柏的下狱及杖后生还，简直堪称奇迹。明代是文人下诏狱最多的一个朝代："刑法有创之自明，不衷古制者，廷杖、东西厂、锦衣卫、镇抚司狱是已。是数者，杀人至惨，而不丽于法。踵而行之，至末造而极。举朝野命，一听之武夫、宦竖之手，良可叹也。"[1]诏狱本是古代皇帝直接掌管以羁押、惩诫臣属之所。沈家本《历代刑法考》认为自汉代起"凡下廷尉者并谓之诏狱"。[2]明代诏狱尤盛，《明史·职官志》载："锦衣卫主巡察、缉捕、理诏狱，以都督、都指挥领之，盖特异于诸卫焉……成祖时复置（锦衣狱），寻增北镇抚司，专治诏狱。"[3]又言："锦衣卫狱者，世所称诏狱也。古者狱讼掌于司寇而已……至汉有侍卫司狱，凡大事皆决焉。明锦衣卫狱近之，幽系惨酷，害无甚于此者。"[4]有明一代，诏狱成为皇帝与文官集团冲突时运用皇权镇压的私刑场所，被逮下狱者数不胜数。由于其仅以皇帝"诏命"为下狱依据，毫无法制可言，冤狱众多。但存世的下狱细节记录，以《指海》丛书所收署名"燕客具草"实为顾大武撰的《诏狱惨言》最为具体真实。

《诏狱惨言》记天启五年（1625）因反对阉党魏忠贤而下狱冤死的"六君子"事件，撰者顾大武为"六君子"之一的顾大章之弟，亲历记

---

① ［清］张廷玉等：《明史》卷九十五志第七十一《刑法三》，北京：中华书局，1974年，第2329页。

② ［清］沈家本：《历代刑法考·狱考》，北京：中华书局，1983年，第1167页。

③ ［清］张廷玉等：《明史》卷七十六志第五十二《职官五》，北京：中华书局，1974年，第1862—1863页。

④ ［清］张廷玉等：《明史》卷九十五志第七十一《刑法三》，北京：中华书局，1974年，第2334—2335页。

载，颇为可信。"六君子"即当时已罢官的副都御史杨涟、金都御史左光斗、给事中魏大中、御史袁化中、太仆寺少卿周朝瑞、陕西副使顾大章。《诏狱惨言》记狱中任意诬陷逼供之无耻、刑具之血腥、用刑之随意，昔日朝廷栋梁，一朝下狱，命如草芥：

> 周袁二公俱于五月初到北司……又次日之暮，严刑拷问，诸君子虽各辩对甚正，而堂官许显纯袖中已有成案，第据之直书，具疏以进。是日诸君子各打四十棍，拶敲一百，夹杠五十。（第254页）
>
> 七月初四日……诸君子俱色墨而头秃，用尺帛抹额，裳上脓血如染。
>
> 十三日……午饭后六君子到堂，显纯辞色颇厉，勒五日一限，限输银四百两，不如数与痛棍……是日各毒打三十棍，棍声动地，嗣后受杖诸君子股肉俱腐。（第255—256页）
>
> 二十一日……杨、左俱受全刑，魏三十棍，周、顾各二十棍。显纯呼杨公之名，叱曰"尔令奴辈潜匿，不交赃银，是与旨抗也，罪当云何？"杨公举头欲辩而口不能，遂俱舁出。彼时诸君子俱已进狱，独杨、左投户限之外，臀血流离，伏地若死人。（第258页）[1]

比之全部惨死狱中的"六君子"，早入狱八十年的何维柏算是很幸运的了。《粤大记》载其得以生还的原因是嘉靖皇帝宫中扶鸾，神对以"养身莫要于寡欲，治国莫先于惜才"，故得以削籍生还。《古林何公建言日记》还原了事件的经过：七月二十日入狱，与周怡、杨爵、刘魁、尹相、

① ［明］无名氏撰：《诏狱惨言》，《笔记小说大观·明代笔记小说》第十七编，台北：新兴书局有限公司，1977年，第254—258页。

张尧年、林延壐、桂子荣同监。七月二十五日得旨发落："何维柏假以条陈讥讪朝廷。本当重治，姑打八十棍。革职发回原籍为民。尹相亦着为民。林延壐、张尧年、桂荣，各降级调外任。"①考之《明世宗实录》："上召锦衣卫掌卫事都指挥同知陆炳至无逸殿，责问曰：'昨有旨：何维柏逆疏，所司但奏本入，启本当同入，乃留与其党贴抄，和助尔卫厂，宜察发具，奸何得容隐？'炳退，具疏认罪。上曰：'维柏虽攻辅臣，实本欺讪朕躬，奸邪无道，人皆知之，自后尔宜严督官校廉访，勿得畏避。'"②由于无证据证明上述诸人与维柏是"同党"，何维柏也经受住了镇抚司严刑逼供的考验，因此，尽管"酷为罗织，梭敲刑逼特甚"，但严嵩指使的爪牙一无所获：

公对曰："柏系言官，目击时艰，条陈章疏，分所当为。昔于局院时，朝夕斋戒，冒渎天威。仰祈圣听，所奏内事情，内外封固，有何主使？"张曰："闻有舒御史升云南副使，回省。想是与公同谋。"意在波及舒也。公对曰："舒御史正月还家，柏是月出巡延平。舒是时在家病故。柏进本乃三月十六日，前后相隔两月，有何干涉？"公曰："权臣因一论劾，前后累害言官数人。"又曰："使当时尹、桂果相识，或有往来音问。及进上览。搜出张、林二书，设有一毫奏内事情，则柏须毙无疑。及舒不先物故，则缙绅株连之祸，未知纪极。"③

① ［明］《古林何公建言日记·七月二十五日》，《诚征录》，光绪重抄本，沙滘何氏宗祠藏。

② ［明］《明世宗实录》卷二百九十九，嘉靖二十四年六月，台北："中央研究院"历史语言研究所校印，1962年，第5690页。

③ ［明］《古林何建言日记·七月二十二日》，《诚征录》，光绪重抄本，沙滘何氏宗祠藏。

拷掠、诱导、攀咬、冤杀，这则日记补充了各史所载之失，将镇抚司的刑讯逼供伎俩呈现得淋漓尽致。然将之与《诏狱惨言》对读，可略知明代诏狱之无制度无法纪可言。《明史》仅记载了结果"廷杖，除名"。《粤大记》则可能受《诚征录》所收林应骐撰《台谏逸事》的影响，谓维柏能最后幸免于难，缘于世宗因扶乩得神批示后默悟。具体见于《台谏逸事》曰：

> 当是时，官校尚未回京，凡知何君者咸为何君危，谓祸当不测。忽都人传有神降乩甚验。主人密召人入西苑，试之，属称旨。一日，问以治世养身之术，神降乩大批十八字曰："治世以爱惜人才为重，养生以禁戒暴怒为先。"上嘉叹不已，乃亲洒宸翰，书神二语，揭之御屏。甫翌晨，而官校以何君逮至，报名复命，严氏亦探知圣心已悟神语，当不深罪，乃密进揭帖救之。于是何君从轻发。杖还籍而已。①

逸事称传自翰林院编修彭凤云。清光绪年间修《广州府志·何维柏传》采纳了这则逸事："上一日于宫中扶鸾，判曰：'养身莫要于寡欲，治国莫先于惜才。'上悟，维柏乃削籍。"②而逸事所言严嵩所进"密帖"，则《明世宗实录》有载："大学士严嵩奏乞睿宥言官、以弘聪纳，谓御史何维柏昨以疏论时政，因劾及臣，念臣本庸陋，滥居辅弼，赞理无状，言官得举而论之，乃其职也。虽其言容有或过，亦系风闻，未实之……乞俯轸言官进谏纳忠之愚，曲成愚臣闻过思惧之意，将维柏并给事中林庭棉（误，应为林延䗖）、张尧年、尹相、御史桂荣通赐矜宥，使中

---

①　［明］林应骐：《台谏逸事》，《诚征录》，光绪重抄本，沙滘何氏宗祠藏。

②　［清］戴肇辰修、史澄纂：（光绪）《广州府志》卷一百十六。

外人情以慰，而于圣德为益光矣。"① 但从《古林何公建言日记》来看，何维柏得以幸免于难的最主要原因，是他实如奏疏所言"与嵩绝无纤芥之嫌"，且与尹、程、周、林及辞官回乡的舒御史等并无任何结党之嫌，表面上便因严嵩为全自己"闻过思惧"美名而得幸免。

总之，历经一个半月的挐械赴京，再在诏狱中五天的备受拷掠，还承受住了廷杖考验，何维柏的弹劾严嵩一案总算尘埃落定：本人革职发回原籍为民，受牵连的"尹相亦着为民。林延㻢、张尧年、桂荣，各降级调外任"。比起无辜牵入杨爵案的周天佐、浦宏之死，这已是让何维柏最为欣慰的结果了。由于与尹、林、张、桂四人此前均无私交，现存《天山草堂存稿》未见有与四人唱和之句，与周怡也仅存一封多年以后的书信。但今存《斛山杨先生遗稿》中尚载有几首在此次事件中送别同狱桂荣、林延㻢、张尧年的诗作数首：

送桂道长出狱又和其韵（四首）

其一

懒乘骢马泛秋槎，云处适逢陶令花。
五斗王臣皆有事，六经作用未为赊。
暂舒廊庙经纶思，且问江湖赤子嗟。
试罢牛刀谒帝王，还成礼乐数千家。

其二

送出美人云泛槎，还从幽地赏葵花。
每怀卫足犹有在，日抱倾阳诚未赊。

---

① ［明］《明世宗实录》卷二百九十九，嘉靖二十四年七月，台北："中央研究院"历史语言研究所校印，1962年，第5727页。

数载斑毛羞懦腐，一生陌塞半愁嗟。
多君为我心何切，天下斯文本一家。

其三
塞难还逢秋气森，幽中无奈感时心。
世路两歧夷共险，人情一理古犹今。
安然家念关河杳，生死君恩天地深。
十载钓侪应待我，烟簑何日再相寻。

其四
西风薄暮景萧森，慷慨昔人折寸心。
独念爱身身系国，须知怀古古同今。
一千七百日光远，三十六宫易理深。
常卷平生空皓首，昼前恍惚竟难寻。

送林张二都黄门掌科谪官出狱
侍臣暂出五云乡，总是皇朝恩浩滂。
九品官非心上着，千钧弩在甲中藏。
几年忠疏流封内，万里悬诚积帝旁。
他日赐环承顾问，好将民瘼告君王。

早在二月草拟奏疏之时，维柏就已将个人生死置之度外，但非常不愿意看到有旁人因自己受到株连。因此，廷杖旨意一下，他就向同监的好友周怡托付后事：

先狱中校卒，闻旨意特甚，急报周君。周且禁诸人勿遽发，先以药酒惠公。少刻，公出。值刘晴川相问，举手。刘曰："旨意已下。有廷杖之说。"公即还狱，托周后事。询公父母兄弟儿子名字年岁，无不备至。真异姓骨肉也。语毕，公曰："柏受天地生成，朝廷作养，父母鞠育，万无一报，今事须臾，恐即不讳。"公即桎梏囹圄中拜父母，叩头礼毕。与周诀别。周曰："予生平最不垂泪。今见兄所为恻怛，不觉心泪已滴。"言毕，微泣行下。诸狱亦皆拊胸堕泪。啧啧叹息。

按何维柏自己的估算，不一定挺得过八十廷杖，"今事须臾，恐即不讳"。本来在入狱之前即已做好身死打算，好在圣旨除廷杖本人外，并未夷及族人。因此唯一放心不下的是父母子女，作为最后时光相处的狱友，维柏将向父母的诀别之言托付给好友周怡，然后静待行刑：

公复宁坐。至未时。忽闻狱中人叫嗷好。周遽问曰："何也？"校卒曰："适闻报云，何御史在镇抚司发落。"周曰："此皇天后土之德也。"先是旨意下时，未闻领杖所在。杨斛山闻有八十之数，对两承差拊胸叹曰："此老太狠。"及闻在镇抚司发落，杨曰："此从来所未有也。乃我皇上天地之德也。"两承差出狱，具道其详。公在狱拜时，有小蝇数十，皆绿也。如出闱时，是晚，取出镇抚司发落。早时旨下未知，故锦衣堂上众官俱入朝候旨。至未刻，锦衣卫传谕镇抚司打讫，欢声满狱。时张镇抚使管事校尉，先入狱中语公曰："张拜上何御史，此朝廷旷荡之恩也。与今早所闻大异。"公与周揖别而去。周延停以送。杨与刘在别监门看公出。俱不敢相近。杖毕。皆出至大门。闽中凡在京师选、及为商者，云集如市，或携酒，或扛舁抬饭毡褥，且悲且喜。时公在板桁上卧，痛中闻左右皆闽音。[①]

---

① ［明］《古林何公建言日记·七月二十五日》，《诚征录》，光绪重抄本，沙滘何氏宗祠藏。

将这段记载与《番禺县志·陶凤仪传》对读，行刑之时的凶险、行刑之后的暗涌见诸笔端。由于圣旨已明确发落"革职发回原籍为民"，受杖之后被简单照顾，即须拖着被杖后的病躯马上离京，"闽中凡在京师选、及为商者，云集如市，或携酒，或扛舁抬饭、毡褥"前来相送，何维柏此次上疏被逮受刑，得民心之望，感人至深。

　　与被拏北上不同，南下的路上，日子过得和心情一样轻快，《古林何公建言日记》保留了八首一路返回广东的诗作：

> 天津一棹向南溟，越客孤怀对酒倾。
> 树里归鸦浮夕照，江边飞鹭趁潮平。
> 半生事业虚题柱，一曲沧浪有濯缨。
> 驿客蓬萍随所适，任从天地自阴晴。
>
> ——《天津道中》[1]

　　这首诗前还有一段小序："公在舟中忽然发叹，诸役左右相谓曰：'何御史前日受大难，未尝叹声，今何故发此？'史承、王奎问，吴钦、李存忠以众言问公，公曰：'幸蒙圣恩宽宥，得全首领，少可以慰父母之怀，惟有弟至京全无消息，独此为虑，念骨肉至情耳。'各慰公而退。"一路被锦衣卫戴枷北上，何维柏未尝叹息恐惧，而获释后反而心怀忧虑，应该是危机得解之后对家人的牵念。诗中"万里萍蓬随所适，任从天地自阴晴"，多少带有劫后余生看透尘世的通透。

① ［明］何维柏：《天津道中》，《何维柏集》，北京：知识产权出版社，2020年，第301页。

归鸦低绕夕天红，野寺松风落晓钟。

倚棹沧江成远眺，中天看月好谁同。

——《沧州道中晚眺漫兴》①

从北京往南在天津、河北、山东、江苏、浙江境内，基本走的是从福建北上时的同一路，被释后的轻松，尽在"归鸦""野寺""晓钟"等细节中了。八月初六日，到达德州。派承差林应胤、舍人万全先行回广东报信，作家书及诗：

圣世开汤纲，皇恩释楚囚。

幸承还籍命，得慰倚门忧。

爱日摧长路，停云值暮秋。

天涯游子远，归棹敢淹留。

——《德州发书回籍》②

被押解北上时的前途未卜与杀身成仁、入狱后的严密应对、交代后事，至此时危机解除，才真正有时间也才敢向远在广东老家的父母家人告一声"平安"，这声平安来之不易，"幸承还籍命，得慰倚门忧"。对比入京当日所作《太思章》："陟彼高岗兮崔嵬，思我父母兮徘徊。"由于不知此身是否还能有幸承欢膝下，只能劝慰二老："不孝罪兮莫赎，顺吾命兮焉求。"因此，得以生还最为宽心慰怀的，当属家中倚门盼望消息的双亲了："天涯游子远，归棹敢淹留？"

---

① ［明］何维柏：《沧洲道中晚眺漫兴》，《何维柏集》，北京：知识产权出版社，2020年，第311页。

② ［明］何维柏：《德州发书回籍》，《何维柏集》，北京：知识产权出版社，2020年，第299页。

八月十五日，恰逢中秋节，终于在济宁遇到了上京寻兄的二弟维桐及族兄景清，这是何维柏近三个月来心情最为欢快的一次了，经过生离死别之后兄弟相聚，语气既宽慰又辛酸："弟远赴兄难，万里驱驰，备尝艰险，可谓情之至矣。"关键是万里驱驰还屡屡错过，让人揪心，好在一切都过去了：

其一

万里自甘行路难，双亲忧共倚门寒。
天边鸿雁愁为别，河上雎鸠忍独看。
魏阙北瞻天浩浩，楚江东望水漫漫。
微臣幸有生还日，帝德应同宇宙宽。

其二

万里中秋客里逢，蟾光雨后澹秋容。
孤踪远出春明外，双雁回鸣天汉东。
邂逅相看悲失路，辛酸各自语飘蓬。
酒酣却忆当时事，浮世生涯一梦中。

——《渡镇江述怀》①

一路南下，虽没有北上时士民相送的悲悷与壮观，仍有不少听闻维柏忠贞敢言事例的百姓自发前来慰问。八月十九日，到达新安时，就有运所接待役人率一家老小蔬果前来拜见，维柏推辞不过，不忍老人家失望，勉强收纳了一只鸡："至新安，递运所大使他适。其线对役人曰：'何御史尽忠被逮，曩过下邳，妪闻之泣下。今天放生还。吾儿公出，特遣次儿致

---

① 　〔明〕何维柏：《渡镇江述怀》，《何维柏集》，北京：知识产权出版社，2020年，第301—302页。

蔬果。'见老人下情，其儿与役人道言恳切，公强受一鸡。"①

八月二十九日，到达淮阳，准备渡江，登金山游览并作书怀首：

南北中流回，乾坤砥柱成。

江襟彭蠡泽，山拱石头城。

往迹千年在，归舟一剑横。

狂澜不可御，感叹几时平。

——《登金山览旧游书怀，淮阳渡江时》②

九月十二日，到达常山驿。何维柏一路严格遵守朝廷规定，未一分一毫占公款便宜的行为，使得投宿的主人家都备受感动："严家见有四人，沿途跟缉到此，见何御史一路俱雇民船，宿民店，自请夫马，与有司不干涉。"何维柏只是回复说："勿亏天理，但求无愧于心而已。"儒家哲人所尊崇的"慎独"及白沙所言的"静心而已"均被他落实到了每一处细微的行为中了。

九月十四日，过广信、铅山至万安，到此处后，何维柏与福建派来的差吏需要各自分道前行了，何维柏由江西南下广东回家乡，差吏们则需要东去福建回署复命。因此何维柏与众人清查物资账目，发给各役原领路费羡金，各自分头前行。同时向身在泰和的罗钦顺发书回复报平安，两年前何维柏起复还朝的路上，曾特意排出时间赴泰和拜访时已七十八岁的罗钦顺，相谈甚欢，只是未就弟子礼。此次蒙难，罗钦顺也曾贻书探望："乃

---

① ［明］《古林何公建言日记·八月十九日》，《诚征录》，光绪重抄本，沙滘何氏宗祠藏。

② ［明］何维柏：《登金山览旧游书怀，淮阳渡江时》，《何维柏集》，北京：知识产权出版社，2020年，第299页。

乙巳以罪摈斥，遂归旧隐，相去日远，心益不忘。"①现存沙滘何氏宗祠藏光绪重抄本《诚证录》曾收录有一篇署名"嘉靖壬子岁夏四月甲子门生罗钦顺颜识"的《惠德编》一文，考罗钦顺首先非何维柏门生，其次是嘉靖壬子年即嘉靖三十一年（1552），时罗钦顺早已去世四年。《惠德编》全文叙何维柏削籍归乡之后福建仕宦但凡到广州者，均慕名拜访各事，最有可能是福建当地人所撰，可能重抄者记录有误。

九月初七，到达大庾岭这一广东向北的门户，终于有到家的感觉了：

> 梅关山色旧，蒲石未寒盟。
> 古木堪垂钓，江门好濯缨。
> 片云浮世界，孤月淡沧溟。
> 八极神游远，悠悠得此生。
>
> ——《度大庾岭》②

从七月底到九月十三日，也是一个半月的时间，尽管路程并未比福建赴京快多少，劫后余生和归心似箭的心情，让何维柏迫切地想回到家人身边。九月十三日，抵达广州，真正地回到家了："公抵五羊城。白衣徒步入城。观者如市。喜拜双亲。谓：'柏不肖，条陈章疏，上渎天威，有烦老亲远念。蒙恩放还，复承膝下之观。'举手加额，北面以谢。"③九月十八日，短暂休整之后，是善后事宜：

① ［明］何维柏：《祭罗整庵先生文》，《何维柏集》，北京：知识产权出版社，2020年，第277页。

② ［明］何维柏：《度大庾岭》，《何维柏集》，北京：知识产权出版社，2020年，第299页。

③ ［明］《古林何公建言日记·九月十三日》，《诚征录》，光绪重抄本，沙滘何氏宗祠藏。

发闽役回。遂返闽馈。先藩集诸公。料公此行必不讳。会差仓官苏满赏白金五百两，送至公家。贻书公大人"敬为津资"，及经理后事。大人留之。曰："汝荷恩生还，闽前所馈，即宜返之。"公曰："诚是。"公大人曰："前尔遣人迓汝，业费其一二"。遂谋母太淑人，借诸亲友充其数。公令义男陆官胜，同诸民役，随利少参至惠阳。时利进表。顺道还闽。故托之取各役领状及印信库收还报。逾数年，里中伦邻右溪、区白斋、梁毅所诸君，私相谓曰："谓公不宜贫，曩馈老亲者，岂无赏及？"一日，江虚谷访公，道诸君言。公遂出库收领状。江嗟叹，以复诸君。钦羡而已。王青萝，公友也，寓书曰："返数百金，非易事。数年同舟联榻，未尝一言及此。"足见公慎独之功不求人知之实。后青萝与大参瓯东项公谈此事，瓯东谓公曰："先生过高矣。昔孟子受薛馈，未闻后无戒心而返其鑫者。"公对曰："柏幸生还。曷敢受此闽馈？且家大人意也。"瓯东敬服，为立传，见司马甘泉湛公，并元老存斋徐公志铭。

最后的收尾工作，是将押送兼陪护的福建差役发回复命。这三个多月，他们也陪同何维柏一路北上，见证了维柏的强作淡定、从容入狱、惨遭杖刑，终于算是全须全尾地护送回家了。这件小小的善后事宜，最能见出何维柏的家教与双亲人品：按惯例福建方面向被逮可能身死的官员家属发放数百金"经理后事"的津资，当时情况不明，维柏父应初公留下并在遣人上京奔波过程中，用掉了一部分。但当老父亲见到维柏平安归来后，当即建议："汝荷恩生还，闽前所馈，即宜返之。"不仅返还，还留下了"出库收领状"，清廉与正直，不占公家分毫便宜，受教自双亲可从此小事见一斑。

第七章

开天山，讲学廿二载

柳塘竹坞睹风轻，日午黄鹂深处鸣。

读罢草堂无一事，尊前同对水云清。

——何维柏《天山草堂与杨贞复论白沙先生学兼贻同会

诸友·其一》

嘉靖二十四年（1545）十月，起复还朝仅仅两年的何维柏，在巡按福建一年后，因上疏弹劾首辅严嵩被廷杖，削职为民，回到广州。从此定居广州河南（今广州市海珠区），开始了他奉养双亲、闲居讲学的生活，此后终嘉靖一朝二十余年，维柏未再出仕。

第一节　天山草堂

沿着珠江上溯海珠涌，在今广州市海珠区前进路与东晓路的交汇处，有一座竹林幽篁、高坡河涌相映成趣的淡雅园林——晓港公园。晓港，原称"小港"，毗邻云桂村，四百七十多年前，何维柏就是选择在这里筑室隐居："从岭南大学西行，经云桂桥，度蜿蜒数十丈之水松基，约五里抵小港乡，明直臣何维柏天山草堂遗址在焉。"①与嘉靖十六年（1537）谢病归乡后到处游历、徜徉山水的自由恣肆不同，此次获罪削籍，"伏处里巷，念余年，足不抵公府"。②他自己也言："虽附郭浮丘矩洲，东山环

① 冼玉清：《何维柏与天山草堂》，《冼玉清论著汇编》，桂林：广西师范大学出版社，2016年，第131页。

② ［明］蒲凝重：《天山集序》，《天山草堂存稿》卷首，《何维柏集》，北京：知识产权出版社，2020年，第2页。

谷，咫尺地不敢往。"①小港地处广州河南，河南之名，并非因其位于珠江之南，据屈大均《广东新语》解释，是与东汉名士杨孚曾居于此有关：

> 广州南岸有大洲，周回五六十里，江水四环，名河南。人以为珠江之南，故曰河南。非也。汉章帝时，南海有杨孚者，其家在珠江南，尝移洛阳松柏种宅前，隆冬蜚雪盈树，人皆异之，因目其所居曰河南。河南之得名自孚始。
>
> 珠江南岸，地名河南。河南居人，即呼五羊为河北。②

当时的河南（今广州市海珠区），隶属广州府番禺县，是珠江在广州境内流速放缓后日益冲积而成的江心岛。虽史载东汉即有名士杨孚在此居住，但直至明代中叶之前，这里还很荒凉，明代这里主要是官府开设的盐埠头和盐仓，随着大塘、五凤的果蔬、庄头的素馨花等生产的发展，加上水网运输的便利，不少商人开始在此采集珠三角地区民间土特产进行加工、购销和外运，才慢慢繁华起来。据乾隆年间修的《广州府志》古迹介绍，何维柏所僻居的地方名何庄，同治年间修的《番禺县志》寓贤传则曰："辟天山书院于邑之小港。"可能最开始以何氏聚居为村庄名，而何庄则在小港地域内。南海沙滘何氏的祖上，本来就出自番禺沙湾，因此何维柏第一次谢病归乡后就看中并迁居这里，也是情理之中。

尽管较为荒凉，这里的山水风景却独有韵味，尤其是不远处海珠寺的钟声，能让维柏在静默自处中更得幽禅之趣："闲云远水澹孤清，古寺疏钟报晚晴。树杪秋声闻淅沥，波心月色湛虚明。中天静倚楼台迥，午夜遥

---

① ［明］何维柏：《岩窝易会说》，《何维柏集》，北京：知识产权出版社，2020年，第78页。

② 黄任恒编纂：《番禺河南小志》卷一，广州：广东人民出版社，2012年，第3页。

看斗柄横。更与同心期白首，艸堂寒菊苗霜茎。"①这里时时见到的乡土田家，也让他能在讲学静思之余，深得田园之乐："村庄禾黍与桑麻，暇日田园处处佳。愿得康宁足衣食，更从何处觅生涯。"②这里的田园之乐与幽美，至清代更得繁华与幽静之妙，诗人墨客纷纷留下诗作：

> 嵯峨粤秀昼晴岚，风物犹堪握麈谈。
> 翠釜香生三熟稻，红鸳锦织八收蚕。
> 鱼虾艇至晨吹笛，罗绮坛喧夜斗柑。
> 三十二村花似雪，酒旗遥引过河南。
>
> ——陶元藻《登广州城楼》③
>
> 白雨蝘蜓大，黄昏蝙蝠飞。
> 物情随候感，节序与时违。
> 旧拓地三亩，新栽竹四围。
> 幽居少形役，此乐与谁归。
> 水浑浮较蒻，地狭养镰刀。
> 谷雨田鸡唱，花风野马劳。
> 新茶初摘叶，冷饭饱餐桃。
> 地住闽中客，乡音近学操。
>
> ——潘定桂《河南村居》④

① ［明］何维柏：《雨后海珠登眺二首》，《何维柏集》，北京：知识产权出版社，2020年，第343页。按：郭棐纂《岭南名胜记》题此名，李铧辑《海珠小志》则题为《早秋同诸生宿海珠寺夜坐》。
② ［明］何维柏：《田家杂兴》，《何维柏集》，北京：知识产权出版社，2020年，第308页。
③ 黄任恒纂：《番禺河南小志》卷一，广州：广东人民出版社，2012年，第4页。
④ 黄任恒纂：《番禺河南小志》卷一，广州：广东人民出版社，2012年，第5页。

陶元藻诗中"三十二村"即指河南原有三十二村，后也有人用"三十二村"代指河南。"翠釜""熟稻""丝蚕""鱼虾"与"酒旗"，都散发着河南独有的吸引力。而潘定桂所言"地住闽中客，乡音近学操"则是指清代由于水网运输的便利，珠江口边上的河南作为广州港的泊船之所，很多福建人在此从事货物运输与土特产贸易，因此聚居于此，故言"地住闽中客"。

尽管何维柏本人因自感获罪之身，不再四处游历走动，尤其是不与官府往来，但挡不住原以西樵山为中心结识的岭南理学好友，以及各地慕名而来的拜访者："先生所居，户外之屦常满，远方有朋，日辑攉猭，政声干济当世者，累累相望，则教泽之所流被，岂无其自耶？一时有志之士，毋问识不识，咸愿一聆謦欬，以慰其嘅嘻慕悦之心，因感省而激进者甚多。"①最初何维柏只是筑室给家人和自己安住，间或招待一二好友，戏名其为"云涧小窝"，嘉靖二十六年（1547）因卜得"遯之上九"卦，遂题匾曰"天山草堂"：

> 丁未之秋，予筮得遯之上九，遂即云涧小窝，寓扁"天山草堂"，日与学子游息，讨论其中，参悟名理，直探本原，日乾夕惕，察见天则。念念而不滞于念，是谓克念；应物而不过乎物，是谓格物。慎辨毫厘，诣我精进，二三子益洒然得陶然乐也。又数年，而吾同志旧友素予刘子归自梓潼，唐山陈子归自钟祥，五岭邝子归自海宁，弼唐庞子归自滇南，千里怀人，一时併合，遂过草堂相与订析《易》义，月两三会，仰观天时，俯察人事。凡天地阴阳之运，消息盈虚之理，进退存亡之机，出处语默之道，酬酢事物之宜，居安乐玩，应时顺变，盖将有契于卦画形象之外

① ［明］杨烈：《刻〈天山集〉小引》，《天山草堂存稿》卷首，《何维柏集》，北京：知识产权出版社，2020年，第3页。

者。越二年，而勉斋霍子归自四明，艾陵林子便道过此，咸来预会，友朋良集。①

何维柏上文所言好友，有的是嘉靖十年（1531）广东乡试时的同榜举人，如刘模（字叔宪，号素予）、邝元乐（字仲和，号五岭），有的是同游西樵的理学名家，如陈其具（字才甫，号唐山）、庞嵩（字振卿，号弼唐）、霍与瑕（字子璧，又字勉衷，号勉斋）、林烈（字孔承，号艾陵）等。每天与同道好友相与订析《周易》，探索天地阴阳之运、消息盈虚之理、进退存亡之机、出处语默之道、酬酢事物之宜等，这是比为官更为自在的会心日子：

> 会之日，正襟危坐，焚香展《易》，俨对三圣，爰稽传义，析疑订是，究竟精蕴，观象得言，渐入忘言。既则散帙舒谈，鼓瑟投壶，把酒赋诗，各极兴趣。②

庞嵩深度参与此会，曾撰《天山草堂复投壶礼》叙之，又在《寿唐山陈先生七十一序》中细述过天山讲易之会，屈大均将之采入《广东新语·学语》：

> 自甘泉没，弼唐与陈唐山、林艾陵、刘素予、黄莱轩、岑蒲谷、邝五岭、何古林（维柏）、霍勉衷为天山讲易之会，四仲月，则大集天关……于时乡士大夫翕然和之，若何古林则讲诃林，薛中离则于金山，黄泰泉于白云（山），钟叔辉于宝潭，杨肖斋、叶允中于归善，叶絅斋于罗浮，王青萝于粤秀（山），而

---

① ［明］何维柏：《岩窝易会说》，《何维柏集》，北京：知识产权出版社，2020年，第78页。
② ［明］何维柏：《岩窝易会说》，《何维柏集》，北京：知识产权出版社，2020年，第78页。

其在广州者，遇朔望必偕至天关，就正于弼唐。①

随着定居日久，名声日盛，来访求学者日众，天山草堂已明显不敷接待之用了，所以何维柏又在草堂旁边建了"天山书院"。至于为何给草堂起名"天山"？何维柏曾专撰《天山草堂说》予以解释：

> 有朋过予，问曰："草堂扁名'天山'，其义何居？"予曰："予自读《易》以来，静观盈虚消息之理，吉凶休咎之几，居安乐玩之旨，深信易道之无穷，实切于变化，云为之用，故将有为也，将有行也，必有事于泰筮，以定犹豫，以决可否，敬而质之，不敢有非，日而行事则心践之。嘉靖乙巳夏，自闽被诏逮，幸归旧庐，□十余年所筮，推蹇与困及否，各得其一，余皆遯卦，或全象示象，或□辞迭见，显著先诏，因贰济行，以明失得之报。夫遯者，退避之象也。天崇高而莫及，山厚重而不迁，自天而下，惟山特立于中，有艮止之象……予处遯避之时，二十年来惟此卦迭示，予服膺而弗失，敬守而无违，出入以度，如临师保□志。退遁无所系恋，悠然顺适，无所凝滞，此柏仰藉先圣启迪之功，俾知学《易》寡过、能遯而亨也，扁堂名义取此。"②

何维柏一生精研《周易》，不仅常与好友切磋易理，定期组织参与"诗易会"，自己撰著《易义》《太极图解》等，还每临事必给自己卜上一卦："故将有为也，将有行也，必有事于泰筮，以定犹豫，以决可

---

① ［清］屈大均著、李育中等注：《广东新语注》，广州：广东人民出版社，1991年，第274页。

② ［明］何维柏：《天山草堂说》，《何维柏集》，北京：知识产权出版社，2020年，第80—81页。

否，敬而质之，不敢有非，日而行事则必践之。"因此，他用所得遁卦
"夫遁者，退避之象也"之解，来决定自己未来的方向。据《周易》第
三十三卦：

> 遁（遁）：乾上艮下。
>
> 遁，《序卦》："恒者久也，物不可以久居其所，故受之
> 以遁。遁者退也。"夫久则有去，相须之理也，遁所以继恒也。
> 遁，退也，避也，去之之谓也。为卦，天下有山。天，在上之
> 物，阳性上进。山，高起之物，形虽高起，体乃止。物有上陵之
> 象而止不进，天乃上进而去之，下陵而上去，是相违遁，故为遁
> 去之义。二阴生于下，阴长将盛，阳消而退，小人渐盛，君子退
> 而避之，故为遁也。
>
> 遁（遁）：亨，小利贞。
>
> 《彖》曰："遁""亨"，遁而亨也。刚当位而应，与时行
> 也。"小利贞"，浸而长也。遁之时义大矣哉。
>
> 《象》曰：天下有山，遁。君子以远小人，不恶而严。
>
> 天下有山，山下起而乃止，天上进而相违，是遁避之象也。
> 君子观其象，以避远乎小人，远小人之道，若以恶声厉色，适足
> 以致其怨忿，唯在乎矜庄威严，使知敬畏，则自然远矣。[①]

"遁"即"遁"，根据《周易·遁卦》的启示，只有隐遁避让，让
得势的小人放松对君子的迫害，才有可能有人身自由，有了人身自由，自
食其力，才能亨通。因此，君子需采取退避的姿势麻痹小人，使小人不注
意自己，三十年河东，三十年河西，小人总有一天会失势。君子的退隐，

---

① ［宋］程颐：《周易程氏传》，北京：九州出版社，2011年，第131—132页。

实际是在养精蓄锐，等待机会，这样看起来"遁"的意义更为深刻而广大。何维柏正是从"遁"的卦象中，为自己找到了避居自处之道："小人日众，君子日消，机兆乙形，盖将入于否，时宜止而遁避之矣。君子观艮止之象，则当遁而避之，以远夫小人，不可近狎。然必不动声色，端严凝重，肃然使人不敢犯。君子处遁之时，义当如此。"[1]因此取遁卦《象传》中的"天下有山，天高山远"，以名其庐。天山，取意"天崇高而莫及，山重厚而不迁，自天而下，惟山特立于中"，"端平凝重，肃然使人不敢犯"，标榜的是一种顶天立地的崇高人格。除草堂命名"天山"外，何维柏还在客厅自题了一副对联："座中斟酌谈心易，局外输赢袖手难。"意思是在此讲学，师生以心相交，谈天无拘无束，不似昔日置身尔虞我诈的官场，吐语皆须小心谨慎，以防不测。下联是说，弈棋时，只做个袖手旁观的人是十分困难的，暗示自己虽被罢官，但仍惦念时局，要利用讲学伸张正义，培养人才。

何维柏所建"天山书院"，故址约在今云桂桥南侧昌岗东路东端一带，是广州河南地区的第一所学堂，开创了海珠岛办学之先河：

> 吾乡古林何丈，讲学于天山之草堂。会期至，则诸同志诸从学往来质疑。期不诡于圣贤中正之极。番禺司训林先生，丈高弟也，始获职于天山。予深喜得朋之助，学校之士，亦沨沨乎有兴起者。[2]

庞嵩因参与何维柏等在天山草堂定期举行的诗易会，故现存《天山草

---

[1]　［明］何维柏：《天山草堂说》，《何维柏集》，北京：知识产权出版社，2020年，第80—81页。

[2]　［明］庞嵩：《林先生擢感恩掌教序》，《弼唐先生遗言》卷二，载《番禺河南小志》，广州：广东人民出版社，2012年，第50页。

堂投壶礼》和《天山草堂避暑》诗中，多叙及了天山草堂的诗酒生活：

> 投壶盘辟短长歌，狸首风猷浑未磨。
> 奏鼓已曾宗鲁薛，奉觞犹自洽中和。
> 天高焕揭抟桑日，巨海源通星宿河。
> 要识三千皆峻极，觉来宗往是谁多。
>
> ——庞嵩《天山草堂复投壶礼》

> 六月炎荒疑冻雪，天山池馆枕幽城。
> 已无酷吏阶前拥，时有故人天上迎。
> 竹叶影侵诗骨瘦，柳梢柔飏葛衣轻。
> 出门咫尺驱驰地，便有炎凉几世情。
>
> ——庞嵩《天山草堂避暑》①

"已无酷吏阶前拥，时有故人天上迎"，即是对何维柏死里逃生的庆幸，也是对时局被小人酷吏掌握的无奈。何维柏自己的诗作，倒是不再耿耿于被削籍迫害，而是闲适自得，于其《天山草堂与杨贞复论白沙先生学兼赆同会诸友》四首可见：

> 其一
> 柳塘竹坞睹风轻，日午黄鹂深处鸣。
> 读罢草堂无一事，尊前同对水云清。

---

① ［明］庞嵩：《天山草堂复投壶礼》《天山草堂避暑》，《番禺河南小志》，广州：广东人民出版社，2012年，第50页。

其二

天山洞里径森森，白日青尊对绿阴。

云影山光看不厌，几人知道洞天深。

其三

江门风月此尊前，吟弄俄经五十年。

少壮光阴莫虚掷，好从端默契心传。

其四

杖藜随处是天台，更喜刘郎此地来。

共访仙源莫归去，山城今有楚云台。

何维柏所筑之天山草堂及天山书院，至清初已毁圮不存。康熙年间，中州杨天祥为僧上达在遗址处改建佛寺，初名"是岸庵"，道光年间易名"是岸寺"：

吾粤河南小港桥是岸寺者，前明何端恪公讲学于其间。始琢石以成桥，旋诛茅而作宅。爰逮我朝，业成梵宇，岁月一灯，星霜万劫。苔侵画壁，叶积朵廊。金璧全非，丹青遂古。焕华长老以道光某年月日，疏募重修落成。嗟嗟！卢循城圮，同怨水仙；刘龚园空，谁耕花塚。经镇孙之里第，曾兆龙头；访郭氏之园亭，但存鹰爪。即至草堂故址，书院遗基，本殊人海之喧，非复天山之旧。

---

① ［明］何维柏：《天山草堂与杨贞复论白沙先生兼贻同会诸友四首》，见明张邦翼编：《岭南文献》卷三十一，《何维柏集》，北京：知识产权出版社，2020年，第348页。

② ［清］谭莹：《重修河南小港桥是岸寺碑记》，黄任恒编纂：《番禺河南小志》，广州：广东人民出版社，2012年，第180页。

　　清宣统元年（1908），原湖北按察使番禺人梁鼎芬按察回粤，与汪兆镛、李启隆等访天山草堂遗址，集赀于寺旁复祠宇，仍题为"天山草堂"（后有人亦称为"尚书祠"），并在旁自筑"节庵读书处"以景仰维柏为人。民国以后，是岸寺被用以屯军，1924年11月，因制枪弹为炸药所毁，仅存四壁。现存《天山草堂》存稿徐信符藏本卷首仍载有吴道镕、汪兆镛等人题诗：

> 名节乃道之藩篱，江门学脉一线遗。
> 卓哉何端恪，后起能相师。
> 安南之征宫寺役，逆鳞屡疏批丹墀。
> 顾、盛邪媚安足道，老奸首击严分宜。
> 江陵觥觥奇男儿，岂不心许能救时？
> 情所自致自夺之。
> 爱人以德君子事，天经地义何委蛇。
> 夜光按剑亦怪事，一笑归卧珠江湄。
> 钓台风月琼无尘，天山林木寒有枝。
> 吁嗟乎！
> 江门学脉一线遗，卓哉何端恪，
> 旷世谁相师？
> 　　　　——吴道镕《游天山草堂怀何端恪公呈梁节庵》[1]

> 草堂久闻寥，鸣琴想林侧。
> 钓矶澹葭菼，樵径荫松枥。
> 游目惬幽旷，聒耳远尘塇。
> 妄意一登揽，杭苇仅咫尺。

---

① ［清］吴道镕：《游天山草堂怀何端恪公·呈梁节庵》，《天山草堂存稿》徐信符藏本卷首，桂林：广西师范大学出版社，2014年，第21—22页。

岂期归航暮，几遭石齿啮。

植立自强项，倾压将覆额。

快意徒须臾，危机倏不测。

阿兄赋诗篇，摹写犹惴栗。

李叟不谓然，游咏贵自适。

陈义各有当，贱子必躬责。

吾侪虫尘宇，分当蛰王室。

跬步忘险窄，玉碎竟谁惜。

会须逃空谷，长□斸苓术。

俯视人间世，风波非所识。

——汪兆镛《访明何端恪公天山草堂故址》①

今天的广州市海珠区晓港公园及旁边的云桂村，已寻不到"天山草堂"或"是岸寺"乃至"尚书祠"的踪迹了，但"云桂桥"却巍然尚在，架于云桂涌（今为海珠涌的一段，当年此地称云桂乡，故称云桂涌）上，连接红岩山和石马岗。这里原建有一座木桥，为人们往来天山草堂与天山书院的必经之地，也是乡民南北往来之通衢，但桥小而危殆，何维柏"悯民小跋涉之艰"，嘉靖二十四年（1545）削职为民回乡之后即捐资改建为石桥，时称小港桥：

湖舫邀宾折简招，煨倾桂酒注椰瓢。

酒酣戏逐好华女，闲踏河南小港桥。

——徐振《珠江竹枝词·其一》

① ［清］汪兆镛：《访明何端恪公天山草堂故址归舟触石几殆华伯兄李留庵丈皆有诗，率咏简盦》，《天山草堂存稿》徐信符藏本卷首，桂林：广西师范大学出版社，2014年，第23页。

淡荡春风送晚潮，呼来画舫趁兰桡。

二分明月三分水，十里清溪五里桥。

夹岸桃花红映面，满堤杨柳绿垂腰。

新歌一曲令人艳，何处高楼唤阿娇。

——周瑞生《春日游柳波涌复游小港桥》①

　　村民为纪念何维柏兴学振乡之功，特于桥头修石坊一座，额书"云桂发祥"，于是此桥又名云桂桥。所谓"云桂"，就是学而优则仕之意，只有折桂才能踏上云路。此石坊在清同治年间犹在，后毁圮无存。现存云桂桥系清宣统三年（1911）河南士绅集资重建，为伸臂式三孔花岗岩石桥，两桥墩用条石垒砌而成，下部两侧成分水尖，上端出两层挑梁，石梁中央刻有"云桂"二字，桥栏雕饰简朴，造型简练明快，桥西立有"云桂桥之神位"小石碑。

图12　云桂桥（今广州市海珠区前进路晓港公园内）

---

①　［清］徐振：《珠江竹枝词》及周瑞生：《春日游柳波涌复游小港桥》，《番禺河南小志》，广州：广东人民出版社，2012年，第84页。

第二节　粤东胜流

正如何维柏认为挈械北上时，"待罪"就得戴枷一样，他因获罪削职，便自觉地自绝于公府，自称"天山遯避野人"，不再抛头露面：

> 生自罪废归庐，抱疴杜门，于诸当道见顾，间有接迓。然一切报谒之礼，皆不敢往，应酬文字，学、记、志、序、碑、刻，间一为之。至于送赠当道，则绝无所预，盖语默动静，不失其时，是之谓道。天山遯避野人，时义当如此，守此已十余年。①

"一切报谒之礼，皆不敢往"只是说他明面上不再踏足地方的官府大门，不接受在任官员的应酬往来之礼，"某自乙巳蒙恩赐还，氓野足迹，不敢预士夫冠裳之列，以随班行礼"。②但他避居的天山草堂，却成为知心好友尤其是粤东理学家们谈诗论学的聚会之所。冼玉清在《何维柏与天山草堂》一文中专列有"维柏与粤东胜流"来阐述其理学家朋友圈，包括湛若水、庞尚鹏、庞嵩、霍与瑕、黄佐、区益、陈迁及黎瞻八人。实际上，现存《天山草堂存稿》卷三"杂著"、卷四卷五"序"、卷六"书"和"文传铭记"中，明确提及与其来往交游的远不止这八人，现按其姓名行迹尚可征考者分为两大类：一类是以西樵理学家群体为中心的"粤东胜流"，包括湛若水、庞尚鹏、庞嵩、霍与瑕、黄佐、区益等；一类是来自全国各地或宦游时所结交或慕名而来的志同道合者，包括颜鲸、刘鲁桥、耿楚侗、柯乔可、项乔、王龙溪等。

---

① ［明］何维柏：《与鄢少川》，《何维柏集》，北京：知识产权出版社，2020年，第240页。

② ［明］何维柏：《奉泉翁》，《何维柏集》，北京：知识产权出版社，2020年，第233页。

一、粤东理学朋友圈

1. 与陈白沙。关于何维柏与陈白沙是否有《四库全书总目》所言"尝从陈献章游"之事，前述第二章第二节"私淑白沙"已有辨正。何维柏出生之时，距离陈白沙去世已过去了十一年，因此不可能"尝从陈献章游"。而且关于何维柏的师承，他自己也多次表明是"无师友指承"，并未拜入白沙任一弟子的门下，一向都是自号"私淑白沙"，即自个儿从《白沙集》中揣摩出一生追随的理想信念。现存《天山草堂存稿》中唯一一次提到曾打算执弟子礼的是对江西泰和罗钦顺，可惜二人相晤时间太短，执弟子礼一事尚未达成："某二日告别，虽未克成弟子之礼，然登堂阶，闻謦欬，素愿慰矣，计往还源源请益。"①虽未与陈白沙有直接的师生之谊，但维柏数十年均以白沙要旨要求自己的言行且以此讲学，多次拜谒白沙祠，主持重修江门白沙故居祠，并撰《陈子言行录》刻印出版：

> （白沙）先生没，门人笃信遗言，莫不毕录，以镵之梓，顾泛杂兼蓄，未就删正；流传要玅，尚多阙略。柏暇日取《白沙子》各刻本，及于友人钟景星氏得京中初刻读之，窃窥先生之学之所以自得、之所以教人者，汇而辑之，□约伦次。凡诗之旨，可兴可观者，与当时名儒硕士笃信先生之言并附之焉，厘为十卷，题曰《陈子言行录》。夫掇拾绪余，断章摘句，非先生意也。独念孤陋，藉是绅警，用比韦弦，且俾观者论世考人，而知先生真实自得之学，守己明道之正，事亲从兄之难，实感人动物之诚，出处辞受之则，

---

① ［明］何维柏：《祭罗整庵先生文》，《何维柏集》，北京：知识产权出版社，2020年，第277页。

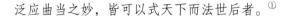

泛应曲当之妙，皆可以式天下而法世后者。①

《陈子言行录》今已不存，文中提及给何维柏与白沙思想之间牵线的钟景星，字叔辉，别号宝潭，东莞石排宝潭村人。郭棐《粤大记》称他"少习举业，潜心于内，言笑不苟。闻甘泉湛先生讲心性之学，遂往师焉"。②曾跟随湛若水入京师，嘉靖三十八年（1559），九十四岁高龄的湛若水复开龙潭书院，时年七十二岁的钟景星为侍讲，编有《宋明道学四书》（辑录周敦颐、程颢、陈献章、湛若水四先生论学精言）、注释湛若水《心性图说》等。何维柏曾在钟景星六十大寿时为之撰《寿钟宝潭六十序》，称其为"吾友宝潭钟子"："钟子早年有志希颜之学，笃信江门致虚立本之旨。沉潜雅造，笃实温文，日与吾尝相切磋，以求吾所谓一者。"③

现存《天山草堂存稿》卷三讲义19条，语录69则，皆为天山书院弟子平日听讲所记，讲义主要集中为释读《论语》《礼记》和《周易》，语录则多为师生问答，其中明确阐释白沙语录的共有14条，阐释内容围绕弟子所问白沙先生言"终日乾乾，只是收拾此而已""学贵反求诸己""学者须实用其力""养气之始""宇宙内事皆吾性分内事""天自信天""初学须是习静""静中养出端倪"等句及"春夏谁开发育功""拈一不拈二""元神诚有宅""千休千处明""古人弃糟粕"等诗要义。

2. 与湛若水。作为白沙众多弟子中最出类拔萃的一个，他虽起步较晚，却是仕途最为显赫也名气最大的传承者，尤其是一生致力于教育，

---

① ［明］何维柏：《〈陈子言行录〉序》，《何维柏集》，北京：知识产权出版社，2020年，第210页。

② ［明］郭棐：《粤大记》，广州：中山大学出版社，1998年，第391页。

③ ［明］何维柏：《寿钟宝潭六十序》，《何维柏集》，北京：知识产权出版社，2020年，第189—190页。

"无处不授徒，无日不讲学，从游者殆遍天下"[①]，一生共兴办书院40余所，弟子近四千。何维柏与湛若水的交集最初在西樵山，嘉靖十一年（1532）首次赴京赶考的何维柏应会试不第，入西樵山古梅洞苦读，其时湛若水已六十七岁，正在京师为官，但他在西樵山所建大科书院已进入规范运营阶段。何维柏虽没有入当时西樵四大书院中的任一书院就读，但与书院弟子多有往来。现存《甘泉先生续编大全》有湛若水与何维柏的唱和诗作共五首，其中冼玉清《何维柏与天山草堂》一文将《送何古林出洞》《何古林别后有怀用前韵》二诗系于嘉靖十一年至十三年（1532—1534）间，黎业明撰《湛若水年谱》已辨，认为其时甘泉先生不在西樵，而在北京和南京。而黎谱将《奉和何古林侍御三月二十日居樵二首》则从冼文系于何维柏获罪削职后的嘉靖二十六年（1547）。由于何维柏原作皆已不存，仅从何维柏自号"古林"及来往西樵山的时间来看，这四首唱和诗更有可能作于嘉靖十六年（1537）他谢病归乡至嘉靖二十二年（1543）起复还京之前，因其嘉靖十三年（1543）前尚未中进士，且未有自号"古林子"之谓，而嘉靖二十四年（1545）削职还籍后抱疴杜门，未如前次辞官归乡一样游历恣肆。何维柏与湛若水年龄相隔四十五岁，维柏成年且踏入朝堂之时，湛若水已功成名就年过六旬。因此维柏虽未师事之，但与湛若水弟子钟景星、庞嵩等往来甚密，且共同服膺白沙教诲，二人来往，当属晚辈与德高望重的长辈之间的交谊。

3. 与陈激衷。陈激衷（？—1543），字元诚，号尧山，南海人。年少孤贫，为郡庠生，嘉靖元年（1522）领乡荐，日与刘贤、钟景星、刘模游处。嘉靖八年（1529）授建宁教谕，以身心之学、伦理之懿训诲，后升国子监助教。嘉靖二十二年（1543）病逝于广州，穷困无以为葬，方献夫助之杉棺，邝元乐兄弟综理丧事。何维柏与陈激衷相识于西樵山，维柏入山

---

① ［明］李贽：《续藏书》，北京：中华书局，1974年，第428页。

苦读，激衷时与方献夫兄弟讲学，从何维柏撰《陈尧山先生传》来看，嘉靖元年即已领乡荐，其时何维柏才十一岁，因此激衷年纪至少比何维柏大十岁以上，应是未入仕前结识的忘年好友。维柏评价其"气象温恭，如杨休山立，其声清越，铿若金石，人闻其歌，莫不忘味……大抵先生之学务自得，故志趣凝定，践履笃实……财帛不入私室，虽屡空，裕如也"。①

4. 与王渐逵。王渐逵（1498—1558），字鸿山，又字用仪，因世居沙湾青萝山下，人称"青萝先生"，又号大隐山人，番禺人。少时从父仕泰州学正，父殁归广州。从湛若水受"五经大义"，正德十一年（1516）举于乡，次年中进士，正德十四年（1519）授刑部主事，任期三载后以侍养老母告归，家居十余年。郭棐《粤大记》称："晚年究心理学，粹然一根于心，何古林诸老咸推重之。"②嘉靖三十七年（1558）卒，所著有《青萝文集》等，同治《番禺县志》卷三十九有传。王渐逵与陈激衷是同龄好友，与何维柏则相识于京师，维柏辞官及削职归乡期间，二人经常往来相互论学对榻论心："曩予识公京师，邂逅契合，未足尽其所长。公抗疏诏罢，予寻在告，归而聚讲乐于越山之阳，对榻论心，订析疑义，尚论古今，纵观寰宇，各极夫心之所潜藏。"③

5. 与薛侃。薛侃（1486—1546），字尚谦，号介轩，学者称"中离先生"，揭阳人。正德五年（1510）举于乡，正德九年（1514）赴京应试不第，拜王阳明为师。正德十二年（1517）登进士第，再侍王阳明于赣，四年乃还。正德十六年（1521）还京，授行人，奉使湖南，后闻母讣，殒绝复苏，五日始食。结斋中离山，与士子讲习。嘉靖二十四年（1545）

① ［明］何维柏：《陈尧山先生传》，《何维柏集》，北京：知识产权出版社，2020年，第260—261页。

② ［明］郭棐：《粤大记·王渐逵传》，广州：中山大学出版社，1998年，第390页。

③ ［明］何维柏：《祭青萝王先生文》，《何维柏集》，北京：知识产权出版社，2020年，第283页。

还潮，以疾终于家，年六十。著有《研几录》《图书质疑》等传世。何维柏久从绍兴王畿、钱德洪、泰和欧阳德处闻薛侃之名，于嘉靖二十二年（1543）起复按闽时经过惠州才得一见，"色温而气和，言简而中理，虚受广善，悠然物表，望知为有道之士"①，"君崛起海滨，早承师益，席珍衡门，则潜德日章，委质朝廷，则贞固遂志"②。自恨相识太晚，称赞其为"学阳明而得其宗者，君数人而已"③。

6. 与庞嵩。庞嵩（1507—1583），字振卿，号弼唐，南海弼唐（今佛山市禅城区张槎街道弼唐村）人。嘉靖十三年（1534）中举，次年会试不第后受聘为霍韬家塾师，教导霍与璞、霍与瑕兄弟，后在羊城、罗浮等地开馆授徒。嘉靖二十三年（1544）谒选为应天府通判，后历任应天府治中、代理府尹，南京刑部员外郎、郎中，官至云南曲靖知府。庞嵩早年曾游王守仁门，师从薛侃，晚年从湛若水游，是湛甘泉之后甘泉学派的新掌门人，著有《太极解》《图书解》《庞弼唐先生遗言》《弼唐存稿》《南京刑部志》《黄龙集》等，《明史》卷二百八十一有传。

何维柏与庞嵩相识，极有可能是嘉靖十四年（1535）赴京会试时。二人年龄相仿，同为南海人，维柏是嘉靖十年（1531）举人，庞嵩为嘉靖十三年（1534）举人，均对理学兴趣浓厚。本场会试，维柏考中三甲后授庶吉士留在京师，庞嵩落第后受聘为同乡时任吏部侍郎的霍韬府上塾师，亦留京师。二人的密切来往当在嘉靖三十八年（1559）之后，维柏称"弼唐庞子归自滇南"，其时庞嵩云南曲靖知府任期已满，考察以年老致仕，进京谢职后归粤，师事年已九十四岁的湛若水，在湛若水次年逝世之后主

---

① ［明］何维柏：《中离薛君传》，《何维柏集》，北京：知识产权出版社，2020年，第263页。

② ［明］何维柏：《薛侃赞》，载［明］冯元飚修、郭之奇纂：《揭阳县志》卷八艺文志，《何维柏集》，北京：知识产权出版社，2020年，第338页。

③ ［明］何维柏：《中离薛君传》，《何维柏集》，北京：知识产权出版社，2020年，第263页。

持天关书院（今广州市法政路北侧，原名"天关精舍"）："天关之有书院也，盖按院觉山洪公所创，为甘泉先师讲学之地，月有会期，同志之士，遐迩显晦，老少毕集，谈经辨义，提以反身之学、间之琴瑟、和之诗歌，以陶性情，不及户外臧否。"①同时，每月两至三次与陈唐山、林艾陵、刘素予、黄莱轩、岑蒲谷、邝五岭、何古林、霍勉衷等为天山讲易之会："吾乡古林何丈讲学于天山之草堂，某亦忝主洒扫于天关之馆，各有会期，期至则诸同志诸从学往来质疑，期不诡于圣贤中正之极。"②现存《庞弼唐先生遗言》收与维柏唱和怀赠诗作九首，主要内容述及天山草堂之会及隆庆元年祝贺奉诏北上。如《陈唐山先生携觞邀同罗容所邝五岭何古林林艾陵四先生东山寺谈易》一诗，就从一个侧面反映了何维柏在天山草堂避居讲学期间的闲适：

> 出郭幽寻过野寺，小车遂遂往来轻。
> 东山幄绕彤云合，北海樽倾紫气横。
> 大药故应调火汞，尘编聊复究虚盈。
> 相随独愧风雩咏，适意双禽也伴鸣。③

7. 与庞尚鹏。庞尚鹏（？—1581），字少南，号惺庵，南海人，称庞嵩为伯兄。嘉靖三十二年（1553）进士，授官江西乐平知县，被擢升为御史。回朝后任河南巡按，改任浙江巡按，见百姓苦于徭役负担繁多，庞尚鹏为此主持推行统一计田征收的"一条鞭法"。后任大理寺丞、右金都御

---

①　[明]庞嵩：《天关赠别颍泉邹公祖先生序》，《庞弼唐先生遗言》卷二，《广州大典》第426册，广州：广州出版社，2015年，第139页。

②　[明]庞嵩：《林先生擢感恩掌教序》，《庞弼唐先生遗言》卷二，《广州大典》第426册，广州：广州出版社，2015年，第140页。

③　[明]庞嵩：《陈唐山先生携寿觞邀同罗容所邝五岭何古林林艾陵四先生东山寺谈易》，《庞弼唐先生遗言》卷四，《广州大典》第426册，广州：广州出版社，2015年，第223页。

史，管辖两淮、长芦、山东三个运司。隆庆四年（1570）被罢官为民，万历四年（1576）以原官任福建巡抚，继续推行一条鞭法。逢张居正夺情，惩治进谏者，何维柏被罢。庞尚鹏在福建致信疏救并去诗安慰何维柏，冒犯张居正，次年被罢，家居四年去世。有《庞氏家训》《百可亭集》等传世，《明史》卷二百二十七有传。

庞尚鹏生年不详，疑为嘉靖三年（1524）左右，比何维柏年少十多岁，从庞尚鹏万历八年（1580）为何维柏夫人劳氏所撰墓志铭的语气来看，二人情谊当介于师友之间。庞尚鹏是明代中后期著名的经济改革家，嘉靖四十四年（1565）任浙江巡按期间，因眼见浙江徭役赋税名目繁多、负担不公，实物和劳役的征发酷虐，百姓不堪其苦，初行里甲平均法，继行十段锦法，后在全省推广"一条鞭法"，即将徭役、方物岁贡等负担全部并入田赋，计亩征收。试行后成绩显著，使豪门富户照田负担，无田贫户得到存恤，无地商人亦从中受益，因此深得民心。现存何维柏《天山草堂存稿》卷六有《答庞惺庵》书，查《百可亭集》，亦有《简古林何中丞》，自称"私淑门下，身教于此最为有得，而未敢以语人也。"①因此可见庞尚鹏虽未列名为天山弟子，但一直以师者长辈看待何维柏。《答庞惺庵》书里所答，不一定是《简古林何中丞》之复，亦看不出确切系年，从内容分析，可能是万历四年（1576）庞尚鹏官复原职任福建巡抚时的往来书信，维柏在信中谆谆叮嘱庞尚鹏需"惠吾民者"，语气中颇有长者语重心长的教诲之意：

> 三复华械，惓惓以察时艰、舒民力，加意吾民至切也。愿筹
> 熟孚当，务为画一可久之规，从容默转，次第举行，使人不骇，
> 日臻安顺乐利之域，斯则士君子之妙用，与时套迥别，所以惠吾

---

① ［明］庞尚鹏：《简古林何中丞》，《百可亭集》卷二，《广州大典》第427册，广州：广州出版社，2015年，第411—412页。

民者大矣。

此外，《百可亭集》还存有庞尚鹏贺何维柏隆庆元年奉召还京的序文一篇、万历元年赴召还京诗作一首。

8. 与霍与瑕。霍与瑕（1521-1599），字子璧，又字勉衷，号勉斋，南海人，霍韬次子。嘉靖三十八年（1559）进士，授慈溪知县，与海瑞同时弹劾巡盐鄢懋卿被罢，隆庆元年（1567）知鄞县，不久升任广西佥事。有《霍勉斋集》传世。霍与瑕是庞嵩的学生，随庞嵩与何维柏往来。在维柏去世之后，先后撰《奠何古林老先生》《同会祭古林何老先生》《祭何古林公窆岁墓穴》等文祭之，另有多首贺送维柏应召北上的诗词。

9. 与黎瞻、黎民表。黎瞻，字民仰，号前峰，番禺人。嘉靖元年（1522）举于乡，初授福建尤溪县教谕，嘉靖十三年（1534）分校南京，旋迁北国子监助教，擢顺天府判，迁府尹，因劾严嵩出判南昌府，后丁父忧归，适严嵩柄国，无仕宦意。日与南海何维柏、顺德欧大任、同邑王渐逵、犹子民表研究理学，驰骋词章。年八十六卒，有《燕台集》一卷传世，道光《广东通志》卷二七九、同治《番禺县志》卷三十九有传。黎民表（1515—1581），字惟敬，号瑶石，广东从化人，黄佐弟子。嘉靖十三年（1534）举人，官至河南布政参议，万历七年（1579）致仕，以诗名，与欧大任、梁有誉、李时行、吴旦称"南园后五子"，著有《瑶石山人稿》《北游稿》等，《明史》卷一八一有传。黎瞻与黎民表仅因年岁姓氏以"犹子"相称，并无亲近的血缘关系。何维柏与二黎，是其朋友圈中少有的以"结社赋诗"而联系在一起的，维柏在给黎瞻《燕台稿》作序时称："余友黎民仰氏，两官京师，得诗若干首，案而名之曰《燕台集》，出以示余，且征序焉"，并评述广东诗坛云：

---

① ［明］何维柏：《答庞惺庵》，《何维柏集》，北京：知识产权出版社，2020年，第228页。

吾粤孙仲衍从而扬扢风雅，诗学遂开于岭南。自是□经之士，率无暇工为声韵。宦游四方者多以簿书期会，鞅掌风尘，讽咏之才，率少概见。惟民仰氏筮仕成均，擢京兆尹，仰观帝京之伟壮，出陪冠盖之胜游，声名文物，荟蔚彪柄，足以资其词华，广其闻见。又能笃学好古，优游厌饫于六经、子史，魏晋唐初诸大家，宜其诗之富丽，而无以穷其胜也。[①]

维柏虽平时间有诗歌唱和，但其诗或直抒胸臆，如其挐械赴京及削职回乡途中所作十余首，或申明理学旨趣，如其夜坐、默坐、抒怀各首，他自己也知岭南理学大家平时聚会虽也谈易赋诗，然从陈白沙起就是"率无暇工为声韵"，求理趣而少诗意，颇有自知之明。从这个角度来看，他能夸赞黎瞻"其赋物也工，而寄兴也适，此民仰氏之得力于诗者"是很难得的。今二黎俱有贺何维柏隆庆元年（1567）起复应召的唱和诗传世：

温室宣遗诏，遐方起旧臣。

赐还彰睿眷，锡命越朝绅。

诗社辞仙峤，楼船起海滨。

凤麟天下重，龙蠖一朝伸。

昌运开尧历，崇阶陟汉津。

广南增士气，极北转鸿钧。

允矣当名世，夔龙可并论。

——黎瞻《送何古林侍御应召》[②]

①　[明]何维柏：《黎民仰〈燕台稿〉序》，《何维柏集》，北京：知识产权出版社，2020年，第217页。

②　[明]黎瞻：《送何古林侍御应召》，《全粤诗》卷二三七，第8册，广州：岭南美术出版社，2009年，第34页。

招摇有桂树，结根南海湄。

蒙龙度霜霰，皎洁常不移。

以兹孤直性，贡之白玉墀。

春风被兰茝，荣耀同一时。

虽有艳阳质，比君璚树枝。

明堂备棫桶，海寓瞻巍巍。

丹青洵云美，玄素岂所睽？

无言愧桃李，幸得仰容辉。

——黎民表《送何乔仲赴阙》①

二、其他朋友圈

1. 与罗钦顺。罗钦顺（1465—1547），字允升，号整庵，江西泰和人。弘治六年（1493）进士，授为编修，迁南京国子监司业，因乞奉养双亲忤怒刘瑾，被削职为民。刘瑾被诛后复原职，升南京太常少卿、南京吏部右侍郎、北京吏部左侍郎。嘉靖初任南京吏部尚书，后致仕归家。嘉靖二十六年（1547）逝世，年八十三岁，著有《困知记》，《明史》卷二百八十二有传。罗钦顺是与湛若水齐名的理学大家，其治学专注于穷究事理，保存本心，知达性，主张"性命之妙，理一分殊"。罗钦顺比何维柏年长四十六岁，是现存《天山草堂存稿》除陈白沙外，维柏唯一明确表示欲执"弟子礼"的理学名家。维柏认为"至论理学，则阳明、甘泉二分，晰矣备矣。某皆慕之仰之，第未及门，以馨其说"。他初知罗钦顺之名，是嘉靖十一年（1532）赴京师应试之时："则又知有整庵先生者，好古之勤，力行之实，进退之正，辞受之严，乡里称之，天下信之，予心向往久矣。"嘉靖二十二年（1543），第一次奉诏起复的何维柏还京途中，

---

① ［明］黎民表：《送何乔仲赴阙》，《瑶石山人诗稿》卷一，《广州大典》第427册，广州：广州出版社，2015年，第13页。

特意排出一天时间，绕道泰和谒见退休在此的罗钦顺，与之论陈白沙、王阳明、湛若水之学，罗认为三人"皆悟后之见，学之者未领厥悟而袭其论，失斯远矣"。维柏反驳道：

> 王、湛二公，立言者也。诸所述作，天下后世必有识之者。若白沙学求自成，不事著述，盖有诸己而求诸己者。间有一二援引托喻，乃其泛应之语，恐未可摘而疵之也。①

针对罗钦顺认为陈白沙、王阳明、湛若水三先生著作所存为"悟后之言"，不适合未领悟的初学者，何维柏以三者的区别予以辩驳，认为王阳明和湛若水都精于著述，学其著者可从中领悟，而陈白沙本无意著述，强调学求自成，现存著述，仅其自悟之后"泛应之语"的记录，意即后学者不应从文字之上求之，而应自行静悟才是学到其精髓，从维柏的回忆来看，该论还是得到罗钦顺首肯认可的。因此《粤大记》说他是"以证白沙之学"②。二人会面，仅限于此，但学问交情，却又不仅限于此：

> 某二日告别，虽未克成弟子之礼，然登堂阶，闻馨欬，素愿慰矣，计往还源源请益。乃乙巳以罪摈斥，遂归旧隐，相去日远，心益不忘。丙午夏，得先生手书，及惠《困知记》，暇日三复，其以理一分殊论性，而性命流行之妙可微；以动静体用论心，而道心人心之微可著，此皆独得之见。至于立论之确、考辨之明，皆维道独苦之心也。某学未有成，于诸君子之教，不敢方拟。独窥先生践履真实，言行相顾，岂非所谓躬行君子者耶？某

① ［明］何维柏：《祭罗整庵先生文》，《何维柏集》，北京：知识产权出版社，2020年，第277页。
② ［明］郭棐：《粤大记·何维柏传》，广州：中山大学出版社，1998年，第388页。

私淑先生，较为得力，故信益深。①

2. 与项乔。项乔（1493—1552），字迁之，号瓯东，永嘉县华盖乡人，自号九曲山人。少于张纯从张璁、王激学。明嘉靖八年（1529）进士，授南京工部营缮司主事，调兵部武选主事，升本部职方司署员外郎主事。嘉靖十四年（1535）升抚州知府，嘉靖二十二年（1543）升湖广按察副使，二十四年（1545）因十四年前武选任上"诈宝案"失职事，谪为福宁州同知，二十六年（1547）升福建佥事，二十七年（1548）升广东布政司左参议，翌年升河南按察副使。二十九年（1550）再任广东布政司左参政，至三十一年（1552）卒于官。著有《瓯东私录》《瓯东政录》《瓯东文录》，现有《项乔集》。万历《温州府志》有传。项乔治学，于朱子、阳明均有采择，偏好践履之心得，但又不属于陈、王心学一系，偏重于传统的朱子学。他在广东任按察副使期间，与甘泉门生相交甚厚，也论争甚多，他曾撰《读陈白沙全集》一文，逐条批评："详玩白沙之学，初因勤苦读书，刻意戒谨，致病乃始静坐，而自得其端倪。遂示人以为学只在静坐……殊不知静坐而得之者，实得之于刻苦用工之后，若无前段工夫，则虽连年静坐，何处得来？"与罗整庵批评白沙之学为"悟后所得"相类。该文出，甘泉弟子王渐逵作《答项瓯东论陈白沙》予以辩护回应。何维柏与项乔相识，当即在项任职广东而何维柏辞官居家期间，今《项乔集》中尚有《与何古林侍御》一文：

> 途中与沈颐斋谛观诸作，共加称服。缘希圣之志自昔已然，
> 故悯俗之怀于今尤切，不独文字之工耳。宦辙东西，未得早归，
> 请教岁聿，云暮四壁，想当肃然。聊具薄仪，少资饥渴，惟念其

---

① ［明］何维柏：《祭罗整庵先生文》，《何维柏集》，北京：知识产权出版社，2020年，第277页。

同袍俯赐麾纳。①

题后有小注"时在南雄",从书柬内容来看,当为嘉靖二十四年（1545）何维柏上疏被逮时,项乔得到消息,在南雄赠予维柏弟等"薄仪",以表慰问。今《天山草堂存稿》卷六收维柏《答项瓯东论经权》《答项瓯东论性》两篇,当是项乔任职广东与白沙弟子论学时维柏针对其批评白沙言论而作的回复。

3. 与林应麒。林应麒（1505—1583）,字必仁,号介山,仙居（今浙江省台州市仙居县）人,嘉靖三年（1524）中举人,次年赴京会试不第,游王阳明门。嘉靖十四年（1535）进士及第,历官吴江、金溪县令,云南提举,终官惠州府同知、署郡事。因忤逆严世蕃、万镗二权贵而遭免职,有《介山稿略》传世。今存光绪重抄本《诚征录》收署名林应麒撰的《台谏逸事》一篇。林应麒与何维柏是同榜进士,相识于京师会试期间。虽应麒师承王阳明,维柏醉心陈白沙,但对理学相同的追求,尤其是相似的性格与官场被打压经历,使得二人在重新聚首之时,更生惺惺相惜之感。嘉靖三十一年（1552）,林应麒调任广东惠州府同知,其时何维柏正因削职回籍已乡居七年之久,二人再次在维柏家乡相聚,"温语契阔",重叙别后光景。后门人叶辈夫将林应麒著作《介山先生稿略》请维柏作序,谓其非介山全稿,仅为"诗文体裁之备、格调之工,可以传者梓之",维柏欣然作序,赞曰:

> 吾友介山林子,与予同举进士,文学蔚有声称,入仕守正,毅直不回,志加穷民,威锄豪贵,动罹挤陷,仆而复兴,所至实有惠政于民,民德之而亦以此为时所摈忌。故坎坷畏途,垂二十

---

① ［明］项乔:《与何林侍御》,《项乔集》下卷,上海:上海社会科学院出版社,2006年,第442页。

年，始得贰于惠。其磨剞艰阻，饱更老练，可谓动忍以增益之者矣。所遇时事，与平、植不类，然感慨忧伤之怀，守己俟时之志，形诸咏歌，发于情之真者，则一而已。①

4. 与柯尚迁。柯尚迁（1500—1580），原名文迁，字时益，号乔可，又号阳石山人，福建长乐人。嘉靖二十八年（1549）入贡国子监，由贡生官邢台县丞。嘉靖三十八年（1559）授直隶顺德府邢台县丞。精儒学，尤善算学，曾特意赴岭南问学于湛若水和黄佐，是有明一代著名的理学家、数学家、珠算家、教育家。著有《数学通轨》，《四库全书》经部收其《周礼全经释原》十四卷。万历十年（1580）年八十岁卒。据何维柏《书柯子乔可白沙真迹卷》一文，二人相识当在何维柏巡按福建之时，因服膺白沙之学，来到广东：

> 柯子生于（白沙）其后，不远千里，南徂南海，过江门，造（白沙）先生墓谒焉。既则入西樵，问学于甘泉湛子，至粤洲，问礼于泰泉黄子。一日访予古林，予嘉其志贤于时人远矣……柯子好学由己，吾谅其无所为者，窃勉其终也孜孜不息，务实胜焉尔。子足迹半天下，所与游、所与言者，则皆名士也，不审有语及此否？予与子在闽有夙昔之雅，敢附忠告之义，以期归于道，无孤向往白沙至意。②

5. 与颜鲸。颜鲸（1515—1589），字应雷，别号冲宇，慈溪（今浙

---

① ［明］何维柏：《介山稿略叙》，《何维柏集》，北京：知识产权出版社，2020年，第337页。

② ［明］何维柏：《书柯子乔可白沙真迹卷》，《何维柏集》，北京：知识产权出版社，2020年，第71页。

江省宁波市慈溪市）人。嘉靖三十五年（1556）进士，授行人，擢御史，出视仓场。四十一年（1562），畿辅、山东西、河南北大稔，鲸请州县赃罚银毋输京师，尽易粟备赈，且发内府新钱为籴本。明年，出按河南。时嵩已败，鲸乃奏记徐阶，说诸大珰绝其援，又尽捕王侦事飞骑。改督畿辅学政。劾朱希孝乱法，帝怒，责鲸诋诬勋臣，贬安仁典史。隆庆元年（1567），历湖广提学副使。《明史》卷二百八有传。颜鲸与何维柏年岁相差不大，但中进士入仕时间要晚二十年，两人的交集在隆庆元年以后，当是性格相仿而因何维柏弟子叶梦熊而有心相交。万历十二年（1584）叶梦熊等弟子辑《天山集》刻印之时，商请颜鲸为之序，序今载《天山草堂存稿》卷首，惜阙前部分：

> 《天山集》得诸巡海龙潭叶公。其语天人性命学术经纶之蕴，剖析元奥，典则昭明，言近而指远，以宪章乎先王之精。时发为声诗，亦冲澹雍雅，趣味天出，洋洋乎心源之流行也。若其潜修密证，深造诣极，则先生之所独得，有不尽于言而人不可以言求也。①

这是现存最早评价何维柏诗文的文字，也应该是见了《天山集》全貌尤其是何维柏诗后的确评，"冲澹雍雅，趣味天出"，比之后来未窥全貌的四库馆臣及朱彝尊所评类似于语录，要更为全面贴切。何维柏对撰写该序的颜鲸尚有谢语："海内交游中，称明公实学懿履，为斯道宗盟，某企慕久矣，窃以未邃论心质请为平生歉。"②可见二人仅以文字相交，未得晤面。

---

① ［明］颜鲸：《天山草堂存稿序》，《天山草堂存稿》卷首，《何维柏集》，北京：知识产权出版社，2020年，第2页。
② ［明］何维柏：《谢冲宇颜先生》，《何维柏集》，北京：知识产权出版社，2020年，第242页。

当然，何维柏在天山草堂隐居期间，往来交游者远不止上述理学或文学名士，由于其本人一方面不事著述，来往书柬亦未加刻意保存，故《天山草堂存稿》挂一漏万，且所存文字多侧重于他隆庆元年第二次起复之后，要更全面了解他的论学与为人，更多的则可从其与弟子的授课、交往和教诲中见之。

第三节　门生弟子

　　因陈白沙及其弟子的影响力与辐射力，开山讲学成为岭南地区儒学尤其是理学发展的重要承载方式，因此明代中后期是广东书院发展的蓬勃期，据统计，明代广东书院共计290所（含书院285所，精舍5所）[1]，各书院在院舍、组织、经费、师生、课程训导等方面均形成了规范的制度，民国时期刘伯骥《广东书院制度沿革》[2]对此有深入的探讨与研究。但很显然，何维柏创建的天山草堂和天山书院并没有统一规范的制度或授徒标准，从整个《天山草堂存稿》来看，似乎也没有设所谓的"山长"，只是从最初天山草堂与交游者订析疑义相与论学自然而然发展而成的，以何维柏本人为中心，随其言传身教的小型私塾式书院。因此它与湛若水在各地创建的书院大有不同，不仅没有一个统一规范的书院制度或标准，其具体授课形式和内容也已无法确考，仅能从现存讲义、语录及何维柏与弟子之间保存不多的往来书信中窥见一二。

　　何维柏自弱冠中举后从钟景星那里接触到《白沙集》开始，就静心揣摩，在为人处世及为官为学等方面处处以陈白沙的思想准则来要求自己，在创建书院讲学方面，他并没有如湛若水一样有着随处开山授徒的抱负与

①　孔祥龙：《明代广东书院研究》，云南大学硕士论文，2014年。
②　刘伯骥：《广东书院制度沿革》，商务印书馆，1939年。

志向，他最开始只是在自己的居所接待一起谈易论学的知己好友，实在是慕名而来者过多，且自己家的兄弟也多有启蒙入学需求，因此才扩天山草堂为"天山书院"，一讲二十余年。嘉庆《三水县志》称其"择河南胜地，辟天山书院以处四方从游之士，如尚书叶梦熊、金宪陈吾德等皆出其门，以勋节著海内"。①据何维柏自言，截至万历元年（1573），"同学于天山者六十余人，前后举于乡者三十余人，第进士者十余人"。②从这个规模来看，二十余年从学六十余人，实在不能算多，但取得功名者的比例却很高，基本一半以上得以自书院而晋举人之列，获得入仕的敲门砖，六分之一以上还能得中进士，踏足朝堂。这六十余人的姓名今已不可考，仅《三水县志》提及的叶梦熊，就是青出于蓝而胜于蓝，文武兼修，官至兵部尚书。从这个角度来看，"天山书院"的成才率与培养效果是非常好的。

一、何维柏的讲学理念

何维柏自己少年时期读书三水昆都山麓，是没有名儒硕彦指引入门的，当时所深为拜服的是北宋延平先生李侗。按明代读书人以科举考试内容为学习内容的惯例，维柏在昆都山下前母舅家的社学以及后来入读三水县学，可能学习的主要就是四书五经，尤其是朱子所著各书。而他自己的兴趣，则放在朱熹的老师李侗身上，其揣摩研读的原典，可能就是朱子所记《延平问答》。小小年纪的何维柏，与兰坡老人毗邻而居，兰坡老人不详何许人也，大概是昆都山下江根村里的隐居人士。可以想象，年少的何维柏平时行事也是少年老成的模样，自个儿在昆都山下用"默坐澄心"的方式体悟天地间最深奥又最浅显的道理，所以成年以后他回忆自己的师

---

① ［清］（嘉庆）《三水县志》卷十一《何维柏传》，台北：成文出版社，1966年，第180—181页。
② ［明］何维柏：《题春风万里卷赠郭子孔瞻》，《何维柏集》，北京：知识产权出版社，2020年，第67页。

承，用的是"无师友指承"总结。后来入省城参加乡试，一考即中，再晋京会试，同行及同年参加考试者给了维柏许多闻所未闻的见解，大大开拓了他的视野，尤其是得遇《白沙集》，让他第一次真正窥见了探索理学思想与学会为人处世的新方法，从此一生追随。而他从自学《白沙集》开始，似乎就没有过要拜当时尚在世的白沙弟子为师的念头，哪怕就在近水楼台的西樵山，四大书院近在咫尺，尤其是大科书院盛名远播，且由湛若水亲任首任山长，制定书院规则，他也没有入读其中的任何一所，只是与入读各书院有相同爱好的学子们往来。因此，从这些行为来看，何维柏是更倾向于陈白沙的"学宗自然，而要归于自得"，故不需要以文字语言这些外在的东西来涂饰，因此"不事著述"，亦不好为人师。而白沙门下多以清苦自立，不以富贵为意的门徒风格，则让维柏自为官之始就有不以仕途进取为目标的底气与人生追求。

当然，尽管何维柏自己以"自得"之学为最主要的入学门径，但他从不拒绝好学从游者的问学，他曾在弟子郭孔瞻的诗文集《春风万里卷》里表明其为学的理念与观点：

> 学者之于学也，犹农夫之于田也，修礼以耕之，陈义以种之，讲学以耨之，本仁以聚之，播乐以安之。有事而匪懈，优游以俟成……如是充之，则天地万物皆归一阓，宇宙分内，莫非吾事。行此以为政，可以育民生；立此以为教，可以正士行。及其至也，上之而赓歌起喜，可以弥成风动之治，不则起顽立懦，足以为百世之师。是瞬息古今，囊括寰区者也，何啻万里？……君子之学，言近指远，可以悟道；比物丑类，可以明志；利用安身，可以致远。①

---

① ［明］何维柏：《题春风万里卷赠郭子孔瞻》，《何维柏集》，北京：知识产权出版社，2020年，第67页。

237

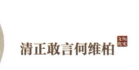

做学问，就像农夫耕田一样，"修礼以耕之，陈义以种之，讲学以耨之"，不违四时，不因事而懈，以仁聚，以乐安，然后就是优游以成。既包含了学问的循序渐进，不急功近利，又阐明了应该"读万卷书、行万里路"的践行思想。而一旦开悟，则不仅仅是做学问，万事万物，皆归一阃，道理相同："行此以为政，可以育民生；立此以为教，可以正士行。"而且他再次申明作为读书人的责任担当："宇宙分内，莫非吾事。"以此教育弟子门生，深切儒家修身齐家、治国平天下之旨，达则"弼成风动之治"，穷则如自己一样退守乡居，"起顽立懦"，"为百世之师"，均是儒者应该的有为之事。维柏总结他一向推崇的"君子之学"为："言近指远，可以悟道；比物丑类，可以明志；利用安身，可以致远。"

二、天山书院的课艺方式与内容

那么，在天山书院到底学些什么呢？从何维柏自言的"前后举于乡者三十余人，第进士者十余人"来看，科举课艺应该还是这里最主要的学习内容。参照湛若水《大科书院训规》的一百零九条规定，其课程分为一日之课程和一月之课程，一日之课程主要有"诵书、看书、作文、静坐思索、温书"等环节，而一月之课程则有先生升堂主讲、学生轮讲、每月六次考试三大类。主要授课内容以《论语》《大学》《中庸》《孟子》《性理》《史记》《五伦书》为主，要求诸生务必熟读四书五经，旁通《性理》《史记》及《五伦书》，而仙、佛、庄、列之书则在限读之列。现存没有何维柏给弟子开列必读书单的记载，仅从现存讲义和语录问答来看，其必读书目可能也是四书，而于五经中则很明显最为侧重的是《周易》。讲学释读依据除自己的理解外，以阐发白沙学说为宗旨，而且特别注重联系实际的身教。至于每日授课环节，细节已难以确考，大约门生弟子居住在天山书院，除自行诵书静坐外，以聚众会讲质疑提问为主要授课方式，这是与何维柏与庞嵩等人每月定期举行诗易会一脉相承的讲学方式，而门生弟子们则是在诵书、质疑与身教中得其精髓。其晚年随侍弟子杨烈曾深情地回忆说：

（杨）烈自丁丑，枢隅燕邸，非久南旋。是夏徂秋，日侍天山草堂。同门聚萃质问之暇，若群饮江河未足也……烈质庳志荒，遍参三十年余，茫无所得，盖待文王犹不兴者，其下凡民也益远矣。顷服勤数月，获瞻先生广众渊居，恭敬罔渝闱庭，内分邕穆，严肃恒谇之声不下，臧获呕喻之色益笃，交欢曾历从心，而不厌不倦，窃终身赍志而未能。①

杨烈是福建人，应是慕名而来广州天山草堂求学，"遍参三十年余，茫无所得"，既说明此前未得明师指点而自我资质不够之难，又表明学问悟道之不易，而在天山草堂随侍左右，不仅从对经典的释意与问答中得到启发，更重要的是从何维柏本人为人处世的态度上得到君子修为的示范。

何维柏在与弟子的问答中，屡次提及且以之要求自己的"君子之学"，内涵究竟是什么呢？首先是言行举止："学以厚重为质，君子端凝淑慎，正其衣冠，尊其瞻视，俨然人望而畏之。"②"毋不敬，内外动静，无不整齐严肃，修己以敬也。俨若思，诚之于思，思无邪也。安定辞，谨是枢机，言不妄发也，皆敬也。"③其次是君子之学，以慎独和协于克一为旨归："君子之学，协于克一，一则明通公溥，静虚动直，廓然大公，物来顺应，资深逢源，酬酢万变……学贵闲邪以存诚，致精以主一，便是作圣之功。"④"良知即是独知，致良知即是慎独，一念之发，善不善无不自

① ［明］杨烈：《刻〈天山集〉小引》，《天山草堂存稿》卷首，《何维柏集》，北京：知识产权出版社，2020年，第4页。

② ［明］何维柏：《君子不重则不威，学则不固》，《何维柏集》，北京：知识产权出版社，2020年，第82页。

③ ［明］何维柏：《〈曲礼〉：毋不敬章》，《何维柏集》，北京：知识产权出版社，2020年，第85页。

④ ［明］何维柏：《问白沙千休千处明之诗》，《何维柏集》，北京：知识产权出版社，2020年，第116页。

知之，岂不是良知？能勿失其良知，是谓能慎其独，能慎独即所谓致良知矣。"①再次是问学求学的方法：一是学贵反求诸己，二是主静，三是学须有头脑：

> 学贵反求诸己，自得于心，必于圣贤之言实见之，力行乃可，不宜于训释字义上求之。②

这是何维柏自己的经验之谈，他自己的学问，均得自澄心静坐后的自悟，因此非常同意白沙观点，反对缘文字而求之："故凡以言传者，皆糟粕粗迹，非古人之真传矣。"③而学问的内容，就更非纸上文字所囿了，日用酬酢、诗书六艺，皆是学问，而诗书六艺，实质上就是人伦日用道理："弟子这孝弟谨信，泛爱亲仁，有余力而后以学文。此文虽专指诗、书六艺而言，然孝弟、谨信、亲爱道理即在此中也。博文所以约礼，约即在博之中，礼即在文之中。"④主静则更是维柏一生从李延平、陈白沙处悟得最为会心的学习法门：

> 初学者须是习静，神气始能收敛……静而无静，动而无动，
> 是之谓真动、真静。是故观理一分殊之妙，会真静真动之机，而
> 天地万物之情有可见矣。学者戒慎乎其所不睹，恐惧乎其所不

① ［明］何维柏：《〈中庸〉言慎独》，《何维柏集》，北京：知识产权出版社，2020年，第98页。

② ［明］何维柏：《学贵反求诸己》，《何维柏集》，北京：知识产权出版社，2020年，第101页。

③ ［明］何维柏：《问白沙古人弃糟粕之诗》，《何维柏集》，北京：知识产权出版社，2020年，第117页。

④ ［明］何维柏：《问学文是诗书六艺之文》，《何维柏集》，北京：知识产权出版社，2020年，第110页。

闻，致虚以立本，则至无而至动，至近而至神。①

故静中存养，宁神定志，使心猿意马日渐消灭，以祛其习染之汙，以复其清明之气……安居逢源，定静安虑，可以酬酢万变，可以充塞宇宙，可以合德古今，非若静中始养之时矣。②

学须有头脑，始能有进步处……学者精察夫理之一，以豫养夫天地之中，则吾心本体，包含徧覆，万物皆归一阖，此即所谓头脑，即白沙先生致虚立本、元神灏气诸说，即欛柄千古万古，皆此一也。③

何维柏讲学要义除上述君子之学的阐述外，还有一条更重要的责任伦理观点，即"宇宙内事皆吾性分内事"：

君子所性，仁、义、礼、智根于心。其生色也，睟然见于面，盎于背，施于四体，四体不言而喻。故君子之学，以尽性也。用之则行义以达其道，本身而征诸民，推之天下国家之大，驯至参赞位育之极，莫非吾性分当然，非有所加也。不用则卷而怀之，非有所损也。故事业如尧舜，可谓至矣。然皆学者分内事，不足异也。④

①　［明］何维柏：《问初学须是习静》，《何维柏集》，北京：知识产权出版社，2020年，第123页。

②　［明］何维柏：《白沙先生云静中养出端倪》，《何维柏集》，北京：知识产权出版社，2020年，124页。

③　［明］何维柏：《宪文问学须有头脑》，《何维柏集》，北京：知识产权出版社，2020年，第119—120页。

④　［明］何维柏：《问宇宙内事皆吾性分内事》，《何维柏集》，北京：知识产权出版社，2020年，第115页。

"宇宙内事皆吾性分内事"的观点，源自宋陆九渊的"宇宙即是吾心，吾心便是宇宙"，"宇宙内事，是己分内事，己分内事，是宇宙内事"①之说，何维柏将其具体化为君子之性，即仁、义、礼、智均本于心，因此大至国家大事，小至个人修身行义，均是"吾性分当然"，得其机会则用之以达其道，未得机会则卷而怀之自身。因此，才会有仕途之上，"须知一日立乎其位，则一日业乎其官，而以徒谷素餐为可耻"②的自律与自我认知，也就不难理解他为何会以福建巡按期满时上奏弹劾首辅严嵩，尽管毫无私仇，也要言满朝所不敢言，动力正来自内心的"性分当然"用之天下的责任感。

三、天山草堂的弟子群体

何维柏天山草堂和天山书院纯以其个人魅力聚徒讲学，生徒不算众多，也没有开立山门宗派的自觉，其弟子群体可考者寥寥可数，约为以下数位：

1. 叶梦熊。叶梦熊（1531—1597），字男兆，号龙塘，改为龙潭，又号华云，归善（今广东省惠州市）人。嘉靖四十年（1561）进士，被授予福清县令。隆庆四年（1570），因廉能卓异，擢升为户部主事，不久改为山西道监察御史。十月降级外任。万历十年（1582），为云南副使，十二年（1584），为山东副使，十四年（1586），加升为右参政，仍兼按察司佥事，管理永明兵备事务。叶梦熊善于治兵，而且能充分任用敌方间谍，他所研制的轻车也很实用。后因其在辽东治兵功绩，被加为右参政，后被推举为山东按察使，旋升为都察院右佥都御史，巡抚贵州，兼督川东湖北，节制三省。万历二十年（1592），因陕西地区有蒙古的火酋部

---

① ［宋］陆九渊：《陆九渊集》，北京：中华书局，1980年，第273页。
② ［明］何维柏：《先生一日问曰》，《何维柏集》，北京：知识产权出版社，2020年，第106页。

族入侵，被调任巡抚陕西。万历二十五年（1597）去世。著有兵书《决胜纲目》《华云集》《五镇奏疏》《筹边议》《战车录》《运筹决胜纲目》等，《明史》卷二百二十八有传附魏学曾后。

叶梦熊是"务实学则有实政，务实政则有实效"文理兼通的复合型人才，既是戎马一生的孤独将领，也是擅长火器制造的工程师；既是敢于戏弄文臣的诗人，也是精通军事理论的民族英雄；既是甘于急流勇退的政治家，也是皈依佛理的哲学家。据说其"生有异征，头骨隆起，双眸炯炯如电"，因而有"浑身是胆"的外号。嘉靖二十五年（1546），叶梦熊与叶春及同时被选拔入庠序，嘉靖二十八年（1549），叶梦熊父亲病逝，"痛先志未酬"，立志"奋然扬显之"。后遵照父亲遗嘱，负笈来到广州，求学于因弹劾严嵩而削职回乡四年的何维柏。弱冠之年的叶梦熊经常与何维柏大谈道义，往往从清晨谈到深夜，因此深得何维柏器重，被认为是国家的栋梁之才。现存《天山草堂存稿》就是叶梦熊在万历十二年（1584）主持刻印的，何维柏去世之后九年，迁葬三水镇冈山，也是时任南京工部尚书的叶梦熊为之撰《大宗伯端恪何公行状》，忆及当年，自言"熊弱冠受业公门下，抚如己子"。现《天山草堂存稿》仅存一封《与叶男兆》书信，当为复叶梦熊出仕之后汇报朝政之事，夸赞其"可见平日学力有益于实用也"，为人师之谆谆教诲与欣慰之情溢于言表：

> 贤友日见之行事，潜孚默感，俾负固不逞之夫，一旦群遣子姓就学，愿散兵归农，请建县治，入为编民。不烦钲鼓，坐定百十年未辑之党，贻三省无疆之休，斯岂声音笑貌能然哉！可见平日学力有益于实用也。喜而不寐者以此。①

---

① ［明］何维柏：《与叶男兆》，《何维柏集》，北京：知识产权出版社，2020年，第226页。

2. 蒲凝重。蒲凝重，南海人，嘉靖四十四年（1565）与同门叶梦熊、陈吾德同科进士，隆庆四年（1570）知灵川县，履任未阅月，革蠹弊六事，革火耗、清滥免、均纸劄、禁杂派、杜科敛、省下程，皆切民瘼，性疏旷，厌趋迎，与诸生讲论道德，津津然忘倦，卒于温州同知任上。蒲凝重在《天山草堂存稿》中的痕迹不多，仅见其卷首小序"重获游门墙，得窥先生昔记，叹曰：'览此编而君臣父子兄弟友朋之义备矣！夫不涕令伯之表者非孝子，不涕孔明之表者非忠臣，读先生之记不涕者则于五伦何如也！'"但蒲凝重曾为老师之作的汇刻请温州同僚侯一元为之作序，考侯一元集中有《待罪日记序》，言"吾温少守蒲侯者，公门人也，学公之学，志公之志，间示余斯录焉。"因后文说"因请翻刻"，所以此处蒲凝重序的"昔记"，可能并非指《天山集》，而是指何维柏按闽被逮后的《古林何公建言日记》，也即侯一元所序的《待罪日记》，非维柏自撰，乃随行书吏所记，当时被收入《诚征录》，后散佚，未见于《天山草堂存稿》。

3. 陈吾德。陈吾德（1529—1590），字懋修，号省斋，新会人，嘉靖四十四年（1565）进士。授行人，隆庆三年（1569）擢工科给事中，因谏穆宗罢采办惹帝震怒，杖已百，锢刑部狱，斥为民。万历元年（1573）起复，官兵科右给事中，以不阿附张居正忤怒，出为饶州知府，后谪马邑典史，被御史弹劾其莅饶时违制讲学，除名为民。张居正死后被荐起，终湖广佥事，有《谢山存稿》传世，《明史》卷二一五有传。陈吾德与叶梦熊同为天山弟子，又同年登进士，观陈吾德为官之道，与何维柏如出一辙，所遭杖责削职，亦类同，故潘楳元《广州乡贤传·陈吾德传》称其："每还里，则讲学于江门正学祠，阐明白沙宗旨，暇则筹画弭盗御倭建义仓筑外城，数事心力为枯。都御史李材尝曰：'陈吾德立朝则正色，居乡则端表，洵所谓有道君子也。'"[1]现存《谢山存稿》有《与何宗伯书》一封，

---

① 潘楳元：《广州乡贤传·陈吾德传》，《谢山存稿》卷首，《广州大典》第428册，广州：广州出版社，2015年，第432页。

《天山草堂存稿》则有二人同谒江门白沙故里执弟子礼，并提议重修白沙祠的记载。

4. 韦宪文。韦宪文，字纯显，顺德人，嘉靖三十一年（1552）举人，曾与叶春及、陈吾德、霍与瑕同赴会试，意气相投。初为泰和教谕，后官马湖同知、靖府长史。告归后，常赋诗抒怀，著有《学测》《石渠洞诗》等。韦宪文是现存《天山草堂存稿》卷三语录题名里出现最多的门生，多次与何维柏问答往来。

5. 冼效。冼效（1531—1599），字衍孔，号一吾，百岁翁冼聚昶之孙。以隆庆丁卯乡荐任福建罗源教谕，督课有声。迁闽清令，清慎廉明，士民爱戴，为立生祠。擢广西永安知州，寻署平乐府，惠政益闻。以考最行取，竟以病告休。居家，不通贵游，俸薄无积。卧榻之外，环列图史，披阅之暇，或引杯酌而已。卒年七十八。《广西通志》有传。《天山草堂存稿》存何维柏万历十一年（1583）《与冼学孔》书信一封，时维柏年已七十二岁，致仕居家六年，因此信中多老怀感伤之意：

> 自南过山顾，一饷即别，稍慰凤温，更增新欺。川途修隔，无由数数会晤，以酬此生未完之责。俛仰念忆，耿耿不寐，朽生闲坐天山，时时玩《易》，庶不轻掷光阴。出则课耕，策杖松竹之林，看云听鸟，亦足为乐。独念习俗讹浇寥寥，此学无人整顿。旧时志友，零落已半，余者亦多悠悠泛泛，出则随世功名，居则诗酒和众，求如曩昔诃林聚乐，切切偲偲，不可复得。顾望中，惟吾贤友与韦纯显、叶男兆、杨肖韩数君耳。[1]

---

[1] ［明］何维柏：《与冼学孔》，《何维柏集》，北京：知识产权出版社，2020年，第236页。

第八章

复前职，实政图中兴

温室宣遗诏，遐方起旧臣。

赐还彰睿眷，锡命越朝绅。

诗社辞仙峤，楼船起海滨。

凤麟天下重，龙蠖一朝伸。

昌运开尧历，崇阶陟汉津。

广南增士气，极北转鸿钧。

允矣当名世，夔龙可并论。

——黎瞻《送何古林侍御应召》

嘉靖四十一年（1562）五月，专权十八年的首辅大学士严嵩终于被罢免，通过继任首辅徐阶不遗余力地清除严嵩党羽及纠正其专权乱政的影响，朝政有了一些起色，但嘉靖皇帝的身体已日渐衰弱，对死的畏惧和对生的渴求到了近似疯狂的程度，然而他所追求的长生不老，更加速了他的衰亡。嘉靖四十五年（1566）二月，自感在世时日无多的嘉靖皇帝忽发再次南巡承天拜藩府祖陵的念头，想用回到原出生地汲取生气的方式恢复健康，得遂长生。虽经劝谏后打消了南巡之议，但思乡之情益发强烈。十月，嘉靖带病去万法坛祈祷上天，突遭雨淋，回宫后就口吐白沫，从此以后卧床不起，完全不能理事，至十二月十四日清晨，突然昏迷不醒，午时，崩于乾清宫，享年60岁。

第一节　隆庆起复

嘉靖四十五年（1566）十月，享国四十五年的嘉靖皇帝在北京西苑病笃，完全不能视事，十二月，病情加重。皇帝弥留之际，由于其深受道士陶仲文"二龙不相见"说影响，自嘉靖十八年（1549）皇太子朱载壑猝死后就没有立过太子。朝中无太子，好在真正在世的皇子已只剩下裕王朱载垕，在西苑能够与皇帝接触并掌握最新信息的，正是拥立裕王的时任内阁首辅大臣徐阶。由于嘉靖皇帝迷信 "二龙不相见"的谶语，自嘉靖三十一年（1552）出阁开府，裕王朱载垕就无法接触到皇帝，连选婚行礼、出阁就学乃至生母去世都没有见面。十余年来，开府在外的裕王由于反应较为迟钝，不受嘉靖宠爱，府邸周围常有锦衣卫首领陆炳派来的侦探监视，处境危殆，连日用经费都常常不足。幸得藩府侍讲官员高拱、陈以勤等曲为回护，促其坚忍检点、韬光养晦，才在上不被父皇所喜后有年岁仅小一个月且深得父皇喜爱的景王朱载圳相迫的情况下，还能赢得朝野好评，并于嘉靖四十四年（1565）先熬死最重要的储位竞争对手景王。

嘉靖四十五年（1566）十二月十四日清晨，已昏迷不醒且长期居住西苑的嘉靖皇帝被众人抬回紫禁城内的乾清宫，至午时驾崩。由于嘉靖追求长生讳言死亡，此前并未有遗诏或遗言交代。弥留之际伴其左右的是内阁首辅大臣徐阶等人，因此急召裕王朱载垕入宫主理丧事，继皇帝位。先皇帝驾崩，向来都有遗诏，遗诏不一定是老皇帝的遗言，有时是身边的人代皇帝起草的。入阁已十五年的徐阶，在与前任首辅严嵩的斗争中已深谙隐忍圆融之道，政事纯熟，他深知这是唯一匡正嘉靖朝荒唐弊事的机会，因此效仿正德皇帝驾崩时内阁首辅大学士杨廷和的做法，通过遗诏清算前朝的弊政。徐阶连夜提取了先朝各位皇帝的遗诏进行参阅，准备拟写遗诏，"（徐阶）夜饮泣，具遗诏草，恐泄之，不敢以语同列"[①]。由于遗诏事涉机密且兹事体大，徐阶不敢与同为内阁大臣但意见不一定相同的李春芳、高拱和郭朴商议，而是找了自己一手提拔的门生、时任翰林院侍讲学士掌

① 　［明］王世贞：《徐文贞公行状》，《弇州山人续稿》卷一百三十八，《影印文渊阁四库全书》第1284册，第33页。

翰林院的张居正商量："（徐）阶代嵩首辅，倾心委居正。世宗崩，阶草遗诏，引与共谋。"①吴伯与《徐文贞公年谱》载此事较详：

> 十二月，上疾甚。公乃夜取累朝遗诏阅之。因念以为上刚明仁武，同得高庙，独斋醮土木织造等事，士民不能无后言。使不以轮台之意明降遗诏，则不惟不足以光圣德收人心，亦使今上他日难于更改，于是且泣且草。至十四日启，今上而颂之，闻者不觉恸哭，胥谓先得善其终，今上得正其始，赖有此诏。而高独挟前訾以为诽谤，又以为矫诏不宜行，百计毁公于台谏，然台谏都是公翕然同词，高计乃沮。②

年谱明确点明了遗诏系徐阶个人欲借新皇将立之机革除嘉靖一朝积弊而草的过程，由于草诏过程中未征求另三位内阁大臣李春芳、高拱和郭朴的意见，高拱和郭朴以此事攻击徐阶。但由于遗诏内容深得人心，故攻击暂时没有奏效。遗诏曰：

> 朕以宗人入继大统，获奉宗庙四十五载，深惟享国久长，累朝未有，乃兹弗起，夫复何恨？但念朕远奉列圣之家法，近承皇考之身教，一念惓惓。本为敬天勤民是务，只缘多病，过求长生，遂至奸人乘机诳惑，祷是日举，土木岁兴，郊庙之祀不亲，明讲之仪久废，即违成宪，亦负初心。迩者天启朕衷，方圆改辙，而遽婴痰疾，补过无由，每一追思，惟增愧恨，盖衍成美，端仗后贤。

---

① ［清］张廷玉等：《明史》卷二百十三列传第一百一《张居正》，北京：中华书局，1974年，第5644页。

② ［明］吴伯与：《徐文贞公年谱》，北京图书馆古籍珍本丛刊，北京：书目文献出版社，2000年，第306—307页。

皇子裕王，仁孝天植，睿智夙成，宜上遵祖训，下顺群情，即皇帝位，勉修令德，勿过毁伤。丧礼依旧制，以日易月，二十七日释服，祭用素馐，毋禁民间音乐嫁娶。宗室亲郡王，藩屏为重，不可辄离封域。各处总督、镇抚、三司官，地方攸系，不许擅去职守，闻丧之日，各止于本处，朝夕哭临，三日进香，差官代行。卫所、府、州、县并土官，并免进香。郊社等礼及朕祔葬祔飨各稽祖宗旧典，斟酌改正。

自即位至今，建言得罪诸臣，存者召用，殁者恤录，见监者即先释放复职。方士人等，查照情罪各正刑章。斋醮、工作、采买等项不经劳民之事，悉皆停止。于戏！予以继志、述事兼善为孝；臣以将顺、匡救两尽为忠。尚礼至怀，用钦末命。诏告中外，咸使知闻。①

遗诏看似语气委婉，却对嘉靖一朝的积弊进行了几乎是完整的清算，其拨乱反正的程度远比杨廷和等起草的《武宗遗诏》更为明确："建言得罪诸臣，存者召用，殁者恤录，见监者即先释放复职。"第一条就平反了嘉靖一朝因建言得罪的诸臣。"方士人等，查照情罪各正刑章。斋醮、工作、采买等项不经劳民之事，悉皆停止。"这是嘉靖一朝最大的弊病，严惩方士，停止斋醮，方能真正根除崇道修醮之顽疾。因此，诏书一经颁布，朝野反响强烈："诏下，朝野号恸感激，比之杨廷和所拟登极诏书，为世宗始终盛事云。"②

随后，裕王朱载坖即位，改元隆庆，下登极诏，进一步将遗诏内容落

---

① ［明］《明世宗实录》卷五百六十六，嘉靖四十五年十二月，台北："中央研究院"历史语言研究所校印，1962年，第9064—9065页。
② ［清］张廷玉等：《明史》卷二百一三列传第一百一《徐阶》，北京：中华书局，1974年，第5636页。

实，奏请："自正德十六年四月以后至嘉靖四十五年十二月以前，建言得罪诸臣，遵奉遗诏，存者召用，殁者恤录，吏、礼、兵部作速查开职名，议拟具奏。"①

隆庆皇帝朱载垕（1537—1572），生于嘉靖十六年（1537）元月，他出生之时，皇长子朱载基已夭折，比他年长四岁的异母兄皇二子朱载壑是事实上的皇长子，且深得嘉靖喜爱。而他出生之后一个多月，异母弟皇四子朱载圳亦出生。在他两岁的时候，皇二子朱载壑被立为皇太子，同时他和弟弟朱载圳被封为裕王和景王。然还没等到继承大统，皇太子朱载壑就于嘉靖二十八年（1549）猝死了。因皇太子病逝，道士陶仲文说嘉靖皇帝命中注定克子（毒伤儿子），此后就不再立皇太子，并命唯有的两个儿子裕王和景王移住宫外，在各自的王邸里独立生活，父子不再见面。

嘉靖二十一年（1542）十月，发生宫女杨金英等十六人谋勒死皇帝的宫廷之变，虽侥幸逃生，但令嘉靖大为惊惧，在磔死端妃曹氏和宁嫔王氏之后，嘉靖移居西苑，自此不再入皇城大内，也不再上朝视事。嘉靖三十一年（1552），15岁的裕王、景王行过冠礼后，出阁独立居住于王邸，并同时选婚。本年，翰林院编修高拱、检讨陈以勤任裕王讲官，自此与朱载垕建立密切关系。尽管皇太子嘉靖二十八年（1549）就已去世，但深受道士"二龙不相见"论调影响的嘉靖皇帝，此后直至嘉靖驾崩的17年间，未再立太子。储贰未定而皇子有俩，加上嘉靖在立储一事上态度暧昧，尤其景王朱载圳因其聪慧机敏明显比裕王朱载垕更受嘉靖喜爱，"世宗于父子素薄，王岁时不得燕见"②，"穆宗在裕邸，景王未至国，爱幸日异"③。因此朝中隐然分为拥裕和拥景两派。拥裕派以徐阶为首，包括

①　［明］《明实穆宗实录》卷一，嘉靖四十五年十二月，台北："中央研究院"历史语言研究所校印，1962年，第11—12页。

②　［清］张廷玉等：《明史》卷一九三列传第八十一《陈以勤》，北京：中华书局，1974年，第5120页。

③　［清］查继佐：《罪惟录》卷一一下《徐阶传》，杭州：浙江古籍出版社，1986年，第1728页。

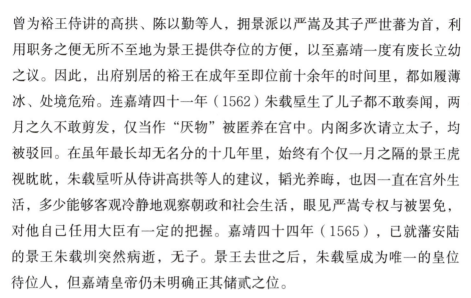

曾为裕王侍讲的高拱、陈以勤等人，拥景派以严嵩及其子严世蕃为首，利用职务之便无所不至地为景王提供夺位的方便，以至嘉靖一度有废长立幼之议。因此，出府别居的裕王在成年至即位前十余年的时间里，都如履薄冰、处境危殆。连嘉靖四十一年（1562）朱载垕生了儿子都不敢奏闻，两月之久不敢剪发，仅当作"厌物"被匿养在宫中。内阁多次请立太子，均被驳回。在虽年最长却无名分的十几年里，始终有个仅一月之隔的景王虎视眈眈，朱载垕听从侍讲高拱等人的建议，韬光养晦，也因一直在宫外生活，多少能够客观冷静地观察朝政和社会生活，眼见严嵩专权与被罢免，对他自己任用大臣有一定的把握。嘉靖四十四年（1565），已就藩安陆的景王朱载圳突然病逝，无子。景王去世之后，朱载垕成为唯一的皇位待位人，但嘉靖皇帝仍未明确正其储贰之位。

当嘉靖四十五年（1566）皇帝宾天时，此时他曾生下的8个儿子，已经只剩下时年三十岁的三子裕王朱载垕了。虽不曾被封为太子，却是唯一的皇子，因此他在徐阶等人的帮助下，得以非常顺利地继承皇帝之位。同时以大行皇帝的名义，颁布了对自己数十年过求长生、祷祠日举、土木岁兴、郊庙不亲、朝讲久废等行为引疚的《遗诏》。即位之时朱载垕已30岁，出宫独居也已15年，虽明知《遗诏》可能并非已去世的嘉靖皇帝本意，但将四十余年来许多被颠倒了的是非重新再颠倒过来，非常得人心，也为新皇帝登基奠定了基础。朱载垕很快就批准了徐阶和张居正名为悔过实为清算的遗诏，假亡父之名将嘉靖朝的弊政大部分废止了，在登极诏书里，除细化遗诏内容外，还免除全国百姓当年一半的田赋和以前拖欠的赋税，因此，诏书一出，群臣奔走相告，百姓感激不尽。

经历了童年时的生母地位不高、父皇不喜，还要时刻生活在锦衣卫的监视之下，这种备受冷落、压抑与折磨的滋味，让朱载垕的青少年及成年时期活得非常自卑和窝囊，也不得不养成坚忍谨慎的性格。出阁别居后被权臣严嵩的压制，以及成年之后储位迟迟悬而未决的煎熬，再加上自身丧母、丧子又丧妻，这些经历，表现在称帝后的执政风格上，一方面最信

任的仍是当年的藩邸旧臣，另一方面登基之后突掌大权，特别想为童年时的辛酸与苦难找补偿。因此其在为政方面，被《明史》总结为"端拱寡营，躬行俭约，尚食岁省巨万。许俺答封贡，减赋息民，边陲宁谧。继体守文，可称令主矣。第柄臣相轧，门户渐开，而帝未能振肃乾纲，矫除积习，盖亦宽恕有余，而刚明不足者欤！"①事实上"宽恕有余、刚明不足"还是明史撰者评价得客气了，其实就是无所事事，乐得清闲，动不动就仿照其父嘉靖皇帝沉迷后宫，辍朝、免朝不想理政。

在这样的背景之下，受遗诏和登极诏影响，被召回朝廷的前朝罪臣们，还是满怀希望，期待在新的君主新的朝廷里发挥自己的作用。隆庆元年（1567）正月庚申，吏部奏先朝建言诸臣"如通政使樊深、都给事中丘橓、杨思忠、尹相、魏良弼、李用敬，左给事中陈瓒、给事吴时来、周怡、沈束、顾存仁、赵轼、张选、袁世荣，御史何维柏、赵锦、张登高、黄正色、方新、张槚、凌儒、中仲、王时举、冯恩，郎中徐学诗、周冕，主事张翀、董传策、刘世龙、唐枢，大理寺寺正母德纯等三十三人，宜遵遗诏录用"②。作为"建言得罪诸臣"中的存者，与何维柏曾在嘉靖二十四年（1545）的诏狱中有生死之交的尹相、周怡均性命尚存，俱在此次复职之列。"隆庆改元，诏起诸言事者。公首应焉。"③时年已五十七岁的何维柏壮心不已，即刻赴京。得到何维柏将官复原职的消息，与他在天山草堂唱和交游多年的好友均为之雀跃欢呼，形诸诗文，庞尚鹏、霍与瑕、黎瞻、黎民表等均在文集中有相关诗文传世，如庞尚鹏受众人委托，为之撰《何古林中丞被召还京》一文为贺：

①　［清］张廷玉等：《明史》卷十九本纪第十九《穆宗》，北京：中华书局，1974年，第258页。

②　［明］《明穆宗实录》卷二，隆庆元年正月上，台北："中央研究院"历史语言研究所校印，1962年，第31页。

③　［明］叶梦熊：《大宗伯端恪何公行状》，广东南雄珠玑巷后裔联谊会编：《何氏源流》第152页，内部资料。

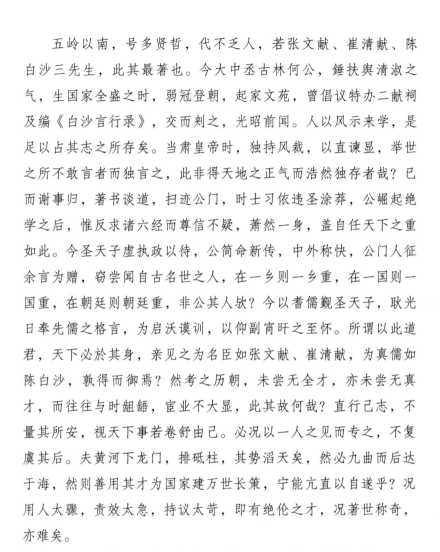

五岭以南，号多贤哲，代不乏人，若张文献、崔清献、陈白沙三先生，此其最著也。今大中丞古林何公，锺扶舆清淑之气，生国家全盛之时，弱冠登朝，起家文苑，曾倡议特办二献祠及编《白沙言行录》，交而刺之，光昭前闻。人以风示来学，是足以占其志之所存矣。当肃皇帝时，独持风裁，以直谏显，举世之所不敢言者而独言之，此非得天地之正气而浩然独存者哉？已而谢事归，著书谈道，扫迹公门，时士习依违圣涂莽，公崛起绝学之后，惟反求诸六经而尊信不疑，萧然一身，盖自任天下之重如此。今圣天子虚执政以待，公简命新传，中外称快，公门人征余言为赠，窃尝闻自古名世之人，在一乡则一乡重，在一国则一国重，在朝廷则朝廷重，非公其人欤？今以耆儒觐圣天子，耿光日奉先儒之格言，为启沃谟训，以仰副宵旰之至怀。所谓以此道君，天下必於其身，亲见之为名臣如张文献、崔清献，为真儒如陈白沙，孰得而御焉？然考之历朝，未尝无全才，亦未尝无真才，而往往与时龃龉，宦业不大显，此其故何哉？直行己志，不量其所安，视天下事若卷舒由己。必况以一人之见而专之，不复虞其后。夫黄河下龙门，排砥柱，其势滔天矣，然必九曲而后达于海，然则善用其才为国家建万世长策，宁能亢直以自遂乎？况用人太骤，责效太急，持议太苛，即有绝伦之才，况著世称奇，亦难矣。

公执义侃侃，孟贲不能夺而审权宜以通变。从善如转圜，天下皆靡然从之，若百川之赴沧海，一时舆论咸以公之出处卜世道之污隆，其信然哉。诸君欣然曰"公为世道计"，诚无以加此。若诸生所以诵法于公者，殆未之及也。请一言申之，余读太史公儒林传，述齐鲁诸儒，分门专经者数十家，一家多至千余人，国有大事，下廷议博士诸生各举其师说，附经义以对，朝论甚伟之，故其经术流传，更千百年不衰。诸君皆就学于公，充充乎有得也，进则张其师说以大行乎天下，退则更相授述使人人皆得私淑焉。乡间有善俗，郡国多善人，岂独今日哉？公方从王事，未暇与诸君论学，惟各举其所习闻者书诸绅求，不愧师门，他日传儒林，与前史并行于世，请得就此而考证焉。[①]

庞文首先回顾了岭南的名臣贤哲张九龄、崔与之和陈献章三人，纵贯唐、宋、明三代，将何维柏与上述三名贤并称，说他"鍾扶舆清淑之气，生国家全盛之时，弱冠登朝，起家文苑"，回顾其年少中进士，授庶吉士读书中秘。任职御史后，"独持风裁，以直谏显，举世之所不敢言者而独言之，此非得天地之正气而浩然独存者哉？"因直谏而得罪，捡回一条性命削职归乡后，"著书谈道，扫迹公门"，何维柏居庙堂之高时的浩然正气，与处江湖之远的为往圣继绝学，被好友庞尚鹏描绘得跃然纸上，而今终于能被圣天子"虚执政以待"，中外闻之无不称快，作为他的同乡好友，与有荣焉之感溢于言表："窃尝闻自古名世之人，在一乡则一乡重，在一国则一国重，在朝廷则朝廷重，非公其人欤？今以耆儒觐圣天子，耿光日奉先儒之格言，为启沃谟训，以仰逼宵旰之至怀。"

除庞尚鹏外，庞嵩也为之欢欣鼓舞，撰《和何古林闻报述怀》二首预祝好朋友"宿学欣逢展，龙颜日见亲"：

其一

斓绨阶前舞，纶音日表来。

周邦良翰喜，铁面绣衣回。

孝重光前烈，猷需济世才。

独怜狂简在，吾党向谁裁？

---

① ［明］庞尚鹏：《何古林中丞被召还京》，《百可亭集》，《广州大典》第427册，广州：广州出版社，2015年，第439—440页。

其二

昌期千载会，圣政一时新。

访落追遗诏，耕莘起逸民。

生成天共远，优渥海重仁。

宿学欣逢展，龙颜日见亲。

黎瞻欣闻朝廷"温室宣遗诏，遐方起旧臣"的好消息之后，虽小小感慨他们的诗社又有人因赴阙而要缺席了，"诗社辞仙峤，楼船起海滨"，但他更高兴的是能看到好友"凤麟天下重，龙蠖一朝伸"，被罪削职二十余年的老友，能够得到平反重返朝廷，对天下有识之士来说，都是一件令人振奋的事情："广南增士气，极北转鸿钧。允矣当名世，夔龙可并论"。

同一诗社的黎民表也连撰四首送行：

其一

招摇有桂树，结根南海湄。

蒙笼度霜霰，皎洁常不移。

以兹孤直性，贡之白玉墀。

春风被兰茝，荣耀同一时。

虽有艳阳质，比君璠树枝。

明堂备橹桷，海寓瞻巍巍。

丹青洵云美，玄素岂所睽？

无言愧桃李，幸得仰容辉。

①　［明］庞嵩：《和何古林闻报述怀二首》，《庞弼唐先生遗言》卷三，《广州大典》第426册，广州：广州出版社，2015年，第209页。

其二

托养贲丘园，深衷媚泉石。

乘流纵归榜，登山望飞翼。

挥觞欣与同，啸咏忘昕夕。

讵云云雨乖，怅彼山川隔。

忘言昔所歆，投分贵不易。

龙蠖自有时，谁能效沮溺。

其三

驱车燕赵郊，道由介丘阳。

飘风起蓬藋，陵谷晦苍苍。

津梁浩千古，谁能测幽冥。

我犹局一隅，子今营四方。

翻飞无劲翮，蹇步愧同行。

安得皎日惠，愿言希末光。

其四

羽檄起边庭，夜火沉秋析。

六月犹出师，连营亘沙漠。

虽收瀚海功，未拯西山瘼。

丈夫徇国心，安能处其薄？

努力宣令猷，康屯运奇略。

卿云睹轮囷，攙抢见清廓。

马多却走余，民有康衢乐。

王道喜清夷，书生守黎蘥。①

---

① ［明］黎民表：《送何乔仲赴阙》，《瑶石山人诗稿》卷一，《广州大典》第427册，广州：广州出版社，2015年，第13页。

第二节　共图中兴

在嘉靖皇帝驾崩、隆庆皇帝即位的承上启下之时，时任内阁首辅大臣徐阶发挥了中流砥柱的作用，尤其是深得朝野之心的嘉靖遗诏和隆庆登极诏，均出自徐阶之手，也得使嘉靖一朝的荒唐与冤案，能借遗诏得到部分平反。那些因言获罪尚且在世的官员，亦借此次机会重返朝廷。

徐阶（1503—1583），字子升，号少湖，又号存斋。松江华亭（今上海市松江区）人，嘉靖二年（1523）以探花及第，授翰林院编修，史称其"身材短小，肤色洁白，善容止；性慧敏，有权略，为人谨慎，好读书，为古文辞，常从王守仁门人游，有声于士大夫间"。嘉靖九年（1530）因忤张璁被斥为延平府推官，后迁黄州府同知、继为国子监祭酒，翰林学士、礼部

图13　徐阶像（采自徐璋《邦彦画像》）

尚书。嘉靖三十一年（1552）进文渊阁大学士，参预机务。嘉靖四十一年（1562），阶令御史邹应龙弹劾严嵩子严世蕃下狱，随后罢免严嵩，遂为首辅。嘉靖四十五年（1566），户部主事海瑞上疏论皇帝久不视朝，专事斋醮事，嘉靖大怒，下狱欲论死，徐阶救之。十二月，嘉靖驾崩，徐阶起草遗诏，将所有斋醮、土木、珠宝、织作等劳民伤财而于事无补的种种活动，一律停罢，并将因"大礼议"遭迫害及因上书言事获罪的官员，一律复官。遗诏下达后，朝野均表感激，被认为是一代盛事。但由于徐阶起草遗诏时属秘密行事，未与同在内阁任职的高拱和郭朴商量，仅召张居正参

与，因此遭高拱和郭朴嫉恨，指使御史弹劾，好在所草遗诏深得朝野之心，九卿以下诸臣均站在徐阶一边，高拱与郭朴均未得逞，相继去职，然嫌隙欲深。

徐阶中进士之前，曾得来家乡华亭做县令的王阳明弟子聂豹赏识："大司马聂贞襄公豹来为令，试公而奇之，曰：'是子，国器也。'因进公以圣贤之学，而公亦慨然自奋，以一第不足名。"①故徐阶年少时服膺王阳明之学，后曾撰有《阳明先生画像记》，云："自古君子为小人所诬者多矣，要其终必自暴白。乃予所深慨者，今世士大夫高者谈玄理，其次为柔愿，下者直以贪黩奔竞，谋自利其身。有一人焉，出死力为国家平定大乱，而以忌厚诬之，其势不尽驱士类入于三者之途不止。凡为治，不患无事功，患无赏罚。议论者，赏罚所从出也。今天下渐以多事，庶几得人焉驰驱其间，而平时所谓议论者如此，虽在上智，不以赏罚为劝惩，彼其激励中才之具不已疏乎？此予所深慨也。"②嘉靖二年（1523），徐阶应会试，中一甲第三名，是为探花，授翰林院编修，时内阁首辅大臣为在正德皇帝猝死豹房无嗣时撰遗诏力挽狂澜的杨廷和。新帝新气象，年少科场得意的徐阶也曾敢于与当朝权臣、因大礼议而甚得帝心的张璁辩，被谪为福建延平推官："嘉靖九年十一月七日，癸巳初，上因纂《祀仪成典》，谕大学士张璁，凡云雨风雷之祀以及先圣先师祀典俱当以叙纂入……上命祀会翰林诸臣议，编修徐阶疏陈不可，上怒，谪阶福建延平府推官。"③此次被贬，让徐阶深深明白了帝心难测及保全自己的重要性。延平府推官任期满后，又先后在浙江、江西提督学校，主管乡试事宜，直到嘉靖十八

① ［明］王世贞：《徐文贞公行状》，《弇州山人续稿》卷一百三十八，《影印文渊阁四库全书》第1284册，第33页。

② ［明］除阶：《阳明先生画像记》，《王阳明全集》卷三十八，第5册，北京：中国画报出版社，2016年，第260—261页。

③ 《明世宗世实》卷一百十九，嘉靖九年十一月，台北："中央研究院"历史语言研究所校印，1962年，第2823页。

年（1539），才因皇太子出阁选官且吏部尚书许讚推荐，任司经局洗马兼翰林院侍读，回到京师。此后终嘉靖一朝，徐阶眼见首辅夏言与严嵩争斗被弃市，严嵩专权十五年，在严嵩眼皮底下同为阁臣，刻意迎合、隐忍潜伏，终于在嘉靖四十一年（1562）五月借御史邹应龙弹劾严嵩子严世蕃，得以罢免严嵩：

> 嘉靖四十一年五月十九日，壬寅，御史邹应龙劾奏大学士严嵩子工部侍郎严世蕃凭席父势，专利无厌，私擅爵赏，广致贿遗……一日从容问辅臣贤否，道行遂诈为箕仙对，具言嵩父子弄权状，上由此渐疏嵩，凡军国大计悉谘之大学士徐阶，嵩不与闻。[1]

> 上悟，辍分宜，直庐以赐公，中外人情大安。于是公始为政，书三语，悬之直庐朝房壁，曰："以威福还主上，以政务还诸司，以用舍刑赏还公论。"于是公卿大夫咸侃侃冀行意矣。[2]

从嘉靖四十一年（1562）严嵩被罢至嘉靖四十五年（1566）皇帝驾崩，徐阶一直担任内阁首辅大臣，搭档过袁炜、严讷、李春芳、郭朴和高拱等，其中袁炜和严讷相继在嘉靖四十四年（1565）以病归，李春芳性格恭谨平和，未与徐阶形成实质性的冲突。但出身裕王府侍讲且在朱载垕处境艰难之时保护过朱载垕的高拱却不同，他和郭朴死死抓住草拟遗诏时身为内阁大臣却未得预闻之事，攻击徐阶。虽因台谏拥护大臣疏留，此事以高拱不得不于隆庆元年（1567）五月被迫乞休，郭朴九月致仕而告终。但

---

① ［明］《明世宗实录》卷五百九，嘉靖四十一年五月，台北："中央研究院"历史语言研究所校印，1962年，第8388—8389页。

② ［明］王世贞：《徐文贞公行状》，《弇州山人续稿》卷一百三十八，《影印文渊阁四库全书》第1284册，第33页。

徐阶与高拱之间的嫌隙及争斗已难调和，而隆庆皇帝显然更偏心于出自藩府与他患难与共的高拱。

在这样的朝臣争斗背景之下，被削职二十一年且已五十七岁的何维柏在家乡接连听到严嵩被罢、嘉靖驾崩新皇即位的消息，尤其是《遗诏》和《登极诏》对前朝因言获罪诸臣的平反通知，立即响应，表态愿意赴京为国继续尽力。正月刚起复原职，下旬即被升为大理寺少卿，从四品。七月，又升为都察院右佥都御史，正四品。然久居险境小心翼翼的朱载垕一朝登基大权在握，其久被压抑的天性突然得以释放，享乐的渴求一发不可收拾。韦庆远曾在《隆庆皇帝大传》中如是分析其心态的变化：

> 一个长期备受压抑鄙薄的人，骤得大位重权，由任人主宰到主宰万民，由自惭形秽到跃居至尊，必然面临两个可能的选择，或是追踪前代的圣帝贤皇，朝乾夕惕地行皇权，革弊布新以勤加治理，或是难以改变萎靡积习，不愿亦不敢肩承艰巨，但知追求逸乐、浑噩守位，前者需要有坚毅顽强的个性，健全的心态，政治上的敏感和才识；后者往往是已被折磨得意志消沉，但愿营蝇苟且，得过且过，无法恢复心理平衡的懦夫。①

很明显，隆庆皇帝是后者。登基之初，因着不受父皇肯定至死都没有立其为储的缘故，让他打心底里赞同徐阶草拟《遗诏》和《登极诏》中对先皇做法的拨乱反正。但随着皇位愈稳，大权日握，他的动不动就辍朝免朝，不想听经筵讲读，引起了对新皇满怀希望的朝臣高度重视。隆庆元年（1567）三月，吏科给事中王治上疏：

---

① 韦庆远：《隆庆皇帝大传》，沈阳：辽宁教育出版社，1997年，第180页。

人主深居禁掖，左右便佞窥伺百出，或以宴饮声乐，或以游戏骑射，近则损敝精神，疾病所由生。久则妨累政事，危乱所由起，比者人言籍籍，谓陛下宴闲举动，有非谅暗所宜者，臣窃为陛下忧之。①

然这些饱含希望寄托朝臣忠心的逆耳忠言，都没有得到隆庆皇帝的重视，他不听劝谏，不为所动。只是比其父略为仁慈的是，上疏劝谏的大臣们尚没有动不动就被廷杖或处死。在这样的皇帝座下，刚被提拔为都察院佥都御史的何维柏，也于十月上《慎修圣德安内攘外以隆中兴疏》，以自身在野二十余年所见及帝国所处之危，劝隆庆修德安壤、努力学习治国理政之能：

臣自外来，江淮南北百姓罷病艰苦万状，官府威信不立，上下不相维系，民恣顽狯，军逞骄悍，士踵浇讹，以下凌上，以贱辱贵，法纪陵替，渐不可长。比至畿甸，霪雨酿灾，伤稼圮庐，饿殍委野。加之远方州郡，山萑海丑尚多窃发，顷者土蛮东犯，永平、俺答、西蹛、石汾，荼毒之苦，惨不忍闻。至于陷城房官，百十年来实所未有。将弱兵疲，缓急何恃？虏情叵测，后患当虞？臣窃为陛下忧之。夫当此内忧外患之时，正奋励警惕之日，故臣敢以修德安壤之说告。

臣顾陛下每于讲读，不徒听之以耳，而听之以心。将所说经史咨析疑义，务稽帝王修德立政之方，古今治乱兴衰之迹，以为法戒。又于大臣中有才德可资启沃者，推举数人，俾与讲读。诸臣或轮次入直，或以时召见，以备顾问。要知心何由而可正

① ［明］《明穆宗实录》卷六，隆庆元年三月，台北："中央研究院"历史语言研究所编，1968年，第156页。

身，何由而可修家，何由而可齐国，何由而可治天下，何由而可平内治，何由而尊严外寇，何由而制服，讲明而力行之。及退居官中，择老成谨厚内臣诸人，服勤左右，崇护圣躬。俾游处有常度，幸御有常节。则出入起居，罔不有钦，聪明睿智，皆由此出。以此敬天法祖，以此用人行政，无不可者。每日朝议之暇，请御便殿，与执政元老商確治理。将中外臣工所题奏事务，撮其关系重大，紧切要略，裁確施行。仍召部院大臣诘问所司，如进退百官，当何以久任责成，以熙庶绩，责之吏部；钱榖会计，当何以量入为出，以经制国用，责之户部；宪章典刑，当何以品秩名分，以端习尚，责之礼部；诘戎御暴，当何以简帅练兵，以安迩控远，责之兵部；刑罚讼狱，当何以明允钦恤，而使民不冤，责之刑部；水利土木，当何以举革罢行，以节纾民力，责之工部；贞儆肃度，当何以振扬法纪，以风励天下，责之都察院。其余职掌，悉付所司。……盖天下安危，生民休戚，人心向背，天命去留，皆系于陛下之一心。陛下之心正则发迩见远，以正朝廷，以正百官，以正万民，天下莫敢不正。此古帝王所以安中国而抚四彝，以成中兴盛治者，用此道也。伏望陛下详察。①

尽管言官朝臣们的劝谏奏折如雪片般上达天听，隆庆皇帝均"留中、不报"，置之不理，反而进一步远离朝臣，懒于理政，沉溺后宫，信任宦官。因此，隆庆二年（1568），自言因"跧伏林野二十余年，自甘迂朽，

---

① ［明］何维柏：《慎修圣德安内攘外以隆中兴疏》，《何维柏集》，北京：知识产权出版社，2020年，第22—25页。

绝意世荣。须蒙皇上简召，历今官，臣感激驱驰"^①的何维柏，连上《勤圣学励臣工以成治道疏》和《恳乞圣明饬励群工慎修实政共图中兴盛治疏》两道奏章，期盼皇帝能收心治国，真正匡扶前朝积弊，共图中兴：

> 一曰尽君道。人君一心，万化本原，君心正则天下治，而享国长久。君心不正则天下乱，而天禄永终。……臣伏望陛下鉴高宗允怀于兹之心，及今可与诸大臣言。每日视朝之后，请御便殿，宣召元老讲论经史道理，以为政治本原。间召九卿各衙门大臣，问以职掌，责令奏对，凡有嘉谟、嘉猷，悉以入告。及于中外群臣有学术纯正，德行老成，堪资启沃者，举十数人，或随时召凶，或轮次入直，朝夕纳诲，相与讲求帝王心法，以达天德，率由帝王治法，以弘王道。

> 一曰尽臣道。……盖人臣必以道自尽而后可以道事君，必交修于下而后可以责成于上。……臣观由汉以来，人君不能致治安民，实由臣僚不能治道匡正，有负于君。……伏望陛下敕谕内阁辅臣，申饬中外大小臣工，共图同心，尽道之实，每朔望朝毕，辅臣即出与九卿各衙门长佐会于公所，广忠集思，揆政论道。各将掌职事，摘取重大者，质诹订确，当付所司施行。上关君德，及今昔机务所当变通厘定者，从容商议，协求经久，乃以入告九卿、各衙门之长，每五日堂事毕，率僚属于后署，坐论职事当否，有无怠玩比护，互相救正。若偏执怙终，及欺罔奸私，即当声责，继以参治。俾人知警畏，争赴事功。其在外抚按与司道郡长，亦仿朔望之会，以究军民休戚，以察官吏贤否。事关廊庙，亦即以入闻。司道郡邑之长，暨乃僚属，亦仿五日之会，忠告规

---

① ［明］何维柏：《比例乞恩追赠前母疏》，《何维柏集》，北京：知识产权出版社，2020年，第26页。

劝，节用爱人，尽心修职。有不恭不恪者，有常罚。如是，则大夫师长，不敢逸豫，而切于忧勤；中外远迩，不敢欺玩，而一于畏敬。①

何为君道？何维柏仿魏徵《谏太宗十思疏》，以"八思"相劝："思平天下之在絜矩，则公好恶以钦厥止；思喜怒中节由于慎独，则致中和以赞化育；思帝王一日二日万几不可以太康，则必如尧舜兢兢业业，戒逸欲于有邦；思天禄永终由于四海困穷，则必如舜禹相告戒，罔滥于佚以执厥中。思后从谏则圣，不可陷于酒德之愆，则必如禹之恶旨酒而好善者；思君臣咸有一德，则必如汤之不迩声色以协于克一；思君子有大道，惟命不于常，则必如文王望道，未见而视民如伤；思王者所其无逸，则必如周公之戒成王，先知稼穑之艰难乃可以保文武之业而无失。"②对比隆庆登基以来两年的作为，何维柏谆谆劝诫，以明君唐太宗为喻，希望他能听进大臣们苦口婆心的劝诫，摒弃个人好恶，致中和絜矩之道，追慕尧舜远离酒德声色，知民生稼穑之艰，走周公文王之路。然而苦了大半辈子的隆庆皇帝，聚得大权，哪里还能听得进众声喧哗的"君道"之劝，只是他没有乃父的残暴而已。眼见劝诫无用，何维柏再接再厉，基于都察院稽核百官的职能，又上一封以措施为主，希望朝廷广避荐、慎升撰、议调谪、严追治、均要职、重王官等以用人的奏章：

> 一广辟荐以弘大公。……今宜仿周官太宰之职，岁终令官府各正所司，受其会计，听其致事，而诏于王。在京部、院、省、

---

① ［明］何维柏：《勤圣学励臣工以成治道疏》，《何维柏集》，北京：知识产权出版社，2020年，第27—32页。

② ［明］何维柏：《勤圣学励臣工以成治道疏》，《何维柏集》，北京：知识产权出版社，2020年，第29页。

寺、司、府、苑、监，在外抚、按、司、道、府、县各衙门长吏，详覆各属。上考者于内表荐可当大任者若而人，中考者可循资备用者若而人，下考者于内可亟行追治者若而人。备稽各所职掌事迹，开註论列，俱于岁终汇报吏部。吏部以百官之成质于朝廷。凡内外重大员阙，即于所举员内叙用，其循资迁补于称职中平内叙用，京堂员阙即于题阙之日具达，应同会推衙门长佐各举相应数员，开报吏部，吏部择所举多者数员，备历治迹。上请敕下辅臣裁行，其内外官，六年三考察，率藉此为诛赏，是予夺之权操于吏部，而统于辅臣。体势专一而不挠贤否之实，责成长吏而协于佥谋，公道大同而不偏。又必条定赏罚格例，视所举多寡为升奖阶级。蔽贤不以闻及以不肖为贤者，觉发即行连坐。……如此则朝廷之上不出户庭而周知天下之人才，不俟苛责可尽得人才之实。用官修其职，政得其理，民心用安，天意可得。此执简御烦，平治天下之要道也。

一慎升擢以怀永图。……夫经国制用，在权利害之重轻；连体识微，贵虑事机之终始。民之无所，实由官邪；官之失德，彰于宠赂。揆厥所贻，祇缘利诱。上之所诱，为下之所必趋。例之所导，则法之所难禁。臣望敕下吏、户二部，集群臣议，通查週岁纳例所入若干，见任缘例中外官员若干，每年廪薪需给若干，概以一考两考论量每官，始之所输，终之所得，大约相当与否。至于倚法虐下，所入何啻百倍？是阳取而阴予，得一以偿十。使朝廷负鬻贷之名，下民罹剐剥之苦。经国若此，非计之得也。……乞敕所司通覆天下，週年岁输入度支实数，通融会计，以为经制。臣闻古者大臣于岁杪五谷皆入，然后制国用；以三十年之通制国用，量入以为出，盖每岁所入均析为四，而用其三，每年余一，则三年之余三，三足一年之用，此所以三十年而有十年之余也。以三十年之通，虽有凶旱水溢，民无菜色，此古昔君臣相与定为中制，以慎长久之图。

一议调谪以励进修。有司官员或以不及，或以浮躁，或以讹误而降调者，类多处以偏远。被谪之士，苟不能自信，一遭摈斥，辄自贬损，视谪所为穷途，以民事为刍狗。才者辄漫忽自轻，不肖者益肆恣罔忌。昔人所谓以罪吏牧遐方，是谓惠奸而遗远。偏州下邑，何负圣化，而独受其怼，似非怀驭平施之政也。又外官有才堪治繁，见任偏僻，及堪治简，见任繁剧，抚按具奏更替，固有明例。以臣愚观之，犹属未安。夫县有大小，而众寡皆吾民也。民得贤令，如赤子之恋慈母，襁抱率育，方幸悦安，吾遽忍夺之他乎？况一经迁调，新旧迎送之劳，不免烦费，移彼趋此之政，未即感孚，或治行少损，两者皆失，似非爱民一体之道也。伏乞勅下再加详议，今后降谪官员只论事务烦简，勿得通谪偏远，宜处以近地。

一严追治以警贪酷。本部见行事例，官员贪酷，革职为民，不谨罢辍冠带闲住，或有查追赃私，究治酷虐，法亦详矣。但间行于卑杂，而每忽于崇要。大贪极酷，多止罢职。故人易于放纵而贪得无厌，敢限作恶而滥刑以逞。丛怨召灾，含冤致旱，欲求化理，愈不可得。伏望勅下部议，参酌法例，通行各该衙门遵守。今后内外大小官员，考註论劾，贪酷显著者，不独罢官褫职，所开赃私，除风闻指坐不追外，其纳贿枉法，过会明证，及侵尅科敛，逼抑求索入己者，通行追併入官。

一均要职以通淹塞。凡一方军民利病，地方休戚，官属贤否，人才得失，各项紧要事务，必此方之人亲见熟闻，乃能周悉。其休戚利病，贤否得失，得以上闻者，亦必此方之人预闻共事，乃能详达。……乞勅下部议，今后诠选科道、兵曹原属员，每省多者三四人，少可一二人。吏曹分职，原有定限，今当再行酌议，添设主事二三员，以克各省一人之数，庶备员弘遍，而稽访易周，干济同情而幽隐得达。且使见任地方官属才诎者，可以表见；劣而陋者，不敢纵偷。揆之政理，实有裨益。况以通省添一二要属，似未过为荣重。

一重王官以责职审。祖宗成宪：每王府设有左右长史，其属有审理、纪善、典簿、典膳、教授、奉祀、典宝、工正及郡王教授等官。所以翼事宗室，职辅导以崇宗教，实非细故，往代咸重斯任，以优其进，今则视为闲散，藐若赘疣。凡有司冗员堕职，及孤远之士，悉投于此。是以王宗之属，颛为摈斥之区，铨擢杳至，候代淹期，皓首穷途，弃如敝履，以故职业丛脞，法守谬悠，宗人蕃众，动多踰越，罔有约束，肆虐害良，无所顾忌，甚非所以恪遵祖宪，推敬宗亲者也。……今王官不称，固考核去之矣。其称职而贤能者，不宜一概淹抑，当遵先帝明旨，与各衙门官员一体叙擢，示进取之途，以作向上之志。责当修之职，以重辅导之权，则凡迁补于此者，不自轻忽，监司长吏咸知敬重，各有司官员亦不虑此为逼逐穷途，尚翼保慎，不敢遽虐下民，而铨选亦属均当。培植王化，肃清吏冶，惠我元元，诚一举而众善皆得。[1]

奏折上后，亦如泥牛入海，未见"嘉纳"或"暴怒"之类的任何反应。隆庆皇帝对朝政的冷漠与对后宫的热衷形成了鲜明对比，与新帝相处近两年，眼见即位之初被罢的土木织造乃至选秀等事又再兴起，大概何维柏当初为许驱驰，代民请命的热切也有所冷却。隆庆二年（1568）七月，被攻讦且为皇帝不喜的首辅徐阶以三疏乞休，被批准，让对徐阶始终怀有知遇之情的何维柏心下不安："隆庆改元，诏起诸言事者，公首应焉。复

①　［明］何维柏：《恳乞圣明饬励群工慎修实政共图中兴盛治疏》，《何维柏集》，北京：知识产权出版社，2020年，第33—40页。

原官，俄迁廷尉，无何再协院，一时应召者俱多耆硕，而公望独隆。徐文贞、杨衮毅二公尤重之。凡机务重大进退疑难者，必决之。"①恰好隆庆三年（1569）正月，随京供职的何维柏母亲冯氏病故，维柏立刻借丁母忧去官，再次回到家乡广东。

第三节　防御贼寇

何维柏在嘉靖二十三年（1544）任福建巡按时，曾因遭遇水灾而上《救荒策》，这是其治理地方事务的重要举措，郭棐《粤大记》载："公条救荒十余策，发仓廪余羡，亲率郡邑长吏分行之，民赖全活者数十万。"②这份能活民数十万的《救荒策》已不存，但《天山草堂存稿》卷二单列"地方事宜"4篇，除《拟立嘉桂县治议》为万历年间所作外，其余3篇均作于隆庆年间，且均与广东防御贼寇有关，尤其是《约里中诸公条议保障事宜呈当道各衙门》所列防御十策，筹划详细，措施精准，对地域情况了如指掌，差可补《救荒策》不得一见之憾，从中见出何维柏处理地方事务的执政能力。

有明一代的广东地域，海上有倭，山上有贼，来自海上的倭寇和山贼的侵扰一直长期存在，"终明之世，通倭之禁甚严，闾巷小民，至指倭相詈骂，甚以嚇其小儿女云"。③何维柏的家乡广东，11个府州除粤北的韶州府、南雄府和粤西罗定州，其余8府均濒临南海，向来饱受倭寇与山贼侵

---

①　［明］叶梦熊：《大宗伯端恪何公行状》，广东南雄珠玑巷后裔联谊会编：《何氏源流》，第152页。

②　［明］郭棐：《粤大记·何维柏传》，广州：中山大学出版社，1998年，第388页。

③　［清］张廷玉：《明史》卷三二二列传第二百十《外国三·日本》，北京：中华书局，1974年，第8358页。

扰。嘉靖和隆庆两朝是明代广东倭患的高峰期，仅此两朝，史载就超过了85次："明浙直倭患稍息，而闽广警报日至。"①何维柏一方面对抢掠无数的倭寇和山贼深恶痛绝，另一方面也非常清醒地意识到为盗与不善治理的官员之间有着不可分割的"官逼民反"关系：

> 广土辽邈，疆理疎阔，丛岩漫潴，易为盗薮。然盗之起必有所由，始势之激，必渐而后成，善理者谨其始而杜其渐，条纪平政，明罚勑法，辟于其途，明于其患，使人知所趋避，则恶者有所惮而不敢为盗。时或窃发，即勤一旅，及早剪薙，思患预防，使愚者有所恃赖，而不为势之所激，以至于蔓之难图。……南岭诸山，介惠潮郡邑，内域非如岐黎，负固世济，未易驯扰；亦非有深谋异计，敢与我角。特以幽崖邃窟，政法难周，含愤苦苛，逋逃丛集，所产矿冶，悍鸷乌合，号召土著，役使牟利，失利则鼓煽啸聚，出肆流劫，上人厌闻而莫之省问，彼得日益恣乡井，黎亩子女粟帛，所过辄空，近附居人屡罹荼毒，控吁莫拯。父母妻子，命悬旦夕，不免俛首，缓须臾死。载胥及溺，实繁有徒。当事者目此积蔓，徒付长叹，内揣虚匮，仍袭招安，贼亦以听抚啖我，阳顺阴逆，喜则人，怒则兽，日以险械伺上。苟不及时悉尽芟除，则臃肿溃裂，不仆不止，东人曷能有瘳？②
>
> 广土僻在南服，生民疾苦，往往未得即达，达未必即行，行未必可绩。盖天下事变，多起于疎远间隔之迹，而狃之以疑忌沮挠之私，人心愤恚，每生于猜嫌彼此之形。③

---

①　［清］谷应泰：《明倭寇始末》，扬州：广陵书社，2007年，第2242页。

②　［明］何维柏：《贺大司马石汀殷公平寇膺功序》，《何维柏集》，北京：知识产权出版社，2020年，第141—142页。

③　［明］何维柏：《〈两广疏议〉序》，《何维柏集》，北京：知识产权出版社，2020年，第213页。

"盗之起必有所由，始势之激，必渐而后成。"这就是何维柏认为山贼众多为官者也应负有不可推卸责任的原因。相比于零打碎敲的山贼起义，倭乱的为害远在其上，且与政府军队的对阵中互有胜败，尤其是屡降屡反，沿着东海、南海海岸线不断逃窜为祸，此起彼伏且穷凶极恶。早在何维柏尚未起复还朝的嘉靖四十年（1561）十月，闽广流寇自邵武转掠宁德，次年二月破平海，自福宁再袭宁德，番禺籍宁德知县李尧卿战死，后灵柩归榇羊城之日，何维柏为之撰《忠烈太华李君死事传》，认为其壮烈赴死的精忠大节，直可与严、稽、张、许、颜、段、陆、张、文山数君子并称：

> 君讳尧卿，字唐冯，别号太华，世居番禺。生负异质，早奋贤科。嘉靖丙辰，仕为宁德令，宁德濒海下，邑民苦客户渔害，加以倭寇钞扰，益不堪命。君至，正己率物，锄奸剔蠹，民用休息，乃修浚城池，缮治兵甲，其诸为守御计者，咸先事豫备。贼觇有备，三年不敢犯宁德……辛酉秋，擢倅处州。时寇报益急，或讽以迁秩去。君正色曰："闻擢未凭，吾犹兹牧也。吾遽去，其谁守乎？"先是，君捐措选募义兵四百，练习充麾下健卒，以故贼不敢近。后抚台移镇，撤其兵，贼遂乘虚寇攻。君与参将王梦麟歃血誓众死战，忠义所激，士卒莫不思奋。贼有张车登陴者，君手刃六七颗，飞血淋漓，衣甲皆赤。有进逃避之策者，主叱斩之。併攻三日夜，危甚，君度力独不可支，叹曰："大事去矣！"具服拜告天地君亲，决别人世，解印付家僮曰："事势危蹙，今日外援更不至，城陷，我必死。汝护此，毋亵名器。"语罢，督战益力，势转急，外援且不至，加以飓风大作，药焰漫城，城遂陷。君尚愤刃贼，为贼所害。[①]

---

① ［明］何维柏：《忠烈太华李君死事传》，《何维柏集》，北京：知识产权出版社，2020年，第264—265页。

这是何维柏诗文中少见的情辞激切之文，对倭寇"凭凌恣虐，黠猾纠导，煽动中土，浸溢闽越，毒惨不忍闻"的愤怒，对李尧卿以书生之躯，甘蹈白刃勤事以死"挺刃砍贼，骂不受执，竟死敌楼上"的忠烈，形诸笔端，溢于言表。因此，等到隆庆年间以曾一本为首的倭寇犯广东时，他对倭寇的愤怒与如何治倭的冷静，就都体现在与当地官员的来往条议中了。

嘉靖四十四年（1565）秋，戚继光率师入南澳清剿福建倭寇吴平，迫使吴平败逃退保广东南澳岛入凤凰山，继而败走安南，由于吴平逃脱，俞大猷因追战不力被弹劾革职，广东惠潮军务暂时改由戚继光兼管。后吴平在俞大猷部的追剿下投海自尽，其残部辗转至安南万桥山后被戚、俞所部全部歼灭："诏安贼首吴平，先闻二省官兵夹剿，惧而请降。总兵俞大猷受之，使居梅岭，杀贼自效。至是复叛，造战舰数百，聚众万们，筑三城守之，行劫广东惠、潮及诏安、漳浦等处。福建总兵戚继光督兵袭之，平尽释其辎重入舟，率众遁入海，保南澳。"[①]嘉靖四十五年（1566），曾与吴平一起受抚的吴平余党曾一本，被安置于潮阳招收都下淰，没多久又叛乱。吴平死后，曾一本成为海寇集团的主要首领，聚众数万，再次占据南澳。曾一本，福建诏安（今福建省漳州市诏安县）人，生性狡诈凶残，原是吴平手下："吴平把目也，平死，一本乘之合党，集奴戕人，夺舶海上"[②]，隆庆元年（1567），曾一本聚众数万，攻掠闽广，突入海丰、惠阳等地。三月，突至雷州，击破参将魏宗瀚、王如澄的围剿，杀守备李茂才，官兵牺牲八百余人。后抢劫大埕，被参将张元勋打败。

隆庆二年（1568），曾一本勾结余倭分道犯广东化州、石城县，攻破锦囊所，杀千户黄隆，又攻陷神电县城（今茂名市电白区），一时吴川、阳江、高州、海丰均遭焚劫，六月十一日，围攻省城，杀知县刘师颜：

---

① 〔明〕《明世宗实录》卷五百四十五，嘉靖四十四年四月己丑，台北："中央研究院"历史语言研究所校印，1962年，第8806页。

② 〔明〕俞大猷：《洗海近事·序》，济南：齐鲁书社，1996年，第2页。

"隆庆二年七月辛未，广东盗曾一本以六月十一日寇省城，拒伤官军。于赤湾等处杀听调知县刘师颜。抚按以闻，得旨：'切责总督张瀚，令亟率镇巡等官悉力剿贼，以安地方。总兵俞大猷、郭成姑令住俸，立功赎罪。参将魏宗瀚、王如澄，把总俞尚志、朱相，下巡按御史逮系至京问。'"①此次以曾一本为首的海寇犯省城广州，杀知县、败官军，给省城居民带来极大的恐慌，尚在城中或闻此巨变的当地官员士子纷纷在诗中记录下了当时的惊恐：

> 艨艟巨舰卷江涛，杀气凭陵海岳高。
> 转战漫劳征虎旅，谈兵虚道识龙韬。
> 烽烟一望归心折，鼙鼓频听客梦劳。
> 铜柱勋名堪此日，时危谁赠吕虔刀。
>
> ——梁岳《闻海寇犯省城》②

消息传至京师，在京广州籍官员忧心不已，欧大任也作《闻岭南海寇警急寄陈德基袁茂文》一诗记载这种远在他乡不知家乡巨变的恐慌："军中何事角声悲？赵尉台高落日迟。知后江山犹涕泪，梦中楼橹半旌旗。渔樵实恐诛求尽，征戍深防道路危。慷慨知君能喻贼，莫令边将请王师。"时任都察院右佥都御史的何维柏则连作《闻会省警变亟与抚台李公条议》《奉答制府刘公条议》，直陈防御事宜：

> 一兵船旋造旋毁。百姓膏血，投之无用，可为愤恨。且造船通津，非计之得。今若再造，须在上流僻旷里河，贼不能到处，

① ［明］《明穆宗实录》卷二十二，隆庆二年七月辛未，台北："中央研究院"历史语言研究所校印，1962年，第603页。

② ［清］温汝能纂辑：《粤东诗海》卷三十四，广州：中山大学出版社，1999年，第658页。

所修造大者二三十只，以为先锋，其余当别为区画。且治舟于官，费用不赀，合宜俯论民便，稍弛报税之禁，以通岛舶之利。居民大贾，听其自行打造，随便贩贸，则乌艚巨舰，日渐众多。一旦有急，轮流刷掳，可济险难。所用之船，核力给食，舟工篙子，皆我士卒。事已即发还，及给票付照次数，以杜混掳之苦。如是则从皆乐从，而师旅易集。且弛税通商，生理阜通，则骁悍之徒，日鲜从贼，亦是一道也。

一东莞、新会、顺德、香山骁悍之徒，惯谙水战，募之即可克兵。但豫处钱粮，以时优给，则随在皆兵。择选将领，申以法纪，则兵皆可用。最不宜远调客兵、目兵，徒滋烦费、抄掠之苦。

一重堂奥，当守门户。佛堂南头，皆海防要害，然尚在旷远。至于波罗，则省城之门户也。今不守门户，俾贼径入堂奥，计甚左矣。……请乞广集舆议，专仗毅断，参旧为新，佥谓宜因波罗傍海，乡村筑立土城以为营寨。置造巨舰十余只，以备战御。其守御兵卒，多则至千，少或数百。即行番、南、顺德、东莞数县，分拨民壮，大县七、八十名，其次三、五十名。及将鹿步、茭塘巡司，对镇两岸。其民壮弓兵工食，率照近日钱粮带徵，分派给领。即召波罗上下附近乡民之勇壮者，及编佥水蛋，联之约法，以充其役。庶便居防，可以经久。二项工食，不足千数，可从长别处，或查原额，召募打手，银两移助充给，择选有智略守备，督领道郡，时行严察，以成重镇。则门户既严，卫护内地，乡村共保无虞，省城安能突犯，此策之上者。[①]

何维柏所言三策，基本是明代广东海防的主要措施，即平时不造船

① ［明］何维柏：《闻会省警变亟与抚台李公条议》，《何维柏集》，北京：知识产权出版社，2020年，第49—50页。

不募兵，战时征用"舟工篙子，皆我士卒"，这种此前一贯执行的海防政策，在遭遇海寇突袭时显示出致命的弱点，既无可御之兵也无可抗敌之船，因此在隆庆元年（1567）七月曾一本再次叛变并绑架澄海知县张瑌三个月的过程中，时任两广总督张瀚虽启用了素负威名的俞大猷带管广东总兵官事务，会同巡抚李佑合力剿寇，但由于前任总督吴桂芳定下的造船一事尚未实施，而张瀚又轻忽了向福建借船借兵的紧急性，因此贻误战机，导致曾一本进犯广州时，俞大猷初剿失败。加上后来雷州的南渡之败，激起了曾一本进犯省城的雄心。

隆庆二年（1568）八月，何维柏再度回复《奉答制府刘公条议》，提出"安境内以固根本、招流亡以安反侧、抚协从以摧贼党、广屯营以御要害、增建置以守门户、禁接济以杜奸宄、稽流寓以防奸细"七条建议以御贼。这些建议，不能说毫无用处，但确实不够细致。真正体现何维柏御敌良策的，反而是他隆庆三年（1569）因丁母忧回到广州之后，以耆硕身份向地方官员提出的保障之策。

隆庆三年（1569）正月二十三日，随何维柏来京供职的母亲冯氏病故，"隆庆元年，皇上录用建言得罪诸臣，臣首被拔擢，感激殊遇，同母冯氏来京供职。一二年来，荐沐恩典，臣父应初赠通议大夫、都察院左副都御史，前母陆氏，赠淑人，臣母封太淑人，荣踰涯分，誓报涓涘。不幸臣母于正月二十三日在京病故"。①加上此前七月，在与高拱等人的倾轧中灰心的首辅徐阶请求致仕被皇帝批准，受徐阶器重的何维柏亦不能安，因此正好借丁母忧去官，回到广东庐墓守孝。这年三月，去年曾犯省城的倭寇首领曾一本再次犯广东："隆庆三年三月戊辰，海贼曾一本勾引倭寇犯广东，破碣石、甲子，诸卫所，官军御之无功。雷琼参将耿宗元御下素严，及是声言欲斩败将周云翔、廖凤、曾备久、廖廷相。云翔等大惧，乃

---

① ［明］何维柏：《比例陈情恳乞天恩俯赐祭葬以光泉壤疏》，《何维柏集》，北京：知识产权出版社，2020年，第46页。

谋作乱。会宗元阅兵于教场，云翔等忽鼓譟，跃起手刃宗元，执通判潘槐以叛，遂与贼合。已而，潘槐自贼中诱擒廖凤献之，巡抚都御史熊桴具已闻，给事中张卤因劾：'桴解纷无略，抵饰虚词；原任总督张翰侯代未行，坐视不省，及总兵离成逗遛潮阳，按察司副使张子弘监督无状，乞并议罚。'得旨：'瀚降一级听用，桴等俱住俸戴罪剿贼。'①隆庆三年七月甲午，广东巡按史杨标言：'海贼曾一本，虽已会师夹剿，而他寇尚多，如林道乾最号黠狡，及林容、程老、王老等皆四出卤掠，宜乘胜荡平，勿贻将来之患。'兵部覆加标言，上然之。"②

这一次，已不在京师的何维柏没有退却，在贼犯之时，就约城中耆宿共商防御大计，作《约里中诸公条议保障事宜呈当道各衙门》，献出防御十策，以广州城防为据，措施细致可行：

　　广省耆老某某，各庠生某某，谨集群衷，请早酌议以豫防御事。广城濒河，四方贾舶辏集，奸宄易生。加之饥馑荐臻，师旅繁兴，民之憔悴，莫甚此时。比年重臣良拔，相继捐弃，吾民城中隍社各处，千百年乔木，无故偃萎。天时人事，触目堪嗟，山海寇盗，滋蔓弥布，人心荧惑，恬无警忌。今夏大将拥兵东征，过省浃旬，而顺邑恶小窃发，瑜城劫县，如履无人之境，官民罹毒，惨不忍闻。……所有条陈防守要略十事，条开于后，以备裁择。

　　一联序属以修人和。保甲周知甲内人氏虚实淑匿而时省之，保长稽而籍之，隅长得以通融均节之，隅正总率核之，以别淑

①　［明］《明穆宗实录》卷三十，隆庆三年三月戊辰，台北："中央研究院"历史语言研究所校印，1962年，第801页。
②　［明］《明穆宗实录》卷三十五，隆庆三年七月甲午，台北："中央研究院"历史语言研究所校印，1962年，第906页。

匿、程能否。居常则讲信修睦，有事则协力趋勤。下情幽郁，隅正集议公当，会质于当道，以听其政令。如此则上下同心，遐迩一体，萃涣联异。譬之一人，身之运臂，臂之使指，一气流通，内和外顺。

一均丁力以轮班守。拟通将省内士民，除见在仕途，及家居年七十以上者与有疾者优免外，其余缙绅不拘见任未任，凡在家居及生儒吏承各役，不拘贫富，弟男子姓僮仆人等，凡同居异爨，但年二十以上，俱要隶入本甲数内。军卫之家，除见伍正军遵照差操，原定戍守，兹不敢概列，其余丁舍人等，见在各铺内居住者，一体编隶。周给班守保甲，籍其数于保长，保长质于隅长，各得以通融均节之，共质于隅正，隅正督而行之。设有警急，轮班登城、排立，信地固守，此权宜协力，共保身家，关系非细事。宁则复旧蠲豁，不以为例。

一议周给以系人心。保长集同保甲，将铺内人民会核，分别上富、中富、下贫、极贫，及中间仅能自活者，列为五等，质于隅长，细加详核，质于隅正，大约议处。上富倍出，中富量出，下贫量赈，极贫倍赈。仅能自活者，不出不赈。其五铺内，或贫富多寡，大相悬绝，隅长得以通融均处之。议定各该某名下出谷若干，出银若干，某人该量赈若干，倍赈若干，数目一一登记于册，以便临时支给，以俟事宁稽考。间有尚义加意倍出者，特书于册，以俟隅正举呈奖礼。今请于各该出粟出银各家名下数目，大概银以三分取一，以备制置器械、火药、油烛，及一应公费，庶免计扰。谷以五分为率，暂先量捐，其一公贮，查铺内见有老疾孤幼、失所无依之人，先行量给，以示优恤，激劝人心。其余定数，俟有警急，乃行敛给。幸而无虞则止，盖宁有备而不用，不可患至而无谋。

一定隅位以固防御。城有七门，因布七隅，大约以四牌楼十

字大街而中概之。

一重保甲以慎稽防。一铺分为四甲，二十五家，或二十家。各保甲当周知甲内人氏、丁田、房屋多寡之数。每甲置长牌一面，开明填注：某户人丁成丁若干。下注何项生理，及官吏生儒名色。自己房屋若干。若典赁他人房屋居住者，亦开某人典赁某隅、某铺、某人房屋若干。及某人有房屋，置在某隅铺，见典赁与何人姓名，亦附注于下，以便彼此互相稽考。……如此则奸细不敢潜伏，无内顾忧。凡各铺内原有社会，保长保甲，量因节序，定期为会，以致里党出入劝戒、守望相助之意。

一精器械以备不虞。城圉戈盾之备，公家原有处置。但事出急遽，一时难得具备，议将铺内出赈银两，量行支制置。每铺计用弓弩、箭铳、旗、锣、鼓、牌、镖、枪、炮、石、火药、灯油之类，共该若干，通共置立若干，务在坚固，贮于铺舍，籍数于册。各家自备若干，临时自行操执。今且量支工食，给与铺内贫民有力者预行采拾石块，棱厉尖角堪用者，挑至各铺，原派信地堆积，以备急用。此项工食程能量给，计所费不多，必须倍积。其余守御机宜，俟诸明公会议裁酌，临时策应，安敢妄及？

一慎金举以率众志。各铺原日金保长、保甲，立心行事，公当可信者，照旧申饬优礼。间有偏曲，为众所压杀者，俱当别行金补。众议集齐，各隅乡老耆士会核，将各铺居人，不拘官员、生儒、耆民中推举行谊平正，处事公当者，一人为保长，四人为保甲。五铺之内，推举士夫中为乡里所称服者，一人为隅长。每隅中推举士大夫为当道所敬重，乡里所信服者，一人为隅正。公论出于舆众，推保协于金谋。

一饬营卫以协防守。省内各达营卫所，官舍旗军，调发戍守，听命公府，粮饷支给，自有定时，与编户庶民不同。……但恐军民异辖，分别彼此，合请上司申饬各营，听随彼中便宜，稍

仿铺甲之意，什伍相为联属，有无相为周给。遇有警急，分布七门兼同七隅，协谋策应，守御旗军。悉照原定城上窝铺信地，严饬各管军官员整备，兼同防守。务使军民一体，休戚相关，同心戮力，以捍外变，共图保障。

一豫外御以防冲突。城外居民，自东迤南而西，何止数十万？设有警急，一时难得尽搬入城，佥议欲于沿河一带建筑外城，一劳永逸，固经久至计。但工程浩大，卒难遽议。今日尤当权宜预为之防御，宜一体编立铺甲、隅长、隅正。若无隅正，分附城内隅正。其预备处给各项事宜，查照城内事体，参酌以行。

一严斥侯以通声息。此项事体，全在官司处理。各隅正请于当道，酌处健步，计道里远近，刻期飞报真实声息，庶城外扎营，得以预为调度。①

该条议首先道出"吾党士民，情切桑梓，仰体上意，广集众思"，因此自认"杞人私忧，过讨佥集众见，条画防御事宜"的责任担当，作为土生土长的广东人，何维柏深知广东的地貌风土人情，曾多次在与来粤赴任的官员信件往来中总结过广东的地域特征及倭与山寇为患的原因：

> 广屏山控海，幅员数千里，郁为重镇，俗朴鲁耻党，民柔脆易虐，自昔疆理疎阔，州邑辽旷，刍牧间隔，综核谬悠，端衅兆启，玩漫覆媮，喜事邀功，浮张酿激，往往踵袭贻后忧。故帅兹镇，必宪猷文武，能持大体，威信可畏服，斯能潜弭奸宄，长养和平，为一方利。②

---

① ［明］何维柏：《约里中诸公条议保障事宜呈当道各衙门》，《何维柏集》，北京：知识产权出版社，2020年，第54—60页。

② ［明］何维柏：《贺制府司马小江吴公奏绩荐膺恩典序》，《何维柏集》，北京：知识产权出版社，2020年，第139页。

广夙称乐土，宣、成、弘、德以来，民物殷庶，储蓄充盈，兵食强盛，雄视他省，醯醢贩舶，篙工健卒，络绎无昼夜，海上晏然。间有窃发，旋即扫荡，不烦内境。昔昌黎纪述刺史孔公德政，谓"方地数千里，不识盗贼，山行水宿，不择处所。"自予闻故老与壮所历览，信斯言不诬。自倭奴犯，浙直骚然，当事切救焚之急，忽邻壑之虞，督促百余艘，并夫卒以往，数年无一返。吴越以阙饷告，八闽以治舟告，川蜀以采木告，司府累年所积，不下百十万，转而他输。于是海防削弱，贼据报水之利，公藏空竭，内无终月之计，山酋海醜，觇虚投隙，恣行啸聚，警报沓至，讧然束手，日以招安啖贼。贼亦以此餂拏，弥布滋漫，不可收拾。莅兹土者，辄冀代去，玩惕咨嗟，酿成大戾，已非朝夕矣。①

该防御十策以广州城内居民百姓的视角，在对广州城的七门七隅及各铺位置人数了如指掌，对如何抽丁如何轮班如何民为军用如数家珍的基础上，重点提出"二十家编为一甲、四甲为铺、五铺为隅"，然后立保甲、保长、隅长的建议，该条建议是将民编为战时之兵共防共治的基础，有了民众的基础编制保障，一方面可以杜绝倭寇的奸细潜伏，另一方面可以按铺位固定防御位置，更重要的是有同仇敌忾发动起来的民众基础，轮班、周给、器械等事，均可民为军用，省去非战时的养兵之累，还能"什伍相为联属，有无相为周给"，遇有警急，军民一体，兼同防守。这大大减轻了非战时政府养兵的压力，又大大增强了战时民众皆为士卒的战斗力，连战时粮银的紧急筹措出处，何维柏都为之设想周全了："保长集同保甲，将铺内人民会核，分别上富、中富、下贫、极贫，及中间仅能自活者，列

① ［明］何维柏：《赠綵山方公晋太仆卿序》，《何维柏集》，北京：知识产权出版社，2020年，第156页。

为五等，质于隅长，细加详核，质于隅正，大约议处。上富倍出，中富量出，下贫量赈，极贫倍赈。仅能自活者，不出不赈。"这是儒家非常典型的"民本"思想的实际运用，取之于民、用之于民，更重要的是要依赖人民。

从何维柏现存的三封"条议"所议及地方事宜来看，虽其巡按福建时的"救荒十策"已不存，但这防贼十策还是能见出他经略地方治理地方军政事务的才能，尤其是他始终以"民"为本的治理思想，既是儒家治国思想的一脉传承，也是他一贯为官的追求。经过军民一心的防御抵抗，加上俞大猷的全力围剿，隆庆三年（1569）六月初三，曾一本部被俞大猷和李锡合击所败，二十六日，被王沼生擒于莲澳，不久病死并枭首示众，让广州城内百姓惕惕不安且穷凶极恶的海寇终于伏诛。消息传来，黎民表和庞嵩等均难掩其兴奋，纷纷作诗以记：

> 战罢楼船日已曛，城中不见捷书闻。
> 谁家羌笛哀明月，几处渔歌散暮云。
> 短眼佯狂空说剑，文身无赖岂能军？
> 朱崖铜柱俱王土，颂洞年来尽海氛。
>
> ——黎民表有《寇退即事》[1]

> 去年六月终风恶，贼舟驶向河南泊。
> 凶渠逆竖戈纷横，飞星湔血严城角。
> 今年六月风气好，闽帅直向潮阳岛。
> 鸣钲伐鼓总天声，凶残魂魄戈前倒。
> 一战玄钟再柘林，艨艟应击皆成沉。

---

[1] ［明］黎民表：《寇退即事》，《全粤诗》第二六七卷，第8册，广州：岭南美术出版社，2009年，第741—742页。

三战长驱向莲澳，如山楼橹失高深。

虐焰肖磨十八九，长奔潜望马耳走。

广兵犄角随火攻，渠魁竟缚俞军手。

俞君故是方叔俦，骐骥岂与驽骀侔。

浙闽伊昔幺麽起，斩蛟窜鳄功名遒。

东隅莫问昨朝事，桑榆人识鲁阳辔。

向誓此贼不俱生，三捷居然副初志。

老将料敌真訏谟，太平永巩帝皇图。

先张之矢后脱弧，福兵福船云岂徒，

福兵福船云岂徒。

——庞嵩《福船行为俞总戎》①

---

① 　［明］庞嵩：《福船行为俞总戎》，张杰龙主编：《南海诗征》，广州：岭南美术出版社，2009年，第68页。

第九章

文历史化

论夺情，剐切如初年

千官清晓集彤墀，三殿高居映紫微。

鹓列森严惭补衮，龙颜渊穆正垂衣。

明明帝德光中夏，济济贤才佐万机。

自幸暮年叨际会，敢摅忠赤答恩辉。

——何维柏《早朝祀典》

隆庆六年（1572）五月二十六日，即位不满六年的隆庆皇帝病笃去世，享年三十五岁，临终前命大学士高拱、张居正、高仪辅政，传位于皇太子朱翊钧，是为万历皇帝。随后，在太监冯保的支持下，首辅高拱被罢，张居正任首辅，开启了万历年间的张居正时代。七月，福建道御史马明谟等疏举逸才尚书郭宗皋、侍郎冀炼、翁大立、曹三旸、副都御史何维柏、佥都御史耿随卿、张师载、陈炌、大理卿何宽、寺丞耿定向、孙丕扬、御史刘存义、吏部主持鲁邦彦、参政舒化、副使黄宪卿、佥事纪大纲凡十六人①，已回乡丁母忧满三年的何维柏再次返回朝堂，恢复原职担任都察院副都御史。

第一节　三落三起

隆庆皇帝登极之初，确因诏除嘉靖一朝陋习弊政，让朝野间对新帝期盼至切，希望他奋发有为、革除先朝积弊、朝乾夕惕扭转帝国颓势。但

---

① ［明］《明神宗实录》卷三，隆庆六年七月，台北："中央研究院"历史语言研究所校印，1962年，第108页。

随着其不断的"临朝渊默"，对所有劝其勤学励工以图中兴的奏折留中不报，心不在焉，让试图有所作为的新朝大臣们灰心不已。仅仅为了催促隆庆皇帝上朝亲政，工部主事杨时乔、礼科给事中何起、户科给事中张卤、吏科给事中石星、骆问礼、尚宝丞郑履淳、南京吏部尚书吴岳、御史赵焞、尚宝司卿刘奋庸等就密集上疏，但这些竭尽忠忧的奏章未能激起隆庆皇帝内心一丝一毫的波澜，他的懒惰荒怠，不仅仅表现在对朝政的漠不关心，也表现在对祖宗社稷祭祀的敷衍上。他唯一感兴趣的，只是个人感官的享乐，对于游幸玩乐、追求色欲、财欲和物欲，几乎到了无所不用其极的地步，登基前的恭俭与登基后的纵欲形成鲜明对比，但"蝎盛则木析，欲炽则身亡"，过分耽于游乐酒色，使他的身体早早就出现问题。隆庆六年（1572）五月，登基仅五年多的隆庆皇帝因色痨引发中风，临死前虽拉着老师高拱的手说是内臣诱他坏了身体，但其实已悔之晚矣。己酉日，召大学士高拱、张居正、高仪至乾清宫受顾命，传位于年仅十岁的皇太子朱翊钧，随后驾崩。

隆庆六年（1572）七月，受福建道御史马明谟等疏举，已丁忧期满的何维柏再次位列被诏还朝的官员名单之内，此时他已六十一岁，他曾与之斗争的权臣严嵩严世藩父子早已身死并盖棺定论，对他有提携之恩的徐阶也在隆庆二年（1568）与高拱的斗争中致仕退休。尽管每次为官时间都不长，但他已是三落三起，再次经历了皇帝的更替与权臣的交接，年过花甲的何维柏初心不改，以"宇宙事即吾性分内事"的担当，再次赴京任职。也正因为他每次为官时间都不长，所以他并没有在京中置产，也未为子孙留京发展作长远计。隆庆二年（1568）曾跟随他上京考中进士的弟弟维椅，也很快在任上因病去世。

万历二年（1574）九月，何维柏奉旨起用，回京后任原职，并协理都察院事。一朝天子一朝臣，已换了两任天子的内阁，此时已是首辅张居正的大展宏图之地，七卿分别是吏部尚书张瀚、户部尚书王国光、礼部尚书万士和、兵部尚书谭纶、刑部尚书王之诰、工部尚书郭朝宾、左都御史陈

瓒。而与何维柏打交道最多的则是吏部尚书张瀚和左都御史陈瓒。

张居正（1525—1582），字叔大，号太岳。江陵（今湖北省荆州市）人，嘉靖二十六年（1547）中二甲第九名进士，授庶吉士，时任教习官为吏部左侍郎兼翰林院学士张治和徐阶，很受徐阶器重，庶吉士期满授翰林院编修。严嵩担任首辅期间，同徐阶友善的人都回避严嵩，但张居正如往常一样，因此亦受严嵩器重，任右中允，掌管国子司业，在此期间与国子监祭酒高拱也关系友善。严嵩倒台后，徐阶接替严嵩担任首辅，在嘉靖皇帝驾崩之时，徐阶草拟遗诏，没有与同为内阁大臣的李春芳、郭朴、高拱商议，却密召张居正参与谋划。隆庆即位，张居正迁礼部右侍郎兼翰林院学士，一个多月后，作为裕王藩府旧臣与原侍讲官陈以勤一同进入内阁。此后，隆庆一朝，张居正眼见首辅由徐阶换成李春芳，再换成高拱，他一直稳居内阁之内。直至万历皇帝即位，张居正拉拢内监冯保，受万历皇帝生母李太后倚重，借两宫懿旨驱逐高拱，坐上首辅之位，从此开启了他长达十年的"张居正时代"。

何维柏比张居正年长十四岁，张居正考中进士步入仕途之时，何维柏已因弹劾严嵩被削职还乡，二人在嘉靖一朝没有任何交集。隆庆改元，何维柏还朝复职，主事者为首辅徐阶。张居正能在严嵩、徐阶及高拱等人的争斗中不仅独善其身，还能尽得各人器重，既是他政治成熟、处事圆滑的性格使然，也是他以智谋驾驭天下的权谋心计所在。再次回归朝堂，与隆庆元年久居天山草堂以课艺讲学为业后期待有所作为的心态相比，何维柏应该是更多了一些淡定与从容。但他对岭南心学的钻研，早已将理学至理置诸行动，正如他在《答汝泉中丞》中所言："昔人所谓君子之道，或出或处，或语或默。在廊庙则行乎廊庙，在山林则行乎山林，盖非远迩形迹所能间隔者。"[1]一如他教育弟子叶梦熊为官之时，要将平日学力有益于实

---

① ［明］何维柏：《答赵汝泉中丞》，《何维柏集》，北京：知识产权出版社，2020年，第227页。

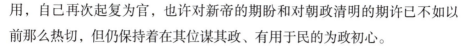

用，自己再次起复为官，也许对新帝的期盼和对朝政清明的期许已不如以前那么热切，但仍保持着在其位谋其政、有用于民的为政初心。

万历二年（1574）七月，何维柏回到朝堂，任都察院左副都御史，顶头上司是左都御史陈瓒。陈瓒，字廷课，常熟（今江苏省常熟市）人，嘉靖三十五年（1556）进士，授江西永丰知县。曾因建议嘉靖皇帝录因建言被废斥者，惹嘉靖震怒，被杖六十后除名。隆庆年间与何维柏一起因遗诏起复，官吏科，上疏请恤杨最、杨爵、罗洪先、杨继盛及沈炼等嘉靖朝因言被诛身死者。由于陈瓒与徐阶友善而被高拱所恶。何维柏回到都察院后，作为主管官员考察、弹劾和建议的监察部门，何维柏恪尽职守，日与同僚商确台宪事宜。针对御史应尽的职责及存在的"法久人玩"积弊，何维柏秉承他刚任御史时王廷相给他的教诲，为万历皇帝上《申明风宪事宜以重台纲疏》，极言鹭官之害：

一慎选授。窃惟御史之职，内则协议国政，绳纠官邪，外而巡历，则一省生民休戚，庶属贤否，皆系于御史，其任为至重。故必心术光明正大、操持端勤公慎、风猷练达者，然后可以称职。……请自今将行取到推官知县，多选拔其尤者，置之台属，庶差委巡察，可以得人。

一充委任。国初选授御史，多至百十余员，阙十员以上即当请补。近时员阙太多，差委不敷，各处巡按，无人接管，以致旷官废职。况近日四方水旱盗贼灾变异常，其所以督察群属以为消弭安赈之计，全藉御史及原设十三道，各有专掌，以备金序建白、参驳弹劾之任，所以肃中外臣工，端朝廷法纪，关系不细。今各道止二三人而兼掌，或旬日而辄更，台纲宪体，日益隳坠。……夫臣子视天下事当如一家，同舟共济，惟才是用，惟急是图，岂分彼此？且负数充足，则推擢不舛，南北其宜繁简易剧，察才量力，委任相称。视之不问可否，轮序挨点，大相

迳庭。

一严考核。御史试职满日，及巡历还京，必详加考察，条例禁严，恪为遵守。孰不畏慎。但法久人玩，因循容悦，不肯着实遵行，实臣等奉职无状所致。今后特为申明，试职必于一年，满日方行考核，必守正奉公，通晓法律，练达政体，方准实授，否者送部改用。差出在外，必责令该道及河南道掌印御史，周年博访，巡历称否，分别殿最。还京之日，会同各道互相保结，臣等细加严核。必无推奸避事、赃私过犯等事，方敢具题回道管事，果有违犯，必指实参究。若考察不实，保结不当，事发，分别轻重，连坐降黜。

一专责成。御史面奏点差巡按，奉君命也必俟巡历满日，还京复命，考核之后，方可升黜。……生民休戚，官吏贤否，凡有大政大疑，协衷酌议，金序建白，以振风纪，且久历台宪，明习世务，足豫后用，故所掌日期必周年以上，方得更替。每季轮直三员，对阅题覆章疏，及查覆咨钞堂呈，凡所以上承朝廷，下达邦国者，必专稽察，防有差谬，即行纠正。至于巡视五城以革浇俗，以恤商困，以诘奸细，培植畿甸，根本重地，关系匪轻，亦当限以年月，委任专久，不可旋更旋易。如此则御史职任，方可责成。①

这是何维柏在其位谋其政，为万历皇帝上的关于如何严饬监察制度加强御史官员管理的奏章。与几年前他给隆庆皇帝上的《勤圣学励臣工以成治道疏》和《恳乞圣明饬励群工慎修实政共图中兴盛治疏》里的用人观相比，其关于"臣道"的看法是一脉相承的。何维柏认为："人臣必以道

---

①　［明］何维柏：《申明风宪事宜以重台纲疏》，《何维柏集》，北京：知识产权出版社，2020年，第41—43页。

自尽而后可以道事君，必交修于下而后可以责成于上。"所以为人臣最重要的是要"治道匡正"，不能有负于君。而朝廷要保证有人可用，则必须"论量百官"：必先专责内外长吏，以考核属官为首政，以当否多寡为殿最，在内部、院、省、寺、司、府、苑、监、长、佐各察所属……务在详核职掌，填注事迹能否，分别上中下三等，开报确当，毋得含糊两可，苟且塞责。[①]论量百官就是严加考核，为此他提出"广辟荐"以开不拘一格降人才之路；"慎升擢"以便官员能在任上久久为功，杜绝急功近利的政绩追求；"议调谪"让官员能各尽其才，尤其是不要将无能的官员调往最需要有治理之才的偏僻之地，使偏僻之所的治理雪上加霜；"严追治"加强问责以警贪腐；"均要职"为有能者有才者畅通晋升之道。除此之外，何维柏还关注到了庞大的藩府王官群体，他们的职位囊括长史、审理、纪善、典簿、典膳、教授、奉祀、典宝、工正、郡王教授等，却因为完全没有晋升通道只能"冗员隳职"，没有用武之地及用世之心，导致藩府罔有约束，完全失去了太祖当年为藩府立王官的初衷。而此次所奏《申明风宪事宜以重台纲疏》，所论官员范围更为精准，就是围绕监察御史的选用、委任、考核和追责而言，其所言范围，并未出嘉靖年间王廷相所修订的宪纲内容，只是匡正制度，期盼能严加执行。

什么样的人才可以被授御史？作为言官，此前所授，本来绝大多数来自进士、举人、监生三种，而维柏眼见后来的范围扩大至推官知县、行人博士等，认为"若不稽其阅历而轻授以新进之人，由疎躁立见，舛谬乘之"。因此建议需要出巡的御史，慎选司道老成者。

御史需要授多少人才够？按照《明史·职官志》的定例，应为十三道监察御史一百十：浙江、江西、河南、山东各十人，福建、广东、广西、四川、贵州各七人，陕西、湖广、山西各八人，云南十一人。但嘉靖

---

① ［明］何维柏：《恳乞圣明饬励群工慎修实政共图中兴盛治疏》，《何维柏集》，北京：知识产权出版社，2020年，第34页。

一朝，由于嘉靖皇帝厌弃言官，上疏言事者动辄得咎，被杖死及削职者不计其数，御史一职未按例补足，此一现象一直延续到万历朝："近时员阙太多，差委不敷，各处巡按，无人接管，以致旷官废职。"无人可用，导致"各道止二三人而兼掌，或旬日而辄更，台纲宪体，日益隳坠。"因此维柏建议要咨行两京各部、寺、堂上官，推举补足，察才量力，委任相称，以全都察院监察之责。

御史如何使用？何维柏给出的建议是"严考核"和"专责成"。有了恰当的人选和充足的人力，才可以做到详加考察、条例禁严，考核之后，方可升黜。可采取的措施比如"试职必满一年，满日方行考核。还京复命，方得考核升迁"等等，试图从制度的严格执行上来锻造一支真正能"纠劾百司、辨明冤枉、提督各道"的监察御史队伍。

从现存《天山草堂存稿》来看，何维柏虽在万历年间亦任职四年，但所上奏章的频率远低于隆庆年间，一方面可能是其职位的变化不再以上疏言事为主责，但更大的可能是他已从隆庆年间的满腔用世之心，转变为"在其位谋其政"的谨守职责之意。尽管从万历元年（1573）被诏还朝，至万历五年（1577）致仕，他接连升任吏部右侍郎、吏部左侍郎乃至南京礼部尚书，从《神宗实录》的记载来看，他一直不断地上疏乞休：万历三年（1575）正月，何维柏以考察自陈乞休，不允；万历四年（1576）三月，丙辰，吏部左侍郎何维柏以老疾乞休，不允。《天山草堂存稿》至今还保存着他万历四年（1576）所上的《星象示异乞赐罢黜作回天变疏》：

> 臣远地寒踪，先朝弃物，蒙皇上起用，叨贰铨职，窃有报国之志，实歉致用之才。庸录迂疎，识不足以鉴物；暌孤行劣，信不足以孚人。上之不能奉扬德意，协赞立贤无方之益；下之不能淑励庶司，以覃小人乐利之休。旅进素餐，厚颜窃位，分揣踰涯，义宜早退。自念幸遭圣明，千载一会，需竭狗马，冀效涓涘，未敢辄再陈请。顾今星变垂戒，晓夕忧惶，上奉明旨，考

察百官。当此群工陈休之时，正切臣负戾听斥之日。自思年龄衰迈，智虑昏庸，在廷之臣，莫有如臣之甚者。冒忝班行，久妨贤路，黜幽首及，宜莫如臣。近因南京尚书阙员，在廷诸臣，以臣年资推补，误蒙简用。是臣以当首罢之人，复冒殊常之擢，负乘非据，惭悔益深，挽□天□□□□责，伏望皇上察臣悃衷，收回成命。俾以原职，亟赐罢斥，获安愚分，以终余年。[1]

第二节　再论夺情

　　万历五年（1577）九月，内阁首辅张居正的父亲张文明在老家江陵去世，按照礼制，张居正应辞官回乡守制三年。时年岁尚幼的万历皇帝尤其是其生母慈圣太后对张居正深切依赖，在接到张居正请求回乡守制的上疏后，下诏"准过七七，不随朝"，张居正随后又上了《再乞守制疏》，皇帝复曰："朕冲年垂拱仰成，顷刻离卿不得，安能远待三年？"其实张居正更担心"自以为屋权久，恐一旦去，他人且谋己"。官员在父母亡故之后，为父母回籍守丧三年，既是明朝的礼仪法制，也是"祖宗之法"，然而张居正并非"将在外君令有所不受"的武将，却并未遵守这一制度，而是实行在职守制，不辞官，不离京，在职为父守丧，这引起朝臣的不满，纷纷上疏攻击张居正。这就是明代著名的张居正"夺情"事件：

　　　　（居正）丁父忧。帝遣司礼中官慰问，视粥药，止哭，络绎道路，三宫赙赠甚厚。户部侍郎李幼孜欲媚居正，倡夺情议，居正惑之。冯保亦固留居正。诸翰林王锡爵、张位、赵志皋、吴

---

① ［明］何维柏：《星象示异乞赐罢黜作回天变疏》，《何维柏集》，北京：知识产权出版社，2020年，第44—45页。

中行、赵用贤、习孔教、沈懋学辈皆以为不可，弗听。吏部尚书张瀚以持慰留旨，被逐去。御史曾士楚、给事中陈三谟等遂交章请留。中行、用贤及员外郎艾穆、主事沈思孝、进士邹元标相继争之。皆坐廷杖，谪斥有差。时彗星从东南方起，长亘天。人情汹汹，指目居正，至悬谤书通衢。帝诏谕群臣，再及者诛无赦，谤乃已。于是使居正子编修嗣修与司礼太监魏朝驰传往代司丧。礼部主事曹诰治祭，工部主事徐应聘治丧。居正请无造朝，以青衣、素服、角带入阁治政，侍经筵讲读，又请辞岁俸。帝许之。及帝举大婚礼，居正吉服从事。给事中李涞言其非礼，居正怒，出为佥事。时帝顾居正益重，常赐居正札，称"元辅张少师先生"，待以师礼。①

《明史》的记载不如《神宗实录》对前因后果及过程的叙述来得详细：

> 万历五年九月，己卯，大学士张居正初闻父丧，次辅吕调阳、张四维疏引杨溥、金幼孜、李贤夺情起复故事。谕留居正，得旨："元辅张先生亲受先帝付讬，佐朕冲年，定安社稷，关系至重，况有往例，卿等亟当为朕劝勉，毋事过恸。"上复手札谕居正："朕览二辅所奏，知先生父已弃世，痛悼良久，先生承先帝付讬，辅朕冲幼，社稷奠安，天下太平，莫大之忠，自正罕有。今宜以朕为念，勉抑哀情，以成大孝。朕幸甚，天下幸甚已。"复谕吏部："元辅朕切倚赖，岂可一日离朕？父制当守，君父尤重，准过七七，照旧入阁办事，侍讲读，待制满日随朝部

---

① ［清］张廷玉等：《明史》卷二百十三列传第一百一《张居正》，北京：中华书局，1974年，第5647页。

即往谕朕意。"①

这是万历五年（1577）九月，刚刚得到张居正父死讯息时，内阁次辅吕调阳、张四维即建议其夺情起复，援引宣德四年（1429）八月，时任宰辅杨溥母丧，本已结庐守孝，十月即被诏起复回京；宣德元年（1426）时任礼部尚书兼武英殿大学士金幼孜母丧，宣宗即位被诏起复；成化二年（1466）时任吏部尚书兼华盖殿大学士李贤父丧被令夺情旧例，因此万历谕旨留张居正"准过七七，照旧入阁办事"。

万历五年十月丙戌，张居正疏乞回籍守制，得旨勉留，疏酋言"臣受非常之恩，宜有非常之报，何暇顾旁人之非议，徇匹夫之小节，拘拘常理之内？"观此而夺情之本谋尽露矣。戊子，时彗星见西南光明大如盏芒苍色，长数丈，繇尾箕越斗牛，直逼女宿，礼臣疏请修省，得旨"玄象示异，朕心深切儆惕，大小臣工其恪修职，业以图消弭。"张居正再疏乞归守制，得旨："卿言终是常理，今朕在冲年，国家事重，岂常寺可同？卿平日所言朕无不从，今日望卿从朕，无得再陈。"辛卯，张居正三疏乞归守制，得旨："卿今日实不可离朕左右，特遣司礼监官同卿子编修驰驿回籍营葬，事毕即迎卿母来京侍养，用全孝思，卿宜体朕至意，弗再辞。"上复降手勅谕居正："朕赖先生为师，朝夕纳诲，以匡不逮，今朕学尚未成，志尚未定，万几尚未谙理，先生何忍远去，尽弃前功？万望先生仰体圣母与朕惓惓恳留至意，毋

---

① 　[明]《明神宗实录》卷六十七，万历五年七月，台北："中央研究院"历史语言研究所校印，1962年，第1469页。

劳再陈。"①

　　尽管皇帝已下旨"夺情"，但该有的推辞姿态仍是不可少的，因此张居正一面私下暗示其门生及追随者上书挽留夺情，另一方面向皇帝上书请求守制。当然，结果仍是如他所愿：三疏乞归守制，得旨"卿今日实不可离朕左右"。既满足了张居正可以不必辞官守制的私心，又彰显了其以"为君尽忠大于为父尽孝"的所谓无奈之举。

　　万历皇帝的夺情诏书一下，朝中哗然，官员分为两派，一派支持夺情，一派反对夺情。户部侍郎李幼孜欲媚居正，首倡夺情意，"皇帝冲龄，天下不可一日无首辅"。宫中大太监冯保不欲居正去。此外还有张居正的门生、同乡和受过其提携的御史曾士楚、给事中陈三谟、南京尚书潘晟等人，他们主张夺情，多是"背公议而徇私情"，为张居正造势。另一方面，翰林院编修吴中行、翰林院核检赵用贤，他们上疏请求皇帝准许张居正奔丧归葬，事毕回朝，认为张居正以"君臣之意效忠皇帝数年"，如今却不让他回乡葬父，此举会使"士气之日靡，国事之日淆"。刑部员外郎艾穆、刑部主事沈思孝联名上疏，请令张居正回乡守制。他们认为皇帝为了政事留任张居正，但"社稷所重，莫如纲常，而元辅大臣者，纲常之表也"，更应该回乡守制，以成万世之表。首先站出来反对夺情的翰林院编修吴中行，他上疏直言张居正在京为官，本已十九年父子分离，如何还能不奔丧抚棺，为之恸哭呢？更关键的是此前所援夺情旧例，均是奔丧庐墓之后再召回起复，未有不出京师直接起复为官的先例：

　　　　居正父子异地分暌，音容不接者十有九年。一旦长弃数千里外，陛下不使匍匐星奔，凭棺一恸，必欲其违心抑情，衔哀茹

① ［明］《明神宗实录》卷六十八，万历五年十月，台北："中央研究院"历史语言研究所校印，1962年，第1473—1474页。

痛于庙堂之上而责以吁谟远猷，调元熙载，岂情也哉！居正每自言谨守圣贤义理，祖宗法度。宰予欲短丧，子曰："予有三年之爱于其父母乎？"王子请数月之丧，孟子曰："虽加一日愈于己。"圣贤之训何如也？在律，虽编氓小吏，匿丧有禁；惟武人得墨衰从事。非所以处辅弼也，即云起复有故事，亦未有一日不出国门，而遽起视事者。祖宗之制何如也？事系万古纲常，四方视听，惟今日无过举，然后后世无遗议。销变之道无逾此者。①

四人在上疏之后，便被以攻击辅臣的罪名处以廷杖。刑部观政官邹元标在看到四人被打后，上疏弹劾张居正"自用太甚"，"亲生而不顾，亲死而不奔"，此疏一上，皇帝大怒，随赐邹元标八十廷杖，发配充军。恰在此时，天空西南方向出现彗星，长久不退去。朝中遂开始传言说这是因为张居正夺情，遭到天谴。京城街道上也出现了谴责张居正的传单，张居正成为众人指责的对象。

此次上疏反对夺情的奏章中，本没有何维柏的身影。但张居正暗示被他提拔的吏部尚书张瀚以吏部名义回应万历皇帝的挽留谕旨，张瀚不仅不积极回应，还与同僚副手时任吏部左侍郎何维柏商量，何维柏秉承一贯的坚持，斩钉截铁地说"礼法不可废，纲常不可变"，意即不应该夺情，应遵例守制："值江陵遭父丧夺情，太宰张公翰以保留质之公，公曰：'此万世纲常，不可易也。'江陵闻之衔之，迁南秩宗，实远之也。"②没想到此语被张居正得知，张瀚被罢，何维柏被罚俸三月：

　　万历五年十月，吏科左给事中王道成、陕西道御史谢思启交章论劾吏部尚书张瀚徇私欺罔，得旨张瀚昏耗至此，令致仕去。

---

① ［清］张廷玉等：《明史》卷二二九列传第一百十七《吴中行》，北京：中华书局，1974年，第5998—5999页。

② ［明］郭棐：《粤大记·何维柏传》，广州：广东人民出版社，1991年，第389页。

复夺侍郎何维柏、陈炌俸三月，降司郎中俸三级管事，不许升转，余各罚俸半年。①

万历五年十一月，升吏部左侍郎何维柏为南京礼部尚书。②

万历五年十二月，罢南京礼部尚书何维柏。维柏前为吏部左侍郎，以不保留居正，与尚书张瀚同被旨诘责，未几南转，至是自陈，遂罢之。③

来与何维柏商量的吏部尚书张瀚，既是他的上司，也是嘉靖十四年（1535）与他同榜中进士的同龄兼同年好友，后隆庆年间张瀚任两广总督时，何维柏对于如何抵御倭寇曾一本，还曾为之提过有益的建议。张瀚（1511—1595），字子文，号元洲，明仁和（今浙江省杭州市）人。嘉靖十四年（1535）进士，初为南京工部都水司主事，任期满后改任庐州知府、大名府知府。累迁陕西左布政使，擢右副都御史，巡抚其地。半年后入为大理卿，进刑部右侍郎，俄改兵部，总督漕运。隆庆元年改督两广军务，大盗曾一本寇掠广州，诏切责瀚，停总兵官俞大猷、郭成俸。已而成大破贼，获云翔，诏还瀚秩，即家俟召。

张瀚将自己的奏折汇刻成《台省奏议》，何维柏为之撰序，称道其君子之才：

君子经世理民，以才为用，以位为柄，以时为会。才豫而用可利也，位专而志可行也，时至而业可成也。然有能有不能，

---

① ［明］《明神宗实录》卷六十八，万历五年十月，台北："中央研究院"历史语言研究所校印，1962年，第1477页。

② ［明］《明神宗实录》卷六十九，万历五年十月，台北："中央研究院"历史语言研究所校印，1962年，第1490页。

③ ［明］《明神宗实录》卷七十，万历五年十月，台北："中央研究院"历史语言研究所校印，1962年，第1506页。

则存乎人，系乎遇也。尝观古今人际昌跻膴，顾多婥阿涩泄，敢于蠹政负时，不则委琐缩朒无能为，即为又鲜中伦轨。高者骛超旷，崇论闳议，阔事情而螫实用，卑则袭往榘，惴惴罔爽尺寸，拘挛龌龊，不能变通以宜民。遇事喜直前，或鲜取裁，诗挛侈大，忽远虑以贻后艰。至言可翼绩，乃□中溢度，夸耀示能，往往告成。若此者，局于才也。隽杰之士，弘抱康济，会遭蹇否，睽违退遯，甘泯泯以终身。及遇明圣，言听计行，显敷弘业，泽被生民，声施后世，则遇所遇者，时也。方今圣上，敬德日新，师礼大臣，而股肱辅理，夙夜旁求，汇登众正，显式耆旧，弘佐化枢。

今观兹刻，经图戎民之务，绥奠节制之图，险易淑慝之辨，进退用舍之宜，据事裁酌，求为可行。不骛旷远，事机得失皆以实闻；不余覆罔，居常浑默，事至沉含独鉴，与众绝虑，人莫窥其际。故能深结上□，允济时用，外比上从，得行其志，才以位显，业与时成，世所希觏者，公以为未也。……公履昌显，惓惓仰体德意，久任并用，诸疏酌群议而上之，行至辟地，利厚民生，尤为要论，扩是达之天下，嘉谟嘉猷，协保泰治于无疆者，公宜无所为让。予幸从公后，乐观大成也。①

万历元年（1573），吏部尚书杨博罢，召张瀚代之。秩满，加太子少保。时廷推吏部尚书，首左都御史葛守礼，次工部尚书朱衡，次瀚。居正恶守礼戆，厌衡骄，故特拔瀚。瀚资望浅，忽见擢，举朝益趋事居正，而瀚进退大臣率奉居正指。张瀚在任吏部尚书期间，何维柏先后由都察院副都御史升为吏部右侍郎，后迁左侍郎，与之同僚。比居正遭丧，谋夺情，瀚心非之。中旨令瀚谕留居正，居正又自为牍，讽瀚属吏，以复旨请。瀚

---

① ［明］何维柏：《〈台省奏议〉序》，《何维柏集》，北京：知识产权出版社，2020年，第215—216页。

佯不喻，谓"政府奔丧，宜予殊典，礼部事也，何关吏部"。居正复令客说之，不为动，乃传旨责瀚久不奉诏，无人臣礼。廷臣惴恐，交章留居正，瀚独不与，抚膺太息曰："三纲沦矣！"居正怒。①

其实何维柏的坚持，只是他一贯以来重视礼法纲常的体现，与刚入官场时敢于上疏要求顶头上司毛伯温守制的鲁莽不同，这次他没有直接上疏，只是在被同僚兼好友征求意见时直言不讳自己的观点。他的政见与张居正也没有任何冲突，这体现在万历四年（1576）当张居正被弹劾擅作威福时，作为吏部左侍郎的何维柏还代表九卿挽留。何维柏自己的传记没有记载此事，但《神宗实录》载之甚详：

万历四年正月，大学士张居正乞罢，言："臣既受先帝付讬之重，皇上又宠臣以宝师不名之礼，敢不矢以死报？况圣学尚未大成，嘉礼尚未悉举，朝廷庶事尚未尽康，海内黎元尚未咸若，岂臣言去之时？但言者以臣为擅作威福，而臣所以代主行政者，非威也，则福也。取其近似而议之，事事皆可以作威，事事皆可以作福。虽皇上圣明，万万不为投杼，而以身府谤，岂臣节所宜有乎？"报曰"卿精诚可贯天日，虽负重处危，鬼神犹当护排号，谗邪阴计岂能上干天道？朕知卿贞心不贰，产非众口所能摇惕，宜即出视事，勉终先帝顾托，勿复再辞。"吏部等衙门左侍郎何维柏等皆谓居正身任天下安危，上辅君德，朝讲日勤，下励百僚，政刑时勑，汲汲图治，不避怨嫌，数年之间，四夷欵塞，百官受成，庶事奏功，万民率职，皇上冲年御极而天下安享无虞，居正辅佐之功也。张四维志秉忠贞，才兼谋断，亦以人言杜

---

① 〔清〕张廷玉等：《明史》卷二百二十五列传第一百十三《张瀚》，北京：中华书局，1974年，第5912页。

门求退，几务繁重，必劳圣心，乞宣谕二臣即出视事。①

"言者以臣为擅作威福"，指的是辽东御史刘台公报私仇，弹劾张居正擅作威福：

> 万历四年正月丁巳，巡按辽东御史刘台论劾大学士张居正擅作威福，蔑祖宗法。如逐大学士高拱去国，不容旦夕，援成国公朱希忠无边，月围而赠王爵，引用门臣张四维及家卿张介，不以廷推，斥遣谏官余懋学、傅应祯等。几空言路，为一身固宠计，则献莲白燕以为祥；为子弟科第谋，则假京堂巡抚以为报；翰林不侵，政事而创为章奏考成，江陵膏血已枯而大起迁禁宫室。疏入，上大怒，以为诬用忠良，肆言排击，意惟壮党植私，不顾国家成败，命锦衣卫逮之。居正奏辩，言："旧例各地方有事，巡按御史不宜报功，嘉靖朝巡按乃九泽，以奏报海捷谪外，去年辽东大捷，台越职报捷，律以先朝旧例，则台宜降谪。臣但请旨勺戒，谓非事体所宜而已。台已不胜其旷，后御史傅应祯以捏称旨意被拷，有阴构党与之言，初不知上与应槚同县素厚，实有所主，乃妄自惊疑，遂无所顾，藉发化于臣，且国朝二百余年，未闻以门士排师长者，计惟一去以谢之。"得旨"卿赤民为国，不独简在朕心，实天地祖宗所共降，鉴彼缠邪小人，乙有旨重处，卿宜以朕为念，迁出辅理，勿介浮言"。是日大学士张四维亦专疏自辩。②

① ［明］《明神宗实录》卷四十六，万历四年正月，台北："中央研究院"历史语言研究所校印，1962年，第1050—1051页。

② ［明］《明神宗实录》卷四十六，万历四年正月，台北："中央研究院"历史语言研究所校印，1962年，第1043—1044页。

由此可见，何维柏在"夺情"与守制一事的态度上，从年少至年老，从未变过，他自己本人在隆庆三年也是丁母忧去官守制的。但此次张居正顶着巨大的舆论压力成功夺情之后，性情却有所变化。《明史》称他："自夺情后，益偏恣。其所黜陟，多由爱憎。左右用事之人多通贿赂。"《神宗实录》也记载了他对于反对夺情官员的残酷镇压：

> 甲午，先是吏部尚书张瀚奉命谕留居正，未及回奏，至是辅臣传旨诘责，瀚惶恐谢罪，于是台省媚居正者交章劾瀚矣。①
>
> 甲辰命南京兵部尚书刘蚔致仕，以御史曾士楚劾其旷废也。乙己，先是翰林院编修吴中行、简讨赵用贤、刑部员外艾穆、主事沈思孝各上疏论辅臣张居正夺情事，留中数日，至是降旨，命锦衣卫逮至午门前，中行、用贤各杖六十，发回原籍为民，永不叙用，穆、思孝各杖八十，发极边充军，遇赦不宥。中行疏略因《变陈言竭愚衷明大义以植纲常》："顷者天象示异，星变非常，凡事凡质诸人心而安，始揆诸天意而顺，然后天变可消。居正乞归守，是举也。万古之纲常所系，四方之观听攸关，居正谓父子相别十九年而今长逝于数千里外，遂成永诀，乃不得匍匐苫块，一凭棺临穴，皇上必欲其违心抑情，衔哀茹痛于庙堂之上，且责之以吁谟决策，调元熙载，或者非其情也。矧位当天下之重任，身系四海之具瞻，必正己而后可以正百官、正万民，皇上所以必留，与居正所以不容不留，其微权深意，非图神通，方者未可告语彼退观听之天，拘曲守常之址，或因其不去之迹，归以不题之名，安能家喻户晓而使无里谈巷议乎？皇上尚欲其敷化施政，端范移风于海寓之间，且责人之趋令遵教用协丕式，或者非

---

① ［明］《明神宗实录》卷六十八，万历五年十月，台北："中央研究院"历史语言研究所校印，1962年，第1475页。

其理也。居正自信而对扬之言，惟曰圣贤道理，祖宗法度，夫宰予短丧，孔子曰：'予也有三年之爱于父母乎？'王子请丧，孟子曰'虽加一日愈于己'，然则终丧正圣贤之训也。而身自违之，必其所不忍也。国家令甲庸人小吏匿丧有律，惟武弁戎行，则墨衰从事，而未尝以介胄之士处辅弼之臣，即有往例可稽，亦三年未终而非一日不去之谓，且当时诤之，后毋讥之，乃二辅首题之疏，方以讣闻遂以例请谬矣。台省诸臣乞留之疏，抑又谬矣。然则夺情正非祖宗之法也，而身自蹈之，必其所不敢也。用贤疏略谓先朝杨溥、李贤亦尝起复。然溥先以省母还家，贤即以回籍，奉旨夺情，固未有不出都门而可谓之起复者也。且陛下所以不允辅臣之请者，岂非谓朝廷政令赖以参决，四海人心赖以观法者乎？今辅臣方负沉痛，其精神之恍惚，思虑之迫切，必不能如曩日之周悉，而四海之狄听风声者，又以拘曲寻常之见疑之。亦必不能如曩日之敬信而承服，是辅臣之勋望积之数年而陈下顾败之一日。臣不知陛下何忍而为此也？臣窃因是而感士气之日靡也。国家设台谏以任纠，绳之固非谓其阿意顺旨，将迎逢合也。今辅臣之留，皇上既有成命矣，乌用是晓晓者，背公谊而徇私情，蔑至性而倡异论，臣诚不知其可也。穆孝同疏，谓自居正夺情，彗星突见，臣等意在廷之臣必有能指陈纲常大义以感司衰者，讵期附炎鄙夫，如御史曾士楚、都给事中陈三谟、干犯清议，望风保留，致使人心长死，国是若狂，纲纪风俗将大坏而不可止矣。居正今以例留，厚颜就列，如异时国家在大庆贺大祭祀，为元辅大臣者若欲避之，则于君父大义不可，欲出则于父子至情又不安，臣不知斯时陛下何以处居正？居正何以自处？宜速令奔丧守制，以全忠孝大节，则纲常而朝廷正，朝廷正则百官万民莫不正。一正足以格天，何灾异之不可弭哉？"当中行疏上，学士王锡爵会翰林宗伯而下数千人求解于居正，弗纳，锡爵径造

丧，次言之辞颇峻。居正勃然下拜，索作刎颈状曰："上强留我而诸子力逐我，且杀我耶？"锡爵亟趣出，知事不可回矣。就逮之日，阴云忽结，天鼓大鸣，惨黯者，移时受杖毕，校尉以布曳出长安，舁以板闼即日驱出国门。中行频绝而苏，而穆、思孝楛举诏狱中三日，始命发。中行僦舍都门外，故人间有候视者，逻卒辄籍记之而厂卫之命随至，即裹创，行呻吟彻昼夜，股内剜云数十脔，大盈尺，深入者踰寸，竟空一股云。方中行等得罪时，翰林侍讲赵志皋、张位、于慎行、张一桂、李长春、田一儁、修撰习孔教、沈懋学俱具疏救，格不入，而懋学三贻书居正子懋修，伸经权忠孝之辨，以为师相之留，为世道计，诸子之疏亦为世道计，奈何视为狂童斥为雏党乎？此言出而所云："力不能救者，天下疑而弗信矣。"又贻书李幼滋云"师相之归，宜决台省"，之归宜止，言甚切直。未岂，孔教、志皋位相继迁谪去，锡爵、懋学皆移病归。①

正是在这样被秋后算账的威胁之下，何维柏本就多次以年老请辞，终于在议居正夺情后的十二月，被出为南京礼部尚书的何维柏，在行至潞河（今北京通州）时，乞求退休的奏折被批准，成功致仕。

第三节　悠游林下

万历五年（1577）十二月，何维柏在前往南京礼部尚书任的途中，被批准致仕，旋即还家。此后直至万历十五年（1587）去世，得以在家乡悠

---

① ［明］《明神宗实录》卷六十八，万历五年十月，台北："中央研究院"历史语言研究所校印，1962年，第1480—1484页。

游林下，颐养天年。何维柏能够安安稳稳地辞官归里，最高兴的莫过于他的亲属，现存《天山草堂诗存》收录了其兄何士杰的两首诗，其中的庆幸与团圆之意溢于言表：

赠古林家弟致仕

综鹕翩翩万里还，傍花随柳任偷闲。

一肩风月归南海，千古纲常重泰山。

青镜从教填白发，丹砂长养驻朱颜。

回头却笑长安道，多少行人未出关。

余年八十有一，家弟古林自省归里，
拟奉觞张乐为寿，诗以却之

八十康强老自安，儿孙绕膝足怡颜。

无端世事何时了，罔极神思欲报难。

读罢蓼莪心倍痛，歌余杕杜骨犹寒。

生平抱此终天恨，忍对杯盘强自欢。[1]

何维柏生命中的最后十年，是在与家人相处的安乐祥和、与弟子往来的悠然自得中度过的。其心态既不同于嘉靖二十四年（1545）的削职归里，也与隆庆三年（1569）丁母忧庐墓守制不同，这是见惯了官场倾轧而不忘为官初心、经历了生死风雨而对静默自处更有心得的年纪。回首曾与他一起踏足科场的同年，或英年早逝、或在朝廷争斗中郁郁不得志，自己能在经历了下狱几乎身死的惨烈后还能全身而退，甚至还活着等到了平反起复、重新为官的一天，而今以南京礼部尚书从一品的官职退休，可以说

---

① ［明］何士杰：《赠古林家弟致仕》《余年八十有一，家弟古林自省归里，拟奉张乐为寿，诗以却之》，《何维柏集》，北京：知识产权出版社，2020年，第318页。

已经比大多数因言获罪者更为幸运了。而那些曾与自己心灵相通相与往还的理学同道如陈激衷、王渐逵，也已渐作古。看着络绎不绝前来天山草堂拜访的后辈及离开天山书院踏足官场的弟子们，何维柏的内心一定是满足感恩而又欣慰不已的。

当然，满足之中也有遗憾，万历七年（1579），陪同何维柏操劳了半生、相伴四十六年的劳夫人病逝，享年六十六岁。根据庞尚鹏为劳夫人撰的墓志铭，嘉靖十二年（1533），虚岁二十的劳廉与时年二十三岁的何维柏完婚，其时正值维柏已中举人而第一次赴京会试落第之时。次年维柏考中进士，本打算带父母举家晋京，由于维柏祖母逝世而只得改由劳夫人赴京陪同。在京选庶吉士和初任监察御史的这两年，应该是二人新婚之后夫唱妇随最为惬意的一段时光："公早朝，辄先鸡鸣起，悉有绳度；或夜归，则手女工待之，咸以为常。"维柏上朝，劳夫人早起安排，如有夜归，则边做手工边等待丈夫回家。听到维柏提及台谏多以言受杖落职，劳夫人又忧心忡忡，深知丈夫忠愤填胸，必不顾及个人安危，因此以父亲年迈为由劝其辞官侍奉双亲。后来维柏在福建上疏被逮，正证明了劳夫人对维柏为人为官的理解及早年担心的远见。被逮落难之际，心急如焚的劳夫人不仅要焚香祷告，还得安慰双亲。最难能可贵的是，尽管遭此大难，劳夫人仍不忘清廉自守："闽三司会助舟车费数百金致之家，盖数月矣。及公归，白于先大夫，谓义不可纳。淑人复从中力赞之。"[①]而隆庆元年（1567）再次起复，诏令夫人等家眷随行，劳夫人却独留广州治理家事，命妾室及庶子随同赴京。至于视己之姑舅而父母之，视夫之弟妹而骨肉之，广择庶室，共事公为宗祧大计，拊其子而亲其母，真当得起庞尚鹏"温恭令德、义重今闺"之赞。成婚多年才生下儿子崇亨，后又生崇照、崇焕（早觞），尽管已生三子，仍怕不够开枝散叶，又娴淑地为维柏纳侧

① ［明］庞尚鹏：《明封淑人劳氏墓志铭》，陈鸿钧：《广州出土明代南京礼部尚书何维柏夫人劳氏墓志纪略》，《岭南文史》2014年第4期。

室张氏、陆氏和李氏三妾，生子崇庆、崇烨（早逝）、崇序等。劳夫人去世，维柏黯然神伤，每日环堵四顾，知心话不知能与谁说："念昔主中馈，琴瑟常静好。仰事极欢怡，时享洁蘋藻。诸子虽异乳，义方惟一道。合室交相爱，自谓终偕老。"①

除了阖家团聚共享天伦外，何维柏也免不了与来粤任职的官员应和酬酢，并应各地邀请为县学县治的落成撰碑记等。如万历九年（1581）冬为刘凝斋作《赠凝斋刘公之任留台序》：

> 予辗尔笑曰："劳逸，情也；南北，迹也；久速，时也。夫宠命晋锡，帝王驭吏之权也；体分尽职，人臣报国之义也。士之仕也，行其时义，情与迹不与焉。是故'王臣蹇蹇，匪躬之故'，何有乎劳逸？'膂力方刚，经营四方'，何有乎南北？惟君子使媚于天子，何有乎久速？况公惟总台宪，行将入柄枢衡，觐天子之耿光，凡有嘉谋嘉猷，入告于内，出而行之于外，膏泽四达，无远弗届，广之民庶，咸在阱矱，尚有利于无疆。昔者周公告召公曰：'今在予小子旦，苦游大川，予往，暨汝奭其济。'古之大臣，为国家长远虑每如此。"②

刘凝斋以广东督府升大中丞，任职何维柏曾任职过的都察院御史台，众人为贺之时，维柏以自己对御史台的体悟淡然地对各种祝贺者说："夫宠命晋锡，帝王驭吏之权也；体分尽职，人臣报国之义也。"意即无论身居何职，均是君王雨露，人臣报国之所在，与是否督政一方还是左右天子耳目，没有直接关系，这分明融会了维柏本人对官场的理解与

---

① ［明］何维柏：《悼内》，《何维柏集》，北京：知识产权出版社，2020年，第295页。
② ［明］何维柏：《赠凝斋刘公之任留台序》，《何维柏集》，北京：知识产权出版社，2020年，第166—167页。

总结。

万历十一年（1583），曾任职两广大司马的陈文峰致仕返回福建，来粤拜访。何维柏唯一在闽地任过地方官，对陈文峰的亲切感更甚其他来粤者。更何况陈文峰此次是功成身退，虽有少许未能得志的遗憾，但维柏更多的是情同己心的欣慰，对他的祝贺就要更发自肺腑：

> 予曰：君子之于天下也，其出也必有所为，其止也必有所乐。公既第进士，扬历中外三十余年，茂树勋名，舆望推重。即曩时总宪广臬，克壮其猷，恩威兼著。未几还闽，众庶踟蹰，如失襁抱。旧春闻节钺再至，黄童白叟，顶香欢呼，若睹云霓，经略期月，薙狝布冲，宿蛋渠寇，擒捍倭奴，妖祲消息，境内宁谧。则公之出也，盖足以有为。晋锡蕃庶，恩命宠渥，固其宜也。今兹之归，时至而止，功成身退，自古则然，三山崒崒，环浦青苍，侣鹤栖霞，皆吾固有。香山之胜事，踵洛社之高迹，盖无往不可者。昔夫子有言："用之则行，舍之则藏。"何独与颜子也？君子之用也，匡辟康民，行其道也。其舍也，韬光晦迹，藏其用也。用之而不能行，窃位者也；舍之而不能藏，出位者也。《易》言："兼山艮。"艮，止也，止其所也。君子思不出其位，与时偕行，其道光明，此孔、颜独得之真。公有味乎斯言，乐在是矣。且未究之志，昭哉嗣服，丕显丕承，虽君子所乐不尽在是。然佑启笃庆，善继善述，世人所至愿而不可必得者，公具得之。今兹东归，其乐更无涯也。①

万历十年（1582）六月，丙午，太师兼太子太师吏部尚书中极殿大

---

① ［明］何维柏：《赠制府大司马陈公还闽序》，《何维柏集》，北京：知识产权出版社，2020年，第168页。

学士张居正卒。张居正一死，弹劾张居正者纷起，以言事忤张居正者均复职。万历十二年（1584）十二月，广东巡按邓錬疏荐地方人才何维柏、海瑞、林大春、黄可大、陈堂，得旨之后，维柏再未如隆庆年间一样率先回应，他年事已高，更重要的是早已看清朝廷倾轧乱象，用世之心已淡，未再出山。与他同龄的海瑞在此次疏荐中被再次起用，万历十三年（1585）海瑞为南京金都御史，旋改南京礼部侍郎。正如前述维柏论张居正不应夺情是出自自己一贯遵循的"万古纲常不可废"的礼法制度一样，此次张居正去世，眼见原来因忤张居正而获罪者纷起而攻之，甚至使得万历十二年（1584）一代首辅张居正被籍没全家，其长子张敬修被逼自杀，何维柏也未曾落井下石过，在他的往来书信或与友人交往中，从未谈及张居正的是非，更未提过自己在致仕前遭遇的打击报复。

万历九年（1581）冬，何维柏与门弟子陈吾德泛舟江门，谒白沙故里，行释奠礼，真正全了他"犹幸私淑"的夙愿。次年，重修白沙祠，这是他一直想做而终于做到的事情，他在《重修翰林院检讨白沙陈先生祠记》中深情的为之撰记曰：

> 白沙先生生都会里，里俗悍。先生长，迁白沙小庐山下，筑春阳台、碧玉楼，奉太夫人居之。先生笃志圣学，德成道尊，天下学者称为"白沙先生"。东西使节，取道进谒。观风者欲于居南建道德坊，以风来学。先生止不可，乃改创为嘉会楼，今岿然屹于江门之滨，过者必式。
>
> 万历辛巳冬，维柏泛舟江门，谒先生居里，偕陈子吾德行释奠礼，其孙观光奉遗像，设位为祭，礼成，历观旧庐台，鞠为草莽，楼半欹圮，抠蹑凛凛，不能安履，迟回久之。大令袁侯奎至自邑，相对太息，有改创之议。壬午春，制府临武刘公尧诲，遗金五十，议遂决。陈子吾德暨邑博萧子端升、马子堪、郝子翀，各捐金来助。越岁，莆阳郭公应聘莅镇，以诸生之请檄邑，

从宜措处，务底厥成，为文遣官祭之。于是袁侯得以行其议，捐官田若干亩，计直若干金，召巨室出资，董厥役而归之田。应之者乃先生门人聂某之孙某，矢志殚力，以隆兹创，拓楼后隙地建于上，为碧玉楼。楼前接籫堂三楹，祀其先公与太夫人，扁曰"贞节存制"也。中建祠三楹，曰"崇正堂"，以祀先生。四方学子，谒奠咸在此。祠前为堂，亦三楹，宾客告虔式燕，亦咸在此，扁曰"春阳堂"。之前为门，扁曰"圣代真儒"，志实也。告成，袁侯致书山中，质言为记。

予曰："维柏责也。"柏自羁贯，稍知正学，杜扃读书，笃信李延平默坐澄心、体认天理之旨，夙夜端省，弗敢有懈。踰二年，出就省试；计偕，至京师，取友天下。祇见侈谈玄虚，依傍光景，觇其行，类多不掩，同心观磨鲜当意者。疏归西樵山中，与一二同志静修讨论，时讽咏先生诗教，渢渢乎有旷世同然之感。及得《白沙子》与京中初稿，参玩要旨，穷竟先生之学。

先生尝自言曰："仆年贰十七，始发愤从吴聘君游，然未知入处。比归白沙，杜门不出，专求所以用力之方，既无师友指引，惟日靠书册寻之，累年而未有得。于是舍繁求约，静坐久之，然后见心体隐然呈露，日用应酬，各有头绪，来历如水之有源委，始涣然自信为作圣之功。"既而又曰："道无动静也，无将迎，无内外。苟欲静，即非静矣。善学者主于静，以观动之所本；察于用，以观体之所存。动静周流，体用一致，默而识之，而吾日用所出，固浩浩其无穷也。故曰：藏而后发，明其几矣；形而斯存，道在我矣。"此先生学力功案，与进偕进，真积充实，驯致光大，历可睹述如此。柏得于私淑，而终身服膺之者，惟先生为得力。

程叔子有言："孟子没，千载无真儒。"慨自汉唐、晋魏以来，训诂支离，溺于影响；清谈顿悟，沦于虚无；见解搜玄，竞肆幻弄；词章踵陋，何异俳优？入宋，理学大明，濂、洛、关、闽诸儒并起，其间尚有不免各守师说，徇于角胜之私；躬励局持，昧于自得之妙；高旷不疑，多歉允蹈之实；易简直截，未底涵造之纯。求其智崇礼卑，下学上达，致广大而尽精微，极高明而道中庸，盖自濂溪、明道以来，惟先生独得其宗。是故由先生致虚立本之教，以深造动静合一之妙，过则圣，及则贤，不及亦不失为令名，是在吾同志；法先生事亲从兄之实，以致谨于家族宗族之间，则可以称孝称弟，是在其后昆；薰先生乐易温良之德，以敦睦于党里，是在其乡人；道德齐礼，平政明刑，迪民知方，以崇絃歌之化，是在良牧；作率匡翼，长善救失，以崇成人之美，是在明师。矢自今生于斯，居于斯，游于斯，仕于斯，学于斯，各思奋起于先生之后，庶乎崇重之道有在也。①

这是何维柏晚年对一生服膺的白沙思想的总结，他多次自言"私淑"，其实从未有机会尽弟子礼，因此当晚年有机会拜谒白沙故居，见到旧日庐台"鞠为草莽，楼半欹圮，不能安履"时，深为叹息，遇有机会便为之重修奔走。他认为自宋周敦颐、程颢以来，白沙独得真儒之宗："由先生致虚立本之教，以深造动静合一之妙，过则圣，及则贤，不及亦不失为令名，是在吾同志。"这是对罗钦顺等认为白沙之旨乃其"悟后之见"，对于初学者未悟者而言"未领厥悟而袭其论"导致失之远矣的反驳。他认为白沙心学的"动静周流，体用一致，默而识之，而吾日用所出"是其一生学力功底所本，这是能与时俱进，真积充实，驯致光大的真儒思想，是值得仕于斯、学于斯的真理。

---

① ［明］何维柏《重修翰林院检讨白沙陈先生祠记》，《何维柏集》，北京：知识产权出版社，2020年，第254—255页。

何维柏在白沙逝后八十余年访其故居，因仰慕先生学说而发心为其重修祠并记之。几百年之后的宣统元年（1909），他自己所居的天山草堂和天山书院早已改建为是岸寺，仍有追慕他的后学者梁鼎芬等在此复建"古林先生祠"和"天山草堂"，其铭刻之意，一如当年维柏重修白沙祠之心：

> 珠江、深井两江之间，平冈广原，盘亘数千里。广人所谓河南也，其乡三十有三，缭以小河。潮长则大舟可入。三十三乡虽隔珠江，犹附郭也。瓜蔬果蓏、香花茗芽之属，荷担而市于广州者，络驿不绝，而皆于小港之桥。桥之由来古矣。明嘉靖中，此乡先辈何端恪公维柏为御史时，以劾严嵩廷杖里居。愍小民跋涉之艰，始易桥以石。其后论张江陵不宜夺情，自吏部侍郎出为南尚书，遂拂衣归，讲学于小港之南，天下高之。[①]

万历十二年（1584），叶梦熊等弟子汇刻《天山草堂集》成，请湖广提学副使颜鲸为之作序，维柏其时尚在世，两次去信感谢，自言"此稿乃闽徽二三友与吾乡之旧游者，掇拾于散逸之中，汇而梓之，迂劣之见，管窥芜赘，大非作者"，尽管如此自谦，他仍总结自己一生学术为：

> 昔谓同心断金，言臭如兰，幸今见之。某铭诸座右，以时观警，独念寡陋，总角学道，白首无成，时思益友，以翼不逮。……行止卷舒，平生颇有成算，每慭薄劣，在昔叨窃，已踰涯分。今朽颓垂尽，更何能为？盖自解组归来，已漠然如闲云矣。学者到老，思善结裹，孔子加年学《易》，不见是而无闷，不易乎世，不成乎名，则又超于遯世之上者。而况以不完之行自

---

① 《修建小港桥是岸庵碑记》，黄任恒编纂：《番禺河南小志》卷七，广州：广东人民出版社，2012年，第305页。

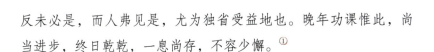

反未必是，而人弗见是，尤为独省受益地也。晚年功课惟此，尚
当进步，终日乾乾，一息尚存，不容少懈。①

　　一息尚存，就不容少懈，这是何维柏一生为学为人的写照。几年之
后的万历十五年（1587）十二月，何维柏卒于广州天山草堂家中，享年
七十七岁。自择三水镇冈山为其墓地。次年四月，讣闻至京师，万历皇帝
赐祭葬如例，六月，赐谥号"端恪"。万历十八年（1590）二月初一，广
东承宣布政使司左参议李蕴奉旨谕祭，并题墓曰："惟尔矢志忠贞，提身
清白，事不期于苟合，学惟务乎古人，朝望乡评，始终归允，倏闻沦殁，
深轸朕怀，宅兆载营式沛恤典尔灵不昧，尚克钦承。"②
　　何维柏去世之后，弟子叶梦熊于万历二十四年（1596）为之撰《大宗
伯端恪何公行状》，今见于《何氏源流》。霍与瑕为之撰《奠何古林老先
生》，今存《霍勉斋集》卷二十：

　　　　五岭以南，古称明都。入我皇朝，文教诞敷。皥皥江门，
　　洒落光霁。泉师嗣之，喧赫奕世。于维古翁，踵武前修。操存慎
　　独，举此德辖。爰自巍科，读书中秘，出沼乌台。从容和毅，荡
　　荡闻服。亿万饥民，开仓普赈。先发后闻，权奸籁弄。白简弹
　　之，天威赫震。甘蹈如饴，归山养静。二十余秋，粤江吟弄。樵
　　岭优游，圣朝睠德。爰起司马，中丞冡宰。秩宗白下，兆足以
　　行。四方拭目，又以直道，反于初服。惟公之志，弥老弥励。居
　　安乐玩，乾行川逝。惟公之学，知崇礼卑，良知天理，一以贯
　　之。惟公厚养，醇粹雍容。前辈风流，后生适从。惟公大成，望

①　［明］何维柏：《谢冲宇颜先生·又》，《何维柏集》，北京：知识产权出版社，2020
年，第243页。
②　［明］《天山草堂存稿》光绪何沆重抄本卷首，沙滘何氏宗祠藏。

八斯年。开来继往，以背以肩。天下望公，斯文宗主，吾乡望公，狂澜砥柱。咸谓平格，天寿未期。胡为一疾，遽尔骑箕。鸣呼伤哉，瑊也晚生，辱爱不浅，诗社琴尊，追陪游衍。耳提面命，鞭弩策骞，每恨疏庸，多孤裁篝。方期早晚，日侍德辉，洗心学易，共造元微。庶几桑榆，鲁戈载挥。胡为一报，遽闻大归。鸣呼南昌之阳，天山之堂，风月煌煌，孰其主张？余斯来斯，洁酒焚香，再拜陈词，涕泗浪浪。斯文之痛，地久天长，岂曰姻娅，悼亡之常。乡里衣冠，衰谢之伤而已，惟灵不昧，鉴此肃将。①

---

① ［明］霍与瑊：《奠何古林老先生》，《霍勉斋集》卷二十，《广州大典》第428册，广州：广州出版社，2015年，第398页。

附录一 何维柏年谱

明武宗正德六年 辛未 公元1511年 1岁

时事：四川曹甫起义，刘六、刘七起义，兵锋逼近京师。

十一月，何维柏生于南海沙滘村。

叶梦熊《大宗伯端恪何公行状》：公生于正德辛未十一月。

明武宗正德九年 甲戌 公元1514年 4岁

时事：正月乾清宫大火，武宗下罪己诏。

六月十八日，妻劳氏廉出生。

庞尚鹏《明封淑人劳氏墓志铭》：淑人生于正德甲戌六月十八日。

明武宗正德十六年 辛巳 公元1521年 11岁

时事：三月，武宗卒于豹房。四月，迎兴献王世子朱厚熜入京即皇帝位，是为世宗。世宗追尊其本生父母为帝后，"大礼议"起。

明世宗嘉靖十年 辛卯 公元1531年 21岁

时事：正月，更定庙祀。七月，罢张孚敬。八月，改安陆州为承天府。九月，礼部尚书李时兼文渊阁大学士，命夏言为礼部尚书。十一月，遣行人召张孚敬复入阁。

本年，何维柏以胡一化榜选三水县贡生。

郭棐《粤大记》：辛卯，以三礼举于乡。

叶梦熊《大宗伯端恪何公行状》：辛卯，以三礼举于乡。

明世宗嘉靖十一年　壬辰　公元1532年　22岁

时事：五月，方献夫入阁。八月，以星变疑大臣擅政，命张孚敬致仕。

本年：读书西樵山中，与刘子、霍公游。

何维柏《书鲁桥刘子同心卷》：嘉靖壬辰，予读书西樵山中。鲁桥刘子从四峰霍公游，时访予古梅洞，相与徜徉山水间。

明世宗嘉靖十二年　癸巳　公元1533年　23岁

时事：正月，河南巡抚都御史吴山献白鹿，群臣表贺，自是诸瑞异表贺以为常。召张孚敬复入阁。三月，夏言上四郊礼仪二十七卷，赐名《郊礼通典》。八月，皇长子朱载基生。十月，大同兵变。皇长子载基死，谥号哀冲太子。本年，南御史冯恩因言大学士张孚敬、方献夫，都御史汪鋐奸，下狱，受审不屈，士民称为"四铁御史"（口、膝、胆、骨），次年免死谪戍。

作《题方少保西樵山书院壁》。

何维柏《题方少保西樵山书院壁》：几回欲上碧峰头，今日始登山上游。天与斯文聊寄迹，我来心思莫多愁。乾坤万古云山在，世态无穷江水流。不是倚阑空怅望，居高还解庙廊忧。【案：原诗辑者旧题"十二岁作"，考方献夫加秩"少保"衔在嘉靖十二年（1533），正与何维柏入读西樵山时间相合，因此该诗当为嘉靖十二年（1533）何维柏首次赴京应试不第后作】

本年：与劳氏廉婚配。劳廉，南海登云里人，父劳聪，母陆氏。其先世劳士宽登洪武二年（1369）进士，官刑曹，以直谏死其职。劳士宽，登洪武十八年（1385）乙丑科进士，授主事。

庞尚鹏《明封淑人劳氏墓志铭》：年二十于归，公已举贤科矣。……淑人世居南海登云里，父讳聪，好古诗，习堪舆家言，尝远游入燕京，拥膝豪吟。母陆氏生淑人，幼有至性，以静慧。闻其先世劳士宽登洪武二年进士，官刑曹，以直谏死其职。族人自宋元间会建大宗祠，子隆蕃衍，礼义相先，故淑人得诸庭训为多。……淑人讳廉，字季贞，视公比德焉。

【案：据今人龚延明《明洪武十八年进士发覆——兼质疑〈明清进士题名碑录索引〉》（《浙江大学学报》2007年第3期）及邱进春《洪武十八年榜进士考实——几种科举史料的对比研究》（《文献》2008年第1期）考证，劳士宽当为洪武十八年（1385）进士，因洪武十八年进士题名碑被毁，故存在讹误。】

明世宗嘉靖十三年　甲午　公元1534年　24岁

时事：四月，大学士方献夫以世宗喜怒难测，致仕去。献夫字叔贤，号西樵，广东南海人。家居十年而死。五月，帝患病久不视朝。九月，议定九庙之制。

本年，继续在西樵山古梅洞苦读。

郭棐《粤大记》：下第归，入西樵古梅洞，澄心静坐，日读《白沙集》，思见端倪。时霍文敏、方文襄常过访洞中，语多默契。

明世宗嘉靖十四年　乙未　公元1535年　25岁

时事：正月，罢监督仓场中官。二月，始建九庙，改建世庙。四月，张孚敬致仕（孚敬原名璁，1475—1539年，字秉用、茂恭，号罗峰，浙江永嘉人。谥文忠）。召费宏复入阁。

本年，何维柏晋京。中韩应龙榜进士，选庶吉士，夫人劳廉陪同。

《世宗实录》：嘉靖十四年四月，戊申，改进士赵贞吉、李玑、敖铣、郭朴、任瀛、骆文盛、尹台、康太和、沈瀚、欧阳晖、王立道、嵇世臣、彭凤、郑一统、胡汝霖、林庭机、高时、黄廷用、奚良辅、汪集、郭盘、沈良材、陈东光、王维祯、张绪、李秦、何维柏、卢宗哲、全元立、赵继本为庶吉士，送翰林院读书。升侍讲顾鼎臣礼部尚书兼翰林院学士，仍掌詹事府事，教习之。

郭棐《粤大记》：乙未举进士，读中秘书，益窥见精蕴。

庞尚鹏《明封淑人劳氏墓志铭》：（公）及登第，官翰林，读中秘书，遣人白老亲迎养，会太母丧，不果行。惟淑人如京师……及居邱舍，

公早朝，辄先鸡鸣起，悉有绳度；或夜归，则手女工待之，咸以为常。公结纳海内贤大夫，过从谈道，每五日当会期，即张具延欢，无不称公意。

明世宗嘉靖十五年　丙申　公元1536年　26岁

时事：正月，帝患病不视朝。四月，诏建陵墓。十月，皇二子朱载壑生。更定世庙为献皇帝庙。十一月，以皇子诞生诏赦天下。十二月，礼部尚书夏言入阁，兼武英殿大学士。命严嵩为礼部尚书。嘉奖道士邵元节祷祀功。

本年，继续为庶吉士，读书中秘。

明世宗嘉靖十六年　丁酉　1537年　27岁

时事：正月，皇三子朱载垕生，母康妃杜氏。二月，皇四子朱载圳生，母靖妃卢氏。四月，御史游居敬劾王守仁、湛若水"伪学私创"，遂命罢各地私创书院。

正月，除授浙江道监察御史。

《世宗实录》：嘉靖十六年正月，乙巳，诏授庶吉士李玑、赵贞吉、敖铣、郭朴、骆文盛、尹台、康太和、欧阳映、王立道、嵇世臣、彭凤、郑一统俱翰林院编修，林廷机、黄廷用、郭盘、陈东光、王维祯、卢宗哲、全元立俱检讨，沈翰等俱给事中，瀚吏科，胡汝霖、高时户科，奚良辅礼科，沈良才兵部，李秦刑科，何维柏等俱御史。维柏浙江道，赵继本广东道，汪集礼部精膳司卫，光確祠祭司俱主事。

何维柏《比例乞恩追赠前母疏》：臣由嘉靖十四年进士，改翰林院庶吉士，十六年正月除授浙江道监察御史。

五月二十日，雷震谨身殿。上《顺人心以回天意疏》，进言请罢止修筑沙河行宫及寺院土木之役，以舒民困。

何维柏《顺人心以回天意疏》：嘉靖丁酉，疏入，罢征安南，并罢沙河、功德二役。

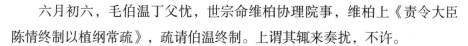

六月初六，毛伯温丁父忧，世宗命维柏协理院事，维柏上《责令大臣陈情终制以植纲常疏》，疏请伯温终制。上谓其辄来奏扰，不许。

何维柏《责令大臣陈情终制以植纲常疏》：臣本月初六日伏读圣旨，毛伯温着在院管事，臣窃谓陛下待臣可谓至矣，然犹有未安者。……独伯温一人，不得以慰孝思之情乎？夫天下未尝无父母之人也，三年通制，达之贵贱而皆然，人子至情，虽加一日愈于已。

《世宗实录》：嘉靖十六年六月，浙江道御史何维柏上言朝廷举措大臣出处，天下观望所系，不可不慎也。项皇上以安南之役起毛伯温于衰绖之中，而伯温亦感激被命，不敢辞者，盖不忍负陛下知遇之隆也。……臣愿陛下保温之节广锡类之孝，责令陈情乞终礼制，使天下知得陛下善以礼导其臣，大臣以礼其身，无为后世讥诮。……疏入，上曰："毛伯温朝廷因征讨起复，已有旨令莅任治事，维柏何辄来奏扰，且不究。"

本年，谢病辞官，归羊城。

庞尚鹏《明封淑人劳氏墓志铭》：未几，为御史，奉恩诏封淑人为孺人。寻上封事，请罢安南兵及沙河、功德寺诸土木之役，悉奉廷议行已。复论大臣夺情免丧疏，久不报。时台谏多以言受杖落职，人人自危。淑人知公忠愤不可夺，乃自以己意讽公曰："家大人春秋高矣。不早及此时奉兕觥上寿，日月几何，得无春晖寸草之心乎？"公勃然请告，遂焚其谏草，与淑人乘传还，卜居羊城，举家从之。

明世宗嘉靖十七年　戊戌　公元1538年　28岁

时事：四月，罢征安南。九月，上太宗庙号为成祖，献皇帝庙号为睿宗，奉睿宗神立祗太庙，跻于武宗之上。本年，夏言为首辅。

明世宗嘉靖十八年　己亥　公元1539年　29岁

时事：二月，册立皇子朱载壑为皇太子，册封朱载垕为裕王，载圳为景王。离京南巡承天，命太子监国。三月，致一真人邵元节死，赠少师，

谥荣靖文康，方士有谥号自此始。九月，进陶仲文秉一真人，总领道教。本年，夏言以细故触帝怒，郭勋与严嵩乘机构之。十二月，礼部尚书霍韬言："陛下南巡时，诸文臣多纳贿不法。"上责其文词推调，务令察实其列以闻。

明世宗嘉靖十九年　庚子　公元1540年　30岁

时事：正月，上以疾不视朝。巡按云贵御史谢瑜劾奏嵩奸佞贪鄙，圣怒乞特降敕旨痛加戒谕，入不报。六月，户部尚书梁材致仕，自梁材离任，财政十分窘迫。八月，听方士段朝用言，谕令太子监国，欲服药求仙专事奉道。太仆卿杨最力谏，被杖死。江西道监察御史叶经劾奏礼部尚书严嵩贪污显著，渎乱国典。本年，南京兵部尚书湛若水致仕。

明世宗嘉靖二十年　辛丑　公元1541年　31岁

时事：上以疾经年不视朝。二月，监察御史杨爵上书谏，下狱被杖几死。以术不验，下方士段朝用于狱。周天佐、浦鋐论杨爵事，被杖死。八月，大学士夏言罢。十月，召夏言复入阁。

明世宗嘉靖二十一年　壬寅　公元1542年　32岁

时事：七月，夏言致仕。八月，以礼部尚书严嵩为武英殿大学士，入阁预机务。嵩善作"青词"（醮祀告神之文），为皇帝赏识。九月，员外郎刘魁谏营雷殿，予杖下狱。十月，宫婢杨金英等十六人谋杀皇帝未成，与端妃曹氏和宁嫔王氏俱遇害。自此移居西苑，不复还大内。

明世宗嘉靖二十二年　癸卯　公元1543年　33岁

时事：二月，方士段朝用死于狱中。六月，吏科给事中周怡上疏论翟銮、严嵩二辅，被杖阙下，锢于诏狱，御史论救者均夺俸。九月，山东乡试策问边防事，世宗认为语含讥讽，谪考官周鑛等。严嵩谓巡按御史叶经

实主试事，被杖重伤死。

二月初十日，陈激衷逝，作《陈尧山先生传》。

何维柏《陈尧山先生传》：先生讳激衷，字元诚，号尧山，南海人也。……壬寅十月，先生同邝子元礼、元阳、元乐，杨子佐，邓子眄过予论学。……别二日，先生病。予与数子往候，邝子元乐诊曰："先生病亟矣。"为之召医。越癸卯正月，予还朝，念厥后事，乃谋之巡院姚公虞，命有司以二十金助之。二月初十日，终于正寝。文襄公助之杉棺，远近同志来赙赠者甚众。然丧事实邝氏兄弟综理焉。

五月还京，九月差往福建巡按。还京途中绕道泰和，拜访罗钦顺。

何维柏《比例乞恩追赠前母疏》：后以病家居，至二十二年五月还京，九月差往福建巡按。

郭棐《粤大记》：癸卯北上，访罗整庵，以证白沙之学，日益精进。

何维柏《祭罗整庵先生文》：嘉靖癸卯还朝，道泰和，竭一日之程，遂谒见之。素至，则先生凤恙未瘳，扶杖欸迓，谆谆论议，确有真的。泛及陈、王、湛三先生之言，以为皆悟后之见，学之者未领厥悟而袭其论，失斯远矣。且敬服白沙之学之才为不可及。某应之曰："王、湛二公，立言者也。诸所述作，天下后世必有识之者。若白沙学求自成，不事著述，盖有诸己而求诸己者。间有一二援引托喻，乃其泛应之语，恐未可摘而疵之也。"先生首肯。某二日告别，虽未克成弟子之礼，然登堂阶，闻謦欬，素愿慰矣，计往还源源请益。

明世宗嘉靖二十三年　甲辰　公元1544年　34岁

时事：正月，上不视朝，文武百官诣奉天门行礼。八月，道士陶仲文进少傅兼少保，支正一品俸。大学士翟鸾罢官，严嵩为内阁首辅。吏部尚书许讚、礼部尚书张壁入阁。权归严嵩，二人不得预票拟。

本年，何维柏奉诏起复，官御史巡按福建。

郭棐《粤大记》：（维柏）既补任，寻出按闽，值岁大浸，福与漳、

泉为甚。公条救荒十余策，发仓廪余美，亲率郡邑长吏分行之，民赖全活者数十万。

《诚征录》收高明罗一中撰《苍蝇传》：嘉靖甲辰岁，侍御古林何公，奉命按八闽，宣仁行义，值岁大祲，急在赈饥，设法救荒，财粟不匮，人之感之而莫窥其机际。

明世宗嘉靖二十四年　乙巳　公元1545年　35岁

时事：正月，上不视朝。二月，诏天下有司诏流民复业，给牛具、种子，垦荒田者，免赋十年。九月，张璧死，许讚罢。夏言再入阁。

正月十三，自三山出巡延平。

何维柏《天山别言序》：予按闽，至延平谒四贤祠，既而校诸邑士行艺之优者。

何维柏《重修延平书院记》：嘉靖甲辰春三月，予按闽，自永定入汀东，趋三山，过剑浦，艤焉……越明年二月，再历兹郡，遂登西山，谒所谓"四贤祠"者，盖杨龟山、罗豫章、李延平、朱紫阳合祠也。

闰正月，奉旨会勘上奏戴时宗子戴湖事。

《世宗实录》：嘉靖二十四年闰正月，先是都御史戴时宗以子湖抑夺卿人田圭为怨家所奏，有旨令回籍听勘，前福建巡按御史王瑛因劾时宗贪横宜罢，时宗疏辩并下抚按会勘。于是巡抚虞守愚、巡按何维柏各奏湖所犯虽不系时宗，而故纵之罪亦自难免，诏椎职闲住。

二月十二夜，草疏《献愚忠陈时务以备采择以保治安疏》，弹劾首辅严嵩。

何维柏《献愚忠陈时务以备采择以保治安疏》：臣谨按：少傅兼太子太傅、吏部尚书、谨身殿大学士严嵩，阴险蛊毒，贪鄙狼诈，滥竽礼秩，久腾物议，忝窃宰执，大拂舆情，前后诸臣，白简之所摧数，皂囊之所鸣攻，既详且悉。然而尚玷元僚，未遭显斥，任重而恶愈纵，人畏而不敢言。此非圣严明威故而曲全之者哉？……臣迹嵩之所为，大抵其嫉贤妒能如李林甫，其阴害忤己者如卢杞，其藉权宠纳赀积如郑註，其与近习盘结如元载，其诈悖险毒如史嵩之。在廷臣工有一于此，则宜亟在诛绝之科，况身兼众恶，罪浮四凶，岂可尚居弼丞之位？臣疏远孤立，与嵩绝无纤芥之嫌，今首论其恶，则祸且不免，忍轻生以希徼讦之誉？臣愚窃谓：自古奸权当国，若察识不早，必至误国。追鉴往事，未尝不痛恨于林甫诸人也。目系时艰，心怀忠愤，兴言出涕，不容自已。仰望陛下俯谅臣心，详察臣言，尽取前后诸臣论劾章疏，参考其罪状始末，乾断雷厉，将嵩亟赐罢殛。

五月，疏入，严嵩具疏自辩。世宗令锦衣卫官投捕械来京。

《世宗实录》：嘉靖二十四年五月，先是巡按福建御史何维柏论劾大学士严嵩奸邪宜罢，嵩具疏自辩，言：“臣之心事有皇上知之而臣下不及知，有在廷臣徐知之而远方不及知者。皇上闻都御史盛端明通晓药石，亲发玉音询其姓名，而维柏谓臣力荐之。顾可学以《秋石方》书进，有旨令其暂住臣家，臣曾奏请命之别馆居住，而维柏谓臣纳而养之。至谓庙制‘大兴’以皇考孝宗同为一世，不若从同堂初制之为安，则臣之妄议也。而郭希颜则欲立庙，与臣言甚相矛盾，乃谓臣阴主希颜之议已。臣罢黜，可学放还，希颜逮问，庶群疑可释。”上曰：“尔柏虽曰劾卿，实奸欺巧诈，以伺觇朕意，岂可中彼之计？令锦衣卫官投捕械来京问，卿宜益尽忠赤，勿得自己。”而顾可学具疏辞，亦慰留之。

《世宗实录》：嘉靖二十四年五月，上召锦衣卫掌卫事都指挥同知陆炳至无逸殿责问曰：“昨有旨何维柏逆疏所司，但奏本入启，本当同入，乃留与其党贴抄和助尔，卫厂宜察发具奸，何得容隐？”炳退，具疏认罪。上曰：“维柏虽攻辅臣，实本欺讪朕躬，奸邪无道，人皆知之。自后尔宜严督官校廉访，勿得畏避。”

《诚征录》收《古林何公建言日记》：

二月十二夜，草疏奏严嵩，夜拜告天地，作五律《局院草疏用前院聂双江韵书怀》，上《献愚忠陈时务以备采择以保治安疏》。

四月二十八日，侯官院中雷击。自言待罪：合属官吏，除有公事外，余并免揖，庶澄心斋宿，以侯明命。

六月初四日，报毕令各官吏退出二门之外，将所发公文三司，首领等官通领出命，皂隶权闭二门。是日三司府县各官及乡先生、举监生员诸民人等，入晤穿堂。各官退，即闭中二门。箱箧文卷簿籍等项，并先查收交代。文卷牒文，逐一查封，填定日子，钤印完备。请出敕书四道，精微批一道，印一颗，置之中堂。

六月初六日，早报至。设龙亭香案，侯于大门内。柬三司各属，俱齐入宣旨毕，即就缚。六月六日夜，笼灯作家书及与友札数十幅，作《贻广中诸友》。

六月初八日，同锦衣、百户周珊，趋程出郭。跟随承差李存忠、林文，应胤刘春，吏王奎、陈芳、吴钦。别差东厂校尉严良弼等数人。（官校周珊、赵鹏、尹继高、梁如岱）。

六月十二日，写家书，附郑参、黄节、差乡人苏满带回。选差舍人万全、侯谥、刘淮、张元批送跟护赴京。

六月十五日，至崇安县长平驿。至崇安县长平驿，作五言古风《望游武夷》。

六月十六日，辰时至江西车盘驿。未时至铅山县鹅湖驿。作七言古风《铅山道中寻道中寻弟不遇》。

六月二十二日，至桐庐县桐江驿。自岸行至会江驿。作七绝《衢严道中》《会江驿夜中述怀》。

六月二十三日，作五律《会江晓行述怀》。午刻至钱塘驿。未刻至浙江驿。

六月二十七日，至无锡县山桥畔。作七绝《雨中有感》。

七月十五日，自德州由水路行，经沧洲，作七绝《沧洲道中晚眺漫兴》。至河西务。作五言古风《河西务述怀》。

七月十七日，至天津卫。过直沽口，官校焚香祷神。作五律《天津道中》。

七月十九日，自河西务起行，入京。入京时，作七言古风《太思章》。是夜二更，至京城南门外。三更，至崇文门外。昧爽，至锦衣卫门外。相从诸役先至京者，送公入狱。

七月二十日，抵京入提牢狱中候旨。与旧识周怡同监。

何维柏《书冰霜交游卷》：忆予自癸卯夏至京，始与周君邂逅萧寺中。时海内同志徐存翁、程松溪诸君子月为数会，盖陶陶然乐也。是秋，周君遽有此，予出按闽。乙巳春，余痛恨权奸误国，道揆法纪荡然，外而凭藉威势，凌虐上下，当事者莫敢究诘。予首发其罪状，与朝政国事之日非，及人才之罹摧陷者，条疏驰奏，言颇戆直。疏入。果被诏逮，至则与周君同处一圈，温话新故，商确古今，评品人物，亹亹不倦。杨、刘二君，暨尹介石、桂近山、林虚江、张龙冈四君，则瞩觏于隔圈。数君亦候予便隙，相对桎梏拱立。晤顷刻，日仅一二次，乃周君则相为朝夕。

何维柏《简周讷溪》：乙巳秋，得奉侍左右，朝夕领诲益甚多。且于难急间百凡垂恳周详，同心之谊，固于胶漆，异姓之情，厚如骨肉。

《世宗实录》：嘉靖二十四年七月，大学士严嵩奏乞："睿宥言官，以弘聪纳。谓御史何维柏昨以疏论时政，因劾及臣，念臣本庸陋，滥居辅弼，赞理无状，言官得举而论之，乃其职也。虽其言容有或过，亦系风闻未实之故，今维柏已奉旨究问，臣身忝辅臣，当惶惧引咎，万一维柏获罪过重，则臣之罪益重矣。乞俯轸言官进谏纳忠之愚，曲成愚臣闻过思惧之意。将维柏并给事中林庭㭿、张尧年、尹相、御史桂荣通赐矜宥，使中外人情以慰，而于圣德为益光矣。"疏入报闻。

《诚征录》收《古林何公建言日记》：

七月二十日，入提牢狱中候旨。

七月二十一日，未刻，得旨发监。与周掌科怡同监。

七月二十二日，早。便过别狱，得见扬子爵，号斛山，在南狱。道长刘子魁，号晴川，在东狱。郎中尹子相，号介石。吏科都张子尧年，号

龙冈。工科都给林子延曌，号虚江。户科都谏桂子荣，号近山，福建道御史。俱与晴川同监七十馀日。四子因公事被逮，仅能举手致意，不敢面叙。杨、刘二子，亦时时窃过，问公起居。至午，取出镇抚司鞫究刑杖。先是，公差应潮赍，本并无书柬。朱承差因赍别本有揭帖，都察院书五封，俱是答柬。一送林虚江，一送张龙冈。二送两翰林，俱同年。一送何都事，乃闽人。尹与桂并无书。亦素不相识。尹在吏科，因将公本尽行贴报，抄者观者如市。故严甚怒，遂疑公有私书嘱尹贴报。及桂因掌福建道，严因闻有立案之说，遂请皆挐。尹、桂二子，因寻访赍本承差，责令供报私书，俱被挐拷究，并云无书与尹给事、桂御史。只有书与张、林二给事，及二翰林，一都士耳。遂并逮张、林二给事。馀非言路，姑置不问。取原书上经御览，书云："公只备述八闽军民饥馑之状，及道素餐无补之罪而已，并无条陈本内干涉。"圣意稍解。然二子已被逮，须持公至，乃可鞫封。尹、程、桂委与公不相识，并无通刺，舆情可稽。将张、林二书比对，委与本内事情，全不相涉。时镇抚张、周二人，专听川指，酷为罗织，棱敲刑逼特甚，别生枝节。令公逼供主使。公对曰："柏系言官，目击时艰，条陈章疏，分所当为。昔于扃院时，朝夕斋戒，冒渎天威。仰祈圣听，所奏内事情，内外封固，有何主使？"张曰："闻有舒御史升云南副使，回省，想是与公同谋。"意在波及舒也。公对曰："舒御史正月还家。柏是月出巡延平。舒是时在家病故。柏进本乃三月十六日，前后相隔两月，有何干涉？"公曰："权臣因一论劾，前后累害言官数人。"又曰："使当时尹、桂果相识，或有往来音问。及进上览，搜出张、林二书，设有一毫奏内事情，则柏须毙无疑。及舒不先物故，则缙绅株连之祸，未知纪极。柏固狂言抵触。意外重祸，自当躬受。其如诸公何？其如世道何？惟幸心迹尽白，天理昭然，而彼之鬼蜮莫施。然诸子亦被冤甚矣。幸蒙圣明洞察，俾柏得全首领，诸子尚见录用。抑以大彰圣德，天地浩荡之恩也。"是晚公被杖还狱，得藉周君维持尽心。

七月二十五日，得旨发落：以条陈讥讪朝廷，打八十棍。革职发回原籍为民。

《诚征录》收《台谏逸事》：当是时，官校尚未回京，凡知何君者咸为何君危，谓祸当不测。忽都人传有神降乩甚验。主人密召人入西苑，试之，属称旨。一日，问以治世养身之术，神降乩大批十八字曰："治世以爱惜人才为重，养生以禁戒暴怒为先"。上嘉叹不已，乃亲洒宸翰，书神二语，揭之御屏。甫翼晨，而官校以何君逮至，报名复命，严氏亦探知圣心已悟神语，当不深罪，乃密进揭帖救之。于是何君从轻发。杖还籍而已。

《番禺县志·陶凤仪传》：御史何维柏劾嵩被逮，发锦衣卫杖一百。在廷畏嵩，无敢救者。凤仪方掌卫事，密谕行杖者曲护，得不死。卷以席从后渠私载而出。嵩党百余人持短杖至门，问何御史所在？报曰："何御史既死，弃去矣。"嵩党大索无所得，维柏竟免。

十月十三日，被削职后回到广州。

郭棐《粤大记》：时分宜窃柄误国，摧陷言官，公首疏其奸，比之李林甫、卢杞。上震怒，诏逮。官校至，公即受系，神色自若，赋诗有"孤臣倘有生还日，圣德真同宇宙宽"之句。所过士庶遮留动以万计，缇骑持之急，诸生大哭，公徐徐拱手谢曰："此予虑定而后发，人臣之义，自当如是，生何哭为？"民间矢为歌谣数十百章，有《诚征录》以传。既至，奉廷杖，仅存余息，备极拷掠，语不变。下狱，与杨斛山、周讷溪、刘晴川三公聚首甚惬。上一日宫中扶鸾，问养身治国之要，神对以"养身莫要于寡欲，治国莫先于惜才"，才默悟，乃削籍归。

《诚征录》收《古林何公建言日记》：

八月初六日，至德州。承差林应胤、舍人万全，起马回广东。作五律《德州发书回籍》。

八月十五日，至济宁。落职回籍，作五律《渡镇江述怀》二首。

八月十六日，过泗亭驿，望歌风台，口占一首。

八月二十九日，自淮阳渡江，作五律《登金山览旧游书怀》。

十月初八日，度大庾岭。作五律《度大庾岭》。未刻抵凌江。

十月十三日，抵五羊城。

明世宗嘉靖二十六年　丁未　公元1547年　37岁

时事：正月，上不视朝。八月，上深居不视朝，百司政多徇贿，兵部尚书张瓒、礼部尚书严嵩、吏部许赞，皆赃赂狼藉，为清议所斥。十一月，大内发生火灾，释放杨爵于狱。十二月，逮甘肃总兵仇鸾，以其贪酷不法，为曾铣所劾。本年，浙、闽海防废弛，倭寇剽掠辄得志，来者益多，沿海遂有倭患。

本年秋，寓扁"天山草堂"。

何维柏《岩窝易会说》：丁未之秋，予筮得遯之上九，遂即云涧小窝，寓扁"天山草堂"，日与学子游息，讨论其中，参悟名理，直探本原，日乾夕惕，察见天则。

本年秋，罗钦顺殁，后作《祭罗整庵先生文》。

何维柏《祭罗整庵先生文》：丁未之秋，遽闻讣音，以侍奉庭闱，不敢远离。峻岭长江，未展几筵之奠；缄词束帛，遥将哀慕之诚。

本年，撰《梅岭重修曲江张公祠记》。

何维柏《梅岭重修曲江张公祠记》：（祠）工肇自丙午夏，越丁未仲冬落成。

本年除夕，作五律《丁未除夕》。

明世宗嘉靖二十七年　戊申　公元1548年　38岁

时事：正月，上听信严嵩、陆炳（锦衣卫掌事、都督同知）言，否定复套之议，逮捕总督陕西三边侍郎曾铣，罢支持曾铣之阁臣夏言，又因科道无人纠劾夏言，悉加杖责。杀曾铣。十月，以"怨望讪上"杀夏言。夏言（1482—1548年），字公谨，号桂洲。江西贵溪人。著有《桂洲集》，隆庆时谥文愍。

明世宗嘉靖二十八年　己酉　公元1549年　39岁

时事：三月，皇太子病故，年仅十四岁，谥曰庄敬。七月，海盗汪直勾结倭寇，大掠浙东沿海。本年，原南京吏部尚书张治、国子监祭酒李本改官入阁。夏言得罪后，严嵩独相。张、李以疏远入阁，遇事皆不敢置可否。徐阶始为礼部尚书。翁万达为兵部尚书，八月丁忧去职。翁万达（1498—1553年），字仕夫，广东揭阳人。

本年秋，为乙巳冬以疾终于家的薛侃，作《中离薛君传》。

何维柏《中离薛君传》：君讳侃，字尚谦，潮揭阳人也。号介轩，后结茅中离山，学者称为中离先生。……己酉秋，君仲子某，持司直君侨所为行状来诣予山中请传。某不文，敬采其略，而伐木空谷之思，因以表见云。

明世宗嘉靖三十一年　壬子　公元1552年　42岁

时事：二月，建裕王、景王王府。三月，裕王、景王举行冠礼。礼部尚书徐阶兼东阁大学士，预机务。徐阶亦以善撰"青词"得世宗欢心。

明世宗嘉靖三十二年　癸丑　公元1553年　43岁

时事：正月，兵部员外郎杨继盛劾严嵩十大罪，五奸，被杖之百下狱，论死。杨继盛（1516—1555年），字仲芳，号椒山，容城人。著有《杨忠愍集》。武选司署郎中周冕、巡按云贵御史赵锦因论严嵩，被黜。

九月，作《寿钟宜人七十一序》。

何维伯《寿钟宜人七十一序》：嘉靖癸丑，九月既望，钟母宜人年七十一，其子模、朴，恭率懿亲及宗党戚属，以次为寿。朴，仲子也，从予游。

明世宗嘉靖三十三年　甲寅　公元1554年　44岁

时事：元旦，以六科给事中张思静等贺表"万寿"字失抬违式，悉加

廷杖。裕王母康妃杜氏死。五月，以倭寇猖獗，设总督大臣，督理浙江、山东、两广、福建等处军务。倭寇据崇明、犯嘉兴。命张经总督军务讨倭。

本年，维柏父与里中八老讌集，撰《九老雅集》，维柏作七绝《题九老雅集》。

何维柏《题九老雅集》诗前小序：公巡按八闽，缘奏严嵩，被谪归里，后侨居河南南昌何庄，遂讲学于天山草堂。时里中有解组者八人，年皆耄耋，与公父通议公诗酒往来，甚相得。公性最孝，遇有馈佳味者，即白父通议公，延里中八老讌集草堂中。九老者，达斋唐明府九十二，沃泉邓宪副八十六，荔湾周太守八十三，狮山周明府八十二，豫斋曾金宪、虚谷江明府皆七十二，北崖辛通府、惠斋张贰府皆七十一，与通议公七十七，为《九老雅集》云。时嘉靖甲寅岁也。

明世宗嘉靖三十九年　庚申　公元1560年　50岁

时事：二月，前中允郭希颜上疏请立皇太子，被处死，传首四方。十月，谕阁臣严嵩等，以景王府成，遵祖，令景王载圳就藩德安。十一月，秉一真人陶仲文和锦衣卫都督陆炳先后病死。本年，湛若水死（1466—1560年），字元明，号甘泉，广东增城人。著有《格物通》《湛甘泉先生文集》等。

明世宗嘉靖四十一年　壬戌　公元1562年　52岁

时事：三月，重建永寿宫成，改称万寿宫，移居于内。五月，学者何心隐教道士蓝道行，以扶乩降"神语"，揭露严嵩父子弄权之状。御史邹应龙乘机劾世蕃。严嵩被罢官，世蕃谪戍雷州，旋逃回江西分宜家中。下道士蓝道行狱。六月，鄢懋卿、胡宗宪等以严党革职。本年，俞大猷被调至广东，镇压张琏起义。乃命俞大猷、戚继光为福建正副总兵官。

本年，于嘉靖四十年（1561）十月与倭寇战死的番禺籍宁德知县李尧卿归榇羊城，为之作《忠烈太华李君死事传》《祭太华李太仆文》。

何维柏《忠烈太华李君死事传》：君讳尧卿，字唐凭，别号太华，世居番禺。……辛酉秋，擢捽处州。时寇报益急，或讽以迁秩去。君正色曰："闻擢未凭，吾犹兹牧也。吾遽去，其谁守乎？"先是，君捐措选募义兵四百，练习充麾下健卒，以故贼不敢近。后抚台移镇，撤其兵，贼遂乘虚寇攻。君与参将王梦麟歃血誓众死战，忠义所激，士卒莫不思奋。贼有张车登陴者，君手刃六七颗，飞血淋漓，衣甲皆赤。有进逃避之策者，主叱斩之。併攻三日夜，危甚，君度力独不可支，叹曰："大事去矣！"具服拜告天地君亲，决别人世，解印付家僮曰："事势危殆，今日外援更不至，城陷，我必死。汝护此，毋亵名器。"语罢，督战益力，势转急，外援且不至，加以飓风大作，药焰漫城，城遂陷。君尚愤刃贼，为贼所害。是岁十月二十□日也。踰时，其义兵至援，痛君死，愤恨鏖战，击杀贼，贼败退走，义兵得君尸，哀之恸，裹革负归，有司敛之。事闻，朝廷嘉其忠。如知县林咸例，赠太仆寺寺丞，荫其子翁龄为国子生。越明年夏，归榇羊城，城中人莫不嗟悼。缙绅耆英髦士，相率会奠，各诔以词。

明世宗嘉靖四十二年　癸亥　公元1563年　53岁

时事：四月，副总兵戚继光与刘显、俞大猷合攻平海卫倭寇，大破之，收复兴化。九月，擢戚继光为福建总兵官，镇守全闽。俞大猷镇南赣。

五月，江西按察司副使陈善卒于家，后为之撰《中宪大夫江西按察司副使玄山陈君墓志铭》。

何维柏《中宪大夫江西按察司副使玄山陈君墓志铭》：嘉靖癸亥五月某日，江西按察司副使陈君卒于家……君讳善，字继初，玄山，别号也，南海佛山里人……予与君同邑里，同举于乡。君心事光朗，识度汪涵，修践笃确，孝文恳至，且致严义利取舍之辨，以审出处进退之几，不事表露而渊潜有得。视夫饬虚狗名，善谈理道，至稽率履，类多不掩者，何啻千

里？予故论著而系之铭。

明世宗嘉靖四十四年　乙丑　公元1565年　55岁

时事：正月，景王载圳死，年二十九，无子。三月，严世蕃伏诛，籍其家，黜严嵩及其孙皆为民，两年后死（1480—1567年），嵩字惟中，一字介溪，江西分宜人。著有《钤山堂集》。大学士袁炜病重致仕，旋死。炜出徐阶之门。吏部尚书严讷、礼部尚书李春芳入阁。

本年除夕，作五律《乙丑守岁》。

明世宗嘉靖四十五年　丙寅　公元1566年　56岁

时事：二月，户部主事海瑞上疏论世宗久不视朝，专事斋醮事。世宗怒，命速执之，勿使得逃。宦官黄锦云"闻其上疏时，预买棺木，与妻子诀别，不会逃走"。世宗默然，乃下狱论死。三月，吏部尚书郭朴兼武英殿大学士，礼部尚书高拱兼文渊阁大学士，并入阁预机务。十月，病重卧床不起。十二月，昏迷不醒，被抬回乾清宫，旋驾崩，谥号世宗（1507—1567年）。子载垕即位，是为穆宗。穆宗用徐阶所草遗诏，释建言得罪诸臣，将方士付法司论罪，海瑞因此出狱。时朝野皆盛赞徐阶所草遗诏。

明穆宗隆庆元年　丁卯　公元1567年　57岁

时事：正月，罢睿宗明堂配享，追尊生母杜康妃为孝恪皇太后。录用建言得罪诸臣，分三等抚恤死难诸臣。赐年已四岁的皇子名为翊钧，并颁示中外。二月，重用藩邸旧臣高拱为少保兼太子太保武英殿大学士，陈以勤为礼部尚书兼文渊阁大学士，张居正为吏部侍郎兼东阁大学士。四月，徐阶与高拱正面冲突。六月，高拱被迫乞休，郭朴亦罢。

召谭纶、戚继光进京。

正月庚申，吏部开列先朝得罪诸臣，如通政使樊深、御史何维柏等三十三人宜遵遗诏录用。维柏奉诏复职，夫人劳氏留广州。

何维柏《比例陈情恳乞天恩俯赐祭葬以光泉壤疏》：隆庆元年，皇上录用建言得罪诸臣，臣首被拔擢，感激殊遇，同母冯氏来京供职。

庞尚鹏《明封淑人劳氏墓志铭》：隆庆改元，公祗承时诏，以原官□□奉太淑人与俱，崇庆母子与诸母从，淑人独留治家事。

《穆宗实录》：隆庆元年正月，吏部奏先朝建言得罪诸臣如通政使樊深、都给事中丘橓、杨思忠、尹相、魏良弼、李用敬、左给事中陈瓒、给事吴时来、周怡、沈束、顾存仁、赵轼、张选、袁世荣，御史何维柏、赵锦、张登高、黄正色、方新、张槚、凌儒中、仲、王时举、冯恩，郎中徐学诗、周冕，主事张翀、董传策、刘世龙、唐枢，大理寺寺正母德纯等凡三十三人，宜遵遗诏录用。报可。是日遂除瓒、时来于吏科，轼礼科，世荣兵科，儒、登高浙江道，新江西道，槚湖广道，锦、维柏河南道，仲山东道，时举山西道，翀、传策刑部俱原职，余皆以次推用焉。

《穆宗实录》：隆庆元年正月，升河南道监察御史何维柏为大理寺左少卿。

七月，升都察院右佥都御史。

《穆宗实录》：隆庆元年七月，升大理寺左少卿何维柏为都察院右佥都御史。

十月，上《慎修圣德安内攘外以隆中兴疏》。

十一月，升都察院左副都御史，协理院事。

郭棐《粤大记》：隆庆改元，诏起诸建言者，公首膺荐，复原官。迁大理，再迁协院。徐文贞、杨襄毅二公敬重之，凡机务重大取决焉。

叶梦熊《大宗伯端恪何公行状》：隆庆改元，诏起诸言事者。公首应焉，复原官，俄迁廷尉。无何，再协院，一时应召者俱多耆硕，而公望独隆。徐文贞、杨衮毅二公严重之。凡机务重大进退疑难者，必决公。天下阴被其泽，人弗知也。

约本年后，作《贺尧山吴公晋少司马留镇虔台序》《书鲁桥刘子同心卷》等。

明穆宗隆庆二年　戊辰　公元1568年　58岁

　　时事：正月，吏科给事中石星疏谏六事，劝谏清心寡欲。疏入，大怒，指石星轻讪，杖六十，削籍。七月，户科左给事中张齐劾大学徐阶士不职，徐阶疏辩乞休，下张齐于狱并同意徐阶致仕。李春芳为首辅。八月，大学士张居正上《论六事议》。

　　本年，上《勤圣学励臣工以成治道疏》《恳乞圣明饬励群工慎修实政共图中兴盛治疏》。

　　六月，渠城曾一本煽虐海壖党类滋蔓，袭扰广州。

　　七月，议地方事宜《闻会省警变亟与抚台李公条议》。

　　八月，议地方事宜《奉答制府刘公条议》。

　　本年，作《督府吴公生祠记》。

　　本年，弟维椅中戊辰科进士。

　　隆庆二年后，作《督府吴公生祠记》。

明穆宗隆庆三年　己巳　1569年　59岁

　　时事：海瑞以右佥都御史巡抚应天，贪吏、势家、织造中官畏瑞，不敢作恶。礼部尚书赵贞吉入阁。十二月，召高拱再入阁。拱尽反徐阶所为，凡以遗诏录用，赠恤之嘉靖朝得罪诸臣，一切报罢。吏部尚书杨博致仕，大学士高拱掌吏部事。

　　正月，母冯氏在京病故，旋即丁母忧还家。

　　何维柏《比例陈情恳乞天恩俯赐祭葬以光泉壤疏》：隆庆元年，皇上录用建言得罪诸臣……一二年来，荐沐恩典……不幸臣母于正月二十三日在京病故。

明穆宗隆庆四年　庚午　1570年　60岁

　　时事：二月，应天巡抚海瑞疏浚吴淞江，浚白茆河，并行均丈，抑制豪强，半年即被劾离职。三月，禁提学宪臣聚徒讲学。五月，户科都给事中李己、给事中陈吾德言，搜购黄金珠宝，与《登极诏》失信，且各省饥荒，奈何以玩好费数十万之赏。穆宗大怒，杖己百，下刑部，吾德削籍。本年，大学士赵贞吉兼掌都察院事。大学士陈以勤致仕，居家十六年而死（1511—1586年），字逸甫，号松谷，四川南充人。谥文端。著有《青居山房稿》。

本年，因己巳十二月议，本年成，作《曲江县改修学记》。

明穆宗隆庆五年　辛未　公元1571年　61岁

时事：四月，应天、江西进一步试行一条鞭法。六月，高拱言用人惟才，勿拘出身，人事制度上应改变偏重进士之制。是年，大学士李春芳罢。春芳（1510—1584）字子实，号石麓，兴化人，谥文定。内阁内江加剧，高拱与赵贞吉互指对方为"横臣"，张居正与高拱潜在猜忌矛盾亦在滋长。张居正主持会试，撰写《辛未会试程策》，提出系统的改革理论。

十月，为子崇亨岳父作《赠监察御史小壶陈公偕配余氏孺人墓誌铭》。

明穆宗隆庆六年　壬申　公元1572年　62岁

时事：二月，征太仓银十万两，续遣宦官苏杭织造。穆宗一度病重，召高拱、张居正、朱希忠入乾清宫门。翌日，转危为安。五月，病笃，召大学士高拱、张居正、高仪入乾清宫托孤。二十六日驾崩（1537—1572年）。六月，太子翊钧即位，是为神宗。本年，礼部尚书高仪入阁。高拱罢，张居正任首辅。礼部尚书吕调阳入阁。改杨博为吏部尚书，以谭纶为兵部尚书。工部尚书朱衡修徐、邳河工完毕，运道复通。是年曾试办海运，自淮安由淮入海，运部分漕粮到天津。

七月，福建道御史马明谟疏举逸才，丁母忧在家的何维柏在列。

《神宗实录》：隆庆六年七月，福建道御史马明谟等疏举逸才，尚书郭宗皋、侍御冀炼、翁大立、曹三旸，副都御史何维柏，佥都御史耿随

卿、张师载、陈炌，大理卿何宽，寺丞耿定向、孙丕扬，御史刘存义，吏部主事鲁彦，参政舒化，副使黄宪卿，佥事纪大纲凡十六人。

明神宗万历元年　癸酉　公元1573年　63岁

时事：正月，就讲文华殿。四月，平潮州、惠州山民叛。吏部尚书杨博以病致仕，次年卒（1509—1574年），博字惟约，号虞坡，山西蒲州（永济）人，谥襄毅。本年起，高拱罢相，张居正当国。

正月人日，作《题〈春风万里卷〉赠郭子孔瞻》。

明神宗万历二年　甲戌　公元1574年　64岁

时事：正月，御奉天殿接受中外官员朝贺。四月，从给事中张楚诚议，诏内外官行久任之法。七月，《穆宗实录》修成。闰十二月，赐手书大字与张居正，以帝王之学，当务其大，见责。

九月，奉旨起用，着以原职，协理院事。

十月，上《申明风宪事宜以重台纲疏》。

何维柏《申明风宪事宜以重台纲疏》：臣万历二年九月内奉旨起用，着以原职，协理院事。臣捧檄赴京，供职将一月矣。

《神宗实录》：万历二年九月，起原任都察院左副都御史何维柏协理院事。

万历之后，条议地方事宜《拟立嘉桂县治（即今新建花县）》，作《新兴文昌桥碑》。

明神宗万历三年　乙亥　公元1575年　65岁

时事：二月，始设起居注。六月，命抚、按官，有司贤否一体荐劾，不得偏重甲科。八月，礼部侍郎张四维为礼部尚书兼东阁大学士，随元辅入阁办事。十一月，张居正上《郊礼新旧图考》。

正月，上疏乞休，不允。

《神宗实录》：万历三年正月，吏部左侍郎仍巍、右侍郎二翰林院侍

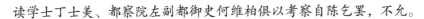

读学士丁士美、都察院左副都御史何维柏俱以考察自陈乞罢，不允。

三月，由副都御史擢为吏部右侍郎。

十月，由吏部右侍郎升为左侍郎。

本年，作《书冰霜交游卷》。【案：《冰霜交游卷》为杨斛山、刘晴川、周讷溪三君下狱时墨迹，金吾楚望戴君袭而珍之，用示冰霜交谊。】

明神宗万历四年 丙子 公元1576年 66岁

时事：正月，巡抚辽东御史刘台劾张居正擅作威福，削籍。六月，复遣内臣督苏、杭织造，采买金珠宝石，以备大婚。重修《大明会典》。七月，谕吏户二部清吏治，蠲天下历年逋赋。颁万历制钱。十月，晋张居正左柱国，俸如伯爵。本年，张居正采纳漕臣建议，提早漕船启运日期，以避水患，仓储渐增。

正月，御史刘台劾张居正擅作威福，于是张居正乞罢，维柏倡九卿留之。

《神宗实录》：万历四年正月，大学士张居正乞罢，言：“臣既受先帝付托之重，皇上又宠臣以宾师不名之礼，敢不矢以死报？况圣学尚未大成，嘉礼尚未悉举，朝廷庶事尚未尽康，海内黎元尚未咸若，岂臣言去之时？但言者以臣为擅作威福，而臣所以代主行政者，非威也，则福也。其近似而议之，事事皆可以作威，事事皆可以作福。虽皇上圣明，万万不为投杼而以身府谤，岂臣节所宜有乎？”报曰：“卿精诚可贯天日，虽负重处危，神犹当护佑，谗邪阴计，岂上干天道？朕知卿贞心不贰，决非众口所摇惕，宜即出视事。勉终先帝顾托。勿复再辞。”

《神宗实录》：万历四年正月，吏部等衙门左侍郎何维柏等皆谓：“居正身任天下安危，上辅君德，朝讲日勤，下砺百僚，政刑时勤，汲汲图治，不避怨嫌，数年之间，四夷欻塞，百官受成，庶事奏功，万民率职。皇上冲年御极而天下安享无虞，居正辅佐之功也。张四维志秉忠贞，才兼谋断，亦以人言杜门求退，几务繁重，必劳圣心，乞宣谕二臣即出视事。”

三月，以老疾乞休，不允。

明神宗万历五年　丁丑　公元1577年　67岁

时事：九月，张居正父死，"夺情"任职。吴中行、赵用贤等上疏反对，被杖；进士邹元标上疏，亦被杖谪戍。本年，兵部尚书谭纶死（1520—1577），纶字子理，江西宜黄人，与戚继光共事齐名，号"谭戚"。王崇古继任。后方逢时继任。

九月，张居正父死，按例当辞官守制三年，谕留。吏部尚书张瀚以保留问维柏，维柏曰："国事一时可支，纲常万古不易。天经地义，何可废也。"瀚从之而止。居正怒，停维柏俸三月，旋出为南京礼部尚书。

《神宗实录》：万历五年九月，己卯，大学士张居正初闻父宵，次辅吕调阳、张四维疏引杨溥、金幼孜、李贤夺情起复故事。谕留居正，得旨："元辅张先生亲受先帝付讬，佐朕冲年，定安社稷，关系至重，况有往例，卿等亟当为朕劝勉，毋事过恸。"上复手札谕居正："朕览二辅所奏，知先生父已弃世，痛悼良久，先生承先帝付讬，辅朕冲幼，社稷奠安，天下太平，莫大之忠，自正罕有。今宜以朕为念，勉抑哀情，以成大孝。朕幸甚，天下幸甚已。"复谕吏部："元辅朕切倚赖，岂可一日离朕？父制当守，君父尤重，准过七七，照旧入阁办事，侍讲读，待制满日随朝部即往谕朕意。"

《神宗实录》：万历五年十月，丙戌，张居正疏乞回籍守制，得旨勉留，疏茜言"臣受非常之恩，宜有非常之报，何暇顾旁人之非议，徇匹夫之小节，拘拘常理之内？"观此而夺情之本谋尽露矣。戊子，时彗星见西南光明大如盏艺苍色，长数丈，飂尾箕越斗牛，直逼女宿，礼臣疏请修省，得旨"玄象示异，朕心深切儆惕，大小臣工其恪修职，业以图消弭。"张居正再疏乞归守制，得旨："卿言终是常理，今朕在冲年，国家事重，岂常寺可同？卿平日所言朕无不从，今日望卿从朕，无得再陈。"辛卯，张居正三疏乞归守制，得旨："卿今日实不可离朕左右，特遣司礼监官同卿子编修驰驿回藉营葬，事毕即迎卿母来京侍养，用全孝思，卿宜体朕至意，弗再辞。"上复降手勅谕居正："朕赖先生为师，朝夕纳诲，以匡不逮，今朕学尚未成，志尚未定，万几尚未谙理，先生何忍远去，尽弃前功？万望先生仰体圣母与朕惓惓恳留至意，毋劳再陈。"

《神宗实录》：万历五年十月，甲午，先是吏部尚书张瀚奉命谕留居正，未及回奏，至是辅臣传旨诘责，瀚惶恐谢罪，于是台省媚居正者交章劾瀚矣。甲辰命南京兵部尚书刘蚖致仕，以御史曾士楚劾其旷废也。乙己，先是翰林院编修吴中行、简讨赵用贤、刑部员外艾穆、主事沈思孝各上疏论辅臣张居正夺情事，留中数日，至是降旨，命锦衣卫逮至午门前，中行、用贤各杖六十，发回原籍为民，永不叙用，穆、思孝各杖八十，发极边克军，遇赦不宥。中行疏略因《变陈言竭愚衷明大义以植纲常》："顷者天象示异，星变非常，凡事凡质诸人心而安，始揆诸天意而顺，然后天变可消。居正乞归守，是举也。万古之纲常所系，四方之观听攸关，居正谓父子相别十九年，而今长逝于数千里外，遂成永诀，乃不得匍匐苫块一凭棺临穴，皇上必欲其违心抑情，衔哀茹痛于庙堂之上，且责之以讨谟决策调元熙载，或者非其情也。矧位当天下之重任，身系四海之具瞻，必正己而后可以正百官、正万民，皇上所以必留，与居正所以不容不留，其微权深意，非图神通，方者未可告语。彼遇观听之天，拘曲守常之址，或因其不去之迹，归以不题之名，安能家喻户晓而使无里谈巷议乎？皇上尚欲其敷化施政，端范移风于海寓之间，且责人之趋令遵教用协丕式，或者非其理也。居正自信而对扬之言，惟曰圣贤道理，祖宗法度，夫宰予短丧，孔子曰：'予也有三年之爱于父母乎？'王子请丧，孟子曰'虽加一日愈于己'，然则终丧正圣贤之训也。而身自违之，必其所不忍也。国家令甲庸人小吏匿丧有律，惟武弁戎行，则墨衰从事，而未尝以介胄之士处辅弼之臣，即有往例可稽，亦三年未终而非一日不去之谓，且当时诤之，后毋讥之，乃二辅首题之疏，方以讣闻遂以例请谬矣。台省诸臣乞留之疏，抑又谬矣。然则夺情正非祖宗之法也，而身自蹈之，必其所不敢也。

用贤疏略谓先朝杨溥、李贤亦尝起复。然溥先以省母还家，贤即以回籍，奉旨夺情，固未有不出都门而可谓之起复者也。且陛下所以不允辅臣之请者，岂非谓朝廷政令赖以参决，四海人心赖以观法者乎？今辅臣方负沉痛，其精神之恍惚，思虑之迫切，必不能如曩日之周悉，而四海之狄听风声者，又以拘曲寻常之见疑之。亦必不能如曩日之敬信而承服，是辅臣之勋望积之数年而陈下顾败之一日。臣不知陛下何忍而为此也？臣窃因是而感士气之日靡也。国家设台谏以任纠，绳之 固非谓其阿意顺旨，将迎逢合也。今辅臣之留，皇上既有成命矣，乌用是晓晓者，背公谊而徇私情，蔑至性而倡异论，臣诚不知其可也。穆孝同疏，谓自居正夺情，彗星突见，臣等意在廷之臣必有能指陈纲常大义以感司圣衷者，讵期附炎鄙夫，如御史曾士楚、都给事中陈三谟、干犯清议，望风保留，致使人心长死，国是若狂，纲纪风俗将大坏而不可止矣。居正今以例留，厚颜就列，如异时国家在大庆贺大祭祀，为元辅大臣者若欲避之，则于君父大义不可，欲出则于父子至情又不安，臣不知斯时陛下何以处居正？居正何以自处？宜速令奔丧守制，以全忠孝大节，则纲常而朝廷正，朝廷正则百官万民莫不正。一正足以格天，何灾异之不可弭哉？"当中行疏上，学士王锡爵会翰林宗伯而下数千人求解于居正，弗纳，锡爵径造丧，次言之辞颇峻。居正勃然下拜，索作刎颈状曰："上强留我而诸子力逐我，且杀我耶？"锡爵亟趋出，知事不可回矣。就逮之日，阴云忽结，天鼓大鸣，惨黯者，移时受杖毕，校尉以布曳出长安，异以板阌即日驱出国门。中行频绝而苏，而穆、思孝梏举诏狱中三日，始金发。中行僦舍都门外，故人间有候视者，逻卒辄籍记之。而厂卫之命随至，即裹创，行呻吟彻昼夜，股内剜云数十脔，大盈尺，深入者踰寸，竟空一股云。方中行等得罪时，翰林侍讲赵志皋、张位、于慎行、张一桂、李长春、田一儁，修撰习孔教、沈懋学俱具疏救，格不入，而懋学三贻书居正子懋修，伸经权忠孝之辨，以为师相之留，为世道计，诸子之疏亦为世道计，奈何视为狂童斥为儡党乎？此言出而所云力不能救者，天下疑而弗信矣。又贻书李幼滋云师相之归，宜决台省，之归宜止，言甚切直。未岂，孔教、志皋位相继迁谪去，锡爵、懋学皆移病归。

《神宗实录》：万历五年十月，吏科左给事中王道成、陕西道御史谢思启交章论劾吏部尚书张瀚徇私欺罔，得旨"张瀚昏耗至此"，令致仕去，复夺侍郎何维柏、陈炌俸三月，降司郎中俸三级管事，不许升转，余各罚俸半年。

十月，再次乞休，不允。出为南京礼部尚书，次潞河，上《星象示异乞赐罢黜以回天变疏》，报允致仕。

明神宗万历七年　己卯　公元1579年　69岁

时事：正月，诏毁天下书院，嘉、隆时盛行讲学，张居正恶之，凡毁六十四所。八月，学者何心隐以"妖道"罪被缉捕，仍撰《原学原讲》，言讲学之益，旋被害（1517—1579年），心隐原姓梁，名汝元，字夫山，江西永丰人，著有《爨桐集》。

十一月，夫人劳氏卒。约于此年后，作五言古风《悼内》。

庞尚鹏《明封淑人劳氏墓志铭》：淑人生于正德甲戌六月十八日，卒于万历己卯十一月初六日，寿六十有六。

明神宗万历九年　辛巳　公元1581年　71岁

时事：二月，张居正进儒臣分辑《列朝宝训》《实录》而成《训录类编》，以备日讲。本年，全面推行"一条鞭法"。兵部尚书方逢时致仕。梁梦龙继为兵部尚书。户部尚书张学颜上《万历会计录》。

冬，作《赠凝斋刘公之任留台序》。携弟子陈吾德泛舟江门，谒白沙居里，行释奠礼，议重修白沙先生祠。

明神宗万历十年　壬午　公元1582年　72岁

时事：六月，太师兼太子太师吏部尚书中极殿大学士张居正卒。上震

悼，辍朝一日。遣司礼监太监张诚经纪其丧。八月，皇长子常洛生，母恭妃王氏。十二月，谪太监冯保奉御，安置南京，籍没家产。从御史孙继先请，对建言张居正夺情而获罪朝臣官复原职。

明神宗万历十一年　癸未　公元1583年　73岁

时事：三月，追夺张居正官阶。兵部尚书吴兑被劾致仕。张四维以父丧去职，申时行为首辅。吏部侍郎许国进礼部尚书兼东阁大学士，预机务。广东罗定兵变。本年，前首辅徐阶死（1503-1583年），字子升，华亭（上海松江）人，谥文贞。著有《世经堂集》《少湖文集》。

正月，作《赠制府大司马陈公还闽序》。

冬，作《重修翰林院检讨白沙先生祠记》。

门生弟子汇刻《天山集》成，杨烈为之撰小引。

明神宗万历十二年　甲申　公元1584年　74岁

时事：四月，辽庄王妃诉张居正倾陷亲王、强占祖业，命籍没张居正家产。长子敬修被拷掠，自缢身亡。申时行、潘季驯疏救，始命酌留空宅一所，田十顷瞻养居正母。尽削张居正官，诏以"罪状"榜示天下。张居正败后，言官攻讦大臣成风。十二月，起前礼部侍郎王锡爵为礼部尚书兼文渊阁大学士，吏部侍郎王家屏兼东阁大学士，预机务。诏以陈献章、胡居仁、王守仁从祀孔庙。

《天山草堂集》成，叶梦熊请颜鲸为之序。维柏两次去信致谢。

何维柏《谢冲宇颜先生》：旧冬，蒙叶宪副转致名制，为拙稿光重。

《又》：晚年功课惟此，尚当进步，终日乾乾，一息尚存，不容少懈。庶几无忝所生，惟望明公时时惠教，不会犹会也。

明神宗万历十三年　乙酉　1585年　75岁

时事：正月，除闰考之法。诏毁天下私设的庵院、书院。四月，蠲天下被灾田租一年。十二月，起用海瑞为南京金都御史，旋改南京吏礼侍郎。兵部尚书张学颜被劾为张居正党，致仕。

十二月，广东巡按邓鍊疏荐地方人材，何维柏、海瑞、林大春、黄可大、陈堂得旨。海瑞即起用。

明神宗万历十四年　丙戌　1586年　76岁

时事：正月，皇三子常洵生。二月，册常洵母贵妃郑氏为皇贵妃。阁部科道疏请册立东宫，又长子生母恭妃王氏不当居郑氏下，开启国本之争。时锦衣旗校达一肆七千四百余人，内府诸监局匠役亦有万余人。

本年，作《贺郡侯中宇郭公奏绩保留序》。

明神宗万历十五年　丁亥　1587年　77岁

时事：正月，重修《大明会典》成。本年，海瑞死（1514—1587年），字汝贤，号刚峰，琼山人，回族。谥忠介。南京罢市送丧。著有《海刚峰集》。戚继光死（1528—1588年），字元敬，号南塘、孟诸，山东蓬莱人。著有《纪效新书》《练兵实纪》《止止堂集》等。

十二月，何维柏卒。万历十六年六月乙卯，赐谥"端恪"，从祀乡贤。恩赐牌坊于羊城大市街，表曰"清朝柱石""名世儒宗"。遵其生前意愿，谕葬三水镇冈山。

叶梦熊《大宗伯端恪何公行状》：公生于正德辛未十一月，卒于万历丁亥十二月，享寿七十有七。

郭棐《粤大记》：（公）归居草堂，与诸生讲明白沙宗旨。逾十年，丁亥卒。讣闻，上恻然，命祭，赐水衡金钱以葬，谥曰端恪。公学以无欲之教为宗，而忠孝实行，出处大节，可为世范。所著有《易义》《礼经说》《太极图解》《天山草堂存稿》及编《陈子言行录》，传于世。学者称古林先生。

《神宗实录》：万历十六年四月，原任南京礼部尚书何维柏致仕卒于

家，赐祭葬如例，仍与谥。乙卯，赐原任礼部尚书何维柏谥"端恪"。

光绪重抄本《天山草堂存稿》卷首：万历十八年二月初一日奉旨遣广东等处承宣布政使司左参议李蕴谕祭原任南京礼部尚书谥"端恪"何维柏之灵曰：惟尔性资直亮，行履清修，蚤擢秀于贤科，爰稽英于秘馆台端，抗疏犹先治世之忧，岭表投闲，惟抱山人之节，粤廷再起，更践两都，执法平刑，凛风裁之。历茂贰铨，典礼属春，倚之方殷。迨返初衣屡腾荐牍，冀修台阁之黼黻，永作朝宇之仪，型胡天不勑，殒我老成，用是赐之。谕察以示朕思贤念旧之意，尔灵有知，尚其钦服。

万历十八年二月十八日奉旨遣广东等处承宣布政使司左参议李蕴谕祭原任南京礼部尚书谥端恪何维柏之墓曰：惟尔矢志忠贞，㫮身清白，事不期于苟合，学惟务乎古人，朝望乡评，始终归允，倏闻沦殁，深轸朕怀，宅兆载营式沛恤典尔灵不昧，尚克钦承。

霍与瑕《霍勉斋集》卷二十有《奠何古林老先生》《同会祭古林何老先生》《祭何古林公窀穸》。

附录二　《誠徵錄》一卷①

（后學何沅敬題）

濟眾鋤奸一片誠，幾人著錄表忠貞。

多情烏烏憂拏戮，無限蒼蠅解送迎。

神語端嚴心已悟，聖恩浩蕩罪惟輕。

曾蒙惠德登堂拜，想見閭歌載道聲。

重鈔誠徵錄序

沅少讀府縣志，吾家端恪公本傳，敬悉公巡按八閩，發倉賑饑，存活數十萬人。及劾嚴嵩被逮，士民遮道號哭，矢為歌謠，有《誠徵錄》以傳。公又著有《易學義》《禮經解辨》《太極圖解》《天山草堂存稿》及編《陳白沙言行錄》傳於世。因請於瓚卿伯父曰："公所著書目，今坊間架上所無，第不知族中有藏本否耳？"承示族中，久無藏本。聞逸溪公祠堂從前舊藏書板甚多，悉為公之后人某作薪燒燬矣。因出《天山草堂詩存》一卷，命沅讀之且曰："公之著作，此其一班也。"詩板由迪徽堂敬刊，今板亦燬，族中所存，當是三五卷耳。沅受而歸，隨手鈔一卷，見題目之下，間有注"《誠徵錄》鈔附"字樣，竊以不得《誠徵錄》一讀為憾。迨光緒壬午之歲，幸得鳳銜六叔袖《天山草堂存稿》鈔本示沅，曰："此書幸而遇我，不然又飽蠹魚矣。"沅受而讀之，且驚且喜，并蒙示以此鈔本之緣起。（見《重鈔天山草堂存稿后序》，茲不贅述。）相與嘆息者久之。當經重鈔一部，藏於書笥，以待后之能讀書者。又竊念前人輯

---

① 清光绪二十八年，何沅重鈔，南海沙滘何氏宗祠藏。

《天山草堂詩存》，猶有採及《誠徵錄》者，則斯錄當有存本也。於是遍問書肆，無有應者。還訪族昆，無有知者。久已，付之無可奈何。今年春，旋里欲藉醫術為糊口計，借館於族弟湛泉。於湛泉書篋得鈔本《梅妝閣集》及斯錄也。不禁狂喜，旋問於湛泉曰："此兩簿書，得於何時？"湛泉曰："昨年族兄嶽南攜來，與我曰'此兩部書，蠹蝕已甚，暇時當再鈔以傳'云。《梅妝閣集》我已重鈔，而《誠徵錄》則未也。"沅曰："余亦兩重鈔之於是。"細閱書篇，褶處上有"誠徵錄"，下有"迪徽堂敬錄"字樣，始悉乃迪徽堂重鈔者也。設嶽南不出以與湛泉，則終藏嶽南之家，而嶽南之子不讀書，誰從而寶之？勢必至湮沒不存。而幸也嶽南出斯錄與湛泉，后嶽南不久即歸道山。相必有神靈為之呵護斯錄，致使沅得而重鈔復傳於后也。沅今雖目力不足，然亦可勉強從事。今幸鈔竣，為之記其緣起，如此至於偽字之校讎及鋟板以流傳，則俟后之有志者。是為序。

光緒二十八年歲次壬寅六月巳丑朔后學何沅序

之諸君無重予累哉

已矣未歲先皇帝今聖天子相繼起先生，效竊喜公論大明，諗慰民望，歲甲戌，效署學羅陽，濱海士庶，夙被風化。尚爾弦頌四溢，繼轉梅溪。邑之故老，口誦先生德政者，猶歷歷如目前事。邑之致政陳君良節，素受知先生，存歌謠甚詳，為之次其先后。而大司徒鐘陽馬公、大參藩前內翰雲竹王公，又從而序之。夫以二公為之序，匪獨先生盛美。因錄以傳，將俾后之師先生者，皆得取證於是。則斯錄也固所以垂訓后世者也。遂不棄命并日記時事巖濟事宜……

（沅案：此上當是原敘）

委平羅各員役先將該縣掌印正官，暫行住俸管事，承委佐貳首領及該倉官，攢通候監提聽問。各該吏斗級人役，查實通行枷號，通衢示警，通候另行明文。至日究問，發落其目。今所委員役，通責令該府正官，慎選委用，各衙門佐貳首領，儒學教職及千百戶，陰陽醫學，義民等，官擇其平日信行為人信服者，一體委用。悉照遠近日期，備處廩糧。及扛抬銀槓人役，一體量給工食。務期周瞻，庶可責成不擾下民。支給廩糧工食，數目開注冊末，以備總查。

一、通遏糴。看得延建、汀、邵各府，以地方災少，百姓蓄積頗饒，府縣長牧，故禁商賈，不得販糴，此是守土父母，各為其民之意。本院巡歷一省，地總全閩，軍民錢穀，皆在管轄。孰得而遏之？況周急助恤鄰里，同情遏糴之禁。伯道所恥，合行各府縣各該官吏，明文至日。毋得仍前禁遏自取參咎。

一、優寒士。看得四府地方災傷，軍民仰哺。本院豫處賑濟有條緒矣。念各學諸生，中間豈無貧乏之士，仰事俯畜，既自苦於不瞻，父兄供給，難責望於此時，束手忍饑，更宜優助。仰各府通行各縣提調官，督同各學師生，查報本學生員，提調官攉給應得廩糧支給，外其增附極貧者每人支銀一兩五錢，次貧者人一兩，稍貧者人五錢。該縣覈實封付，該學給送以助，紙筆燈油之費，毋得遲緩，及各學諸生人等，宜體本院至意，各宜從實協同公報，毋得扶同冒濫隱瞞，貽玷儒紳。支給完日，備閱貧生姓名，支過銀兩數目，造冊并繳查考。

一、禁侈費。看得該省近二年連遭兇歉，倉庫隨在空竭。軍民嗷嗷仰哺。本院得於諮詢，切於見聞，夙夜煩憂，靡遑寢食。議處錢穀擘畫，周濟未知何術，而可合屬文武官員，俱荷地方之責，士庶軍民，更切桑梓之情，所有簡省事宜，合宜申飭，同心脩省，共回天意。自今以後，凡歲時節序，下司勿得拘襲舊套，各送上司節禮。及當行公宴，須從減約，毋侈尚珍異華美，及扮演戲劇、裝鵰競渡等項，邪侈之習，在有司則為靡費民財，士庶則為暴殄天物，皆兆災致異之由也。按察使通行嚴禁，各衙門不許辦送，合于上司節禮，毋得肆行宴會、民間扮演、裝綵競渡等事，違者提參拏問治罪，及有淫蕩戲子，亟行屏逐。

（沅案：以上當是救荒策）

347

古林何公建言日記

嘉靖乙巳正月十三日

自三山出巡延平

二月初二日

至建寇，自念馳驅，無效涓埃，且中外官邪民病，日甚一日，目擊時艱，欲上封事，以祈感格。

十一日

於扃院設香案，拜告天地，祈格聖心。

十二夜

起草時，大鴉百十噪於亭中。至

《古林何公建言日記》

第四款則三鼓盡矣。鴉益環繞，嘈嘈叫號，千百其聲。公問左右，對曰："烏鴉，晝間有之，無如此之多，亦未有夜噪者。"翼晨，出拜庭下，見群鴉集堂上，一啄硯池，二立公座。公祝曰："柏志已定。"且拜告神明："安敢有負？縱啄吾目，當亦不止。"鴉乃徘徊亭中。揮之復聚。公用前院雙江聶子韻，書懷一首：

院門深鎖烏頻聲，靜喚春心入帝城。謾覺憂時孤夢遠，敢云去國一身輕。馳驅無計紓民瘼，迂癖茲遊愧友生。萬里瞻依天北極，五雲晴炫日邊明。

時公上《獻愚忠陳時務以保治安疏》（條陳有五，茲錄其一）：

一、黜奸邪以警臣工，竊惟相臣執政，與國同體。任用匪人，則憑藉靈寵，擅作威福。植黨罔上，懷奸誤國。君子必被其禍，生民必罹其毒。天下治亂升降之機，全繫於此，臣謹按少傅兼太子太傅、吏部尚書、謹身殿大學士嚴嵩，陰憸蠱毒，貪鄙狠詐，濫竽禮秩，久騰物議，忝竊宰執，大拂輿情。前後諸臣，白簡之所擢數，皁囊之所鳴攻。既詳且悉，然而尚玷元僚，未遭顯斥，任重而惡愈縱。人畏而不敢言。此豈聖嚴明威、故曲全之者哉。良由嵩之為人，柔態穿阿巧佞變詐。陛下或覘其動趨勤給，順承足託，則量其或不能為惡。故始姑而用之，繼則信而任之。又以大臣任重體尊，不可輒以人言斥罷。故委曲保全，臣敢不將順，若以事無大關涉，所利在嵩，而所損不在朝廷，所惡在嵩，而所憂無預社稷，則臣何敢冒死以瀆天聽？但其所係，害大禍深，臣當言責，義不容默。夫宰執大臣，臣姑存大體，不必指摘細事。直論據大端。自可備見其惡。嵩自秉政以來，藉寵而懷奸，盜權而植黨，阿附汙合者，則援之以進用。守正忤己者，則摘之而貶斥。無辜善類，每被中傷。平時物望，動罹譴黜。貪夫黷客，多出其門。牙爪腹心，分居要路。致使外而憑依小人，有懸其貌像，挾勢以縱貪。內而附趨鄙夫，多聽其頤使，濟惡以黨害。恩市私門，氣燄中外，天下徒知畏嵩之奸黨，而不知有廟議。嵩陰主邪說，將以諂惑上聽，傳這中外，士論切齒。仰賴聖聰天縱，明物察倫，尊尊親親，凜不敢犯，其說遂寢。及檢討郭某至京，得其頤指，遂縱而倡其議。太仆寺寺丞某，又縱而附和之。幸聖上洞燭邪奸，明命震赫，下旨云："這典禮自有裁制，再有輕議奏擾的，拏問重治，欽此。"此既奉明旨，仍敢故違，輒又陳奏，及為《七廟解》以進，觀其廟解之辭，有曰"桓僖親盡，無大功德，而魯不毀。"故天火之，近地者天災，豈無縱始？是何言也。逆天悖倫，是可忍也？孰不可忍。某小臣也，廟制大典，不許再議，若非嵩陰主要結於中，則某邪悖不道之言，安敢以屢瀆再擾拏問。

聖旨尊嚴，若非嵩維持庇護於上，則郭某違旨罔上之罪是，何得以倖免？向非聖上明健中正，洞察群枉，則嵩幾誤陛下於干倫斁典。而天下後世，以陛下為何如主？嵩之悖逆欺罔，其罪又大也。原任副都御史某，年老衰庸，拜跪艱扶，已不堪用，嵩乃力而薦之。陛下速之使來秩之貳卿，而不任以事，已洞見嵩之誑矣。今任通政使某，貪鄙小人，罷黜已久，乃潛投京師，厚資寶鑽，嵩納而豢之。既而薦用之。跡嵩之所為，大抵其嫉賢妒能如李林甫，其陰害忤己者如盧杞，其藉權寵納貲積如鄭注，其與近

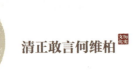
習盤結如元載，其詐悖憸毒如史嵩之。在廷臣工，有一於此，則宜亟在誅絕之科。況身兼眾惡，罪浮四兇，豈尚可居弼丞之位？

臣疏遠孤立，與嵩絕無纖芥之嫌，今首論其罪，則禍且不測，忍輕生以希儌訐之譽。臣愚竊謂自奸權當政，若察識不早，必至誤國。追鑒往事，未嘗不痛於林甫諸人也。目擊時憂，心懷忠憤，興言出涕，不容自已。仰望陛下俯諒臣心，詳察臣言，盡取前後諸臣論劾章疏，參考其罪狀始末，乾斷雷厲。將嵩亟賜罷斥，責某，令致仕，某斥逐，某仍行法司拏問。以為奔競無恥、違旨欺罔者戒。庶內外大小臣工，俱如惕懼感服，奸黨畏遜，而公道昭彰，法紀日振而聖治清明。此實忠社之福也。伏冀聖明詳察。（此疏略有刪節，原稿載《天山草堂存稿》中，沅記）

三月十六日

出本差行都司承差應潮賚進，止是奏啟二摺，揭帖數本，別無書柬。先是數日，差承朱尚賢另賚地方事情本冊。并揭帖，及酬答各同年通問書柬四封。所言與封事并不干涉，見於後。

四月十二日

還福州。

二十八日

侯官院申雷擊，預備倉廠棟柱，案行合屬，同加脩省。公自言待罪，其略曰：今年三月十六日，條陳五事，已冒瀆天聽，計今賚進，正在此時上陳御覽。遠地小臣，義當待罪。除批答詳議庶事，并內外關防施措舉行，益加敬謹。不敢懈怠，所有一切煩瑣諸務，暫宜節省。合屬官吏，除有公事外，餘并免揖，庶澄心齋宿，以俟明命。

六月初四日

裏面噉堂，外面將擊鼓，聞堂內聲乃止。報畢令各官吏退出二門之外，將所發公文三司，首領等官通領出命，皁隸權閉二門。公即退堂盥手遙瞻北闕，行五拜、三扣頭，禮畢拜祖宗父母，乃更衣出。是日三司府縣各官及鄉先生、舉監生員諸民人等，入晤穿堂。各官退，即閉中二門。留東小門側坐，穿堂令生吏等收拾。各日見行。箱篋文卷簿籍等項，并先查收交代。文卷牒文，逐一查封。填定日子，鈐印完備。及原貯衣服書籍，前後交代卷箱，通發出堂上，令府縣官三司首領巡捕等官，公同查封。發按察司收貯。即請封印。請出敕書四道，精微批一道，印一顆，置之中堂。

初六日

早報至。午間，公徒步入城，詣市舶府。設龍亭香案，候於大門內。東三司各屬，俱齊入宣旨畢。即就縛，入旁室。時耆老生員軍民人等數萬，號呼涕泣載道。公但愧感而已。

初七日

士大夫等哀求周錦衣，得入見公。人人淚下如雨，至晚不絕。是夜公籠燈作家書，及與友札數十幅。書云："六月六日，奉旨拏械赴京。柏也蠢愚迂直。上無補國家之事，內徒煩煩父母之憂。長途桎梏，冒暑兼程。一身譴咎，實所甘心。獲罪於天無所禱，自作之孽不可遣。事已至此，安適順受，臨事就縛，方寸定靜，不自擾亂。強飲食，學易以行，素乎患難。無所悔尤，平生學問，至此頗覺得力。特念老親在堂，忽聞賤子之報，憂悶煩蒸，恐致傷情。則柏不孝之罪，終天莫贖。惟望尊執時賜，枉顧多方，為我安慰雙親，得保無恙。則柏雖萬里待罪，而憂親一念，可幸無虞。至於恤顧我後，照拂門祚，此則丈人之誼，鄙陋之控私也。"

初八

早，公同錦衣、百戶周珊，趲程出郭。跟隨承差李存忠、林文、應胤劉春，吏王奎、陳芳、吳欽。行時，聞四方之士，哀泣之聲，所不忍聞。擁出三山時，聞別差東廠校尉嚴良弼等數人，託以別項。公幹人役，在三山驛歇。同來拜別於此，乃先起行。令左右勿說。自驛出西域內，軍民人等，不可枚舉，士夫如王雲竹、許芝南諸公，相慰且泣，其軍民呼叫，聲如雷、淚如雨。舉手拊胷，搴簾捉轎。旋轉數次。途中綠色小蠅，飛憂十餘里外。行至荷亭，四學生徒雲集，涕泣扳轅不絕。官校周珊、趙鵬等無

351

奈，蜂擁執棍途截。而棍竟為人奪。既散而復聚，且呼而復泣。時有衛所武職縣之耆義，皓髮深衣，持杖哀喊，愈久愈屬。從愈擁。號訴怨慕。聞之悽慘。雖官校亦為涕泣。越荷亭至芊原驛約三十里，老稚攀呼，各衛軍旗聯絡整隊，且泣且挽。舉監生員，亦以千計。奔送於途，哀訴之聲，俱云"仁德青天"、"我的烏臺"、"愛軍愛民"、"救民之命"、"我的烏臺"……途中一里巷，數十家，老嫗率子女人等，各手執香送公。喊"皇天皇天"、"爺能救得我，我不能救得爺"……軍民以數十萬計，共執大旗，標大字曰："軍民義送"。其哀號涕泗，，一如縣之耆耋。凡經過沿途，耕種男婦、行市之人，皆泣叫道旁。即旁校輿役人等，無不墮淚。公曰："慚無涓埃，臨難有此惓惓不忍舍之至情，豈不愧感？"士大夫舉監生員，俱至舟中相別。公慰之曰："諸位致意高誼，罪人何可克當？只自誓不敢負朝廷，不愧所學，為諸君讞爾。"耆民人等，不已萬計，拜於江滸。長篇短韻，童謠民歌，數百餘紙，俱北來。官校使人收拾，隨行承差僅什數章，及閩人續抄寄者。舟發時，諸色人等，惆悵徘徊，皆不忍去。嗟吁！亦可見人心秉彝之良至矣。是晚經白沙驛，姜巡撫艤舟候別，三司及府縣於此辭去。

初九日

晚，至水口驛，宿。

初十日

午時，至黃田驛，從陸至茶津驛。是夜，公見護者之艱難，地方之煩擾，不覺感涕。

十一日

未時，至延平府。

十二日

寫家書，附同處鄭參及黃節，推所差鄉人蘇滿帶回。是日，未刻起，司道并延平府議委押解張千戶豹，并選差舍人萬全、侯諡、劉淮、張元批送跟護赴京。是晚，至大橫驛，宿。生員林大震等，先在延平，至此候送。拜泣不起。

十三日

至建甯府，官吏耆老軍民人等，皆出道遠迎。生員數百，迎於道左。見周泣曰："願公扶持忠義。"周曰："唯唯。"公入後院遊亭，亭係公僉戴條陳所也。劉、甘二都司及錢守，與各屬官入見，鄉士夫范、李、楊、朱暨各學生員，聚者如市。周見人從，拒之。諸生咸拊髀下拜："恨生不同時，今親見其人，豈得不見？"且拜且哭，且擠且入，遂大班入見。大聲舉哭於亭之內。舉人楊應詔，語甚慷慨，出詩四章贈公。

十四日

早，起程。周錦衣對公曰："福建士民，感公德澤懇切，若不早行，頃復擠塞載道矣。"出門時尚四鼓。然各色人等，追送城頭，蜂聚不止。申時，至建溪驛。建甯、崇安二縣耆老生員人等，俱候送於道。周拒不見。惆躅院驛之外萬計。三更，至興田驛，宿。

十五日

午時，至崇安縣長平驛。時戴、甘、劉先生，黃憲副，以陞任，聞公亦遲留此旬日以俟。未刻，經武夷九曲水口，公作《望遊武夷詩》一首：

> 名山久懷音，廿載未緣契。
>
> 奉役趨八閩，夙夜事公勘。
>
> 歲且值艱饑，民復際氛沴。
>
> 載春歷建延，夏半旋東迤。
>
> 仰幸天心回，蒸民蒙粒惠。
>
> 適擬事退觀，微軀已見逮。
>
> 桎梏驅前行，取道歷山際。
>
> 黃冠挈櫩迎，津夫促徒偈。
>
> 踟躕立斯須，默默遠凝睇。
>
> 玉女肅孤貞，大王儼上帝。

望望天笠峰，翮翮天游袂。

九曲下瀠迴，湯湯亦東逝。

雲間萬木森，天末輕雲翳。

玉仙不可跡，孤飛迴塵蛻。

神遊尚八極，跬步何茲滯。

昔聞已勞想，今見徒增涕。

有生同如此，素位行不替。

順吾隨所之，形役何累繫。

天風颰征衣，山靈默鑒諦。

我心誠匪石，俛仰人間世。

無言回顧瞻，含情結盟誓。

徐徐成短章，聊以紀年歲。

是晚一更，至大安驛，宿。三山驛解至，廩給銀兩。公全發回建寧府查照。貯庫公用，作正支銷。仍具申接管巡按，知會查考。運司及郡琥等官，送盤纏銀兩，及建寧鄉士夫，致贐追送，皆卻不受。

十六日

辰時，至江西車盤驛。建寧首領官及崇安縣護送官，俱發回此境。自此懇辭晉接。未時，至鉛山縣鵝湖驛，遍尋公諸弟不遇。先是，公在閩省，藩臬諸公，見公待罪，及見疏稿時，三司會差舍人陳六赴廣馳報公家，公弟愷仲，帶二使者王明、陸昌，并族兄景清，會同所差舍人，兼程趕至鉛山地方安歇。陳六入閩回報時，公已被逮至延平舟中矣。即遣隨行吏承王奎、謝鸞先往廣信地方，尋公弟，不遇。周錦衣見公思弟不遇，憂形於色，勉留此宿。

《鉛山道中尋弟不遇，公書悶一首》：

有弟相迎道相失，不知天南與地北。

吁嗟艱阻骨肉情，愁見鴻雁天邊鳴。

日來消息知何如，臨風為汝立斯須。

十七日

午時，至廣信府葛陽驛。太守傅子應詔，與公同年，僅獲一面。

十八日

巳時，至浙江常山草萍驛。時中站遇一士夫姓王者，問公曰：“公何桎梏若此？聞昔之名士遭難者，多去此具。”公曰：“此乃朝廷法也。朝廷與之冠服，則美而服之，柏今桎梏，乃朝廷之命也。敢不慎諸？”王又慰曰：“公遭此一變，萬一得無虞，則後來百事益可放膽為矣。”公應曰：“公此言非心體也。吾人行乎患難，與富貴貧賤，境跡不同而心則一。居易俟彼非有徐。此非不足豈有所試而後為哉？”王感媿嘆息而別。是晚，未時至常山廣濟渡驛駐。又遍尋公弟不見。時沿山尋不遇，意其先過常山，心益惶懼。公曰：“切念吾弟遠赴兄難，至此不見。誠恐其抱憂至病先回。或有不測，為之奈何。諸從行人，見公憂弟至意。恐生疾病，再三寬釋。調攝微軀奔赴朝廷之命。是晚發舟常山。尹程子，一鵬，潮人也。周旋在院。

十九日

午時，至衢之上航驛。守楊子係公同年。西安尹魏子春，楚人，二君皆饋贐。不受。魏送一小書露封，乃其平時束三四幅。公乃留之。

二十日

辰時，至衢州府龍遊縣亭步驛。尹錢子仕，饋程不收。周代受之。

是日戌時，至蘭谿縣瀫水驛。尹徐子紳，先候於此。燈下再三請見，公辭，遂止。

二十一日

午時，至嚴州府富春驛。守張子標。公同年。建德尹林子以良鄉同年，俱至舟中。前後所經地方，多公同年，及系不相識者，皆有懇懇欲

會，且多致贐，公皆辭。謂待罪不敢應接人事。周錦衣再三代。諸舊致懇相見。公請辭。周代受。錢尹下程，轉送於公。公曰："此豈罪人所宜受也？周曰："公太古執，受之何害？"時一校尹繼高者，自閩伴公同舟相處，見公起居不苟，即為公懇懇答周曰："我前後奉旨拏官甚多，惟何御史神氣不動，心事不欺。今日只是罪人，不作官樣。渠不受人禮物，不喜與人接見。甚得待罪守法之禮。何若強他受禮？強他接見？"尹語畢，周唯唯。尹將所送下程，搬還錦衣舟中。自後皆不敢強公。可見人心之秉彝，有如此者。

二十二日

至桐廬縣桐江驛。尹趙子惟卿出接，不見。自常山至杭，皆順水。數日，值大北風，榜人甚苦。公遂自岸行至會江驛。

衢嚴道中，公口占一首：

> 六月北風吹浪生，順流旬日逆牽行。
> 天時人事每如此，誰道乾坤亦世情。

晚，至會江驛，宿。驛中荒涼，夫俱逃避。夜無供飧，亦無房寢處所。公遇自安。

公夜中述懷一首：

> 浮生蹤跡豈須言，此日艱難空自憐。
> 桎梏無餐亦無仆，舉頭長夜對青天。

二十三日

會江曉行述懷一首，載五言律內，時一校梁如岱，頗精詩義，竊見公詩稿，梁即泣下，與尹校曰："何御史到此時，尚能為此言，真忠肝也。"

午刻，至錢塘驛，未刻，至浙江驛。三司出看，周直達公旁館一見。

二十四日

自杭取船，嘉興守蘇子術、陽朔人，公舊同臺也。至晚一見。同知程子默，遣人致贐，不受。是晚至崇德縣，宿。

二十五日

自縣起，岸行二十里。人役渴死者三。周不憫恤。公至小亭。對尹繼祖、梁如岱二校說。時值天氣炎蒸，願與周說。取船以便人役。二校即道公言。周默不答。一校趙鵬沿途多擾，馹遞或從陸，或取船，皆由趙意。且云：“役人之死，是命。於吾何預？”至中站鎮集，所在中火。公曰：“腹痛欲飲食，問所在寢。”二校忙甚謂周曰：“何御史腹痛，且尋安歇。”周不得已取船。故人役無累。

二十六日

至蘇州府。守范慶，公同年。來舟中一晤。且言松江守何子繼之。前數日遣吏持書及贐候送旬日。公託范善辭，皆不接。范語畢即出，強公，只收白米一斗。

二十七日

至無錫縣山橋畔。絲管雜聞。公雨中獨坐，忽有故鄉之思，自述一首：

羈旅逢秋楚雁聲，愁心連雨入孤城。

人間樂事付流水，塵夢遙憐芳草生。

二十八日

至丹陽縣。

二十九日

至鎮江驛，守林子華，尹茅子坤。意甚懇懇。坤亦入見，二禮不受。林命善蔔者課龜兆，特令左右語公。公默不答。遂渡江。官校因有覆舟之警，祭波神乃渡鎮江。

七月初一日

自揚州起馬。

初六日

至徐州。

初十日

未刻至汶上縣，周至此載酒吹笙。公三辭不赴。公曰："罪人聞樂不樂，遂罷鼓吹。"公強至，僅一飯先回。

十一日

至東平州。

十二日

至高唐州。一州吏目，桃源人，出數十餘裡迓公於途。說左右曰："我不是來接錦衣，來見忠臣。"至州人見公。遂出與錦衣曰："天為吾皇扶社稷，肯教夫子不生還。"

十四日

至德州，宿。

十五日

自德州由水路行，周見眾各備甚，取船至河西務。是日途中，公述懷一首：

子影寓宇內，倏爾作楚囚。

炎蒸曆艱阻，桎梏渡中流。

晨星迅飛馳，寢食詎自由。

啟閩泝江浙，浹旬居長洲。

乘風濟江險，夜半入揚州。

信宿達清淮，桃源暮煙浮。

旱蝗咨蒸民，聞之尚懷憂。

徐邳弔古蹟，萬刼落荒丘。

三歸臺下草，富貴海中漚。

回瞻鄒魯郊，孔孟寡匹儔。

此身不易得，此心詎能休。

嗟我愚戇性，百念一靡酬。

謬誤蹈危機，微軀拙為謀。

骨肉不相顧，鴻雁悲鳴秋。

欲飛鳥無翼，欲渡河無舟。

仰窺天日光，俯瞰江波流。

天命苟如此，吾道更何求？

悠悠起長思，浩浩賦遠遊。

民彝不易心，何須生別愁。

十七日

至天津衛。過直沽口，官校焚香禱神。尹繼祖向公曰："祖雖賤役，亦父母生成。前來福建告許天醮，并申啟祝祖先數日，在舟中問諸役。取公年庚，蓋亦為此也。"公感人如此。

十八日

至河西務。官校收拾還京。跟隨及舊外班一役，不忍棄去。時途中聞贲本二承，俱挐入錦衣衛監拷究。故憚之。

十九日

自河西務起行，入京。時尹繼祖早起，公只一役在旁。且去自討驢口。繼祖為公收拾行李。是日午。至中站，午飯。周頗作威，時將押解人千戶舍人打罵。不測其意，後聞東廠有人探看。及嚴亦差家人沿途訪探。故有所為也。公是日馬上扭擊，觀者如市。公作詩一首，曰《太思章》：

陟彼高崗兮崔嵬，思我父母兮徘徊。

生我鞠我兮恩罔極，子事親兮當竭力。

359

嗟我愚兮違子職。命我仕兮不家食。

日時艱兮填胸臆，顧蒙昧兮身許國。

履危機兮作楚囚，身莫測兮心之憂。

使我父母白髮愁。

不孝罪兮莫贖，順吾命兮焉求。

是夜二更，方至京城南門外。周錦衣及二校姓趙、梁者，皆下馬別公。三更，至崇文門外，東河沿時與尹繼祖至河沿頭舊館。入林二家。再三不納。不已。晉接且悲且慰。昧爽。公至錦衣衛門外。相從諸役，先至京者，俱竊候於衛門外。公至。皆涕泣。送公入獄。至此，蓋見人心。頃刻，諸從皆避。獨尹繼祖送公入提牢廳。須臾，梁如岱、趙鵬二校校俱至。周珊百戶，是早具題復命。

二十日

入提牢獄中候旨。

二十一日

未刻。得旨發監。與周掌科怡同監。周號訥溪，公舊友也。公入獄時，監拘押束甚嚴。急時有緝事者三人，東廠校尉至獄中詢公曰："汝年歲若干？父母何如？兄弟何如？在福建巡按久近何如？"公一一正對。

二十二日

早。便過別獄，得見揚子爵，號斛山。在南獄。道長劉子魁，號晴川，在東獄。郎中尹子相，號介石，吏科都張子堯年，號龍岡。工科都給林子延曃，號虛江。戶科都諫桂子榮，號近山。福建道御史，俱與晴川同監七十餘日。四子因公事被逮，僅能舉手致意。不敢面敘。楊、劉二子，亦時時竊過，問公起居。至午。取出鎮撫司鞫究刑杖。先是，公差應潮、賁本并無書柬。朱承差因賁別本有揭帖，都察院書五封，俱是答柬。一送林虛江，一送張龍岡。二送兩翰林，俱同年。一送何都事，乃閩人。尹與桂并無書。亦素不相識。尹在吏科，因將公本盡行貼報，抄者觀者如市。

故嚴甚怒，遂疑公有私書囑尹貼報。及桂因掌福建道，嚴因聞有立案之說，遂請皆挐。尹、桂二子，因尋訪賫本承差，責令供報私書。俱被挐拷究。并云無書。與尹給事、桂御史，只有書與張林二給事。及二翰林，一都士耳。遂并逮張林二給事。餘非言路，姑置不問。取原書上經御覽，書云："公只備述八閩軍民饑饉之狀，及道素餐無補之罪而已，并無條陳本內干涉。"聖意稍解。然二子已被逮，須持公至，乃可鞫封。尹程桂委與公不相識，并無通刺。輿情可稽。將張、林二書比對，委與本內事情。全不相涉。時鎮撫張周二人，專聽川指，酷為羅織，梭敲刑逼特甚。別生枝節。令公逼供主使。公對曰："柏係言官，目擊時艱，條陳章疏，分所當為。昔於局院時，朝夕齋戒，冒瀆天威。仰祈聖聽，所奏內事情，內外封固，有何主使？"張曰："聞有舒御史陞云南副使，回省。想是與公同謀。"意在波及舒也。公對曰："舒御史正月還家。柏是月出巡延平。舒是時在家病故。柏進本乃三月十六日，前後相隔兩月，有何干涉？"公曰："權臣因一論劾，前後累害言官數人。"又曰："使當時尹、桂果相識，或有往來音問。及進上覽。搜出張、林二書，設有一毫奏內事情，則柏須斃無疑。"及舒不先物故，則縉紳株連之禍，未知紀極。柏固狂言抵觸。意外重禍，自當躬受。其如諸公何？其如世道何？惟幸心跡盡白，天理昭然，而彼之鬼蜮莫施。然諸子亦被冤甚矣。幸蒙聖明洞察，俾柏得全首領，諸子尚見錄用。抑以大彰聖德。天地浩蕩之恩也。是晚公被杖還獄，得藉周君維持盡心。

二十三日

公在獄中。時與周君訥溪講學。頓忘痛倦。

二十四日

與訥溪論天下人才，古今載籍。二日。楊劉二君間或一會，語論心曲。

二十五日

得旨發落：何維柏假以條陳譏訕朝廷。本當重治，姑打八十棍。革職發回原籍為民。尹相亦著為民。林廷𤅫、張堯年、桂榮，各降級調外

任。先獄中校卒，聞旨意特甚，急報周君。周且禁諸人勿遽發，先以藥酒惪公。少刻，公出。值劉晴川相問，舉手。劉曰："旨意已下。有廷杖之說。"公即還獄，託周後事。詢公父母兄弟兒子名字年歲，無不備至。真異姓骨肉也。語畢，公曰："柏受天地生成，朝廷作養，父母鞠育，萬無一報，今事須臾，恐即不諱。"公即桎梏圄圉中拜父母，叩頭禮畢。與周訣別。周曰："予生平最不垂淚。今見兄所為惻怛，不覺心淚已滴。"言畢，微泣行下。諸獄亦皆拊胸墮淚。嘖嘖嘆息。公復宪坐。至未時。忽聞獄中人叫噉好。周遽問曰："何也？"校卒曰："適聞報云，何御史在鎮撫司發落。"周曰："此皇天后土之德也。"先是旨意下時，未聞領杖所在。楊斛山聞有八十之數，對兩承差拊胸嘆曰："此老太狠。"及聞在鎮撫司發落，楊曰："此從來所未有也。乃我皇上天地之德也。"兩承差出獄，具道其詳。公在獄拜時，有小蠅數十，皆綠也。如出闈時，是晚，取出鎮撫司發落。早時旨下未知，故錦衣堂上眾官俱入朝候旨。至未刻，錦衣衛傳傳諭鎮撫司打訖。歡聲滿獄。時張鎮撫使管事校尉，先入獄中語公曰："張拜上何御史，此朝廷曠蕩之恩也。與今早所聞大異。"公與周揖別而去。周延停以送。楊與劉在別監門看公出。俱不敢相近。杖畢。皆出至大門。閩中凡在京師選、及為商者，雲集如市，或攜酒，或扛舁抬飯氈褥，且悲且喜。時公在板枱上臥，痛中聞左右皆閩音。

（原鈔本下闕）

天津道中，公作詩一首：

天津一棹向南溟，越客孤懷對酒頃。
樹裏歸鴉明夕照，江邊飛鷺趁潮平。
半生事業虛題柱，一曲滄浪有濯纓。
萬里萍蓬隨所適，任從天地自陰晴。

至滄州道中，晚眺漫興一首：

> 歸鴉低遠夕天紅，野寺松風落曉鐘。
> 倚棹滄江成遠眺，中天看月好誰同。

八月初六日

至德州。發書。承差林應胤、舍人萬全，起馬回廣東。是日公作詩
一首：

> 聖世開湯網，皇恩釋楚囚。
> 幸承還籍命，得慰倚門憂。
> 愛日摧長路，停雲值暮秋。
> 天涯遊子遠，歸棹敢淹留。

初十日

至臨清，詢公弟無消息。

十五日

至濟寧。遇公弟暨族兄景清。各歡欣鼓舞。且泣且拜。公詢雙親健
飯，自慰。末語辛酸。公曰："弟遠赴兄難，萬里驅馳，備嘗艱險，可謂
情之至矣。"是晚中秋。值雨，須臾月色皎潔。公自述詩一首：

> 萬里中秋客裏逢，蟾光雨後澹秋容。
> 孤蹤遠出春明外，雙雁回鳴天漢東。
> 邂逅相看悲失路，辛酸各自語飄蓬。
> 酒酣卻憶當時事，浮世生涯一夢中。

十六日

夜過泗亭馹，望歌風臺，口占一首，載全集內。

十九日

至新安，遞運所大使他適。其線對役人曰：“何御史盡忠被逮，曩過下邳，嫗聞之泣下。今天放生還。吾兒公出，特遣次兒致蔬果。”見老人下情，其兒與役人道言懇切，公強受一雞。

二十四日

至淮陰。各役登岸賽福。維舟時，舊大巡姚公、虞守淮，來拜一見。俱有所饋，辭。

二十九日

自淮陽渡江，登金山覽舊遊書懷：

南北中流迴，乾坤砥柱成。

江襟彭蠡澤，山拱石頭城。

往蹟千年在，歸舟一劍橫。

狂瀾不可禦，感嘆幾時平。

九月

初六日

自武林北關至錢塘江上，憩宿民家。馬方伯石渚，舊閩大參者，特出一訪詔，與嚴允齋亦至。蘭溪徐尹紳泛舟追會江潊。

十二日

至常山。僦居民店。自催夫馬。趨玉山時，程子意甚懇切，送夫馬不受。過山日，主家姓徐者曰：“嚴家見有四人，沿途跟緝到此，見何御史一路俱催民船，宿民店，自情夫馬，與有司不干涉。”彼等相顧曰：“勿虧天理。”各先潛去。是晚，各役至玉山，亦以此白公。公曰：“微服居東，隨時順應，但求無媿於心而已。此外吾何知焉？”

十四日

過廣信弋陽縣。至鉛山港口馬頭上。王尹候數日，得會舟中。志趣議論，敦切不苟。眾稱其政，果有足徵。遺公拜帖紙數百。受之。餘禮不受。是日，遣官舍張豹等四人回閩。各役原領路費羨金。公同閩眾查明白。自行賚還。各具領狀存照。晚即發舟至萬安縣，附寄羅整庵太宰書。

十月初三日

至贛。秋山顧中丞拜公。少坐，情甚欵。備詢公。王青蘿頗知公。二人相得心事，辭出。

初七日

度大庾嶺。公述懷一首：

> 梅關山色舊，蒲石未寒盟。
> 古木堪垂釣，江門好濯纓。
> 片雲浮世界，孤月淡滄溟。
> 八極神遊遠，悠悠得此生。

未刻，抵凌江。是晚，譚次川訪公。公已搭舟下脩仁矣。

十三日

公抵五羊城。白衣徒步入城。觀者如市。喜拜雙親。謂：“柏不肖，條陳章疏，上瀆天威，有煩老親遠念。蒙恩放還，復承膝下之觀。”舉手加額，北面以謝。

十八日

發閩役回。遂返閩饋。先藩集諸公。料公此行，必不諱。會差倉官蘇滿賫白金五百兩，送至公家。貽書公大人“敬為津資”及經理後事。大人留之。曰：“汝荷恩生還，閩前所饋，即宜返之。”公曰：“誠是。”公大人曰：“前爾遣人迓汝，業費其一二”。遂謀母太淑人，借諸親友充其數。公令義男陸官勝，同諸民役，隨利少參至惠陽。時利進表。順道還閩。故託之取各役領狀。及印信庫收還報。逾數年，里中倫鄰右溪、區白齋、梁毅所諸君，私相謂曰：“謂公不宜貧，曩饋老親者，豈無賚及？”一日。江虛谷訪公，道諸君言。公遂出庫收領狀。江嗟嘆，以復諸君。欽羡而已。王青蘿，公友也，寓書曰："返數百金，非易事。"數年同舟聯榻，未嘗一言及此。足見公慎獨之功不求人知之實。后青蘿與大參甌東項公談此事，甌東謂公曰："先生過高矣。昔孟子受薛饋，未聞後無戒心而返其鑫者。"公對曰："柏幸生還。曷敢受此閩饋？且家大人意也。"甌東敬服，為立傳，見司馬甘泉湛公，并元老存齋徐公誌銘。

臺諫逸事

何公少負奇氣，弱冠舉進士，選入中秘讀書，改御史，出按八閩。於時宰執嚴氏怙寵，蠹政無忌。眾皆憤之而莫敢言。何君獨欲折其萌芽。方閉院草疏，俄有二鴉集案上，驅之不去，且復集者三。比至發本，二鴉復集香案上鳴蹄，觀者錯愕。何君不為動。疏入，主上果震怒，命遣官校逮械何君甚急。官校入閩，青蠅以千百憶萬計，蠡擁車從，

《臺諫逸事》

至不可行。何君就逮出城。百姓無少長，皆秉香火，涕泣奔送。白日為之晦。三司官屬博士弟子員役，合數千人，咸相顧咨嗟，面無人色。官校亦慘然。若不能自容，三司差南安 縣丞馬一洪護送何君。馬，予同邑人也，故得其事特詳。當是時，官校尚未回京，凡知何君者咸為何君危，謂禍當不測，忽都人傳有神降乩甚驗。主人密召人入西苑，試之，屬稱旨。一日，問以治世養身之術，神降乩大批十八字曰："治世以愛惜人才為重，養生以禁戒暴怒為先"。上嘉嘆不已，乃親灑宸翰，書神二語，揭之御屏。甫翼晨而官校以何君逮至，報名復命，嚴氏亦探知聖心已悟神語。當不深罪，乃密進揭帖救之。於是何君從輕發。杖還籍而已。其事秘，人莫

知之。予蓋獨得之予同年彭編修鳳云。彭與嚴有内外兄弟之戚，且常常得入西苑，故信而有徵。云"介石朽夫"。曰："予聞正人，國之楨也。天之生正人也，不數而拂亂之，振植之，大受之，亦必出於人謀，智料之所不及。方嚴氏秉政，謙謙下士，過貴溪遠甚。凡有心計才辯之流，皆出其門。雖操、莽、杞、檜與之較，詭論能未知誰雄長也。以彼之奸之寵，而何君獨先批之人，人謂何君徒膏鼎鑊爾。鬼神無形與聲，乃能託鴉以告，保身之哲。託蠅以明，讒人之冤，以寒官校之膽，以激閩人之思，託乩筆以默，誘聖衷使之悔悟，於占卜響應之間，以曲全。何君得有動忍增益以屬天下山斗之望，謂非天耶？雖然國家必將殄瘁而后君子之道盡，消天心之仁愛我，明當甚於愛何君矣。于以奠我國家於億萬斯年，俾功業比隆三五者，不於何君卜之乎哉。

　　仙居林應騏必仁甫識

蒼蠅傳

　　夫蠅生天地間，其為物至藐然，莫不各得是氣，亦莫不各具是形。故耳目口鼻，飛走運動，皆一物之靈，而不可測識者。嘉靖甲辰歲，侍御古林何公，奉命按八閩，宣仁行義，值歲大祲，急在賑饑，設法救荒，財粟不匱，人之感之而莫窺其機際。乙巳三月，按建甌，心切時弊，以封事上論權奸，亟還三山候旨。竟被逮。校使至閩之鄉，大夫士

《蒼蠅傳》

庶人號泣於庭，攀送於道。營營蒼蠅，小而綠色，以億兆計，朋飛薨薨，如泣如訴，如鱗斯砌，止於輿，止於桎梏，止於校人之衣，撲繞周回，揮

之不去，號送者呼曰：不但軍民數十萬護送，蒼蠅又有數百萬也。出郭十餘里，倏然而散，不知所之。既抵京，下獄候旨發落時，蒼蠅復集，視昔減半，然群飛比翼，戀戀桎梏，猶之閩中之蠅也。夫蠅非附驥，地隔萬里，何其先後之群集若是哉？或曰青蠅之詩，刺讒人也。其曰“讒人罔極，交亂四國”，公之獲罪，讒間之也。抑亦萬雀集獄，魏尚復官，天眷忠良，必有為之兆者，事出非常，休協有徵，乃為之傳其事云。

論曰：天地萬物一氣，噓吸至誠，感通無間，幽遠茲蠅也，人第知人物效順之機，而不知公之至誠徵應也。公自少志學，自立誠始，雖飲食起居，誠敬存存，是故至誠為治，立於此而動於彼。公之救荒，初非玄妙難行之條，一誠心以經濟之，上下孚悅，錙粒下究，德意流行。蓋有小意思於荒政之外者。《易》曰：有孚惠我心，有孚惠我德。公之疏劾，集鳴鴉以示，其兆集蒼蠅以著其獨。府能默牗聖衷，恩釋回籍。嗚呼，豈偶然哉。蓋公之精誠，天地降鑒，特假蒼蠅以泄其機焉爾。《易》曰：中孚豚魚，吉利涉大川。蓋言誠也。不然，凡有不忍人者，孰無救荒之政哉？未有萬姓一心感之如父母如公者也。懷忠直者，孰無斥奸之論哉？未有懾服舊敵不敢中傷如公者也。公何心哉？誠焉爾矣。是故君子誠之為貴。

《南海縣志·雜錄》載高明羅一中為撰《蒼蠅傳》

惠德編

先生自乙巳歸居五羊，飄然野服，不通公籍。當道貴人，皆不見面。常居寺中，日以講學誨人為業。閩之人仕宦，無論崇卑及士人遊廣者，至則登堂揮几，四拜而出。商旅則及門叩首輒去。十餘年無歇日也。時南海學諭周君，源源及門求見，不獲。尋陞國子監博士。一日，瞰先生居寺中，與王青蘿諸先生論學。周持帖突入。先生驚起，接之。周曰：“某求見，長者不應，唐突若是。但某來時，父兄親戚曰‘此行必見何大人，為我等叩謝之，還以告我’。某候門三年矣。今又轉去，不如是，不得一見，無以復某之父兄親戚也。”語畢，少坐而出。諸先生論曰：“閩人愛戴之誠若此，可見人心至公。感乎一理，彼外吾心，以求治者末矣哉。" 顧門人曰："小子識之。"又一日，先生家居，送客出門，一平民趨關叩首觸地曰："某福建解軍也，"先生但頷謝之，以福人及門叩首者踵相接也。先生既入，門守者曰："此解軍人自晨至暮，候門凡七日矣。"先生意其窮途，必有需也。

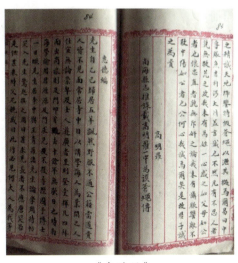

《惠德編》

也。亟遣人追之，行及里許，復來先生訊之曰："若解軍事完否？"彼人曰："已領批回久矣。""何為候我七日？"曰："某領解軍時，父兄宗族數百口囑某入廣，必須面叩老爺顏色，乃可回復。別無他事。"遂一餉而去。解軍人不知姓名，與前周君貴賤不同，而愛戴之誠若出一輒。又一日，閑人何君文俸，昔掌廣郡，教選信宜令，繼陞四川知州。過省謁先生。先生入更衣，時錦衣玉泉莫君在坐，何君語之曰："公在閩不但賑濟得民，吾省中前此有冤獄三十一起，皆承奉羅相可入之者，公會審得情，亟釋二十九，看書以二起無的證，行臬司再問。閩省稱快。"公之得民之深，此亦其大者。至於痛恨法紀為官邪斁敗殆盡，以所恃者權奸，在位播惡於眾，特馳疏論斥之，此其一事耳。要未足以盡公也。以上皆人人耳目所睹，記，故并書之。

嘉靖壬子歲夏四月甲子門生羅欽順顏識。

八閩歌謠

謠

何太史，好忠直，貞肅僚，稱乃職。諫君君未用，其言濟民，民深感其德，望天使，休逼勒。天地鬼神自赫赫，縱使君恩不放回，萬古芳名昭

簡冊。

其二

三水鳳，參天柏，窮谷深山被恩澤。官穀重重賑濟饑，奸弊時時聞痛革。今日去民民惻，各處謠歌滿城貼。報答無由控訴天。但願天心眷忠臆，去年冬無栗，今年春無麥。誰使我生？何公之德，惟我何公，歲寒松柏諫疏上，天威不測，百姓遮道不可

《八閩歌謠》

留。還是吾民復當陀。吁嗟首，好事多磨，好人難再得。

其三

六月，降嚴霜，一柏森然獨挺。眼見嚴霜嵩裂，這柏依然堅勁，好棟樑，廟堂把乾坤重整。

其四

歲有兇荒，何公饟之，朝有佞士，何公匡之。民之父母，國這紀綱，怒出不測，民庶旁皇。公安如山，視死如常。

其五

生我父母，活我何公。饑民載道，白叟黃童。保我子孫，伊誰之功。逢天之威，罹此陀中。願我天使，護此大忠。

其六

天昧昧，民瘝瘝，公道泯，臣道爛，保忠義，待來學，國之珍，閩之鐸。

其七

嗟我使君，來按吾民，因忠獲戾，人百其身，惠隆邱阜，潤同海濱。天或慭遺，有腳陽春。

其八

何御史，政平康，視民賑濟發官倉，前有汲長孺，后有韓仲黃。

但知長，活溝壑，人不辭，械繫見君王，蠅集肩輿人臥輒。天悔過，福忠良。

其九

山無草，川無澤，朝爭螺癳夕菜甲，甘霖一陣自南來，饑色人人轉春色。

其十

我有天，天有日，寸雲點靄遮咫尺，誰將雲靄力撐開，長見青天與白日。

其十一

大丈夫，真男子，此生此日當如此。人皆為公憂，我獨為公喜。恨不從公叩帝閤，尚方惜劍斬盧杞，忠言雖逆耳，公是公非昭海宇。董狐若得秉春秋，為我直書何御史。

其十二

萬古綱常君與臣，君聖臣良世道宏。一封直奏九天上，惟願天王作聖明。詔下錦衣人駭愕，山川草木失精靈。欲留恩府無別計，萬井千煙灶火停。齊號泣，呼皇仁，老攜幼，成隊陣，設香案，送荷亭。家家雕塑像，祀公如祀神。望天使，體民情，為奏君王，寶惜人才，開太平。

其十三

福建災傷，誰想今年。這饑荒，田裏秧又黃，園裏豆麥空。人人行出，恰似骷髏樣，東倒西歪在路旁。

其十四

御史賢良，聽見這講淚汪汪，先發饑民倉，又放眾米糧，人人稱快何幸我，爺娘暮禮朝忝，感謝蒼。

其十五

南海鳴陽，只為生靈身敢當。密奏上天堂，願早去嚴霜。人人煩惱真個是，恓怕膽戰心驚，沒主張。

其十六

官校臨疆，一路遮留哭斷腸。黑霧掩晴光，蒼蠅難斗量。人人齊祝，

願乞生還。鄉地厚，天高怎敢忘。

其十七

歲歲遭兇荒，人人有饑色，似此流離日，誰能抒一策？危兮不思亂，賴有何公澤。遠綏海外彝，近鎮豪中客。敷政本優游，屬僚皆仰則，憂恤寬刑獄，徵輸戒侵剋，賑活百萬人，吾閩深感德，忽聞錦衣來，民心自戚戚，攀號列車前，蒼蠅蔽天黑，莫謂九重遠，宸聰終不滅。

其十八

天無視，自民視。天無聽，自民聽。百年是非何由定？試看松柏與蒿藋。林谿更誰勝？漫道天高也。聽自卑，這奸雄，恰如朝露并忠薑，心存耿耿，刺去時攀留去後，思公論纔正。

其十九

錦衣來，何公去，滿城紅血染杜鵑，送別江頭淚成雨。

其二十

秋兮無粟，春兮無麥，雖有兇年，民無菜色。孰使我生，何君之德。手疏一封，願清君側，一時震怒，危疑莫測。嬌嬌虎臣，賫來駕帖。驄馬繡衣，坐受拘迫。萬姓群黎，聞皆慘惻。朝陽鳴鳳，歲寒松柏，卓哉斯人，誠難再得。

其二十一

兇歲從來有，何曾見此荒？遍野無青草，深山斷蕨根。幸得我何爺，早發饑民倉，全活百萬命，免死道路傍。精忠猶激切，殺身甘獨當。官校若難為，我公視如常。遮留百里餘，涕泣千山涼，厚德應難報，願乞生還鄉。

歌

昊天不弔兮我閩大饑，夫不保妻兮父不保兒。轉死溝壑兮懼罔孑遺，孰惻孰念兮賴何使君。極力發賑兮夙夜憂勤，全活數萬兮轉戚為欣。吾儕小人兮報德無因。願我使君兮壽考千春。又何報德兮公侯振振，云何抗疏兮逢丞相嗔。虎豹當關兮繒繳塞津，荷校登途兮一旦去閩，生死難知兮慟

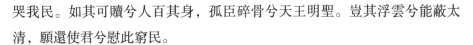

哭我民。如其可贖兮人百其身，孤臣碎骨兮天王明聖。豈其浮雲兮能蔽太清，願還使君兮慰此窮民。

其二

皇氏播威福兮，道路以目誰敢觸兮，御史忠蹇馳奏牘兮。借劍三叱折其角兮，固懷藥蟄死不恤兮，父老哭送踵相續兮，御史鐵面心不怒兮，登車不顧去何遠兮，烈士耿耿終不復兮，寧為玉碎不碌碌兮，吁嗟芳名誰與獨兮。

其三

清宷萬古此乾坤，滂薄彌漫正氣存。河嶽日星成萬象，人生其間貴且尊。吾人正氣塞天地，古往今來竟誰是。臣忠子孝諒非難，夕死朝聞惟一視。五嶺以南滄海橫，浩然正氣常流行，讜諤由來推一獻，高風直節獨崢嶸。祇今柱史有何公，惟是百代人中龍。狂瀾砥柱良自許，鳴陽孤鳳有誰同。讀書中秘席上珍，俄戴豸冠侍紫宸。都亭埋輪且莫問，尚方請劍誅佞臣。一朝繡衣持巨斧，乘驄攬轡按閩土。揚清激濁奉漢條，貪墨望風多解組。吾閩苦值大祲年，蒼生八郡皆顛連，使君毅然行賑貸，倉中出粟庫出錢。黃童白叟歌且舞，更生賴有真御史。含哺鼓腹且復業，昔時困憊今若此。使君志在沛皇仁，江湖身遠憂朝廷。萬言手疏陳五事，被丹豈畏櫻逆鱗。誰知一疏觸權奸，猛然虎豹雄九關，磨牙砥舌欲噬人。握月之計詎能寬，赫然有旨下詔獄。錦衣官校來執辱，烏臺六月飛嚴霜。短衣小帽職開讀，即時步行出西郭。閩城士庶咸走哭，青衿白皙若雲屯。哭聲轟轟振林木，使君怡然登驛舟。鉗金關木為楚囚，但知一誠能致主。自甘九死豈足憂。乃知正氣貫金石，忠肝義膽由天植。綱常名節重泰山，鼎鑊刀鋸皆衽席。送君感淚若如泉，欲從闕下救鮑宣。山川修阻八千里，何能徘闒呼蒼天。願君努力且加餐，正氣漫漫在兩間。況有天王最明聖，安知唐介不生還。

其四

海國歌雲漢，公車按我閩。憫時心獨苦，恤患意堪辛。不忍填溝壑，

宓辭發粟頻。人人皆受哺，井井盡沾仁。骨肉無離散，危亡得保真，怙恃欣孔邇，愛戴踰常恩。社稷深憂重，封章達悃陳。正言期悟主，直奏不顧身。逮繫天書急，風霜白日湮。徬徨還使者，奔走問蒼旻。道路塵埃暗，郊關士女驚。叫閽心欲碎，借寇計無因。合志祈天壤，焚香祝鬼神。願垂呵護力，廊廟布陽春。

其五

名世有忠臣，廣地間氣生。按治到閩者，激濁兼揚清。時值大兇歲，目擊涕淚零。全活百餘萬，草木賴甦生。此心本翼翼，一念為王室。怒號若轟雷，激切中流石。

封章固未上，群鴉先鳴血。忠忿凜冰霜，精神貫烈日。單車似可憐，太宇更軒豁。公論不可違，天理焉能滅？今願我聖明，普施廣生澤，廊廟若有容，天下皆仰德。

其六

時乃歲甲辰，兇荒徧吾閩。不逢何御史，八郡盡無民。開倉發賑活溝壑，又見韓韶重漢廷。封章上紫宸，斥奸不畏權貴嗔，詔獄遑遑逮諫臣。街號巷曲，扶老攜幼，奔送出城關。錦衣使者當此日，亦自流涕沾衣巾。於戲何公，全我閩中數萬人。天心佑善詎止全。公之一身，曠蕩直擬叨天眷，子孫履福將無垠。去後見思間乃祖，赫赫賢聲頌何公。於戲何公真御史，姓名從此垂千古。

其七

君不見，食君之祿當輸忠，奪笏擊賊何其雄。又不見，受君民社當周章，開倉賑給向郡郎。義聲直節固自美，昭鑒區區斯彼蒼。君今值此多危機，欲發即發無依違。全閩縣磬釜中焦，當道豺狼檻外威，虎鬚龍鱗豈易逆，日月無光天地窄。生縣孤矢死裹革，叩馬何人採薇食。張良椎，董狐筆，武侯表，蘇卿節，地維天柱到今存，生死紛紛安足畫？君曾秉筆鴉競鳴，逮時蒼蠅集車舶，蟲鳥至微尚有知，始信明誠感金石。攀轅臥轍揮不去，望我天公鑒忠赤。延國脈如可贖兮，人千百恢恢霄壤知不知，懇慰群

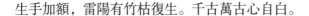

生手加額，雷陽有竹枯復生。千古萬古心自白。

行

天王御極四海清，巍巍蕩蕩誰能名。皋夔已謝由光隱，無復一德居阿衡。輪忠不顯申伯氏，人心欲裂侫壬嚚。席前流涕漢賈生。繼響朝陽何御史，謙謙君子能下士，幼學壯行知急務，單車攬轡按吾閩，救盡人間許疾苦，況值時艱大荒年，流離餓死在路邊。開倉賑活百萬戶，人人感激謝蒼天，向曾披肝陳五疏，不想令人忘賈杜。甘棠蔽芾不可留，赤子含哺向誰訴？我公今日雖被逮，就道從容真慷慨。殺身不避為君王，那有求名照千載。青蠅繞路應可憐，百草淒淒更憔悴。新荷凝露弗自持，鵬鳥徐來天未艾。六月雲雨暗西郊，悉為我公去時淚。淚痕有盡雨有歇，澤流江漢恩還在。吾聞忠臣出孝人，飄飄萬里孤蓬身。堂前白髮西山暮，對泣江頭仕使臣。使臣此別江中去，萬代瞻仰在此舉，懇勤為我護忠良，莫聽讒言穢青史。

其二

御史居臺憲，古人稱鐵面。今知是何公，不說有趙抃。遏惡若疾讎，愛民如親眷。清風凜入閩，直節堅百鍊。君不見，即今大荒年，人人饑餓倒路邊，田中無人種，灶裏斷火煙。妻兒欲賣無人要，要典家資不值錢。我公聽見真哀憐，日日忘餐夜不眠。設法開倉出庫藏，救活溝壑萬千千。又不見，我公南海忠孝人，開頭一念都是真，只為鷹鸇除雀鳥，遠將肝膽披天廷。又不見封章未上時，群鴉啄硯池，從來壯士亦動色，何為有道若不知？詔下青衣并小帽，萬里徒步赴丹墀。又不見，悽慘淚，泣西江，難別離，難別離，萬里孤身動去思。蠅蟲至蠢，猶知戀天。使于衷，豈枉虧，齊囑付，好扶持，聖明在上安敢欺，茲行應有神呵護，尤望天聰鑒口碑。

其三

何使君，貌不踰中人，心雄萬夫無與倫。上書數千言，忠不憚批鱗。

直借尚方劍，朝中斬佞臣。炎蒸三伏道就逮，赴北燕，昔日何尊重，今去何拘攣。百姓身公哭，使君何時旋，使君好顏容，登車去便便，舉手謝百姓，遠送勞諸賢。無德及爾土，毋為坐憂懸。生當期相見，死當歸重玄。百姓聞此語，愈益添悲纏。士人聞此語，有淚如迸泉。從容不改度，臨去何周旋。求仁固無悔，學道非徒然。願天鑒明德，早得遂生還。

詩

聖詔從天下，民心載道悲。

何人憂社稷，公去係安危。

風雨愁行色，煙雲動去思。

乾坤還有眼，應不負明時。

其二

聖詔今朝下，山川草木愁。

攀留靴未脫，泣別淚難收。

赴闕馳驅急，單車驛路悠。

行看旌直節，忠烈炳千秋。

其三

逆鱗千載寂然無，誰信留鬚表丈夫。

惜劍尚方朱折角，開倉賑給汲長孺。

平生正氣邱山生，舉郡冤聲野草枯。

蠅集肩輿知赦日，天教社稷仗公扶。

其四

使君持節按閩臺，凜凜風裁百度開。

請劍孤臣昭日月，賑饑真惠遍蒿萊。

攀轅無計長揮淚，投鼠深知重見猜。

煩語錦衣須愛國，好將公論達堯階。

其五

中宵秉燭上封書，爛吐燈花鬼膽虛。

卻憶尚方曾借劍，每懷大內反牽裾。

孤臣萬里心常切，直節千年氣轉舒。

漫道逆鱗時不測，留旌檻跡定何如。

其六

嚴霜六月下榕城，白叟黃童涕淚零。

賢使倘知憂國志，長途願施好生心。

其七

未久巡閩澤已深，是非公論在人心。

草茅無計回天怒，再福蒼生有古林。

其八

百歲無人見此荒，蕨根搜盡水充腸。

何爺若不開倉早，十室應知有九亡。

其九

使君匹馬向神安，百折關頭幾度難。

尚賴天公使社稷，管教夫子得生還。

其十

送別江頭日已西，攀留無計扯衣啼。

乾坤浩蕩應回首，想起關河又轉凄。

其十一

行李蕭蕭動去思，扁舟一葉竟何如。

攀留無計江頭淚，那得音書附雁魚。

其十二

萬里馳驅別恩迢，甘棠遺愛播民謠。

高風千古人瞻仰，尤喜遭逢得聖朝。

其十三

萬里風濤險，何人競渡舟。

不因根腳定，那得錦江流。

發粟知時急，輸忠為國謀。

口碑聯海嶠，春色映羅浮。

詎意嚴霜慘，翻成六月秋。

行歌牽馬首，泣別渡江頭。

蟲鳥猶依戀，煙雲為去留。

乾坤如再造，端不媿伊周。

其十四

聖世推時彥，公當第一人。

持身清若水，秉政化如神。

區畫公私困，調停出入均。

全城皆受福，八郡盡回春。

國賦惟供正，民風漸返淳。

匡時驅虎豹，經世有麒麟。

擯斥心無怨，拘攣辱不驚。

竭忠來漢使，授節摯賢旌。

赤地俄成雪，公車偶集蠅。

豈因羞落羽，遂乃憚批鱗。

草野長開化，清朝待秉鈞。

願言追稷契，萬古仰臣鄰。

参考文献

［1］［明］何维柏：《天山草堂存稿》（影印版），桂林：广西师范大学出版社，2014年。

［2］［明］何维柏著、吴劲雄整理：《何维柏集》，北京：知识产权出版社，2020年。

［3］［明］何维柏：《天山草堂存稿》（手抄本），沙滘何氏宗祠藏本。

［4］［明］何维柏：《天山草堂诗存》（手抄本），沙滘何氏宗祠藏本。

［5］［明］无名氏：《诚征录》（手抄本），沙滘何氏宗祠藏本。

［6］无名氏：《聚顺堂世德录》，沙滘何氏宗祠复印本。

［7］广东南雄珠玑巷后裔联谊会编：《何氏源流》，内部资料，1998年印刷。

［8］［明］庞嵩：《庞弼唐先生遗言》（影印版），桂林：广西师范大学出版社，2016年。

［9］［明］霍与瑕：《霍勉斋集》（影印版），桂林：广西师范大学出版社，2014年。

［10］［明］陈吾德：《谢山存稿》（影印本），《广州大典》第428册，广州：广州出版社，2015年。

［11］［明］霍韬：《霍文敏公全集》（影印本），石头书院藏版，清同治元年重刻本。

［12］［明］庞尚鹏：《百可亭集》（影印本），《广州大典》第427册，广州：广州出版社，2015年。

［13］［明］黎民表：《瑶石山人诗稿》（影印本），《广州大典》

第427册，广州：广州出版社，2015年。

［14］［明］陈献章著、孙通海点校：《陈献章集》，北京：中华书局，1987年。

［15］［明］严嵩：《南宫奏议》，上海：上海古籍出版社，1996年。

［16］［明］徐阶：《世经堂集》，济南：齐鲁书社，1997年。

［17］［明］王廷相：《王廷相集》，北京：中华书局，1989年。

［18］［明］周用：《周恭肃公集》，济南：齐鲁书社，1997年。

［19］［明］黄宗羲：《黄宗羲全集》，浙江古籍出版社，2012年。

［20］［明］黄宗羲著、缪天绶选注：《宋元学案》，上海：商务印书馆，1928年。

［21］［明］郭棐：《粤大记》，广州：中山大学出版社，1998年。

［22］［明］侯一元：《侯一元集》，合肥：黄山书社，2011年。

［23］［明］项乔：《项乔集》，上海：上海社会科学院出版社，2006年。

［24］［明］郭棐：《岭海名胜记》，桂林：广西师范大学出版社，2015年。

［25］［唐］李希泌主编：《唐大诏令集补编》，上海：上海古籍出版社，2003年。

［26］［宋］朱熹：《朱子全书》，上海：上海古籍出版社，2002年。

［27］［宋］陆九渊：《陆九渊集》，北京：中华书局，1980年。

［28］［元］陈世隆编、徐敏霞校点：《宋诗拾遗》，沈阳：辽宁教育出版社，2000年。

［29］［明］焦竑：《国史经籍志》，上海：商务印书馆，1939年。

［30］［明］《明世宗实录》，台北："中央研究院"历史语言研究所校印，1962年。

［31］［清］张廷玉等：《明史》，北京：中华书局，1974年。

［32］［清］谷应泰撰、河北师范学院历史系点校：《明史纪事本末》，北京：中华书局，2015年。

［33］［清］谷应泰：《明倭寇始末》，扬州：广陵书社，2007年。

［34］［清］夏燮：《明通鉴》，北京：中华书局，1959年。

［35］［清］查继佐：《罪惟录》，杭州：浙江古籍出版社，1986年。

［36］［清］永瑢等：《四库全书总目》，北京：中华书局，2003年。

［37］［清］温汝能纂辑：《粤东诗海》，广州：中山大学出版社，1999年。

［38］［清］屈大均著、李育中等注：《广东新语注》，广州：广东人民出版社，1991年。

［39］［清］温汝能编：《粤东文海》，广州大典第498—500册，广州：广州出版社，

［40］［清］朱彝尊：《明诗综》，北京：中华书局，2007年。

［41］［清］康有为著、陈永正编：《康有为诗文选》，广州：广东人民出版社，1983年。

［42］张杰龙主编：《南海诗征》，广州：岭南美术出版社，2009年。

［43］陈永正等主编：《全粤诗》，广州：岭南美术出版社，2009年。

［44］崇祯《南海县志》，北京：中华书局，2000年。

［45］（康熙）《南海县志》，北京：书目文献出版社，1992年。

［46］（乾隆）《广州府志》，北京：北京图书馆，1959年。

［47］（嘉庆）《三水县志》，广州：广东人民出版社，1995年。

［48］（道光）《广东通志》，广州：岭南美术出版社，2009年。

［49］（道光）《粤东名儒言行录》，广州：广州汉青斋，1831年。

［50］（同治）《番禺县志》，广州：广东人民出版社，1995年。

［51］《西樵志》，《广州大典》第222册，广州：广州出版社，2015年。

［52］［清］刘子秀：《西樵游览记》，《广州大典》第22册，广州：广州出版社，2015年。

［53］《明经世文编》，北京：中华书局，1962年。

［54］《历代小说笔记大观》，上海：上海古籍出版社，2012年。

［55］《笔记小说大观》，台北：新兴书局有限公司，1977年。

［56］孟森：《明史讲义》，上海：上海古籍出版社，2002年。

［57］刘伯骥：《广东书院制度沿革》，上海：商务印书馆，1939年。

［58］冼玉清：《冼玉清论著汇编》，桂林：广西师范大学出版社，2016年。

［59］黄任恒编纂：《番禺河南小志》，广州：广东人民出版社，2012年。

［60］罗一星：《明清佛山经济发展与社会变迁》，广州：广东人民出版社，1994年。

［61］沈家本：《历代刑法考》，北京：中华书局，1983年。

［62］姜德成：《徐阶与嘉隆政治》，天津：天津古籍出版社，2002年。

［63］陶道强：《明代监察御史巡按职责研究》，北京：中国社会科学出版社，2017年。

［64］陶明选：《明代反腐编年研究》，北京：中国社会科学出版社，2017年。

［65］黎业明：《湛若水年谱》，上海：上海古籍出版社，2016年。

［66］章继光、刘兴邦、张运华主编：《陈白沙研究论文集》，长沙：湖南大学出版社，2001年。

［67］丁守和主编：《中国历代治国策选粹》，北京：高等教育出版社，1994年。

［68］吴晗：《历史的镜子——吴晗讲历史》，北京：九州出版社，2008年。

［69］吴建新：《珠江三角洲沙田史若干考察》，《农业考古》1987年第1期。

［70］赵世瑜：《西樵山：近世广东史之景观象征》，《南方日报》2011年7月21日。

［71］陈鸿钧：《广州出土明代南京礼部尚书何维柏夫人劳氏墓纪略》，《岭南文史》2014年第4期。

［72］吴劲雄：《新见何维柏著作清抄本三种》，《图书馆论坛》2017年第8期。

［73］李俊：《光绪重抄本〈诚征录〉的发现与文献价值》，《广州大典研究》2020第2辑。

后 记

　　敲下《清正敢言何维柏》初稿的最后一个字，距离接下任务已将近三年。三年当中，何维柏从《明史》中仅占几百字的传记里，日渐在我脑中变得鲜活和立体：从他四岁即知"端拱为礼"的萌态可掬，到少年时期对临祭而谑同学"引避以为辱己"的少年老成；从独居昆都山"澄心默坐"的自我修炼，到中进士后在京师结纳海内贤大夫的意气风发；从敢于上疏直言顶头上司应"丁忧守制"的剀切固执，到毫不留恋的谢病归乡；从在其位谋其政的"分所当为"，到拏械赴京的淡定从容……虽然他现存的《天山草堂存稿》因仅存残本而难以再窥其貌，但从同时代他人的记述、诗文里，这个在史传中多以"理学名宿"示人的明代中后期理学名家，有了属于他自己的独特面目与人生历程。

　　选择何维柏作为研究对象，缘于"佛山历史文化丛书"编委会的编撰邀约，在对已收入"广州大典"众多佛山籍研究对象的了解筛选中，何维柏的"清正敢言"深深地吸引了我，是什么让他在二十多岁最意气风发的时候就选择谢病归乡？又是什么支撑他明知弹劾权倾天下的首辅严嵩会带来身死族灭的风险仍不惜上疏直谏？在他留下的《天山草堂存稿》文字里，在晓港公园云桂桥旁僻居讲学的遗迹中，在他的家乡南海沙滘村何氏宗祠里，在他当年"默坐澄心"读书的昆都山下……尽管《天山草堂存稿》因仅存六卷而材料不足，但在何维柏的家乡、在他的读书之处、在他的讲学之所，我渐渐找到了通往解读其思想行为的路径：正是岭南这片地域的风土人情和以白沙为首的理学思想，哺育了何维柏"学贵反求诸己"的学人品格与"宇宙内事皆吾性分内事"的用世之心，也锤炼了他敢于抗颜直谏置生死于度外的君子风范。他与严嵩同时代，在与严嵩的斗争中以卵击石，败而退居山林；他与海瑞同龄，在当时即赢得了不亚于海瑞的民望；但他又与海瑞不同，他对官场的毫不留恋和对士民哭留颂歌的低调处理，加上《诚征录》的散佚，使得他清正敢言的事迹湮没在历史的尘埃里，远没有海瑞那样被后世士子和舆论选中而大加旌表。感动倾服之余，我试图用自己尚显稚嫩的文笔，还原一个完整、真实、高尚、低调的何维柏——一个典型的具有岭南理学气质的明代中后期言官形象。

本书的完成，首先要感谢我的先生付伟，他读研期间曾经协助导师完成《海瑞在淳安》一书的撰写，熟悉这一时代的历史背景与士人精神。三年当中，他和我一起探讨何维柏所处的时代、皇帝、朝臣及士人追求，尤其是帮我解答关于岭南理学思想史的许多未明之处，同时带我循着何维柏的足迹，触摸藏在田野与遗址中的历史，给了我诸多支持与帮助。其次是感谢佛山历史文化丛书编委会编辑部的支持，帮我联系何氏后人，亲自带我拜访沙滘村的何氏宗祠，鼓励我完成书稿。还要特别感谢沙滘村何氏宗祠的何树能与何灶成先生，何树能先生毫不藏私地将何氏宗祠藏清代光绪年间的重抄本《天山草堂存稿》《天山草堂诗存》《诚征录》三种慷慨出示并允许拍照，同时还共享了仅存的复印本族谱《聚顺堂世德录》，为梳理何维柏的家族世系尤其是按闽被逮拏械上京的细节提供了文献支撑。

写下后记的时候，刚好是收到医生入院待产通知的时间，我将在期盼与忐忑中，等待我们家三宝潇潇的到来。她从二〇二二年元月的这个寒假开始，每日在肚子里陪我端坐桌前，整理资料，撰写书稿，短短三个多月补写了六章15万字，希望她能与大哥、二哥一样，平安降临，健康成长。

李 俊

二〇二二年四月十五日于广州，五月十八日修订

"佛山历史文化丛书"已出版书目

第一辑

第二辑

第七辑